国际文化版图研究文库

颜子悦　主编

文化战略

以创新的意识形态构建独特的文化品牌

〔美〕道格拉斯·霍尔特　道格拉斯·卡梅隆　著

汪凯　译／言予馨　校

商务印书馆
创于1897　The Commercial Press

Douglas Holt and Douglas Cameron

CULTURAL STRATEGY

Using Innovative Ideologies to Build Breakthrough Brands

本书根据道格拉斯·霍尔特和道格拉斯·卡梅隆出版社 2010 年版译出

国际文化版图研究文库总序

人类创造的不同文明及其相互之间的对话与沟通、冲突与融合、传播与影响乃至演变与整合，体现了人类文明发展的多样性统一。古往今来，各国家各民族皆秉承各自的历史和传统、凭借各自的智慧和力量参与各个历史时期文化版图的建构，同时又在总体上构成了人类文明发展的辉煌而璀璨的历史。

中华民族拥有悠久的历史和灿烂的文化，已经在人类文明史上谱写了无数雄伟而壮丽的永恒篇章。在新的历史时期，随着中国经济的发展和综合国力的提升，世人对中国文化的发展也同样充满着更为高远的期待、抱持着更为美好的愿景，如何进一步增强文化软实力便成为摆在我们面前的最为重要的时代课题之一。

为此，《国际文化版图研究文库》以“全球视野、国家战略和文化自觉”为基本理念，力图全面而系统地译介以20世纪为主的人类历史进程中各文化大国的兴衰以及诸多相关重大文化论题的著述，旨在以更为宏阔的视野，详尽而深入地考察世界主要国家在国际文化版图中的地位以及这些国家制定与实施的相关文化战略与战术。

烛照着我们前行的依然是鲁迅先生所倡导的中国文化发展的基本思想——“明哲之士，必洞达世界之大势，权衡较量，去其偏颇，得其神明，施之国中，翕合无间。外之既不后于世界之思潮，内之仍弗失固有之血脉，取今复古，别立新宗。”

在这一思想的引领下，我们秉持科学而辩证的历史观，既通过国际版图来探讨文化，又通过文化来研究国际版图。如此循环往复，沉潜凌空，在跨文化的语境下观照与洞悉、比较与辨析不同历史时期文化版图中不同文明体系的文化特性，归纳与总结世界各国家各民族的优秀文化成果以及建设与发展文化的有益经验，并在此基础上更为确切地把握与体察中国文化的特性，进而激发并强化对中国文化的自醒、自觉与自信。

我们希冀文库能够为当今中国文化的创新与发展提供有益的镜鉴，能够启迪国人自觉地成为中华文化的坚守者和创造者。唯其如此，中国才能走出一条符合自己民族特色的文化复兴之路，才能使中华文化与世界其他民族的文化相融共生、各领风骚，从而更进一步地推进人类文明的发展。

中华文化传承与创新的伟大实践乃是我们每一位中国人神圣而崇高的使命。

是为序。

颜子悦

2011 年 5 月 8 日于北京

中译本序

时至今日，“蓝海战略”的基本理念已然深入人心，几乎所有的品牌管理者和设计者皆在其内心深处吟唱着同一首歌——“我爱这蓝色的海洋”。

他们渴望在那无垠的蓝海上直挂孤帆，乘风破浪，本想独享蓝海疆域上的良辰美景，然而，事与愿违的景象却是：他们蓦然回首，但见身后已是百舸争流，原本一望无际的“蓝海”，弹指间化作虽无硝烟但却厮杀震天的“红海”。时光流转，“红海”上的众多漂流者皆忍看沉舟侧畔，满目千帆竞发……

技术改进后的最新产品一旦问世，迅即就会被其他品牌模仿克隆甚至超越，消费者面对琳琅满目的各种品牌的同类产品，往往眼花缭乱，无所适从，越来越难以区分它们的功能特征。除非具备足够的专业知识，支配绝大多数消费者购买行为的仍然是他们的消费习惯和经验。

于是乎，品牌在创新-被超越-再创新-再被超越的循环中，所面临的竞争压力与日俱增，始终在惨烈的“红海”中苦苦挣扎而无法自拔，而那片由品牌战略专家悉心描绘的“蓝海”恰似那缥缈的海市蜃楼，令人可望而不可即。

事实上，营销和管理专家数年来对创新模式所进行的殚精竭虑的探索从未止息，然而无论进行何种模式的研究，他们都不约而同地达成一个共识，即认为功能创新才是决定消费品牌市场表现的唯一因素。正是在这一观念的引导下，市场参与者们始终围绕着产品的功能改进展开创新，但绝大多数品牌却无法跳出“红海”跃入“蓝海”。由此可以推断，主流的创新模式一定存在着某些难以自我调适与完善的缺陷，因而无法引导品牌实现真正的市场创新。

笔者以为，存在着一种可以纳入国际文化战略视野进行观察、思考以及研究的文化现象：诸多世界知名品牌产品的良好销售业绩，往往得益于其所属国通过影视、文学等大众文化的传播与流行而在目标市场和消费者中形成的文化吸引力与文化认同感。品牌产品不仅具有某种实用性的功能，而且代表着某种文化和社会身份，消费者时常在品牌产品中获取某种精神上的慰藉和审美上的愉悦，当然也每每附带着心理上的自豪感和优越感……，这些品牌产品里深植的文化密码、蕴含的价值观念等等，在无形之中熏陶、渗透且影响着它们的消费者。同时也在客观上塑造了这些品牌产品所属国的国际形象。

明乎此，笔者一直关注可以在文化战略与战术的层面上寻求突破的产品创新模式，并始终相信这种文化创新模式将会为我国的品牌管理者和创业者提供更为恢宏开阔的崭新思路，带来更多弥足珍贵的创新机遇。

首先吸引笔者关注的是2010年12月《哈佛商业评论》的一篇题为“帕特·布恩有一个文化战略，你有吗?”的文章，文中提及本书的两位作者凭借文化创新的方式为肥胎牌啤酒进行的品牌推广运动，这项运动推助这款产品在短时间内取得了斐然的销售业绩。沿着这条线索，笔者得知作者的这部划时代的品牌创新著作已经由牛津大学出版社出版，并引起了学术界和产业界的高度关注，被誉为21世纪在产品营销领域极具突破性的贡献。可以说，我的工作室能够在第一时间捷足先登，顺利引进本书的中文版权，理应向《哈佛商业评论》的这篇文章的作者表达谢意。

诚然，在品牌与文化之间存在着不可分割的紧密关系，也就是说，颇具独立性的品牌与社会历史文化之间有着千丝万缕的依存性的联系。本书的作者系统地阐述了品牌与文化的关系，提出了文化创新的基本理念。以此作为思考的逻辑生长点，他们摒弃了传统意义上的经济学、工程学和心理学的研究方法，开创性地运用了历史学、社会学、文学、艺术、政治学等人文社会学科的方法，积极地从事品牌创新领域的一系列论之有据的理论探讨和行之有效的实践探索。作者在八年多的时间里，对星巴克、耐克、万宝路、李维斯、百威、桂格等数百个成功或者失败的消费品牌案例进行了全面而细致的分析和研究，同时还与多个品牌的管理者和消费者进行面对面的访谈，并在此基础上揭示出以“蓝海战略”为代表的主流创新模式的某些致命缺陷，确立了品牌创新的“文化战略”模式。

作者认为导致“蓝海战略”模式缺陷的根本原因在于，它没有考虑历史与社会的变迁对于消费者需求所产生的重要而深刻的影响，忽略了创新不仅仅局限于具体的产品和服务等方面的细节，还可以在文化层面上全面而深入地展开。“蓝海战略”模式更倾向于迎合大公司的品牌官僚体制，有意识地忽略了相关的文化语境和历史变迁，将人类社会生活所有零乱烦琐的细节加以删除，使得产品的价值点可以被归纳为诸如“新颖”“活力”“天然”“健康”等关键词，以便大公司各层级管理者无需费时和费心了解品牌创新的详细信息，就可以快速地做出是否批准创新方案的相关决定。

作者列举了大量的事实证明，真正具有突破性的创新必须在发现由社会和历史变迁引起的意识形态机遇的基础上进行。在确切地把握了特定的意识形态机遇之后，需要在拥有这种意识形态的亚文化中寻找足以体现和表达这种意识形态的文化密码，然后再以讲故事的方式，也就是神话化的文化表述方式将品牌的意识形态生动形象地表达出来，从而回应消费者对于这种意识形态的心理需求。然而，创新品牌所要讲述的这些故事不可能由品牌设计者进行别出心裁地编写或者穿凿附会地杜撰，而必须在消费者耳熟能详的文学、电影、电视、媒体神话等文化作品中寻找相应的素材，在诸如此类的素材基础上进行整理归类并加以创造性的改编，引导消费者因文化认同而产生共鸣，并最终成为品牌忠诚的追随者。

作者认为，要发现真正具有创新意义的意识形态机遇，必须在占据社会优势地位的意识形态之外去寻找，也就是要摆脱主流品牌推广模式的束缚，通过对诸如波西米亚、文化资本群体、业余爱好者、素食主义者、环保主义者、女权主义者等亚文化群体的共同价值和共同文化的基本取向，以及在这两者基础上外化的审美特征和行为方式进行严谨而科学的考察与研究，从而准确无误地捕捉被主流品牌的意识形态所忽略的目标消费者群体的意识形态诉求。

作者还列举了多个由成功到失败的品牌推广实例来证明：如果没有真正认识到意识形态机遇之所在，即便无意中触摸到了文化密码，随着社会环境的变化导致的消费者意识形态诉求的变化，品牌也会很快就被消费者无情抛弃。譬如星巴克，它因为无意中用对了文化密码，满足了文化资本群体对于精致品味的意识形态需求而在1980年代取得了令人瞩目的成功。然而，由于没有清醒地认识到之前取得成功的真正原因在于意识形态机遇，星巴克在1990年代展开迅速扩张，希望与麦当劳、唐金甜甜圈等大众品牌争夺市场，因而失去了对文化资本群体的吸引力。与此同时，大众消费者又觉得它远不如麦当劳和唐金甜甜圈实惠而敬而远之。星巴克转瞬之间便从华尔街极力追捧的宠儿沦为投资人避之唯恐不及的弃儿。

在多数人的心目中，文化创新也就是通常所说的“创意”是难以模式化的，因此根本不具备可操作性。为了确保“文化战略”模式的成功率和可行性，作者将这一模式反复运用于各种品牌产品在各国市场的实践，既有对宝马汽车、可口可乐、百富门、百事可乐、李维斯以及万事达这样的跨国公司进行品牌重塑的实验，也有将导火线电视台、肥胎牌啤酒、净蓝验孕用品、自由职业者工会等创业企业和社会创新企业，在短时间内从其年销售额几十万美元甚至濒临破产扩展到数亿美元的品牌推广实验。在如此丰富的实践的基础上，作者创立了寻求文化创新的详细操作步骤，从而使品牌推广中的“创意”环节有了可以参照的“公式”和具体的执行方法。这是本书最为至关重要的也是最难能可贵的贡献所在。

笔者相信，不仅我国消费品牌的管理者和设计者们将会从本书中获取进一步提升品牌影响力的创新思路，而且那些图书、电影、电视、流行音乐、动漫等文化品牌的管理者和设计者也同样能够从中汲取意外的灵感，并获得极有价值的启示。

如今，全球经济尚在复苏阶段，各国各地区贸易壁垒有增无减，而国际地缘政治正处于复杂而深刻的变动中，与之相应的国际文化版图也呈现出前所未有的世纪变迁。在这一背景下，中国的跨国品牌拓展海外市场毫无疑问需要更多的基于全球视野、战略考量以及文化自觉的科学而系统的创新，对于目标市场国家和地区消费者意识形态的关注和研究无疑是品牌成功的关键，换言之，品牌恰如其分的文化表述是联系我国品牌与目标市场消费者的精神纽带。值得一提的是，本书对于美国品牌在全球市场，尤其是消费者普遍持有反美主义情绪的市场取得成功的原因的细致解析，对于我国的品牌管理者如何开拓海外市场，尤其是贸易保护严重的市场具有极为重要的参考价值。

品牌犹如生命，自有其沉浮与枯荣。那些历久弥新的经典品牌，那些出奇制胜的新锐品牌，皆以各自的骄人业绩向世人昭示着这样一个真理——品牌的创造，不分先后，只论高下。而如何在洞悉世界大势的前提下，敏锐地把握诸多稍纵即逝的文化创新的契机，如何科学地预测相关品牌在一定的文化语境和社会环境下的运势，如何凝神探寻足以赋予品牌的文化密码，才是能否制定出推助品牌达至巅峰的战略与战术的关键。

谨为序。

颜子悦

2013 年 7 月于北京

献给阿里和卡亚

目　录

序　言 ix

本书的撰写工作始于2002年，当时我们刚刚完成了《品牌何以成为标志：品牌运作的文化原理》一书的初稿。在那本书中，我们为品牌战略开创了一种新的文化方法，我们的目标是要改变品牌管理的实践，挑战在1970年代受到欢迎的心理学驱动模式。当运用我们的文化模式为各种公司开发品牌战略的时候，我们很快意识到自己忽略了文化战略运用中最强有力的手段——创新。文化战略提供了一种截然不同的方法来识别重要的市场机会，从而指导管理者如何使自己的产品和品牌能够利用这个市场机会。因此，无论是对于刚刚创立的新企业，抑或是重塑激活垂死的品牌，这都是一个极有价值的方法。唯其如此，我们设定了本书的研究计划，试图为市场营销的创新开发一种新的社会文化模式。与我们在第一本书中所提出的“品牌的文化推广模式”相比，这本书的侧重点将截然不同，并且有了重大的发展。

当我们在管理学文献中探究最具影响力的创新模式的时候，我们遭遇到了曾经在市场营销学文献研究中碰到的同样的限制性的才智视野，所不同的只是管理学在此处的短视主要是经济学占据统治地位的结果，而市场营销学的问题则出在心理学的影响上。管理学文献中的主流创新模式全都沿袭了主要的经济学教科书的市场观，将“更佳捕鼠器”（better mousetraps）视为创新的驱动力。不仅如此，这些模式也忽略了创新可以在文化层面上进行，而不仅仅局限于具体的产品和服务的细节。这些模式相似之处还在于它们全都忽略了历史与社会的变迁，而我们对于创新的研究以及在我们接受的咨询项目中对创新的运用，全都利用了这种社会变迁所导致的新兴的机遇。我们在本书中所建构的文化战略模式弥补了上述管理学和市场营销学的欠缺。

x 学院派的创新模式经常被批评成是对成功的商业案例所进行的事后归因式的解释，这种模式很少可以规范性地应用于现实的创新实践。管理学的书籍用耀眼的成功故事吸引读者，却未能提供高附加值的品牌管理手段。① 我们在写这本《文化战略》时，非常认真地考虑了这种批评（这也是为什么我们花了整整八年时间才完成本书研究项目的原因之一）。我们通过严谨的学术研究发展了文化创新理论（本书的第一部分），然后又花了五年时间改进和完善我们的模式。其间，我们在市场中进行了大量的试验，包括所犯的错误，以此来确保我们的模式作为一个强有力的战略手段运作良好，而不仅仅是对取得了惊人成功的商业的事后归因式的赞美。我们承接了各种不同的咨询项目，并且共同创办了一个品牌传播公司——合并公司（Amalgamated），将我们的理论在公司的咨询实践中予以运用。本书的第二部分，我们从在合并公司所参与的工作实践中挑选了四个案例加以研究，从而对文化战略的架构进行细化，同时也对在实际运用过程中所创立的文化研究的一整套方法进行细化。这些案例揭示了文化战略模式如何创造成功故事的秘密，而不仅仅是对成功进行事后的解释。

我们惊讶地发现，我们与之合作的大多数蓝筹消费品公司，它们对于现有生意的日常管理非常出色，却很少具有文化创新的能力。经理们喟叹，尽管公司在资源和市场力量方面都拥有巨大的优势，但小型创业企业在创新方面总是赶在他们前面。因此，我们研究的第二个焦点就是解释为什么会出现这种情况。是什么阻碍了大型消费品公司的创新？何种非传统的组织结构能够培育文化创新？本书的最后部分，我们所要解决的就是创新的组织结构这一个至关重要的问题。

---

① 案例可参见：Book Review：Blue Ocean Strategy，*UNITAR E-Journal*（June 2007），http：//ejournal.unitar.edu.my/index.php? option= com _content&view = article&id = 87 ;blue-ocean&catid = 40 ;vol-3-no-2-2007&Itemid = 55

关于理论和方法论的说明

过去的八年中我们运用“实验”方法创立了本书的理论。我们的研究包含三个方面：首先是创立一种文化创新的理论；其次是将理论进行适当调整从而作为一个实践框架去服务于战略的开发；最后确定公司应该如何组织进行文化创新。为了建立文化创新理论，我们对历史上文化创新的案例即我们所称的品牌系谱做了学术研究。我们的分析是建立在社会文化理论基础上的，这些理论是学术研究方法的核心，但在以前 xi
却对创新理论几乎没有影响，这些理论包括历史学、政治学、媒体研究学、社会学、文化人类学以及地理学等。我们采用了一种案例比较的理论，从而建构理论模型的方法，在管理学和社会科学中，这是一项常见的研究技术。在《品牌何以成为标志》一书中，我们曾详细地解释过品牌系谱学以及通过案例比较发展理论的方法。在本书中，我们将对文化创新的组织结构进行细致的学术考察，这就需要我们将案例分析推进到更为精细的层面，要对 11 个杰出创新项目的组织细节加以理论重构。

在咨询和品牌传播工作中，我们将这些理论进行了适当修改从而形成了一种文化战略模式，这一模式既可以用于创立新的商业项目，也可用于重新激活陷入休眠中的企业。当我们将这些理论应用于四十多个客户的品牌推广项目中的时候，我们的学术理论又得到了改进，并转化为一个系统的战略方法。

我们用通俗易懂的方式撰写了本书，因此对于管理者、企业家或是社会活动家们而言，它都是一部有益的指南。同时，本书也是一部应用性的学术理论著作，它源于一门充满生机的市场营销学科，即消费者文化理论（CCT）。尽管这一理论还不太为学术界之外的人们所熟知，但是，近年来它已经激发产生了一些市场营销和消费者研究领域最令人激动也是最精妙的理念。①

① Eric J. Arnould, Craig J. Thompson, “Consumer Culture Theory（CCT）: Twenty Years of Research”, *Journal of Comsumer Research*, 31（2005）.

我们对耐克案例的分析基于耐克的大量文献资料，包括口述历史的资料，这些资料都归档在华盛顿的史密森尼博物馆。关于万宝路案例，我们分析了国会图书馆存档的万宝路广告的全部资料，其中包括由菲利普·莫里斯和李奥·贝纳两位高级主管所发起的广告运动的口述史资料。布朗-福曼公司非常慷慨地让我们查阅了大量的杰克·丹尼尔案例的档案，巴塔哥尼亚公司也是如此。过去七年中我们作为本杰瑞公司最好的广告代理，已经非常熟悉这家公司。星巴克和维他命水公司案例的分析资料来自于公开的二手资料。

组织机构案例分析为本书的第三部分提供了实践基础，而组织机构
xii 案例的分析需要特别深入的研究。对于本书 11 个案例中的每一则案例，我们都力求取得最充分的档案资料，同时访问那些参与创新的关键人物。我们对所分析的案例公司及其创意合作公司的所有参与者进行了深度访谈，并且对我们从这些公司的档案中能够收集到的全部会议纪要、制订计划的文件以及研究报告等进行研究。对于这些案例，我们进行了法医式的研究，从而建构出导致文化创新的事件的顺序。

致　谢 xiii

我们最要感谢的是许多参与本书所做的研究的高级管理者，以及在开发文化战略模式中许多跟我们并肩工作的合作者和客户。在本书第一部分和第三部分所涉及的案例研究中，我们特别感激：鲍勃·洛克、卡尔·冯·巴斯柯克、德里克·罗布森、约翰·赫格特、尼可·伯格勒、蒂姆·林赛、吉姆·卡罗尔、葛文·琼斯、菲利帕·克兰、托尼·戴维森、金·帕普沃思、拉塞尔·拉姆齐、肯尼·威尔逊以及李维斯公司与百比赫广告公司联合团队的其他成员；托尼·希利尔、安德鲁·马斯登、斯蒂夫·亨利、艾尔·杨、特雷弗·罗宾逊、查斯·贝菲尔德、乔恩·利奇、理查德·亨廷顿、戴维·欧汉伦以及探戈/碧域公司和IIICL广告公司联合团队的其他成员；戈登·哈顿、凯西·柯林斯、罗布·怀特、布鲁斯·泰特、多迪·沙布勒、格雷格·哈恩、哈维·马可、戴夫·鲁巴斯、鲍勃·摩尔以及VF公司的李牌与法龙广告公司联合团队的其他成员；朱迪·海默尔、理查德·科森鲍姆、罗斯玛丽·瑞恩、瑞莎·米奇恩伯格、艾米·尼克尔森、尼克·肖、玛丽安·法雷尔以及斯耐普公司与科森鲍姆&邦德广告公司联合团队的其他成员；尼尔·泰勒斯、埃里克·席尔瓦、柯林·米切尔、詹森·嘉伯里奥、丹·莫拉莱斯、罗西·巴达勒斯以及FOX体育与克里夫·弗里曼广告公司联合团队的其他成员；沃尔特·弗里斯、戴夫·斯蒂夫、李·霍顿以及本杰瑞团队的其他成员；查尔斯·斯通三世、鲍勃·拉基、格雷·格洛特、斯蒂文斯·杰克逊、马蒂·考尔、吉姆·克里敏思、约翰·格瑞宁以及安休斯—布施公司与恒美广告公司联合团队的其他成员；斯蒂夫·

魏希特、兰斯·詹森、罗恩·劳诺尔、阿兰·帕芬巴赫、鲍勃·斯拉基、戴夫·韦斯特、弗兰·凯勒、约翰·卡斯特以及大众汽车与阿诺德广告公司联合团队的其他成员；杰夫·古德拜、斯蒂夫·迪达莱恩、杰夫·曼宁、苏·斯密斯、莱斯利·肯尼迪以及古德拜·希尔弗斯坦广告公司 Got Milk 团队的其他成员；杰夫·希克斯、阿莱克斯·博古斯基、瑞奇·斯坦伯格、杰克·皮特尼、柯瑞·马丁、凯尔文·菲利普斯以及
xiv MINI 公司（美国）与克里斯品·波特 & 博古斯基广告公司联合团队的其他成员；汉克·波尔曼、艾伦·布罗斯、瑞克·麦奎斯特恩、杰瑞·克罗宁以及 ESPN 与威登肯尼迪联合团队的其他成员；约亨·蔡茨、安东尼奥·贝尔通、杰伊·皮克拉、尼尔·比森、皮特·马瑞尔、保罗·戈蒂埃、马尔科姆·麦克道尔以及彪马团队的其他成员。我们也要感谢那些参与了工作却不愿留下大名的人。

本书第二部分剖析了四个案例，它们是四个文化工作室的集体成果。我们在报告这些案例时，采用了第一人称的“我们”。但这里的“我们”并不仅仅是本书作者，而是包括所有做出重要贡献的文化工作室成员。这里，我们特别要向我们最重要的文化工作室伙伴、合并公司的詹森·嘉伯里奥致谢，他在这些案例中是创意开发工作的管理者。我们要感谢马克·尤瑞斯、玛丽·科里利亚诺、汤米·诺南、劳拉·波特塞克、丹·莫拉莱斯、金·雅各布斯、查尔斯·罗森以及戴夫·卡森，他们在导火线频道的重塑工作中都起到了非常重要的作用，其中戴夫扮演了一个特别重要的角色，他同时担当了咨询顾问、客户代表和创意者三种角色。我们要感谢金·乔丹、格奥格·奥斯利、杰米·马斯汀、比尔·海普、奥斯汀·麦肯纳、杰克·斯科特、克里斯·索罗斯以及瑞克·劳利，他们在肥胎啤酒文化创新项目中起到的核心作用。我们要感谢朱莉·高登、汉娜·萨米内恩、费德罗·利昂、瑞恩·达利以及乔恩·雅斯各，在净蓝突破性的“撒尿的船”的广告运动中，他们发挥了重要作用。我们要感谢莎伦·斯劳特、丹·莫拉莱斯以及组织的创办人莎拉·霍洛维茨，在“今日工作”向“自由职业者工会”转型的过

程中，她们是我们关键的合作者。

我们深深感谢牛津大学出版社在指导这本书出版的过程中，在幕后工作的许多人的高度专业而勤奋的工作。在这里，我们特别向戴维·穆松、艾玛·兰贝特、卡罗尔·贝斯特利以及菲尔·亨德尔松致谢，在整个过程中，他们一直为我们提供重要而及时的指导和支持。同时，我们也要感谢苏珊·拉宾纳，她在早期给我们提出了关于出版本书的最佳路径的明智建议。

我们能够顺利完成这项研究，合并公司的同事们起到了重要作用。特别要感谢我们的伙伴詹森·嘉伯里奥和查尔斯·罗森，他们慷慨地忍受了许多个被分割开的迷你假期，帮助我们完成了那些看上去几乎无法结题的项目。还有凯伦·埃文斯、柯林·米切尔、玛格丽特·林姆斯 xv
基、乔纳森·梁、艾德·特雷西、斯科特·卡伦比斯、法翁·查宾以及菲奥娜·麦克布莱德等其他同事，他们的帮助让我们有更多的时间用于工作，也促进了我们的想法。我们要感谢哈佛大学商学院，在2002年到2004年期间，这个研究项目得到了它的资助。我们还要感谢迈克·杰内特（ESPN）、马克·雷内拉（万宝路）和艾德·特雷西（维他命水），在相关个案的研究过程中，他们是最好的研究助理。我们也非常感谢约翰·卡梅隆，他帮助我们整理了几百个小时的访谈录音，还有牛津大学2010年的工商管理硕士（MBA）学生，他们为本书许多章节的草稿提供了反馈意见，最好的令人激动的设计师、骑师比尔·多纳文也提供了有用的反馈意见。

最后，我们想要感谢我们的朋友、伙伴和家人，在过去八年中，他们支持我们，使我们能够完成这一项目。图巴·乌斯图纳、伊恩·卡梅隆和萨拉·卡梅隆在给予精神鼓励的同时，也提供了富有价值的洞见、反馈和编辑建议。尼科尔·萨姆的微笑以及幽默感，还有我们在落基山远足和在布鲁克林骑自行车时结下的友谊让道格拉斯·卡梅隆在写作本书的过程中如此愉快。我们开始这个项目的时候，道格拉斯·霍尔特还在担心他是否有勇气成为一个父亲，所以我们将这本期待良久的《文化战略》献给先于它来到世界的两个聪明小男孩——阿里和卡亚。

道格拉斯·霍尔特于科罗拉多州萨利达
道格拉斯·卡梅隆于纽约布鲁克林

2010 年 4 月

第一章　重思蓝海战略 1

很久以来，关于市场创新一直被工程师和经济学家的世界观左右着，他们认为市场创新就是开发一个“更佳捕鼠器”，市场将因此而关注它。这个功能主义的观点当然有它的道理，但它已经被视为我们进行创新的途径，所以“更佳捕鼠器”的方法就造成了另一种非常不同的创新世界观的丧失，那就是宣扬一个**更好的意识形态**市场同样会予以关注。

商业世界之外的人们早就懂得创新的意识形态能够获得市场力量。对于政治家、艺术家和社会活动家来说，创新的意识形态就是他们所参与的游戏的名称。不妨想想葛罗莉亚·斯坦奈姆或者安·库尔特，或者马丁·路德·金、纳尔逊·曼德拉、约翰·韦恩、博诺、罗纳德·里根，以及乌戈·查韦斯、绿色和平组织和关注家庭运动。事实上，“造一个更佳捕鼠器”（build a better mousetrap）这句话之所以为人耳熟能详，是因为其作者拉尔夫·瓦尔多·爱默生对于美国式的个人主义曾经提出过一种非常有影响力的浪漫表述。

通过推动创新的意识形态，这些个人和团体变得非常具有影响力，从而发展壮大了非常忠实的追随者群体。类似现象在消费品市场领域也同样层出不穷，比如，兼农夫、烹饪书作家和主持人于一身的休·弗恩利-惠汀斯托尔和作家迈克尔·波伦，还有国际慢食运动和美国食品杂货连锁公司全食超市，加上其他的一些个人和团体，改变了上层中产阶级的食品消费习惯。这些文化的创新者们倡导一种另类的农业和食品的观念，以此作为一种意识形态挑战具有举足轻重地位的“科学-工业”食品意识形态。他们从历史中钩沉出一些前工业时代的饮食文化，将这 2
些饮食文化变为生动有趣的甚至是必需的价值观，从而使美国、英国以及其他国家的上层中产阶级对这些价值观感到不可抗拒。这些文化的创新者们依靠我们所称为的**神话**和**文化密码**，极大地改变了饮食偏好，我们将这一现象称为**文化创新**。

文化创新被管理战略家们忽略了，虽然它在设立或激活规模达数亿美元的企业的过程中发挥着关键性的作用。比如，美体小铺（The Body Shop）、本杰瑞、万宝路、美则（Method）、全食超市、多芬（Dove）、哈雷-戴维森（Harley-Davidson）、迷你、星巴克、可口可乐、李维斯、斯耐普，以及其他一些品牌都从文化创新中获得收益。当这些企业超越了同类产品古板的文化正统，而推动一种更有号召力的意识形态的时候，消费者们便会趋之若鹜。因此，在下面关于改进创新管理的讨论过程中，我们肯定我们所主张的文化维度应该占据极其重要的地位。

作为“更佳捕鼠器”的蓝海

无论是企业家还是职业经理人，都想要发动下一个大事件，利用创新的理念激发消费者的共鸣，从而建立一个利润丰厚的新业务，这是他们的神圣目标。几十年来，战略管理专家一直就如何辨别并利用这样的机会提供咨询意见。15 年前，盖瑞·哈默尔和 C. K. 普拉哈拉德首开先河地提出了一个有力的号召——“为明天创造市场”，他们敦促管理者们聚焦于深谋远虑的战略性的目标。为了避免在现有市场中陷入内讧式的争夺，管理者们应该将眼光投向新的市场空间，也就是他们所说的“白色空间”，只有这样才能创造并掌控所展露出来的市场机会。[①] 十几年后，金伟灿和勒妮·莫博涅用一个新的隐喻“蓝海”来戏剧化地表达了一个非常相似的观点。[②] 他们认为现有的市场竞争的特征是，围绕一个传统的利益点相互残酷竞争从而超过竞争对手。市场竞争者们依靠产品和营销策略的不断变化来争夺微薄的利润空间，这是一片“红
3 海”。为开发引领未来的商业机会，公司就必须拒绝现有市场营销的惯

① Gary Hamel and C. K. Prahalad, *Competing for the Future*, Boston: Harvard Business School Press, 1994.

② W. Chan Kim and Renee Mauborgne, *Blue Ocean Strategy*, Boston: Havard Business School Press, 2005, 4—5.

例而精心创造“价值创新”，那是没有直接竞争的“蓝海”。这些前进的号令激发了许多管理者和企业家。但是我们要寻找的是怎样的未来机会呢？如何才能切实地发现这些机会并设计出利用蓝海的新概念？创新专家为我们指出了两条路径。

技术创新

对于绝大多数创新专家来说，未来的机会意味着一件事，那就是新技术的商业化。技术驱动的创新是企业的明星，从历史上著名的发明，如电灯泡、电话、电视、T型发动机小汽车、个人电脑，到最近的明星如iPod、亚马逊网站、黑莓手机、伟哥和脸书（Facebook），技术突破的商业化确定无疑地给企业和社会带来了巨大的影响。在《创新者的困境》以及随后的一系列著作中，克莱顿·克里斯滕森指出，新技术使得公司设计出“破坏性创新”，从而改变公司既有的产品。破坏性创新所提供的产品或服务在价值上优于市场上现有的产品或服务，它们或是更便宜，或是更有用，或是更可靠，或是更方便。破坏性创新强烈地改变了现有产品一贯的价值主张，经常会吸引新的消费者或者那些未得到过产品服务的消费者，甚至会创造一个新的产品市场。①

图1. 蓝海类型之一：技术创新

混搭创新

近年来，一种“混搭”的创新主张渐成影响。在金伟灿和莫博涅

① Clayton M. Christensen, *The Innovator's Dilemma*, New York: Collins Business, 2003. Clayton M. Christensen and Michael E. Raynor, *The Innovator's Solution: Creating and Sustaining Successful Growth*, Boston: Harvard Business School Press, 2004.

看来，蓝海是未开发的机会，可以通过尚未形成的独特的价值组合来加
4 以利用。为了向消费者提供一个更好的价值主张，公司必须从方法论上打破现有的产品规则，减少或增加传统的利益点，同时注入从其他产品中移植过来的新的利益点。

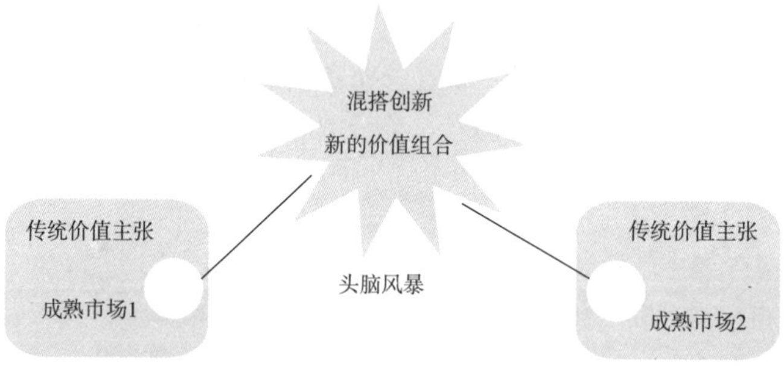

图 2. 蓝海类型之二：混搭创新

《蓝海战略》中就有这样的典型案例：作者介绍了太阳马戏团（Cirque du Soleil）如何从戏院和百老汇音乐剧中汲取灵感，从而创造出新形式的马戏。安德鲁·哈格顿的《突破何以发生》以及弗朗斯·约翰松的《美第奇效应》都提倡了一种类似的理念：出人意料地将源自不同产品的特点和技术混搭在一起，会带给消费者一系列独特的利益点。①

尽管上述两种模式看起来相当不同，但它们对于创新的构成却依赖着共同的看法。创新概括为在价值主张中提供一次升级变化（如果你喜欢用营销术语，那么也可以说是在一个给定的价格之上提供了更好的利益点）。创新之所以能够在现有产品的竞争中胜出，是因为它在产品中增加了切实的利益点，比如可以挽救更多生命的医疗器械、更省油同时更少碳排放的汽车、更多应用功能的手机，以及能储存更多数据的更便宜、更小而且更稳定的硬盘驱动器。换句话说，这两种"更佳捕鼠器"

---

① Andrew Hargadon, *How Breakthroughs Happen: The Surprising Truth about How Companies Innovate*, Boston: Harvard Business School Press, 2003; Frans Johansson, *The Medici Effect: What*
16 *Elephants and Epidemics Can Teach Us about Innovation*, Boston: Harvard Business School Press, 2004.

的创新模式，都基于经济学家的和工程师的世界观。在他们看来，人们所购买的产品只有其实用性能才是重要的。蓝海存在于对真正具有新颖及突破性特征的产品和服务有潜在需求的地方。 5

重新思考蓝海

令人奇怪的是消费者并不如此看待创新。消费者作为市场创新努力的终极裁判者，经常发现他们认为是有创新的产品，而从产品设计的角度来看却是非常平庸的。所以说，未必都要找到能彻底改变产品价值主张的全新特性才能使新业务取得成功。[①]

我们以啤酒市场为例。从“更佳捕鼠器”的角度看，美国啤酒市场早已成熟，是一个臭名昭著的红海，容不下任何创新。确实有过许多产品创新的尝试，尽管这些尝试似乎都具有组合性的创新，但绝大部分努力还是以失败告终。啤酒公司多年来一直遵从蓝海战略，将来自不同产品的概念组合起来，它们开发了啤酒 + 能量饮料（Sparks，Be）、啤酒 + 龙舌兰酒（Tequiza）、啤酒 + 软饮料（Zima）等各种组合，但所有这些所谓的创新产品在大众消费市场上都失败了。

现在，让我们从意识形态的视角来看啤酒产品。尽管啤酒产品本身在过去 30 年间鲜有变化，但是就消费者所看重的文化表述层面来说，啤酒产品一直都是在发展变化的。新入行的竞争者用更好的意识形态将既有的品牌排除出市场。1980 年代，百威公司通过品牌营销，让自己的产品在大众产品市场得以大受欢迎。营销广告的场景是，工人们正在快乐而勤劳地忙于各自的手艺，这时一个浑厚的男中音代表百威啤酒向他们致敬说：“这是给你们的百威！”。广告效果令人震惊。这个啤酒品牌很快成为美国工人阶级追逐的选择。及至 1980 年代中期，百威不可置疑地成为这个国家最值得拥有的啤酒。

---

① 文化创新与“更佳捕鼠器”创新都是强有力的相互补充。正如本章开头阐明的那样，无需明显的产品创新，文化创新可以引领一个非同寻常的新业务的成功。同样重要的是，当“更佳捕鼠器”创新与文化创新结合在一起的时候，它会更有可能获得成功。我们将表明，当新的消费者价值主张与新意识形态配合得当的时候，两者协同作用将创造出新的商业机会，或者重新激活失败的品牌。

但是到了1990年代初，百威的意识形态失去了共鸣，销量下降，被公司旗下的另一个产品取代。百威淡啤（Bud Light）在1990年代大受欢迎，超越了技术创新者米勒淡啤（Miller Lite），至今仍是美国啤酒市场的主导品牌。百威淡啤与米勒淡啤的口感并没有什么差别，所不同
6 的是：新一代的消费者曾经是听着彼得·潘的故事的少年，他们干过各种各样少年喜欢干的事情，而百威淡啤则为成年之后的他们找到了一种反叛的新的男性气概。

同一个时期，科罗纳迅速超越了长期占据头牌位置的喜力，成为进口品牌中的领先者，为消费者提供了一个放松的新方法，从美式白领的血汗工厂逃离到墨西哥的海滩，什么也不干就喝啤酒。这些啤酒都是市场中的跟风者，根本就不是一个原创的“捕鼠器”，但是作为品牌，它们提供了非常有创意的文化表述，与目标消费者的意识形态需求产生了完美的共鸣。

再比如软饮料市场，这个市场似乎是最残酷的红海之一。两个世界级的软饮料巨头——可口可乐和百事可乐，都投入了数亿美元来寻求在这个成熟市场胜出的创新之路。为了创造新的价值主张，它们都极力地尝试过混搭概念。比如可口可乐公司曾经在Coke Blak（可口可乐+咖啡的混合饮料）和Enviga（一种消耗热量的含绿茶饮料）两个产品上下了很大的赌注。尽管对于这两个产品投入了雄心勃勃的努力，据说瞄准的是具有消费需求的特定的消费者，但是都未能取得突破。

还有许多饮料企业也试过混搭战略，但同样收效甚微。事实上，在成熟市场中采用蓝海战略进行产品创新都将遭遇一个根本的问题，那就是创新者们会被迫去迎合更狭窄的需求、去掌控更小的利基（niche）市场，从而艰难地开发出一个真正的新产品。比如，一些英国企业家让他们的食品工程师们配制一种名为阿利比（Alibi）的饮料，号称是“世界第一防醉饮料”，它的目标消费者是参加派对的年轻人可能会愿意喝下一些预防性的饮料为他们在周末的大吃大喝做准备，这是一个蓝色的小水坑而不是蓝海。

当食品科学家们绞尽脑汁地混搭出各种稀奇古怪的饮料的时候，文化企业家们却在玩一个完全不同的游戏。他们寻求激进的文化创新，而

非产品创新。在《品牌何以成为标志》一书中，我们叙述了斯耐普和
激浪（Mountain Dew）的文化重塑，它们是1990年代取得夺目成功的
文化创新。在本书的第七章，我们分析维他命水公司的案例，这是另一
个通过文化创新获得惊人成功的饮料品牌。我们发现了这一相同的现 7
象，也是在全世界许多产品市场中普遍存在的现象，那就是许许多多具
有持久性的新的生意都是从创新专家认为是红海的领域中开发出来的。
比如乔治亚咖啡，一种罐装冷藏的方便饮料，它在日本市场上只是多种
同类产品中的一种，但是却成了可口可乐公司最赚钱的产品，因为它说
出了激励日本工薪阶层的话，日本经济遭遇挫折让工薪阶层担心自身社
会地位的下降。再比如英国软饮料品牌探戈（Tango），它能从一个跟风
的品牌变为百事可乐和可口可乐公司的一个有影响力的挑战者，并不是
因为开发了某些非传统的新口味，也不是设计了新奇的包装，而是因为
它强有力地传递了新的文化观念。这种软饮料，有趣地借用了“少男文
化”（lad culture），提出了驳斥美国品牌的民族主义的主张。

最近，英国的清饮公司（Innocent Drinks）做了类似的事情。天然水果果汁替代产品的市场在美国已经存在了相当一段时间，其先锋品牌是1980年成立的奥德瓦拉（Odwalla）与1992年成立的萨曼莎（Fresh Samantha）。英国大型的食品杂货公司如玛莎百货（Marks & Spcnccr）、圣斯伯利（Sansbury's）以及特易购（Tesco）都引进了这个概念并开发出了它们自己的产品。清饮公司抓住了这个业已成熟的产品带来的商机，但同时为之注入了大量的前沿意识形态，从而在英国中产阶级消费人群中激起了广泛的共鸣。清饮公司的产品包装设计很有特点：标签上画有一个像孩子的脸的拟人化的苹果，头顶上有一个光环，苹果下面言简意赅地清晰列出营养成分，比如“营养成分=3个苹果+1个香蕉+16颗草莓+43颗蓝莓”之类的字样，这样，清饮的果汁就与其他大公司所销售的科学-工业食品形成鲜明对比。通过某种文化主张，它们轻而易举地获得了那些担心健康问题的消费者的青睐，工业化时代的饮品含有防腐剂，营养成分也是合成的，而清饮果汁则有着前工业时代的纯粹，因为它只是水果。与此同时，通过形式灵活多样的游击营销活动，清饮公司将喝果汁这一个人行为与广泛领域内的环保主义话语联系起

来。它的所有宣传都表明它是一个反公司化的绿色公司，希望改变饮料市场，使之可持续发展。2001 年，可口可乐公司为了购买意识形态创新的奥德瓦拉花费了 1.8 亿美元，又在 2009 年根据诉讼结果花费 5000 万美元获得清饮公司 15% 的股权，该公司当时估值是 3.33 亿美元。由
8 于“更佳捕鼠器”创新策略的失败，可口可乐不得不花费巨资收购意识形态创新品牌。

相比创新专家们所推崇的技术创新和混搭创新来说，这些成功的企业中的每一个企业所做的创新都是很小的创新。但它们所不同凡响的是它们的产品所代表的意识形态，这种意识形态借助神话和文化密码形成了鲜明的文化表述。上述这些案例是非常奇特的。通过文化创新开发或重新激活一个价值数亿美元的企业的事例不胜枚举，比如万宝路、可口可乐、李维斯、迪赛、多芬、凌仕（Axe/Lynx）、美国运通、美国服饰、美体小铺、塔吉特（Target）、维珍、百事可乐、保罗（Polo）、哈雷-戴维森、第七代、美则、伯特的小蜜蜂（Burt's Bees）、碧然德（Brita）、全食超市、巴塔哥尼亚、杰克·丹尼尔、激浪、绝对伏特加（Absolute）、星巴克、大众，等等。而且同样重要的是，文化创新经常会促进“更佳捕鼠器”的创新，比如苹果、谷歌、迷你、红牛、捷蓝（JetBlue）和维基。

传统营销学造就红海

我们也许会期待营销学能够对发展文化创新策略起关键作用。然而，传统营销学强调的是对现有生意日复一日的常规管理，所以很少有创新，这就是我们所谓的**注意力份额营销**（mindshare marketing），因为这种营销是用心理学来表达的。[1]

功能利益的陷阱

取决于不同公司和产品，今天的注意力份额策略或是关注功能性利

① 我们第一次使用这个术语，见于：Douglas B. Holt, *How Brands Become Icons: The Principles of Cultural Branding*, Boston: Harvard Business School Press, 2004.

益（有时也被称为“理性利益”），或是关注感性利益，或者兼而有之。注意力份额的功能利益营销模式是1950年代由广告人罗瑟·瑞夫斯与他的独特销售主张（USP）概念一起提出的，这个概念因其成功地引发了一系列广告推广活动而著名，比如M&M公司的“只溶在口，不溶在手”。功能利益模式随即主导了市场营销战略，里斯和特劳特的著作《定位：头脑争夺战》[①] 的出版产生了惊人的影响力，也大大推动了这 9
一模式。注意力份额营销依赖于一个简明然而在直觉上有吸引力的隐喻，也就是说如果某个品牌殖民了消费者头脑里有价值的认知区域，那么它就成功了。该模式指导市场管理者去辨识认知“差距”，即特定产品的哪种功能利益最为消费者看重，同时又被竞争对手控制得最少。针对这一差距，营销活动的目标就是在消费者脑海中建立认知关联，然后将品牌与利益点之间的关联尽可能简明、持续而且频繁地灌输给消费者。这个理论认为，一段时间过后，消费者就会无意识地将品牌与利益联系起来，结果品牌就拥有了认知意义上的利益。

如果产品确实具有某种新奇功能，使品牌具有超越其竞争对手的实质性的和持久性的优势，那么功能利益模式就是最有效的。在这种情况下，注意力份额模式就是进一步支持了经济学家们宣讲了几十年的声誉效应。然而，取得这种实质性的优势并不容易，而且如果一项新技术确实能改进产品性能，它就会被竞争对手草草复制。市场上的各家公司总是相信自己是创新驱动型组织，正在努力地寻找蓝海。但实际上，品牌之间的竞争通常会陷入红海，我们称其为“利益点混战”，在红海里的公司尽力避免自己的产品与其他品牌产品的同质化，通过一些细微而短暂的差异点来向消费者吹嘘其产品的重要性。结果，近些年功能利益模式成了市场营销的替罪羊，连戴维·艾格这样的权威专家在为营销人员提供的咨询建议中都避免“功能利益陷阱”。[②]

---

① Al Ries and Jack Trout, *Positioning: The Battle for your Mind*, New York: Warner Books, 1980.

② David Aaker, “Beyond Functional Benefits”, *Marketing News*, Sept. 30, 2009.

商品情感陷阱

不幸的是，新型的感性利益营销模式被证明是一种更有问题的模式，为了避免功能利益陷阱，许多市场营销专家现在专注于确定他们所谓的“感情利益”，也就是消费者附加于产品或品牌上那些更软性的价值、思想和情感元素。“将消费者更高层次的价值抽离出来”“更深刻地探究消费者最重要的内在需求”以及“品牌真理”，这些想法听上去很高贵也很复杂精妙，但也就仅此而已。在具体的营销实践中，这种模式仅仅就是推出一些模糊的抽象概念，这些概念里包含了一些对于消费者来说微不足道的价值。追求功能利益至少迫使营销者的营销基于产品
10 的客观功能，而对感性利益的追求则是漫无边际的，因为各种情感都有可能加以利用。我们正在目睹一场情感词汇的军备竞赛，各家公司都竞相拥有一张重要情感词汇清单。

感性利益模式促使公司寻求放之四海而皆准的“情感领地”，那是适用于任何品牌和产品的。于是，可口可乐成了“幸福”的捍卫者，百事可乐是“欢乐”的捍卫者，斯耐普则是“乐趣”的捍卫者。午餐肉和培根的品牌生产商奥斯卡美亚公司（Oscar Meyer）的营销人员投入了5000万美元进行广告宣传：广告所涵盖的完全是人们正在幸福着这样的特征，人们正幸福地吃着培根的生活片段，广告语说道：“不会比这样更幸福。”公司希望这个广告能够重新抓住品牌“欢乐”和“丰富”的内涵。①

这些情感词汇大同小异，模糊不清。李维斯捍卫“自信”和“自由”，但这也是李牌（Lee）和盖尔斯（Guess）牛仔服的主张。就此而言，你也可以用它来形容牛津健康保险、沃尔沃旅行车、威瑞森（Verizon）移动电话计划，等等。而正是因为“自信”以及对结果有“信心”，宝洁公司才销售它的验孕产品、洗衣粉、口腔卫生用品、妇女卫生用品、化妆品系列以及止汗剂。虽然追求感性利益帮助品牌管理者避开了许多功能利益陷阱，但其无意中产生的后果着陆在了一个战略

① Stephanie Clifford, “Oscar Mayer Counts on the Joy, Not the Jingles”, *New York Times*, Jan. 14, 2010, www. nytimes. com/2010/01/15/business/media/15adco. html? ref = business

上更无计可施的空间里，我们称其为商品情感陷阱。从消费者的角度看，感性利益使得品牌甚至更难于区分。因为利用了功能利益模式的方法，感性营销也驱使品牌模仿产品市场中的文化正统。所以，注意力份额营销不仅限制了创新，它还开创出一片红海。

总之，注意力份额营销的两种策略，无论是提供功能利益还是提供感性利益，作为创新工具都是相当有局限性的，因为它仅仅扎根于心理学。两种方式都暗示说，营销就是在消费者头脑中建立某个品牌与消费者认可的价值利益点之间的联系。在这样的观念看来，品牌与利益点不仅都是长久稳定的，而且都和社会语境无关。认同注意力份额营销的专业人士喜欢用两个术语来表述品牌的关键利益，即品牌本质和品牌基因，这两个词就非常能体现那种想当然的看法。由于这种品牌战略的 11
核心部分与社会和历史缺乏联系，注意力份额营销专家只能将激起消费者共鸣的任务交给从事创意的搭档们，这些创意人员被要求向品牌中注入“潮流”“声誉”“酷”之类的内涵，努力将这些词汇与品牌产生关联。

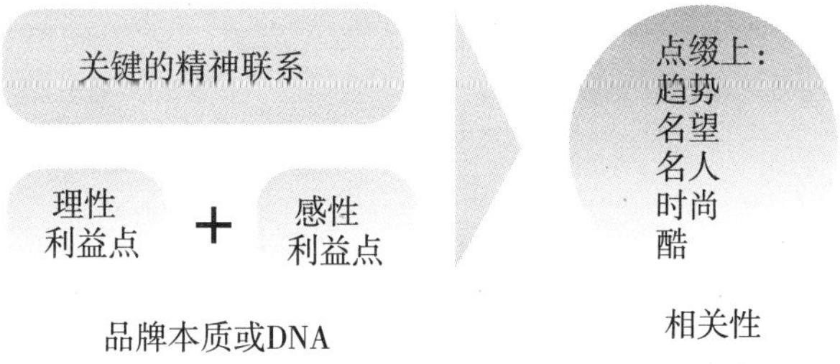

图 3. 注意力份额战略

品牌在这里仅仅被视为一种思维现象，而不是社会、文化和政治现象，这就意味着社会历史变迁带来的创新机遇完全被忽视了。对于短期内维护现有市场的良好运作，注意力份额营销是有效的，但是对于寻求创新以及长期维护一个品牌的市场地位而言，它是有缺陷的。管理者和企业家们不知道如何确定和利用新的市场机会，也不知道如何重新激活那些由于历史变迁而失败的企业。

第一部分：文化创新理论

文化创新如何产生作用？本书的第一部分，我们总结了十年的研究成果，在此基础上提出了文化创新理论。我们对二十多项重要文化创新进行了详细的历史分析。我们对这些不同案例进行了系统的对比，从而建立了一套理论用以解释为何这些创新获得了成功。这一部分我们评析以下七个案例：耐克、杰克·丹尼尔、本杰瑞、星巴克、巴塔哥尼亚、维他命水和万宝路。其中，耐克、星巴克和万宝路这三个品牌，被视为突破性品牌推广的神明，它们的故事被当作品牌管理的传说已经流传了
12 几十年，但是我们的研究却直接对这种传统智慧构成了挑战。研究结果可以用一个简单的如图 4 所示的模式表述如下：

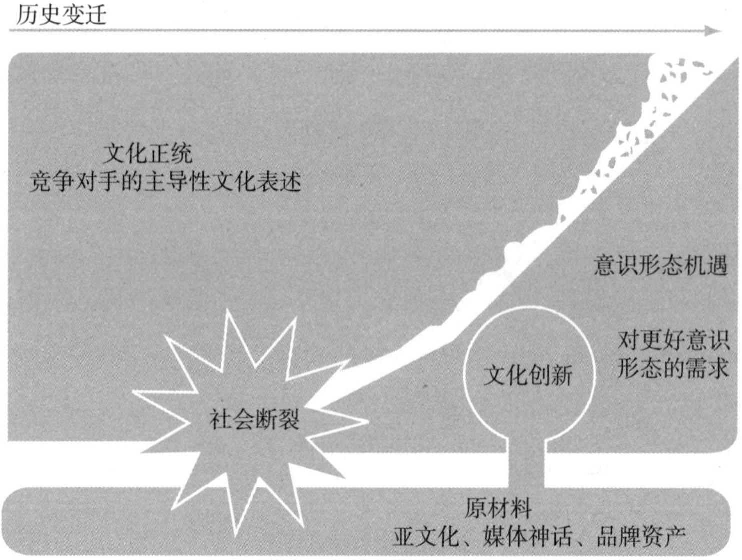

图 4. 文化创新理论

我们将通过对七个案例进行分析来向读者说明这一模式是如何运作的，同时介绍其中的关键概念。文化创新最重要的方面是传达一种创新的文化表述。因为文化表述包含了一种意识形态，通过恰当的神话和文化密码使得文化表述变得生动，所以我们研究创新如何通过上述三个元素而产生作用。

通过文化创新来寻找蓝海，这从根本上不同于功能战略。从文化的视角看，蓝海被定义为潜在的意识形态需求，而非潜在的功能需求。根据技术创新模式和混搭创新模式，商机被认为一直存在着，只不过处于休眠状态，直到恰当的新技术或者富于创造性的混搭产品出现时，它才会出现。这两种模式假定人们通常喜欢产品具有更好的功能。相反，意识形态的商机产生于重大的历史变迁导致产品的传统文化意义的彻底重塑，我们称这样的变化为**社会断裂**（social disruption）。这些变化解离了消费者与既有品牌之间的连接，从而使消费者需要寻求新的替代性选择。它是一种新兴的机遇，尤其针对特定的历史时刻和特定的人群。

同样地，文化创新战略对于这类商机的反应方式与“更佳捕鼠器” 13
战略从根本上不同。文化创新由一系列特定的文化表述构成，通过品牌所对应的消费者接触点将这种文化表述传递给消费者。在本书中，我们一直强调，有影响力的文化表述可以通过多种多样的方式来实现，比如产品设计（本杰瑞、星巴克、维他命水）、平面广告（杰克·丹尼尔）、游击营销（本杰瑞、导火线音乐电视网）、公司经营方针（本杰瑞、肥胎啤酒、自由职业者工会）、零售设计（星巴克）、产品包装（星巴克、维他命水）、服务境遇（星巴克）、命名（维他命水）、户外媒体广告（自由职业者工会）、电视广告（耐克、万宝路、净蓝验孕、肥胎啤酒、李维斯、体育电视台）。对于文化创新来说，所有的消费者接触点都是等效的。

意识形态机遇为市场创新提供了最肥沃的土壤之一。然而这种机遇还没有被认识到，毕竟在营销管理思想中，经济学、工程学和心理学的影响太大。它们虽然属于不同的学科，却有着相同的前提，那即是要简化这个世界，所以它们有意识地忽略文化语境和历史变迁。这些理论删除了人类生活所有零乱烦琐的细节，为的是提供一个简洁的模式以便大公司按图索骥地应用。而我们认为，正是在社会生活中那些烦琐而难于测度的层面，蕴藏着某些伟大的创新机遇。

第二部分：文化战略模式的应用

文化创新能否成为一种系统的事业追求？什么样的战略能够指引公

司和企业家识别并利用这些意识形态性的商机？什么样的研究方法最适合了解这种战略开发？

在过去，文化创新是一件偶然的碰运气的事，幸运的发现者实在太稀罕了。文化创新理论开启了一扇通往新战略的大门，它能够显著地提高成功的概率。但是运用文化战略创新，我们必须重新思考“战略”是什么。战略是指导行动的一个蓝图，但战略通常被想象成一些高度抽象的通用术语。在传统的创新战略中，比较详细的和语境化的指导意见
14 往往被排除在外，因为这种细微差别的细节被认为不属于战略的范畴。然而在文化创新中，这些抽象的战略却没有什么用。因为文化创新就是确定一个特定的历史机遇，然后用具体的文化内容去回应它，所以文化战略必须针对这些更加特定的历史与语境目标做出回应。因为文化战略决定了品牌的文化表述的细节，所以它也为品牌推广中一直被视为是“创意”的环节提供了相当多的体系和指导意义，而这在之前一直都是由创意专业人员凭知觉来掌握的。

在本书的第二部分，我们将文化创新理论转化为一个可执行的分为六个阶段的战略框架，我们称其为**文化战略模式**。文化战略是一张详尽的蓝图，指导着一个文化创新的开发。我们详细论述每一阶段的方法，而这些方法都是直接从我们文化战略理论中提炼出来的，是由一整套系统的文化研究的方法支持的。

我们曾用这套模式为数十家公司开发文化战略，包括百事公司、百富门（Brown-Forman），微软、宝马、百加得（Bacardi）以及可口可乐公司。我们曾用文化战略模式推出过新品牌（比如斯维佳、真理频道、绿色星球），用它重新激活过在困境中艰难挣扎的品牌（比如可口可乐、迈克硬柠檬水、大地段、科友豆巴），也用它帮助某些品牌成功地维持住了作为文化引领者的历史地位（比如迷你、万事达、杰克·丹尼尔、本杰瑞、激浪）。这一部分将讨论四个不同类型的案例项目：净蓝验孕、肥胎啤酒、导火线音乐电视网以及自由职业者工会，在这些项目中我们都运用了文化战略并以创新的文化表述开发了这些品牌的营销策略。

第三部分：文化创新的组织

公司和企业家应该如何组织起来去寻求文化创新？这种组织形式如何不同于传统的组织结构？管理专家早就认识到组织结构既有可能促进创新，也有可能阻碍创新。促使笔者撰写本书的原因之一就是想弄清楚，为什么全世界最优秀的消费品营销公司，比如宝洁、联合利华以及可口可乐，通常都在文化创新方面失败了。我们在研究中发现，蓝筹公 15
司惯常应用的创新流程在文化创新中实际上是有缺陷的。找到创新的文化表述是一个完全不同于使一个“更佳捕鼠器”商业化的任务。

在这一部分，我们证明文化创新需要一种新的组织形式。在第一章，我们进行一个机构性的评价，明确指出大公司有缺陷的体制逻辑使文化创新偏离轨道，我们称之为品牌官僚体制。在接下来的两个章节中，我们用两个典型案例，李维斯在欧洲推出的品牌501s和体育电视台，详细讨论能够促进文化创新的替代性组织结构，这种替代性的组织结构潜藏于我们研究过的文化创新案例中。我们将这种新的组织形式称为文化工作室。

文化创新也是社会创新

文化创新同样可以用于社会和环境问题。例如，设立一个有助于环境可持续发展的社会企业，或者设计一个新品牌来促进南半球的经济发展。尽管本书主要聚焦于商业应用，但我们现有工作的相当一部分都在关注社会创新的开发利用。本书讨论了四个案例，它们是社会创新方面的先行者，包括本杰瑞、巴塔哥尼亚、肥胎啤酒和自由职业者工会。这些案例显示了文化战略模式如何被社会企业家和社会企业应用于社会变革。

第一部分

文化创新理论

第二章　耐克：再造美国梦 19

1971 年，菲尔·奈特和比尔·鲍尔曼卖出了他们的第一双耐克跑鞋。10 年之后，这个品牌的年销售额达到了 4.58 亿美元；又过了 20 年，他们的年销售额达到了 30 亿美元。2009 年，《商业周刊》将耐克排名为全球最有价值品牌中的第 26 位，其品牌估值超过 130 亿美元。为什么消费者认为耐克的价值比它的竞争者对手高出如此之多呢？

耐克是一个具有深远意义的文化创新。然而，传统研究未能设法解决耐克创新的文化层面的问题，结果就无法解释它何以如此成功。许多专家将耐克视为“更佳捕鼠器”的典范，认为耐克设计制造了最好的鞋子并因此获得巨大的成功。但我们将表明，这种说法并不符合历史事实。耐克声誉卓著的制鞋技术的创新早已有之，但并未与品牌的市场成功同步。耐克的成功是因为创新的文化表述而不是创新的产品。

营销专家用注意力份额理论为“更佳捕鼠器”的说法做了一个导向性的陈述，他们声称，耐克能够成功，是因为它殖民了消费者意识中一种关键的产品利益点，即“性能表现”。但这种说法混淆了因果关系，从结果看，耐克作为运动品牌，确实以性能表现著称，但需要解释的正是耐克为何成为主导性能表现这一关键的产品利益点的原因。耐克所有的竞争对手也都努力成为性能更好的品牌，但它们从未取得过像耐克那样的成功。因此，我们需要了解的是，耐克做了哪些**不同的**努力，耐克用什么激起了美国乃至全世界消费者如此强烈的共鸣？而如此强烈的共鸣使得全世界消费者都认为耐克鞋的性能比其他竞争者的鞋子的性能好得多。耐克所做的，是将鞋的性能看得非常宽泛，不仅看鞋在球场 20
上如何便于运球，而是宽泛到能够触动许多美国的非竞技运动员内心深处的焦虑和渴望。耐克建构了独特的体育神话，激励人们努力表现，超越梦想，当全球化冲击了美国的就业市场导致美国人面临意识形态焦灼的时候，这一神话提供了强烈的励志隐喻。

“更佳捕鼠器”创新

耐克确实对运动鞋设计贡献过重要的技术创新，但这仅仅发生在公司发展道路的初级阶段。1960 年代，一些有能力的公司首先尝试将新材料和新的制造技术用于运动鞋的设计生产中，经过慎重的测试，最终将医学科学的先进技术加以改进用于运动鞋。[1] 这是运动鞋类产品的“更佳捕鼠器”创新阶段，当时这类新产品主要瞄准的是职业运动员以及很认真的业余运动员，这类业余运动员是一种运动员亚文化，人们在任何运动领域都能发现这类人。

1957 年，菲尔·奈特加入了俄勒冈大学田径队，比尔·鲍尔曼担任教练。鲍尔曼是一个创造者，他影响了竞技赛跑的许多方面，从改进跑道设计，到考虑如何利用录像来分析运动员的步伐。最重要的是他喜欢修理鞋子，他把运动鞋拆下来再装回去。鲍尔曼开始他的鞋子的创新事出有因，1940 年代的两大运动鞋巨头威尔森和斯伯丁都将重点转向了“二战”时物资的生产，而停止生产轻便钉鞋。所以鲍尔曼只好自己动手，想要制造出完美的具有轻便性能的跑鞋。1950 年代，鲍尔曼开始试验用不同的材料来制鞋，包括蛇皮、鱼皮等，最终他选定了耐用性更好的材料，比如小山羊皮和尼龙丝，它们可以黏附在钉鞋的鞋底上。

作为俄勒冈大学的年轻田径队员，菲尔·奈特展现了一种田径工作的规范，这与鲍尔曼的田径理念是一致的。尽管他不算是大学里最有天赋的运动员，但他不畏失败，令人难以置信地刻苦训练，因此成绩出
21 色。奈特转而获得了 MBA 学位并利用这一学位在田径界找到了工作，为虎牌跑鞋公司设立一个美国国内市场的经销公司。鲍尔曼加入奈特的经销公司，他喜欢修理鞋子的嗜好还是没有戒掉，总想着改进虎牌跑鞋的设计。1964 年 2 月，两人凑了 500 美元作为启动资金创办了蓝带体育

---

① 此处有关耐克早期历史的综述可参见如下两书：Donald Katz, *Just Do It: The Nike Spirit in the Corporate World*, New York: Adams Media, 1994; J. B. Strasser, *Swoosh: The Unauthorized History of Nike and the Men Who Played There*, New York: Harper, 1991.

用品公司，并签下了第一笔1107美元的订单。到1967年的时候，公司的收入升到8.3万美元，不算太高。

1971年，奈特和鲍尔曼创办了耐克品牌，继续采用鲍尔曼的创新设计。[①] 他们为跑鞋开发了创新的新型纤维和鞋底，并不惜代价请日本公司制造。在1966年，鲍尔曼设计了“月亮鞋”，这个设计在1971年终于成为极有影响力的耐克-科尔特斯。鲍尔曼最广为流传的故事是他将制鞋的橡胶倒进太太的华夫饼烤模里，由此发明了华夫鞋底，这种鞋底在1970年代曾风靡一时。同时，还有一件重要的事情是，几家有能力的制鞋公司利用生物力学原理来增强跑鞋的人体工效学性能，但耐克当时没有考虑这个做法，因为它致力于帮助减轻竞赛运动员的负担。艾通尼克（Etonic）公司设计制造了动力鞋跟，创业公司布鲁克斯（Brooks）则发明了动能鞋底，艾斯克斯（Asics）公司（它的前身就是市场主导者鬼冢虎公司）则采用了双层鞋底夹层。

这类新工艺大大改进了鞋子的性能和舒适度，这在早期市场是至关重要的。但很快，这些先进技术变得越来越多。唯一对新设计保持密切关注的是竞技运动员群体，因为对于他们而言，哪怕一个微小的功能提升对于他们的成功都是很重要的。他们成了耐克以及其他几个新创公司的狂热粉丝。而对于其他任何人，偶尔的慢跑者以及将跑鞋当便鞋穿的人，这些技术差异根本无关紧要。因此像虎牌这样的老牌厂商，也就是鲍尔曼和奈特最初为它做经销工作的公司，继续控制着大众市场。

鲍尔曼和奈特相信技术上的专业知识可以引领耐克在大众市场上获得成功。然而，他们辛苦打造的“更佳捕鼠器”刚推向市场便遭遇了惨痛的失败。耐克取得了一位前NASA工程师所开发的技术的应用许可，它是一个聚氨酯气囊，填充了压缩气体，在冲击之下可收缩并产生反弹。[②] 将这个小气囊装在跑鞋的后跟处可以提供更多的缓冲，耐克推

① 在这个时代，鲍尔曼是慢跑的早期倡导者之一。他从1960年代初就开始劝人加入这项运动。1966年，他还跟人合写了一本书《慢跑》，提倡将慢跑作为一项健身制度。遗憾的是，这本书并没有促进蓝带体育用品公司的销售。

② “Nikebiz.com: The Inside Story (1978)”, www.nike.com/nikebiz/nikebiz.jhtml? page = 50 (accessed Nov. 13, 2003).

22 出第一双空气鞋——顺风。它是银色的，亮闪闪的看起来像一台造型优美的机器。顺风跑鞋 50 美元一双的定价，在 1978 年是一个破纪录的价格。尽管在耐克的管理者看来，这种鞋子具有明显的功能上的优势，但是大众消费市场根本就没有关注这个空气鞋跟，因此这款鞋的推出并没有对公司的收入产生什么影响。但 10 年之后，同样的技术却受到市场关注，而对公司收入产生了巨大的影响。

耐克在跑步者中所享有的高超技术的声誉并未转化为大众市场的成功。对于大众市场的消费者来说，功能上的差异不是非常明显的话是不会被注意到的。对于大众消费者而言，性能表现是一种文化结构，一种市场惯例，性能好坏取决于那些偶然的跑鞋消费者们是否相信。耐克在市场中推广性能表现的方法与其他运动鞋公司用了几十年的方法是一样的，消费者对此已经厌倦了。

文化正统：明星运动员的战绩神话

生产跑鞋的公司一直以来都采用与生产篮球鞋、网球鞋和足球鞋的公司同样的营销方法，那些都是鞋类市场上份额最大的产品。它们模仿已经很老套的营销方法来宣传它们跑鞋的性能，这种营销方法就是我们所说的明星运动员的战绩神话。根据这一文化正统，公司与明星运动员签订合同由他们作为代言人，在广告中他们穿着运动鞋展示其超凡的技能，然后宣称他之所以取得这些辉煌战绩，公司的某个名牌的产品功不可没。消费者会购买这些广告推广的品牌运动鞋，并不切实际地指望它们也能提高自己的运动表现。

耐克在创业之初的七年里一直沿用这个营销方法，他们签约像斯蒂夫·普雷方丹这样的明星运动员，后来为了推广新的网球鞋，签约了约翰·麦肯罗，用的是程式化的广告手法，强调他们超凡的运动技能，用一种叛逆的“坏小子”的方式进行表述。耐克最强劲的竞争对手，比如阿迪达斯、虎牌以及其他有能力的企业的品牌，尤其是布鲁克斯牌，都是这样做广告的。耐克似乎看不出与其他运动品牌有什么差别，事实上消费者市场的反应也很冷淡。

明星运动员的战绩神话能够刺激作为核心的运动员群体，如果产品确实有了设计上的改进的时候尤其如此，因为竞技运动就是运动员生活的中心焦点。然而，运动员所占的市场比例是很小的。这种诉诸性能表 23
现的话语对于大众消费市场却缺乏吸引力，不仅无趣，而且与大众消费者没有关系，所以很容易就被忽视了。

耐克所面对的处境，我们称之为**文化鸿沟**（cultural chasm），这个概念我们将在第六章的巴塔哥尼亚案例中详解。通过设计具有更高性能表现的鞋来满足运动员的特定需求，耐克在跑步运动员亚文化中确立了一个有影响力的地位，这是一个“更佳捕鼠器”战略。但这一战略对于那些并非核心的运动员的消费者来说就不奏效了，而这些消费者却构成了销售份额中的绝大部分。耐克怎样才能跨越这一鸿沟？这需要一次文化创新，使耐克的性能表现对于运动员亚文化之外的消费者群体富有意义。耐克新的营销策略如此有效地激起了非职业运动者的共鸣，并让他们相信耐克是性能表现卓越的跑鞋，要理解这其中的原因，我们需要理解当时的历史背景下消费者的意识形态需求。

社会动乱：战后美国梦的破产

从 1970 年代后期开始，美国经济进入一个重要的转型期，对整个社会和文化都产生了深刻影响。在此前的四分之一世纪里支撑着这个国家的意识形态轰然倒塌，直到 1980 年代末才得以重建。历史上，美国人都拥抱着美国梦，认为哪怕是贫困的移民，也可以通过勤奋工作和坚定决心而为自己创造一个富裕而幸福的生活。即便是最大胆的目标，也总是能够实现的，只要你在追求梦想的过程中面对将要遇到的阻碍和挫折能够有动力、有尽快调整的勇气、勤奋并具有乐观的毅力。这是一种宏伟人生目标和坚定的乐观决心的世界观，这种对于工作的坚定乐观的决心是实现这些宏伟目标所不可避免的。

然而战后时代是一个不正常的时代。“二战”结束之后，美国是最后一个未被摧垮的主要经济体，这个国家在全世界有着巨大的政治影响和文化信誉。因为来自其他国家的竞争极少，需求看起来似乎源源不断，使得美国工作场所的状态发生了转变。这一阶段，美国享有巨大的政治和经济优势，导致美国人意识形态中坚持自我进步的核心意识明显

下降。生活很好，生活标准急速提高似乎没费多大的劲，因此人们好像
24 完全不必太努力地工作。关于那个时代的刻板印象也许不算太夸张，那个时代的商人们午餐时都会喝三种马蒂尼酒，而熟练技工能得到轻松的终身制的工会合同。整整 20 年，实现美国梦变得如此容易，不必投身辛苦的工作，不必节俭，也不必有顽强的意志去克服困难和挑战，就可以得到财富、机会以及更好的生活，

战后无与伦比的繁荣局面在 1970 年代初开始被打破，一方面因为石油输出国组织（OPEC）的石油联盟抬高了原油价格，另一方面因为那些在战争中遭遇严重破坏的国家终于赶上来了，开始取得国际竞争中的成功，尤其是日本和西德。而美国的经济则进入了一个滞胀期，极小的经济增长却伴随着相当高的通货膨胀。到 1970 年代后期，曾经在此前的黄金 25 年中创造了亿万美国梦的社会契约开始瓦解。为了避免通胀，联邦储备委员会主席保罗・沃克尔的政策却将美国经济带入了更严重的衰退之中。美国人最终不得不接受舒服、安全、高薪工作的时代结束了的事实，花园野餐版的美国梦终结了。这些新的经济情况要求一种角色的调整。经济和意识形态的崩溃，使得许多美国人开始寻求替代的意识形态的支点，让他们能够实现他们的美国梦。这一寻找之旅持续了 10 年，直到这个国家再一次牢固地建立起它在全球的政治和经济领袖地位。

受到新时代工作境遇的重创，美国人极其渴望在文化中寻找榜样、激励和雄心。用意识形态的说法就是，时代要求美国人不仅要恢复早先美国梦中的勤勉精神，还要让这种精神在当下的经济挑战中更加坚强。当经济出现了滞涨，而生活水准的提高又已经成为一个基本人权的时候，美国人苦苦寻找哪里出了问题而他们应该如何应对。你争我夺的自由市场经济正在浮现，它要求美国人拿出与以前完全不同的精神状态。坚毅的个人主义再度流行起来，然而并不再是为了应付开荒拓土的生
25 活，而是独立工作的工人在面对全球竞争的超级挑战时努力取得成功的宣言。坚强和严格在精神和肉体两方面都需要。

体育一直都用来比喻强大而高效的工作，作为取得成功所要求的一

种个性典范，它类似于男性气概，类似于在社会中成为强者所需要的东西。[1] 在棒球、足球、篮球以及在 2008 年总统大选中我们才耳闻的曲棍球等美国小型体育联合会里，花一些时间与家长和他们的孩子在一起的话，你将会发现，对于家长而言最重要的美国意识形态的各个方面，以及他们竭力灌输给孩子的意识形态的各个方面。在新经济形势产生的意识形态混乱的年代，耐克将利用它作为一个竞技体育品牌的信誉，向公众发出倡议。

为了适应新竞争，美国掀起慢跑热

对于战后的电视观众来说，团体运动（比如橄榄球、篮球、棒球、曲棍球）要远比个人运动（比如高尔夫、网球、跑步和田径）更加流行，其中橄榄球更是处于流行的前沿。然而到了 1970 年代后期，最具有个人主义的体育运动之一——跑步突然大受欢迎，而且参与者比观众要多。这不是一种随意的一时风尚，而是美国人开始意识到，他们需要革除战后年代的那种久坐不动的“软”生活方式，重新激发美国历史中的粗犷的个人主义的顽强而坚忍不拔的毅力。他们必须锻炼他们的身体和精神以应对新的竞争环境下的工作，而慢跑满足了这种需求。

早在 15 年前，运动和保健专家就通过电视和书籍鼓动美国人慢跑（鲍尔曼也曾做过这方面的努力），但直到 1978 年，这项健身运动才突然受到欢迎。尽管与美国人最喜爱的运动相比，慢跑缺乏矫健的魅力，但它突然被数以万计的美国人接受了。许多美国人选择通过慢跑，挑战

---

① 战后美国采用了新的大型组织和机构的意识形态，战后体育也模仿了这种意识形态。媒体赞扬豪门球队以及那些让运动员发挥作用从而使得整个球队达到最佳状态的教练。媒体所赞美的运动王朝比如：美国大学篮球联赛中的加州大学洛杉矶分校棕熊队和印第安纳大学山地人队；美国大学橄榄球联赛中的南加州大学特洛伊人队、俄亥俄州立大学七叶树队与宾州州立大学尼塔尼狮子队；职业橄榄球联赛中的绿湾包装工队、匹兹堡钢铁人队与迈阿密海 47
豚队。在所有这些球队中，执掌豪门的教练比运动员受到的关注还要多，比如约翰·伍登、鲍比·奈特、伍迪·海耶斯、乔·帕特尔诺、文斯·伦巴第和唐·苏拉。对球队的报道往往表现他们强悍的攻击力，比如，报道说钢铁人队拥有令人恐怖的“铁幕”，明尼苏达维京人队则以“怪兽大战外星人的姿态”与之抗衡。教练的斗智斗勇与球队的集体力量在这个时期成了对工作的一个有效的促进隐喻。

他们久坐不动的生活方式，同时锻炼体魄，以便在新兴的劳动力市场上更有效地竞争。

杰姆·菲克斯曾是一个胖乎乎的编辑，摇身一变成为跑步专家，他撰写的名为《跑步完全手册》的书引发了一场慢跑热潮。这本书迅速
26 成为最畅销的非虚构类图书，并一直保持畅销，菲克斯本人也成为脱口秀循环节目的定期嘉宾，在电视节目中宣传跑步的好处。他给美国人讲述自己发生转变的故事：一个曾经久坐不动的男人，战后经济的受益者，如何利用慢跑而重新将慵懒的身体调整为瘦的、矫健的并且肌肉发达的身体。

当慢跑变得更加流行的时候，跑鞋自然流行起来。许多消费者拿跑鞋用于购物或走路这样的日常活动。那本书的封面上突出了菲克斯的双腿，穿着一双鬼冢虎牌跑鞋，当时一个最时髦的跑鞋品牌。但是，不知不觉之中，耐克渐渐成为那些将跑步作为他们健身方式一部分的美国人的首选跑鞋。为什么？不同于它的竞争对手们，耐克放弃了“更佳捕鼠器”以及明星运动员战绩神话的营销模式，开始利用广告宣扬跑步者的意识形态：跑步——美国人找回竞争精神的绝妙方法。

耐克创造新的意识形态：个人拼搏意志

奈特和鲍尔曼身处跑步亚文化的中心，他们从相遇开始，就用汽车后备箱装着自己设计和制造的运动鞋来卖。两人逐渐形成了一个相同的看法：美国运动界是由团体项目主导的，因为这些项目不仅充满了团队精神，而且能够吸引大量观众，而赛跑运动员则是偏离这一主流的。正因为如此，什么样的人才会将自己的一生奉献给这项运动，在看不到一个爱好者的跑道上独自一人一圈又一圈地跑？奈特作为一名取得超预期成功的田径运动员，他的竞技成功完全因为他的毅力而不是他天生的身体素质。因此奈特相信，伟大的跑步者需要具备超越常人的决心、内在动力和意志力，唯有如此他才能忍受令人精疲力竭的训练和频繁的伤病，这是一种孤独的、极少有外在满足感的生活方式。但是，奈特和鲍尔曼都相信，成功的跑步者都具有反抗权威主义的敏感性，加入一种团体项目，也就掉进了各种体制化的陷阱，足球、篮球、棒球莫不如此，

而跑步者独自一人跑，独自一人为自己的成败承担全部责任，这对于运动员而言则是一个更好的回报。奈特和鲍尔曼进一步认为赛跑运动员都会认同这种独特的意识形态，我们称之为个人拼搏意志，它将成为耐克品牌的意识形态基础。

奈特许多年来一直将营销推广以及广告视为一种欺骗，而真正的运 27
动员永远都不会相信。到了 1970 年代后期，他终于决定耐克必须与跑步运动员以及跑步迷的圈子外的潜在消费者进行沟通。阿迪达斯和虎牌继续用明星运动员战绩神话策略来进行品牌推广，布鲁克斯公司也模仿它们的做法，而奈特采取了具有重大影响的举措去尝试一些不一样的做法。在他的第一个尝试性的反传统广告中，奈特和当地的广告代理决定坚持耐克的意识形态偏好。他们发起一个名叫“脚语”的广告运动。这个有些笨拙的短语，引发了一场令人感到惊奇的创新。这第一个广告不是一个臭名昭著的赢得田径比赛的体育明星为主角的故事，而是一个默默无闻的赛跑者的个人故事，所用的广告语是“跑道没有终点”。广告的讲述者告诉观众，这名运动员已经变得“沉迷于跑步带给他的东西”，当看到强化训练时旁白是：“赢得比赛相对是容易的，但战胜自己却是一个无尽的投入。”

琼·贝罗蒂是耐克赞助的那些默默无闻的田径运动员之一，当她成为美国第一位女子马拉松冠军时，耐克推出了一个有影响力的广告。广告刻意避免了那些表现明星战绩的陈词滥调，比如没有表现贝罗蒂冲过终点线那一刻欢欣鼓舞的表情，而是描写了她在恶劣的天气下天不亮就起床进行训练，描写她平凡而真实的运动员生活，令人信服地戏剧化了她为赢得比赛所做的一切坚忍不拔的奉献。

耐克赞美个人化的竞赛运动员的单调的训练生活，即便这些被赞美的运动员取得辉煌的成功，耐克也不改变这一基调。在耐克看来，这些运动员之所以成功，是因为他们与其他运动员拥有相同的意识形态。耐克甚至拍了一部短片将这种田径运动员的意识形态戏剧化，那是一个 10 分钟的纪录片，主角是一个跑步比赛的女性团体，她们没有名气，也从未想过出名，但这毫不妨碍她们在与团体中关系密切的伙伴们彼此比赛时获得巨大的乐趣，并共同度过强化训练的时间。

这些广告片是对一种新的文化密码的最初发掘，耐克赞美竞技体育背后单调乏味的训练，从而展示运动员的精神，耐克管理层继续将这一
28 文化密码发展成为一种具有号召力的方式，来传达耐克坚忍不拔的个人意志的意识形态。耐克所提供的是一个简单的类比：跑步者有一种独特的、看起来像是自虐的冲动去进行不知疲倦的训练，不畏艰难，在永不停息地协调自己的身体的过程中取得最好的成绩，他们乐在其中。作为身处跑步者亚文化中心的品牌，耐克凭借自己在亚文化中的威信向所有美国人发出倡议，鼓励国人加入跑步运动，通过跑步来磨练个人的拼搏意志，是通往新生活的道路。

耐克引领了慢跑的热潮，它战胜了那些非常著名的竞争对手，成为那个时代的慢跑鞋。其他品牌，比如虎牌和阿迪达斯，曾经有更多的机会主导新市场，但是耐克却取得了比它们大得多的成功。因为耐克给了慢跑运动一种创新的意识形态，从而使得许多美国人加入这项运动。更直接的结果是，跑鞋成为更加广泛的社会经济领域的美国人的便鞋，10年之后的篮球鞋也出现了同样的情形。尽管跑鞋的舒适度很诱人，但它的样式并不具有吸引力。它吸引人的是慢跑所代表的精神含义，特别是耐克所讲的故事的含义，那是美国人在这个时代需要重新恢复的精神。1979年，耐克的销售额超过了阿迪达斯，其他跑鞋创新者们也被远远地甩到了身后。

尽管取得了最初的成功，但是一个核心的战略问题依然没有解决，那就是耐克几乎全部的销售额都仅来自于跑鞋。耐克同时也销售其他各种运动鞋，尤其是网球鞋，但却一直都没有取得市场份额。奈特和公司管理者们面临着一个基本的企业难题——他们主导了跑鞋市场，但是慢跑的热潮已经呈现平稳的态势，因此这部分市场的增长机会已经萎缩。如果耐克想要继续取得销量增长的话，就必须将品牌拓展到其他运动项目中。

耐克重回“更佳捕鼠器”战略，销售一落千丈

耐克企图运用“更佳捕鼠器”的逻辑来进行业务扩张，即运用一种技术优势改进鞋的性能，一旦耐克向市场推出这种鞋，市场机会就会

出现。这个办法事后被证明是灾难性的，耐克积极的扩张计划完全失败了。当销售业绩平平，利润大幅度下降的时候，耐克从几个月前华尔街的宠儿变成了丑小鸭。到 1984 年，耐克保持了五年之久的高达 44% 的 29
年增长率结束了，而利润在 1983—1985 年间下降了 80% 以上。锐步品牌利用有氧运动的潮流，以柔软的小牛皮为制鞋材料推出了自由式有氧运动鞋。到 1987 年，锐步以 14 亿美元的销售额超过了耐克 9 亿美元的年销售额。

奈特最成问题的决策是开发了一条便鞋的生产线。此时，耐克市场调研的思想基础还是“更佳捕鼠器”模式，以及注意力份额中的感性利益点模式，市场调研也确实显示，消费者喜欢耐克将运动鞋的性能优点加以强化并运用到便鞋上。这并不奇怪，因为许多人是将跑鞋当便鞋穿的，渐渐地他们就习惯了跑鞋更好的缓冲效果。不过，奈特直到现在还没有意识到，美国人爱穿跑鞋，主要是因为他们喜欢跑步鞋所代表的精神含义。耐克的主顾们想穿耐克鞋子是想获得耐克在品牌中所注入的个人拼搏意志的意识形态。消费者们就用鞋子的性能好这样一个理由，来解释他们由意识形态驱动的购买行为，而直接设计成便鞋否认了这种意识形态的渊源。因此，虽然耐克推出的是一个更好的产品，但是这一新的便鞋系列却从未受到欢迎。耐克的衰退持续了五年，直到 1988 年才重拾升势。

1985 年在其业绩平庸期的开端，耐克与迈克尔·乔丹签订了代言合同。为了借助乔丹的作用，耐克放弃了它初期的文化战略，而是追随运动鞋市场的文化正统，即依赖明星运动员的战绩神话的方法。耐克认定乔丹将成为一名广受赞赏的运动员，热爱乔丹的篮球迷们会模仿乔丹并会穿乔丹穿的鞋。耐克围绕着产品的一个“更佳捕鼠器”利益点，以渗透的方式向消费者进行宣传，但公司吸引消费者关注它的气垫技术时却遇到了困难。乔丹像超人一样在空中飞起，完成他独特的灌篮动作，因此耐克的管理层断定，乔丹是一个天生的“空气”技术的代言人。（却忽略了这项技术是缓冲震动，而不是让普通人能跳得更接近篮筐。）耐克为此煞费苦心地设计了一款独一无二的乔丹的鞋子——飞人乔丹，这款鞋与众不同的是其艳俗的红白设计，和芝加哥公牛队队服的颜色保持一致，与之形成对比的是，篮球联盟的其他运动员穿的鞋都是白色的。

30 李岱艾广告公司（Chiat/Day）创作了第一个飞人乔丹广告。广告通过慢镜头表现乔丹从罚球线起跳，缓缓划过空中，最终完成扣篮的动作。为了增加飞翔感，广告用喷射机起飞时的轰鸣来制造音效，并配以讲述者反问的语气问道："谁说人类不能飞翔？"。乔丹一直是令人难忘的运动员，少年篮球迷们买来飞人乔丹来模仿他，这就像他们购买由其他明星代言的其他品牌鞋一样。但这种陈词滥调的推广广告在大众消费市场上没有产生什么影响。乔丹在篮球亚文化中的巨大影响力，没有运用到耐克的品牌上，耐克便鞋产品的主要成人消费者并未做出任何反应。虽然乔丹在 NBA 已经成为现象级的明星，但最初的三年里，他对耐克销量的影响可谓微乎其微。

奈特和他的伙伴们当时还没有意识到应该用文化术语去表达他们的战略问题，耐克如何将它在跑鞋市场完全确立的具有极高价值的意识形态——**个人拼搏意志**转移到其他类型的鞋产品上呢？1988 年，威登肯尼迪广告公司成为耐克的广告代理商并带来了突破，不但成功地将意识形态转移到其他产品，更重要的是，它们发展了一种新颖有力的文化表述，这种文化表述有力地鼓励了美国人，然后也激励了全世界。

意识形态机遇的扩展

随着 1980 年代而来的是，战后经济的崩溃波及了大多数的行业，迥然不同于过去的劳动力市场正在形成。战后经济的繁荣让大多数美国人都享受了优厚的待遇以及合理的工作时间，但现在这已经成为遥远的记忆了。公司大规模裁员的消息不断出现在报纸上，美国公司正在变得更有效率、更加灵活，并且它们终于能够与日本和德国的竞争对手展开竞争，当然这是要付出代价的。竞争是全球性的，公司的目标是需要由华尔街授权的。公司现在只为股东工作，几乎不再关注雇员和当地的社区。从今往后，美国人如果还想尝试实现美国梦的话，就必须比其他国家的工人更努力、更长时间地工作。虽然在很高层次上的人们的成功带来的报偿已经扩大了，但是保护了一代美国人的社会保障网络却消失了。美国人现在成了自由的个体，同时许多生活风险（健康、贫困、失业）压在了美国公民身上，而不是由国家和大公司予以公费保障。[①] 31

这一经济变化伴随着一种有影响力的意识形态的解释。“伟大社会”的社群主义精神已经被一个保守主义的反对运动有效击破，这一反对运动1960年代由总统候选人巴里·戈德华特提出，随后被一帮右翼智库精明地加以推广，包括卡托研究所（Cato Institutite）、遗产基金会（Heritage Foundation）、美国企业研究所（American Enterprise Institute）以及斯凯菲基金会（Scaife Foundation）。他们全都由美国富人阶层和大公司资助，并且与保守主义媒体以及华盛顿内部的政治人士建立了密切的联系。他们发起抵制运动，反对给穷人福利，反对通过非洲裔美国人的平等法案，反对给妇女平等的经济权利。他们认为，美国社会是一个精英管理体制，这种体制建立在勤奋工作的基础上，而不是建立在救济的基础上。[②] 这种新自由主义意识形态将市场视为财富和个人自由的自然源泉，而将政府视为一种寄生力量，因为它有计划有步骤地掠夺美国人的金钱和自由，他们认为，“因为我们自力更生，所以我们过得很好”。

美国人发现自己正置身于一个风险更大、更困难、更不安全的工作境遇中。他们需要新的文化表述，来指引他们经历新的世界并帮助他们利用这个新世界，在1970年代末，人们最初对于新指南的需求只是为了实现美国梦，而现在这种需求发展成一个大范围的文化需求。为了应对这一意识形态机遇，威登肯尼迪从最令人意想不到的地方入手进行挖掘，这就是非洲裔美国人的贫民窟。

“Just Do It”神话：跨越社会歧视

耐克回归的基础是由某些看上去很奇怪的素材构成的。1988年7

---

① Jacob Hacker, *The Great Risk Shift: The New Economic Insecurity and the Decline of the American Dream*, Oxford: Oxford University Press, 2006.

② 有关美国的保守主义社会运动的历史，可参见：Kim Phillips-Fein, *Invisible Hands: The Making of Conservative Movement from the New Deal to Regan* , New York: W. W. Norton, 2009.

月 1 日，耐克发布了第一个“Just Do It”广告。广告的主角是一名已经步入耄耋之年的运动员沃尔特·斯塔克，老人每天坚持在风景优美的地方进行残酷训练，先跑过金门大桥，最后跳入大海游泳，他在旧金山湾区已经成为一个传奇人物。同时他还是这个国家年龄最大的马拉松运动员。广告片展现他为了每天的训练所做的准备，比如他在迈开第一步之
32 前戴上他的假牙。从其他一些广告中，也能看出威登公司创意人员心中的所思所想。比如，有一则广告表现了一位截瘫者，他坐在轮椅上在回力网球赛和篮球赛中激烈比赛；另一则广告的主角是一个名叫普里西拉·韦尔奇的人，以前是一个胖胖的沙发土豆，然而在 42 岁那年她赢得了纽约市的马拉松比赛冠军。通过表现人们克服身体缺陷，在体育比赛中取得成功，威登公司显然找到了一种新的更具感召力地传达个人拼搏意志的意识形态的方法。但是，与年老的跑步运动员的神话相比，这种克服身体缺陷的神话存在严重的缺点，这些人所面临的问题非常特殊。因此，将这些人的故事作为新经济形势下的类比并不完美，而且这种故事很快就被公式化而成为老生常谈。为了开发更富创意的广告，威登不得不借用更加特殊的身体缺陷。威登用了整整一年才实现了完整的文化创新。

在这些广告之后不久，耐克推出了一个最有影响力之一的经典广告片——欢乐乐曲风格的《革命》。该广告片用约翰·列侬“革命 9#”为主题音乐，铿锵的和音中一幅幅黑白照片，伴随着背景音乐的节奏构成了一个奇妙的蒙太奇组合。这首乐曲原本的含义是什么，其实列侬的意图从来都是不清楚的。威登的创意人员运用所选择的影像有效地抹去了音乐的原初意义，并重新赋予音乐更加明白的含义：耐克倡导美国社会来一次“角色革命”。照片蒙太奇将“革命的”歌曲与“纯粹的”运动员联系在一起，纯粹的运动员与商业化和名流保持着距离，而信奉个人拼搏意志的意识形态，这是在体育中取得成功所必需的。没有什么比不期而至的成功更能令人感到满足，如果观众接受了这种心态，他们也会对此产生共鸣。

这个神话的含义对于美国人是非常清楚的，广告意在激发美国人超越梦想。耐克激励所有的美国人面对他们的挑战，用耐克所赞美的这些

运动员的决心，并将这些决心作为他们生活的一种资源，不仅用于保留并且将继续在欢乐的胜利中取得成功，尽管美国人在努力适应新环境。广告号召美国人直面新的竞争环境的挑战，用乐观和坚韧来锻炼身体和精神。广告的末尾，通过列侬疯狂的呐喊，耐克向美国人民保证：“一 33
切都会好的，会好的，会好的！”。这让很多美国人想从沙发上跳起来，第一次在空中用力挥舞紧握的拳头，大声呼喊：“去他妈的！我也可以的！”

耐克的“Just Do It”神话

耐克的文化创新建立在他们对 1970 年代后期跑步者意识形态的彻底拓展之上。在耐克看来，体育具有伟大的平等主义倾向。用它最纯粹的形式，体育消解了现实世界强加于人们的各种壁垒和障碍，它是一个乌托邦的世界。它提供了一个平等的竞技场所。在这里，胜利属于最有决心、最专注、最有信心的人，而不是那些在社会中得到最多权势和支持的人。所谓体育精神，是运动员凭借坚韧的决心征服逆境，而赢得胜利的精神。运动员最令人着迷的是他们的心态，他们是如何做到的？在销售运动鞋的过程中，耐克准确地找到了许多美国人正在经历的文化断裂，并予以一个响亮的美国式的回应，这个回应充满了由决心而生的乐观主义精神。“Just Do It”发出了一个充满激励的自己掌握自己命运的口号，“不论你是谁，不论你的身体状况、财富状况和社会地位如何。卓越不只是一种可能，它正等待你去激发。掌握你的人生，不要屈从于世俗的力量，因为那很容易让我们沉湎于日常生活。不需要更多的理性和理由，该是付诸行动的时候了。”①

“Just Do It”表面上看是耐克为了全掌气垫技术发起的一次广告运动。1978 年耐克就在鞋里植入起缓冲作用的气囊，当时并没有对这一

① Robert Goldman and Stephan Papson, *Nike Culture: The Sign of the Swoosh*, Thousand Oaks, CA: Sage, 1999, 19—20. 这部学术著作尽管很难读，分析也有些零散，但在许多已经出版的关于耐克品牌的著作中，它毫无疑问最好地处理了耐克的文化创新问题。本书讲到在两位重要的社会学家所做的许多关于耐克的案例研究的管理学文献中，甚至没有提及耐克成功的明显的文化基础。

点做太多宣传。但是现在，耐克的广告宣传中在气垫的作用中灌注了一个强有力的神话，这一神话向消费者传达了一种文化和社会价值。耐克鞋的销量随之腾飞。一方面，消费者希望通过购买运动鞋与耐克强有力的意识形态保持同步；另一方面，在消费者看来，鞋后跟上很酷的塑料“小窗口”为他们购买全掌气垫技术产品提供了一切必要的正当理由。

前述那些广告片与“革命”共同表达了耐克神话。但是“革命”这部广告片表现主人公的画面中还是若隐若现地运用了明星运动员战绩神话的成规，这为后来的改进留下了很大的空间。如果运用更好的文化密码的话，耐克的文化表述将会产生更大的影响力。但是要如何去做
34 呢？威登肯尼迪公司的广告人做出了至关重要的一个突破，他们决定扩展到体育界以外，开始关注运动员需要克服的各种类型的社会歧视。自此往后，耐克的广告就饱含了涉及种族主义、性别主义以及全球贫困的文化密码。这是一个偶然的选择，因为耐克的消费者们面临新的全球经济的巨大挑战，而这些极具破坏性的制度性障碍就是一个令人信服的隐喻。

亚文化：贫民窟的非洲裔美国运动员

在1980年代的美国，城市贫民窟是这个国家最麻烦、最令人感到羞耻的地方。几乎所有的大城市，都能找到这些贫困的街区，纽约、芝加哥、底特律、洛杉矶、圣路易斯、华盛顿以及费城，都有著名的贫民窟。这些街区主要是由非洲裔美国人构成，他们很多人来自南方的农村，农业机械化使他们失去了佃农的工作，工业化的工作希望将他们吸引到了城市。贫民窟的出现，是种族主义和失败的城市政策共同导致的后果。这些人被赶到了大城市中的狭小区域，“红线”将它们与周围区域隔离开来。心照不宣的种族分区和不动产制度导致这些街区变得极度拥塞，房子年久失修，卫生条件极差，白人房东也极少光顾这里。城市里最贫困的居民挤在一起，得不到公共资源，比如基本教育和健康服务，甚至包括食品杂货店。

在1950年代和1960年代，乌托邦式的城市规划试图通过建造密集的高层公屋的房屋计划来解决城市里脏、乱、差的问题。例如，芝加哥

市的罗伯特·泰勒家园计划是全国同类项目中规模最大的一个，28 幢 16 层公屋沿着高速公路一字排开，可供 2.8 万人居住。尽管这些项目的初衷是让不同种族和阶层的人们混合住在一起，但很快这些房子就变成最贫困、最受歧视的社会人群居住的“仓库”。贫困的集聚导致了家庭的破裂，以及由黑帮掌控的一种非正式的经济的兴起，他们通过贩卖毒品从而控制这些街区，导致暴力和犯罪这类集中的社会问题层出不穷。贫民窟是这样一种地方，那里的人苦苦挣扎着勉强生活，处于温饱 35
的边缘。除了那些加入黑帮贩毒的人，贫民窟的人努力奋斗希望获得成功，从而在经济上不再成问题。

1980 年代，媒体大肆渲染这些街区发生的事情，经常报道一些特别的暴力事件，就像《西部狂野》中黑帮与警察之间的较量那样的事件。住在这些地方的年轻的非洲裔美国人被耸人听闻地当作超级弱肉强食者而受到歧视，也就是说他们是对人的生命漠不关心的掠夺者。年轻女人，经常是单亲妈妈，则被保守的专家痛斥为“福利女王”，指责她们滥用国家给予贫困人口的福利。说唱乐和嘻哈文化的兴起，是对这一情形的一种亚文化的反应，常常将非洲裔美国男人呈现为性欲旺盛而又大放厥词的男人。因此并不奇怪，为什么中产阶级的成年人对于贫民窟怀有一种深深的恐惧，尤其害怕其中的年轻人。但是贫民窟却对住在郊区的白人孩子产生了莫大的吸引力，他们盲目崇拜黑帮，模仿他们的嘻哈舞步，穿他们的衣服。这令美国的中产阶级成年人更加害怕，自然对他们构成了更大的冒犯。

这种种族化的话语使贫民窟成为一种极其出人意料的、极具煽动性的亚文化，它也成了耐克发展文化创新的原始素材。贫民窟的情形与美国当时的劳动力市场状况形成了最具煽动性的类比。贫民窟被认为是这个国家最严酷的生存环境，那是一个最疯狂的世界，家庭破碎、滋生黑帮的房屋计划、种族主义的警察、像监狱一样的学校，这一切使得生活成为一场持续的艰苦挣扎，只有不断拼搏才能勉强维持粗茶淡饭的生活。这里也是一个残酷无情的世界，没有机构可以依靠，维持生计的唯一办法就是个人的顽强意志以及街头机巧。

只有体育是一个例外，至少媒体的报道是这样的。耐克的神话激发了美国人强烈的共鸣（另一个小成本纪录片《篮球梦》在几年之后也轰动一时），它告诉人们体育提供了一个平等的竞技场所，它能让最底层的人通过竞争摆脱恶劣的生存环境，受此感召的人们愿意相信，社会达尔文主义统治的世界，努力也可以带来一线生机。奇迹般地发现了脱离贫民窟而取得体育成功之路的非洲裔美国人，以一种最具深刻影响的
36 方式表现了新的美国梦，那就是，无论新经济下的艰难多么异乎寻常，只要你足够努力，就能达到成功的顶峰。

迈克尔·乔丹：个人拼搏意志的戏剧化

将贫民窟里的“Just Do It”的神话戏剧化，就要求挖掘这些具有巨大影响力的文化密码，这个神话将讲述耐克运动员们需要依靠个人拼搏意志的意识形态为摆脱中心城区的贫民窟而奋斗。遗憾的是，耐克的明星资产迈克尔·乔丹是一个从中产阶级家庭长大的孩子，他也没有说唱的大摇大摆的神气，这种气质已经被当作是从贫民窟脱离出来的非洲裔美国人在音乐和运动方面的特征。威登肯尼迪的创意人吉姆·李斯沃解决了这个问题，他请黑人导演斯派克·李执导了一组名为“斯派克和迈克”的广告片，斯派克·李亲自与乔丹配戏，在片中饰演马尔斯·布莱克曼，这是一个快言快语的滑稽角色，其形象来源于斯派克执导的电影《稳操胜券》，在电影里他就是穿着耐克的飞人乔丹。

李作为贫民区的代表拥有至高的声望。他在广告中饰演的马尔斯·布莱克曼是一个贫民区的小贩，称扬篮球是获得声望和财富的方法，他所表达的角色是新经济最完美的隐喻。乔丹在广告中的形象，暗示他已经通过奋斗脱离了斯派克的世界。至于乔丹是否真的来自贫民区，则无关紧要。这样的故事已经被媒体讲述了如此多的次数，以至于在美国的文化想象中，所有的黑人运动员都来自于贫民区，而不懈的决心是他们脱离那个世界的原因所在。当乔丹得到了贫民区的身份的认可之后，耐克在接下来十年中的一个又一个广告中，将要传达的是乔丹内心深处的精神状态，使得美国人可以从乔丹的个人拼搏意志中找到动力。

直到此时，耐克和威登还不知道，贫民区作为将耐克的品牌意识形态戏剧化的原始素材的影响力。在他们的观念中，“斯派克和迈克”只

是一个以斯派克·李为主角的一次性广告。他们押注在了由大卫·罗宾逊担任主角的一系列广告上。此人是典型的美国人心目中的模范，他出身于军人家庭，主修的是智慧的数学，为了在海军服役，他推迟了篮球的事业。但是在新经济的氛围中，这种标准版的美国梦的故事没有市场，罗宾逊广告出来之后没有产生任何效果。第三次启用的明星是残忍的查尔斯·巴克利，这次的广告带给创意者们另外一条线索。在他担任主角的名叫“榜样”的广告中，巴克利对着镜头发牢骚，反对大众普 37
遍持有的信条——明星运动员应该为那些崇拜他的孩子树立榜样。“我得到报酬了”，巴克利摆出一副弱肉强食者的惯用腔调，“在篮球场上我巨大的破坏力，就因为我能扣篮，但这并不意味着我应该帮你教你的孩子”。这部片子的意识形态含义很清楚，巴克利来自一个残酷无情的世界，在那个地方，你跟人讲运动礼仪和风度显得特别过时。要想在残酷的竞争中活下来，就必须使出一切能赢的招式，包括恐吓和侵犯。威登的广告人偶然间与贫民区的文化密码相遇了，他们发现了它的修辞力量，于是，在后来的广告中，他们系统地利用了这些文化密码。

贫民区里的个人拼搏意志

随后的五年，威登的创意者们围绕着这个基本概念不断地改进神话故事，他们愈发大胆地采用贫民区的文化密码，即社会学家罗伯特·戈德曼和斯蒂芬·佩普森所谓的“街区土语”（street vernacular），并且将这个理念移植到其他的情境中，只要那些地方有类似的声音存在。1993年发布的“硬石上的掘金者”是耐克这个时期非常有代表性的广告。[①]它以贫民区的日常生活为背景，主角是一群黑人少年，他们在铁丝网围墙和高耸的由公共房屋计划建造的楼房的空地上打篮球。运用慢镜头，使得少年们在场地上来来回回的体育运动看起来像工人劳作一样的辛苦。

广告的背景音乐《掘地寻金》赋予画面强有力的意义。这是一首

① 参见对这则广告的详细分析（*Goldman*，*Papson*，*Nike Culture*，94—96），我们改编了其中的一些诠释。

福音灵歌风格的民谣，干重活的工人们靠唱它来缓解压力，“我们是矿工，是坚硬岩石的矿工，我们必须下到矿井……”① 难以想象运动鞋广告会采用如此非正统的音乐，这是威登的创意产生影响力的原因之一。这不是媒体所描绘的那个贫民区。在耐克的广告中，贫困的黑人少年苦练篮球技术，这与少数族群过去经历过的艰难的体力劳动何其相似。歌声鼓励我们去欣赏这些年轻人异乎寻常的适应力，这些年轻人鼓足勇气要取得成就，尽管他们面临着居住在贫民窟的严酷事实。

38 耐克触及了当时最重要的社会不平等问题，大多数公司在做市场时都尽量避免这一点，更不用说一家生产运动鞋的公司了。不过耐克在这个问题上的态度却很难说是进步的，因为耐克的世界是社会达尔文主义的世界，这些问题被看作是自然形成的社会结构特征。克服这些社会障碍不可避免地需要一种个人的挑战，只有那些具有超凡勇毅的人，才能获得成功。耐克的神话促发了人们思想的革命，尽管所处的环境很黑暗，但人还是可以极其卓越的。

威登的创意者们又继续创作了数十个广告，他们富有想象力地抽取了街区土语的元素来讲述一个神话，这是生活在最底层的非洲裔美国人凭个人拼搏意志战胜恶劣境况的神话。当威登的创意者们已经掌握了用具有煽动性的并且微妙的文化密码，将耐克“Just Do It ”的神话放置在贫民区的时候，他们开始尝试用其他不同的方式来表达这种文化表述。从美国男子篮球鞋到其他的运动、其他的人口以及其他的国家，他们将相同的文化表述进行改编，以适应耐克品牌拓展到的每个市场。

耐克女性：表现父权制与宪法第九修正案

耐克曾经尝试了好多次要扩大品牌对于女性人口的吸引力，但是都未能成功，因为所有这些尝试都是按照体育产品的程式化的宣传模式进行的。当威登的广告人开始运用社会学来思考女性的处境的时候，这样一来他们捕捉到了文化密码，这个过程与他们发现贫民区篮球的文化密

---

① 这首歌最早由加拿大民谣歌手詹姆斯·高登在一首传统的劳动者歌曲基础上改编而成。耐克广告中选用的是烟枪牛仔乐队的马戈·迪蒙斯演唱的版本，它是著名的《三人专场》专辑中的一首，该专辑录制于多伦多的一所教堂，仅仅用了一支麦克风。

码的过程是一样的。最开始的广告用的广告语是“如果你让我参与”。在他们大部分的明显具有政治意味的广告中，耐克都呈现了在美国的历史性壁垒，将高中和大学的女生排除在许多偏重体力的体育项目之外。1970 年代初的女性权利时代，宪法第九修正法案获得通过，禁止对女性的歧视。但是这一法律并没有明确地提到体育，大多数高中和大学投入大量的资源在男子团队上，而女子团队则缺少投入，经常甚至拒绝批准组队。耐克的广告将这种不平衡描述为所有女性都面临的广泛的歧视形式，这种歧视将阻碍女性的生活。在一则具有示范作用
的广告中，年轻的姑娘们在操场上面对着镜头，画外音用一系列不同 39
寻常的统计数据告诉观众运动给女性带来的益处：“如果让我参与运动……我会更喜欢我自己，我会有更多的自尊，我患乳腺癌的几率将减少 60%，我患忧郁症的几率会减少，我更有可能离开打我的男人，在我想要怀孕之前我怀孕的可能性会减少”，最后广告以“我将懂得强壮意味着什么……如果你让我参与运动”结束。威登的创意们随后拓展了这个概念，通过表现贫困的黑人女性运动员如何遭遇歧视，将它与最初的贫民区概念联系在一起，然后再转到有关女性身体形象的议题，最终形成了一种更有趣的自反性的（reflexive）女性主义者的文化表述。比如，其中一则女权主义的“Just Do It”广告，以一种半开玩笑的朋克摇滚风格翻唱了海伦·蕾蒂的《我是女人》，这首歌曲被认为是妇女解放运动的圣歌（“我是女人，听我河东狮吼，我强悍，我无敌，我是女人”）。

泰格·伍兹：表现中产阶级的种族主义

篮球领域取得的成功使耐克更有信心，野心也越来越大，想要征服每一个主要的运动领域。针对篮球界的种族主义和父权制而采取的社会歧视策略效果不错，那么这一策略是否有可能用于高尔夫这样的上层中产阶级的运动呢？1997 年，天才少年泰格·伍兹赢得了他运动生涯中第一个大师赛冠军，一夜之间在体育界名声大振。相对于耐克所倡导的个人拼搏意志，老虎伍兹是一个完美形象；最著名的是他一丝不苟的完美主义、难以置信的专注以及通过几十年专心致志的训练而确立的获胜

的意志。

与乔丹的情况类似，也存在一点精确度的问题。伍兹在一个中产阶级家庭长大，有一个很宠爱他的父亲，父亲曾经在军队效力，并且拥有斯坦福的教育背景。老虎两岁的时候就是一个小明星，在国家电视台上表演神奇的高尔夫击球。也许更麻烦的是，虽然老虎的皮肤是黑色的，但他的血统主要是亚洲的，事实上，伍兹是一个只有四分之一非洲血统的美国人。所以他既不是种族歧视的典型对象，也不是贫民区脏乱的街道里出来的穷孩子。尽管如此，但是神话的编造运用的是意识形态的偏见，从来不会是绝对的事实。伍兹的肤色是黑的，这就够了，威登的创意者们足以用它作为社会学原料来编造神话。

40 高尔夫是上层阶级的一项运动，风行于私密的乡村俱乐部。这些俱乐部中的其中一些具有很长的种族歧视的历史。同样地，职业高尔夫总是由白人运动员主导。因此，从这些文化前提着手，威登的创意者们很容易给出了这样的解释：老虎正在打破一个巨大的歧视障碍，这个障碍曾是杰基·罗宾逊或阿瑟·阿什那个时代所遭遇到的，他正在成长为有史以来最伟大的职业高尔夫选手。（尽管早在30年前，查理·斯福德就已经打破肤色隔阂，而李·埃尔德虽然曾持续遭到种族主义骚扰，但他还是在1975年作为第一位非洲裔美国选手参加大师赛，他打破了南非高尔夫界的种族隔阂并因此美名远扬。）

在老虎参加的一次激烈的锦标赛期间，“我是老虎伍兹”的广告片开始在电视上播放。广告突然地切入一组儿童和少年的镜头，大都是少数民族和种族的孩子，他们对着镜头平静地说：“我是老虎伍兹”。观众可以看到许多孩子带着球具走在去训练场的路上，他们要追随老虎，打破高尔夫领域的歧视障碍。尽管片子里的郊区高尔夫球场绿草茵茵，但许多镜头都展现出孩子们来自一个活生生的城市的环境中，其中一个镜头呈现的是一幢年久失修的建筑，斑驳的红砖墙上书写着“高尔夫用品市场”几个大字，这是一个明显的街区土语的文化密码。“我是老虎伍兹”的广告语借用了斯派克·李的电影《马尔科姆X》中的一个场景，在那部影片中，一位教师在马尔科姆的生日会上对他的非洲裔美国学生说：“我们为马尔科姆庆生，因为他是一个非常非常了不起的非洲裔美国人，马尔科姆是你，是你们，你们都是马尔科姆 X。”[1] 此时，教师里的学生们一个接一个地站起来宣告说“我是马尔科姆 X。”耐克煽动性地与受压迫者的革命联系在一起，激起了一刹那至高无上的感觉，这一刻所有人都与老虎的胜利产生了共鸣。[2]

随后的一则广告“世界，你好”，带领观众走进伍兹较早的一系列的成就。每一幅画面都证明了他早期所取得的令人惊叹的成功，我们看到叠加在一起的一些大字，这些字写的都是伍兹少年时代所取得的各种第一（比如，“18 岁的时候，我获得了全美业余赛的冠军”），一个接一个的画面描绘了他强烈的竞争品格，当画面里的伍兹越长越大，越来越 41
成功，赢得了一个又一个锦标赛的时候，字幕写道：

“直到现在，在美国仍然有些比赛不允许我参加……”

“……因为我的肤色。”

“世界，你好。”

“听说我还没有为你做好准备。”

“你为我做好准备了吗？”

“Just Do It.”

按照之前广告运动的文化秘诀，耐克将老虎伍兹定位成另一个少数族裔的运动员，他克服了看上去似乎不可能逾越的歧视障碍，而登上了成功的巅峰。如此定位老虎后，耐克就将老虎作为个人拼搏意志的典型形象，就像曾经为乔丹塑造的形象一样。“决不”是耐克最有影响力的广告之一，它呈现了伍兹整个人生中的许多事实，从他开始走路时起，一直在父亲的教导和督促下，不断地提高高尔夫球技。老虎的父亲亲自为广告配画外音，讲述他不断奇妙地启发老虎的心智，比如在老虎打球途中，丢掉一包高尔夫球具来培养他的坚韧意志。他对老虎说：“我敢保证，你一生中决不会遇到和你一样意志坚韧的另一个人。”然后他对

① 这幕场景又是为了向 1960 年的电影《斯巴达克斯》中的“我是斯巴达克斯”场景致敬。

② Goldman and Papson, *Nike Culture*, 115.

观众说："他没有遇到，他永远不会遇到。"

耐克新美国梦的全球化

威登的创意者们将克服社会歧视的神话稍加修改以后用于拉美市场，并产生了巨大的效果。耐克的第一个西班牙语广告"盛产游击手的地方"，用耐克的方式讲述了如此众多的职业游击手来自这个又小又穷的多米尼加共和国岛国。广告没有令人想起非洲裔美国人的贫民窟，而是以贫穷的多米尼加的地方街道为背景，镜头着力强调这是一个"第三世界"的景象：我们看到赤膊的男人、光着的双脚、毛驴、一个棚户区、在鸡群中间的户外做饭、自制的球棒、临时的球场。镜头随后聚焦
42 于打球的男孩们，用他们临时的装备非常认真地联系着，梦想着脱离他们的环境，到美国职业棒球大联盟去打球。

这个场景是对当时很多拉美人在美国劳工市场境遇的一个具有强大影响力的隐喻。对于拉美移民而言，情况特别可怕，他们常常是非法进入美国工作的，其中许多工作是最辛苦的体力劳动和流动的农业工作。他们处于劳动力市场的底层，这些工人面临的工作条件非常恶劣。这样，耐克广告中表现的多米尼加青年为脱离他们贫穷的处境进入职业大联盟打球而拼搏的故事，就提供了一个令人心酸的神话和一线希望。

面对这一残酷的现实，广告的旁白给出了"成为卓越"的可能性："职业棒球组织中有超过70名游击手来自于多米尼加。所以当你看见一位伟大的多米尼加游击手出击的时候，你会听到'孩子，他必须跑到很远的球洞那边去击球'，你将知道多远才算远"。这句广告语把球扔给了观众，促使他们去发现在自己的人生中克服社会障碍所需要的是与球员相同的决心，像在多米尼加、波多黎各和墨西哥的那些立志成为棒球手的运动员一样，观众也应该"Just Do It"。

威登的创意者们进一步将这个神话扩展到其他一些国家，去征服那里的消费者，最后用于表现美国公司尚未突破的运动——足球。通过运用这些新观众也都非常熟悉的独特的社会歧视文化密码，将"Just Do It"的神话再次进行了改编。

1990年代中期，耐克的管理者锐意开拓南美市场，作为进军空间

巨大的全球足球鞋市场战略的一部分。巴西是南美最大的市场，风险也特别大。1996 年，耐克和巴西国家队签下了为期 10 年价值 2 亿美元的赞助合同。巴西以及全世界的新闻记者都为此抱怨，指责耐克公司试图花钱买下通往体育的道路。那个时候，足球鞋在耐克全部鞋类产品中只占不到 1% 的份额，足球迷也谴责耐克是一个缺乏信誉度的闯入者，是一家对这项运动没有真正理解或者没有热情而只想轻松赚钱的美国 43
公司。

随后，耐克开始了广告宣传。威登制作的第一个葡萄牙语耐克广告请来了巴西最著名的足球明星罗纳尔多·路易斯·纳扎里奥·达·利马，当然现在全巴西的人和全球的人都只叫他罗纳尔多。威登没有用明星运动员战绩神话的正统方法去聚焦于罗纳尔多的辉煌成就，而是让他扮演了一个正在破旧的街道上踢足球的孩子。虽然罗纳尔多的童年生活并不是特别的贫贱，他父亲是里约热内卢电信公司的一名工程师，但他确实是在里约热内卢市周边相对贫穷的郊区长大的。这就足以让威登的创意者们将他置于贫民窟的场景中：残破的建筑、密集的人口，还有一大群光着上身的孩子，他们大都是非洲裔巴西人，在街道上踢足球。最后，一个球突然击碎了一辆停放着的轿车的玻璃。

巴西观众对于内城贫民窟街道上的孩子们打着赤膊踢球的场景有种特殊的共鸣。长久以来，巴西媒体都将贫民窟描绘成弱肉强食的残酷世界，在那里，看起来像似无辜的孩子们玩耍的景象，会突然间变为年轻人黑帮争斗的暴力场面。他们挥舞着各种霰弹枪、手枪甚至冲锋枪。1990 年代中期的新闻更加骇人听闻，媒体大肆渲染地报道了一系列警察和贩毒黑帮交火的事件，包括在一次枪战中警察现场击倒了 8 个孩子。而媒体的渲染并不是太令人难以置信的，里约热内卢有超过 800 处贫民窟，据估计有一半的城市贩毒黑帮成员是 17 岁以下的孩子，城市里死于枪击的比例接近于科索沃、塞拉利昂、乌干达和安哥拉等武装冲突地区。巴西人明白他们的内城区生存环境恶劣，那里的人们无法摆脱贫困，成天为暴力提心吊胆，也很少有工作机会能让他们摆脱悲惨的经济状况。

广告片的最后，镜头从内城区街道上踢球的孩子们切换到罗纳尔多，他成为故事的讲述者。我们看到的罗纳尔多是巴西国家队的明星，意在表明他就像那些职业棒球大联盟的多米尼加游击手一样，经过漫长而崎岖的道路取得了成功。

44 一年以后，威登发起了一项全球性的广告运动，将这一文化表述引申得更远，同时也获得了更大的成功，广告是在 1998 年世界杯的电视直播过程中播放的。这一突破性的广告名为“牛排”，全片没有一句话。广告开头是一个拉美男孩拿着一只足球从屋后的小巷进到家里。一个旧轮胎在晃动，一个杂乱的院子，一根晾衣绳，还有一辆年久失修的小轿车，所有符号都说明这不是一个中产阶级的街区。小男孩把球放在一张旧餐桌上，从一个破旧的冰箱里取出一块血淋淋的牛排，然后将牛排的血挤出来涂到他的足球上。镜头聚焦于所有这些血淋淋的细节：他的手上沾满了血，足球变红了，血滴到厨房的地上。当他最后感到满意的时候，他跑回巷子里，把染了血的足球放在地上，然后等着。镜头又切换到一条疯狗，它发出一声狂吠，然后另一条充满凶相的狗，从一个废弃的轮胎后面探出头来。然后我们听到一声刺耳的犬吠，只见一条又一条流浪狗，从巷道围栏的各个地方，以一种骇人的弱肉强食的方式开始朝男孩冲过去。当这群极其饥饿的狗飞速而凶猛地朝他冲过来的时候，男孩平静而坚定地等在那儿，直到最后时刻，他飞快而惊险地启动，力争超过狗的奔跑速度。广告以耐克的标志和标题结尾：“你准备好了什么?”这则广告不仅在巴西，也在全世界成为观众最喜爱的一则广告。广告完全避免使用明星运动员，它表达的是耐克的神话，那就是，任何人只要你有坚韧的决心，就能以一种极具感召力且令人难忘的方式战胜严酷的社会现实。

结论

耐克是美国最令人赞叹的市场创新之一。在阐明耐克如何发展得如此杰出的同时，就会发现创新如何发挥作用的重要线索。创新专家们用“更佳捕鼠器”的方法解释耐克的成功，他们认为耐克是在设计制造优秀的运动鞋方面居于领先地位，它的成功是由它的华夫鞋底和气垫之类的新技术所驱动的。但这个解释是有问题的。当奈特和鲍尔曼将制鞋橡

胶倒入华夫饼模具以及将聚氨酯气垫植入耐克鞋跟的时候，其他的公司 45
也利用新兴的生物力学开发了新技术，它们的技术至少与耐克的技术是一样有效的。更重要的是，耐克最重要的技术创新产品气垫鞋推出后并未对公司收入产生巨大影响，直到10年以后利用创新的广告运动，才重新塑造了品牌形象。1970年代后期耐克开始处于上升期的时候，大多数运动鞋生产商在设计和制作高性能鞋方面都实力不凡，它们经常反向学习竞争对手的产品设计，结果造成各种品牌的鞋从外观到性能都越来越相似。从产品的角度看，耐克产品不是一个“更佳捕鼠器”，耐克似乎是在一片红海中推广它的与其他品牌几乎没什么两样的鞋子。

耐克所不同的地方要在它的广告中去发现，而不是在它的鞋子里。营销模式应该会有助于我们理解耐克的表达如何引领了它的创新。但是营销专家们并未探究实践中的细节从而理解耐克所做的如此独特的推广，他们还是老调重弹。比如凯文·莱恩·凯勒——学院派品牌专家，最畅销的品牌管理教科书的作者，菲利普·科特勒的营销教科书的合著者，他认为耐克的品牌推广是基于“真正的运动性能表现的规则”，这种规则作为一种知识结构存在于消费者头脑中。[①] 像凯勒这样的提倡性能利益的专家们强调说，耐克对明星运动员的使用对于品牌的提升是不可或缺的，还有什么方式比展现职业运动员穿着耐克完成超人战绩更能传递运动鞋的性能呢?

这种解释甚至比技术创新的解释更加令人不满，因为它不仅把故事讲错了，而且将正确的解释弄反了。耐克所有的竞争对手，包括阿迪达斯、匡威、彪马和锐步，无一例外地在广告中使用明星运动员来传递“真正的运动性能表现”。耐克的成功，是以摆脱明星运动员战绩神话这一文化正统为基础的。事实上，在耐克的表述中，最显著的不同就在于它并未太多描述运动员不凡的运动成就，而是以另一种方式来讲述他们的故事。耐克广告没有采用在运动场上拼搏的传统手法，而是提供一
个更为广阔的竞争视野，将观众的目光引向贫民窟和歧视障碍，从而使 46

① Kevin Lane Keller, *Strategic Brand Management*, 2nd edn.; Upper Saddle River, NJ, Prentice-Hall, 2002.

人们领悟到日常生活中的那些看上去难以克服的挑战，与种族主义、性别歧视和全球贫困相比，根本不算什么。

虽然耐克鞋的客观性能与它的竞争对手的鞋相比差别微乎其微，但是消费者感知到的性能差别却非常巨大，因为耐克具有促动作用的神话成功地传递了一种新的应对严酷时代挑战的精神，即我们所称的个人拼搏精神。耐克用一个独特而恰当的时代所呼唤的意识形态与阿迪达斯、锐步、匡威区别开来，这个意识形态被包裹在了一个充满修辞力量的、出乎意料的神话之中。在美国梦似乎不可能实现的历史时刻，耐克向美国，然后向全世界的人们提供了一个他们追求美国梦所需要的鼓舞人心的特殊指导，耐克因此成为 20 世纪最具影响力的新品牌之一。耐克运用非常有感召力的文化密码将这一新的意识形态神话化，将美国贫民窟的人们以及另外一些面临着严重社会障碍的人们的故事进行戏剧化，告诉人们这种意识形态如何使得一个人去战胜甚至是最严重的社会歧视。只有当耐克所传达的文化表述是如此的令人信服，而使得消费者愿意相信耐克的性能比其他品牌更好的时候，耐克才成为了运动性能表现的品牌。

第三章　杰克·丹尼尔：神话化公司与复活拓荒男性气概 48

杰克·丹尼尔的田纳西威士忌，这个一个世纪前的获奖烈性酒品牌，到了1950年代早期，却沦为一个极小的无赢利的品牌，美国市场上众多平庸的区域品牌中的一个。① 1955年，一家圣路易斯的广告公司以田纳西乡间酿酒厂朴素的寓言故事为基础，为杰克·丹尼尔发起了一次新的印刷广告运动，同时还为它建立了针对组织内部人关系的营销战略。10年之后，杰克·丹尼尔便成为全美最高端的威士忌和标志性的美国品牌。很快，杰克·丹尼尔就成为一家数十亿美元规模的企业，业务拓展至全球。

杰克·丹尼尔利用一次意识形态机遇，这一意识形态在1950年代像野火一样在美国男人中间蔓延。当时新的**组织人**（organization man）的意识形态分崩离析，而对于重新恢复美国拓荒时代的男性气概意识形态的渴望被压抑着。好莱坞出品了大量牛仔题材的电影和电视节目来满足这种需求（这是万宝路创意的主要素材，我们将在第八章详叙），而杰克·丹尼尔提倡的却是一种不同的更具特色的亚文化，也许我们可以称其为南部乡村和阿帕拉契亚地区的山区乡巴佬亚文化，它同样唤起了拓荒精神。这家广告公司将当时最流行的杂志里的图片新闻记者的故事加以改编作为这一品牌创新的原始素材，并且艺术地运用这些素材打造了美国商业史上最有影响力之一的文化创新。

① 本章改编的一些文化分析可参见：Douglas B. Holt, "Jack Daniel's America: Iconic Brands as Ideological Parasites and Proselytizers", *Journal of Consumer Culture*, 6/3 (2006), 355—377。

49 威士忌市场的文化正统：组织人的美好生活

威士忌产品的意识形态竞争集中在两种文化类别上，即男性气概和社会地位。酒精类饮料可以与其他的文化种类结合起来，比如社交、性以及休闲等。在美国，出于历史的原因，这个方面我们将在下文予以揭示，威士忌产品的竞争总是集中于哪种品牌能够针对男性气概和社会阶层而提供更好的意识形态。

20 世纪中期，美国男人们都喝威士忌，中产阶级男人喝价格昂贵的威士忌。改喝白酒则是数十年后的事情。所有主要的威士忌品牌都突然转到同样的男性身份潮流中，宣扬舒适而奢华的中产阶级生活，这种生活逐渐成为对“组织人”的模式化印象。男人们的工作已经大规模地从农业和小企业转变为大型组织和专业服务岗位中的白领工作。美国所有大城市的郊区地带，涌现出了千篇一律的郊区住宅区，为这些男人以及他们的家庭提供了合适的生活方式。毫无疑问，组织人意识形态是由公司体制塑造的，其核心就是要求在大型官僚体制中像一个团队的成员那样行动，沿着组织内的层级不断向上攀升，追求更高的地位和更好的收入。组织人精于团队合作，接受顺从命令，很小心地管理他人对自己的印象，并避免高调行事。这个时代的社会学家们对这种新的意识形态做了著名的描述：戴维·里斯曼在他的畅销书《孤独的人群》中将其命名为“他人导向”人格，埃文·戈夫曼则在《日常生活中的自我呈现》一书中观察了他们的“印象管理”策略。

大众媒体推动了一种同质化的大众文化为中心的生活方式，并将这种意识形态带进生活，这种生活被刻画成 1950 年代的美国梦，其模式化的形象是：新式的身着灰色西装的商务人士，与他的小家庭住在郊区，享受着“现代生活”中的所有装备。这样的生活方式迅速成为杂志和新的电视媒体所宣传的主要生活方式。既然新闻媒体和大众文化都赞美组织人的这种富裕的生活方式，许多产品的营销者们便顺着这一套路，他们将这一套路视为一种最新的带来利润的潮流。

50 威士忌市场的领军品牌施格兰，它拥有 7 王冠、VO、卡尔菲特、希瓦斯·雷加尔等品牌，试图宣称自己承担着作为奢华地位象征的责任，让消费者觉得自己已经“取得成功”，运用的是新组织人的文化密码来传达成功的，比如 VO 的广告语是“它所保留的是公司熟知的”。这些广告展现的是自信的成功的穿着讲究的男士，经常有漂亮的女士仰慕他们，他们同时被现代生活的新的消费产品包围着。

1950 年代初，杰克・丹尼尔也一样。它的印刷广告里总试图将杰克・丹尼尔的品牌与大公司的组织人的生活方式联系在一起，广告的主角总是衣冠楚楚的专业男士。结合这种正统的象征主义，杰克・丹尼尔还围绕着自己独特的木炭提醇工艺进行一种利益点的宣传。广告和促销活动用的口号是“一滴又一滴”，意指威士忌原浆在装入酒桶密封之前如何经过长达 10 英尺的硬木枫木炭的过滤的。这个工艺被作为一个“额外的祝福”加以推广，这使得杰克・丹尼尔的口感比其他竞争品牌的产品更爽滑。杰克・丹尼尔的另一则纸媒广告用漫画将威士忌等同于一件艺术作品，它的广告语开头是：“你应该品尝杰克・丹尼尔”，接着又是一句“如果你都不能得到它”。

媒体策略方面，杰克・丹尼尔强调要利用“有声望的杂志”，包括《华尔街日报》《假日》《时尚先生》《纽约客》《时代》《财富》和《美食家》等。它们的营销和促销活动采用的策略也大抵类似。公司分发给经销商的宣传册介绍说，杰克・丹尼尔的定位是“奢华威士忌，适合拥有奢华氛围和有鉴赏力的顾客的俱乐部、酒店和酒吧，以及真正欣赏美好生活的消费者所在的任何地方”。将表现特有过滤工艺的产品展示选择放在高端男士服装店，这在酒类零售中是别具匠心的策略，为的是将品牌植入上层中产阶级的社会。每一个展示单元都包括一尊杰克・丹尼尔的雕像和一个展现“一滴又一滴”的工艺流程的山洞泉水的模型。公司还特别生产了镀银的开瓶器，包在一个精美的蓝色盒子里作为促销礼品。

但这一“男性气概-社会地位”的策略没有产生效果，这并不奇怪，因为所有主要的威士忌品牌都用相同的神话和文化密码试图传递同样的意识形态。而且它们的市场推广的预算，比杰克・丹尼尔要多得 51
多。公司想以田纳西木炭提醇工艺作为一个独特卖点，这一卖点应该会得到生活精致的职业男士的欣赏的，但这一尝试却未能受到欢迎。其实，除非能够提供有价值的意识形态，否则这类诉诸更好的利益点的宣传尤其地不被关注。杰克·丹尼尔库房里装着发酵成熟的威士忌的酒桶越堆越高，公司必须将它们卖出去。品牌迫切需要一个创新战略，但是要怎么做呢？抛弃正统是一个冒险的举动。为了将库存销出去而运用一个概念，而这个概念竟然围绕着在田纳西乡间干着简单的体力活的胖乎乎的衣冠不整的大叔？施格兰公司的执行官们无疑认为，这是一个由偏远的田纳西公司以及与它们一样偏远的广告公司给出的一个天真的建议。

意识形态机遇：恢复拓荒男性气概

尽管美国人享受着新工作带来的更高的工资和经济地位，但组织人意识形态却令很多人感到生气。在他们看来，组织人似乎背离了历史上美国人关于男性气概的标准观念。[1] 早在立国之前，美国人就已经被融入了坚定的个人主义意识形态。他们的男性气概标准，源于这个国家的故事：贫困的欧洲移民和宗教放逐者筚路蓝缕，为了追求物质财富和个人自由，在广袤的蛮荒之地开疆拓土，经受了非凡的挑战，建立起了一个新国家。开疆拓土的生活被认为是美国国家强大的源头。无数的故事都不厌其烦地讲述美国人如何在拓荒的战斗生活中获得了正直而自命不凡的品格：坚忍、个人主义、自力更生、脾气古怪的诚实务实。拓荒造就了美国人所信赖的这种品格特征的“男人”，这样的男人每每在情势险恶之际就会独自一人力挽狂澜。这个神话在 19 世纪中叶借助非常畅销的小说和偶像的性格特征而传播开来，前者比如库珀的《皮袜子故事集》，后者比如丹尼尔·布恩和戴维·克罗克特。当拓荒历史在 19 世纪末终结的时候，保持这种男性气概成为美国文化中至关重要的事情。东
52 海岸的贵族欧文·威斯特的《西部狂野》小说一跃成为最畅销的图书，欧文的朋友泰迪·罗斯福从他的小说中汲取了少许词汇和想象用以描绘

---

① 此处的综述主要参考了 Richard Slotkin 分析美国大众文化中拓荒神话的演变过程的三部曲，尤其是最后一部：*Gunfighter Nation*, Norman, OK: University of Oklahoma Press, 1998. 我们对美国男性气概进行了分析，可参见：Douglas B. Holt, J. Craig Thompson, “Man-of-Action Heroes”, *Journal of Consumer Research*, 31 (Sept. 2004), 424—440.

他对于国家的愿景，这个国家需要用拓荒的精神气概来防止城市生活导致的男性气概弱化的影响。罗斯福是很有名的狩猎人，在美西战争中他带领狂野骑士团的牛仔伙伴们英勇奋战，他后来的回忆录强化了这一神话。此外，在任总统期间，罗斯福还将美国西部的大片土地以国家公园的形式保留了蛮荒状态，让美国人能够继续寻找某种与拓荒类似的体验。

自拓荒时代终结以后，每当这个国家的男性气概面临着因社会动荡而逐渐削弱的危险的时候，总不可避免地有一种保守主义的抵制力量寻求通过转换文化密码，在美国人的生活中重新恢复这种意识形态，从而与当代男性气概问题产生共鸣。战后美国的现实是矛盾的，巨型官僚体制的机构鼓励一种更柔软、更容易相处、更加温文尔雅的男性气质，而与此同时，美国的政治精英却用核毁灭的想象来刺激美国男人的心脏和头脑。

美国人因为战争而变得强大，但也产生了极大的军事忧虑。随之而来的经济繁荣使得大型公司呈指数级增长，新涌现的财富让美国建立起了一个福利国家以及随之产生的公共服务官僚体制。美国经济起飞的同时，各种新兴大型机构也蓬勃发展：跨国公司、政府服务部门以及遍布世界的军队，一系列新的专业角色也随之产生，诸如心理学家、社会工作者、人际关系专家，他们的工作便是指导美国人如何思考、感觉和行动。与此同时，美国的政治精英和媒体却刺激公众产生了一种可能发生末日核战争的疯狂想法，担心如果美国人不能处理好这个事情的话，苏联人就会将美国人变成到国营的集体农场里工作。既然男人都变成了软弱的久坐不动的组织人，那么美国人如何才能维护他们当下的生活方式？在冷战话语中，组织人遭到沉重打击。美国的威士忌品牌有了一个特别好的时机去利用这个意识形态机遇，只要他们能够抛开既有的文化正统。

威士忌与重拾冷战的西部人 53

这一文化反叛在亚文化和社会运动中逐渐成形，并且很快被大众传媒捕捉到，它们专门针对冷战焦虑提供了大量张扬拓荒意识形态的文化产品。为了对应这种需求，文化生产者转向了最明显的载体——西部影片，他们改编了角色和情节，让故事更贴近战后时代的特殊焦虑。在这个时期的《黑天鹅》《龙城歼霸战》和《原野奇侠》等最受欢迎的影片中，枪手被刻画成西部边疆受雇的职业杀手，就像约翰·韦恩的各部影片那样。枪手是一种特别的男人，他们的性格是在混战的环境中铸就的，这种环境尚未被置于社会机构的管制之下，也缺乏现代生活的基本装备。因此，这些影片所赞美的抢手都是自力更生、坚决果断、说话坦率的男人，他们靠着在没有法律且充满危险的世界里打拼得来的一种个人的荣誉准则而生活。他们的暴力倾向必须被容忍，因为到最后，枪手是唯一具有支撑美国价值观的品格和力量的人。枪手是反动的民粹主义者，他们支持自力更生，用他们半野蛮的天性，来衬托极权主义的现代机构以及更加强大而野蛮的敌人。

一个品牌只能宣扬与它的产品、使用情境或消费者能够可信地联系在一起的意识形态。早在拓荒历史的初期，威士忌曾经是枪手的一个关键配饰。[①] 在禁酒之前，位于肯塔基-田纳西地区的“威士忌带”里有数十种地方威士忌，杰克·丹尼尔便是其中之一。据记载，最早的田纳西酿酒厂是由埃文·谢尔比于 1771 年开设的。到了 1810 年，美国注册的酿酒厂超过 14000 家，威士忌产量总计超过 2500 万加仑。适合谷物生长的土壤、制造酒桶所需的硬木枫树、丰富的石灰岩水以及高效的内河运输网，这些得天独厚的条件使得田纳西成为美国最主要的威士忌产区，但是纽约、俄亥俄和宾夕法尼亚的酿酒业也同样强大。南北战争期间，法律禁止生产威士忌以保证军粮供给。战争结束之后，商业性的威士忌的生产集中在肯塔基和田纳西一带，这个贫困的乡村地区因为出产很好的威士忌而出名。

54 在西部小说和影片中，有枪手的地方通常就有威士忌。威士忌被视为是枪手的三件最宝贝的物件之一，与他的马和枪一样。电影和电视节

① 这里对美国威士忌产品历史的概述大量参考了：Kay Baker Gaston，“Tennessee Distilleries：Their Rise，Fall，and Reemergence”，*Border States：Journal of the Kentucky-Tennessee American Studies Association*，12（1999），http：//spider. georgetowncollege. edu/htallant/border/bs12/fr-gasto. htm（accessed July 12，2006）.

目已经形成惯例将枪手描绘成在狂野西部的酒馆里，酒馆的男招待将一瓶瓶的威士忌摆到吧台上，威士忌从酒瓶里大量地流出来。枪手拿起显然没有标签的酒瓶，把酒倒入杯子里，然后又把瓶子狠狠地放回桌上，一杯又一杯地喝。当情势失控的时候，我们通常会看到枪手直接拿起瓶子大口喝下威士忌，偶尔还会拿酒瓶当武器。

对于想要表达他们被重新激活的拓荒精神的男人来说，痛饮威士忌是一个明摆着的选择。但是从品牌推广的层面上看，它却是一个问题。当时所有大品牌的威士忌都宣扬的是与拓荒精神相对立的意识形态，即在组织人的世界里顺着地位阶梯攀爬的意识形态。正因为没有一家大品牌意识到这个非同寻常的意识形态机遇，威士忌消费者和媒体才会不得不去寻找更能彰显拓荒精神的小品牌。

最明显的方法是直接沿用流行的西部电影，就像万宝路 10 年后所做的那样。然而杰克·丹尼尔却更有创意地表现了拓荒精神。在市面上数百家的小品牌中，杰克·丹尼尔的田纳西威士忌脱颖而出，成为象征拓荒精神的标志性产品。因为一篇很巧合的杂志报道，而这篇报道被一家文化感觉敏锐的广告公司根据杰克·丹尼尔的需要熟练地进行了改编。

原始素材：作为山区乡巴佬的拓荒精神

当复活拓荒意识形态的想法变得越来越具吸引力的时候，媒体开始搜寻其他更加引人入胜的亚文化，希望拓荒意识形态在那些亚文化中依然存在并且保存很好。南部未开发的乡村地区，被证实是文化的沃土。特别是建在后院的酿酒作坊引起了媒体的极大兴趣，这种小作坊是殖民地时期留存下来的，如果仔细搜寻的话，仍然可以在阿巴拉契亚山区腹地找到。殖民地居民曾经用自产的玉米、黑麦和大麦在后院的酿酒作坊里制作威士忌。威士忌在拓荒地区是普通的便宜的烈酒，经常被当作一 55
种货物交换的货币使用。威士忌也是早期美国士兵最爱喝的酒，他们中的大部分都是来自于农夫或者拓荒者。这个传统继续存在于南部地区，既为《豪门新人类》和《正义前锋》之类的电视节目提供了文化素材，也为激浪牌汽水提供了亚文化的原始素材。

杰克·丹尼尔当时的想法是将落后地区的背景掩盖掉，而展现一种都市化的浮华。媒体则正在寻找那些关于拓荒的故事，这些地方某种程度上脱离了现代开发的威力，它们发现杰克·丹尼尔威士忌的制作本身就是一个非常有趣的真实故事。两份当时最重要的高端杂志《财富》和《真实》的摄影记者们，在田纳西林奇堡的这个不太有名的酿酒厂里，发现了酿酒工艺过程的这样一个强有力的拓荒寓言故事。第一篇报道《稀世的杰克·丹尼尔》，刊发于《财富》杂志 1951 年 7 月。文章的内容与标题形成了呼应，如果说在这个国家知道杰克·丹尼尔的人很少的话，在威士忌迷的圈子里，它是有口皆碑的顶级好酒之一。杰克·丹尼尔的品质要归功于这个乡村小作坊，它自 19 世纪中叶起一直存在至今，从未改变过它的酿酒工艺。它位于风景如画的森林地带，仿佛重新回到了 19 世纪的拓荒生活。报道中还附上了莱姆儿子们的照片，他们现在掌管着酿酒坊，仍然沿袭着拓荒时代的传统管理方式。他们穿着背带裤，戴着带檐的帽子，在大通间式的办公室门廊里讲一些小道消息，在一个杂乱的老式办公室里交谈。报道另外还附了一张全景照片，在山谷的前景下是一堆堆的枫树木块，一个工人正在检查橡木制成的过滤槽。简陋的建筑物和手写的签名，再次唤起人们对一个世纪前的回想。

另一篇文章发表在《真实》1954 年 11 月的期刊上，大致沿用了三年前《财富》杂志上的那篇关于品牌发展的文章的结构。这篇有一定篇幅的文章配置了林奇堡酿酒坊的照片，有山谷，也有老式的威士忌，工人们与《财富》杂志上的照片相似。杂志的封面上印有很具特点的标题——《品尝威士忌以及穿衬衫的兄弟们》作为推广文字，告诉读者将要读到的这篇文章，以充满爱的细节讲述了前工业时代的拓荒时期的价值观，以及在禁酒令以前的年代，杰克·丹尼尔的创始人莫特洛家族一直延续下来的，酿造杰出的杰克·丹尼尔威士忌的工艺流程。故事
56 将读者带到一个行将消失的地方——林奇堡，一个干爽的南方小镇，至今保留了前工业时代的魅力和传统。故事和照片让读者认识了一群有智慧的老居民，他们用一种不慌不忙的方式做他们的生意，但他们有自己专门的记忆以及固执的坚持，从而不会让生意一团糟，古老的酿造工艺

是在一个大型的木质蒸馏罐里进行的，堆着枫树木块的山谷背景下，树木块制成的木炭正在熊熊燃烧着。

这些文章都有一种浪漫主义的色彩，它们讲述的故事向人们揭示了一种酿造高品质威士忌的古老手艺。那些古怪人及其固守的前工业手艺，描绘了一个与饱受诟病的西部扩张运动的景象完全不同的原始拓荒生活的场景。这些细节被植入威士忌的故事，激发了那些寻求拓荒精神、驳斥组织人意识形态的人的强烈共鸣。

然而，当主要的威士忌品牌正努力将它们的象征主义现代化，将美国男人历史上最喜欢喝的酒从偏远落后的地区拿出来，带入中产阶级的郊区生活，这些杂志上的文章将杰克·丹尼尔推向了一个截然相反的方向，将杰克·丹尼尔描绘成了一个在现实世界中拥有拓荒意识形态的坚忍不拔的典范。这些故事通过强调其固执地遵照拓荒时代威士忌制作的传统方法，促使杰克·丹尼尔成为反动的拓荒时代威士忌价值观的捍卫者，重新主张那几乎灭绝了的在乡村酒馆里一杯接着一杯痛饮威士忌的枪手意识形态。重要的是，记者们写这样的文章是因为他们发现了一个真实的地方，一个仿佛消失了而又重现的拓荒时代，男人们生活在落后偏远的地方制造着威士忌。

文化创新：将林奇堡酿酒坊神话化

这些杂志的文章激起了美国威士忌消费者的强烈共鸣，询问有关威士忌的信从全国各地涌向林奇堡。因此并不令人奇怪，圣路易斯的加德纳广告公司接手杰克·丹尼尔的业务之后，马上想到以《财富》和《真实》杂志上的图片和民间风味叙事为基础做一些修改。林奇堡的叙事的传播从新闻报道转化为广告宣传，同时得到了《生活》杂志一位受读者喜爱的摄影记者的帮助，加德纳广告公司聘请这位记者一同参与 57
杰克·丹尼尔的推广项目。他也曾为《生活》写过杰克·丹尼尔的一篇图片报道，但他的文章未能被刊登，或许是因为已经有两篇都分别在竞争对手的刊物上发表过了。与《财富》和《真实》杂志的同行一样，这位记者也很喜欢林奇堡，当这个国家迅速地以郊区化的方式远离过去的时候，林奇堡成为美国历史的一个有力的转喻。加德纳的概念直接源自于他的摄影报道，但是增添了一个民间风味的叙事。

改变之后的第一个广告尝试在现有的“一滴又一滴”的利益点模式的广告基础上，注入了《财富》和《真实》的文章中已经确立的文化密码。杰克·丹尼尔以前的广告中都是穿着西装的男人，而现在，我们突然发现自己仿佛置身于林奇堡的心脏地带，宛如诺曼·洛克威尔画笔下的美国小镇，在那儿穿着工装服的男人们在酿造“适合慢酌浅饮的威士忌”。当创意者对所适用的素材了解越来越多以及对自己的工作越来越有信心的时候，他们将威士忌的品质特性和消费者利益点与林奇堡的叙事更加有机地结合在一起。他们表现林奇堡的日常生活和酿酒工作，这样自然地就令消费者认为这是一种令人感到自豪的人工酿造的手工艺性的产品。广告以酿酒坊工作和林奇堡的小镇风光的镜头为主，有看着木炭燃烧的工人，有装桶封存的工人，也有杂货店外削木头的老人，我们看到头发斑白、穿着工装裤的男人，他们被刻画成了被时间遗忘的人，对林奇堡之外的世界正在发生的事情漠不关心。

这一创新概念称为“明信片”。加德纳为杰克·丹尼尔设计了一种民间风格的声音在广告中进行叙述，仿佛广告中的叙事和影像画面是林奇堡的所有人寄往全国各地的明信片，用一种个人化的朴素的风格将明信片改成了当地正在发生的事情。与以前杂志刊登的故事相比，广告的主要创新是创造了这样一种直率的“说出原来的样子”的民粹主义的讲话声音，这种声音精确地表达了拓荒时代男性气概，所传达的民间智慧只能来自于艰苦的工作实践，而不是专业人士的专业知识。长长的文字表达温和地赞扬了林奇堡前工业时代的世界观，同时又轻松地戳了一下1950年代对于现代“组织人”生活的痴迷。这一广告运动中所采用
58 的交流方式，对于建立品牌作为一种“非被市场化”的产品的真实性也是非常重要的。广告中酿酒坊的老板们与消费者用一种简单、直率的讲话方式来讨论产品、酿酒坊和小镇，这就使得广告让人感觉像是日常的交谈而不是品牌的宣传。影像和艺术设计增强了这种对于乡村风格的古老的产品品质的赞美，而这种品质让美国人与拓荒时代紧密联系在了一起。其他竞争品牌都努力通过展现富有的顾客而创造一种高端的形象，杰克·丹尼尔相反，它给人以一种真实的印象，这不是一家营销公

司而是一个真实的酿酒坊。

印刷广告也立即受到欢迎。因此杰克·丹尼尔及其广告代理公司将这个概念延伸到消费者的每一个接触点：从零售和促销，到专门为大众市场的威士忌迷以及喝杰克·丹尼尔威士忌的名流发展一个神秘的社团。许多消费者去参观酿酒坊，去看看是否真的和广告里描绘的一样，因此旅游得到了发展，从而准确地传达"明信片"里所预示的前工业时代的拓荒精神。威士忌的朝圣者可以在这里遇见他们在自己最喜欢的杂志上所看到的那些人物。

圈内人策略：田纳西乡绅的秘密社团

除了我们至此一直讨论的大众市场策略，杰克·丹尼尔开拓性地结合了圈内人的文化战略。与大众市场相比，公司从圈内人亚文化中借用的原始素材显得更加真实而正宗，圈内人策略为这些素材抹上了一层圣油，这是相对于大众市场战略的一种平衡。如果杰克·丹尼尔不被视为一个亚文化的真正可信的参与者，圈内人就会将它在大众市场上的努力视为一种文化掠夺，是冒充亚文化的参与者出来骗取亚文化中其他参与者的钱。

在这里，圈内人是不随人流的美国人，威士忌爱好者总是秉持美国历史上的拓荒理念，他们从一开始就受到组织人意识形态的打击。公司发起了一个模仿秘密社团的运动，名字叫作"田纳西乡绅"，给予那些同样喜爱拓荒男性气概的威士忌爱好者特殊的肯定，并且建立一种亲密的联系。酿酒坊用手写的书信与这些特别的威士忌朋友保持联系，向他 59
们讲述林奇堡日常生活中的朴素的故事，并且邀请他们参观酿酒坊。确实有许多享受 VIP 待遇的威士忌爱好者参观过，并在"乡绅室"品尝一些特殊蒸馏罐里制作出来的威士忌。每一位乡绅会员都获颁一张证书，授予他们在酿酒坊一平方英尺的储存空间。

最重要的圈内人大多是社会名流和新闻记者，秘密社团与他们建立了一种紧密而深受喜爱的关系。他们作为品牌的支持者，在公众场合喝杰克·丹尼尔威士忌并且发表文章赞美它。这些无须支付工资的支持者们提供了一种极具影响力的信誉度，确保了威士忌枪手精神的传递，这种品牌推广模式远比花钱聘请代言人要更有影响力。杰克·丹尼尔的意识形态的表现吸引了另外两个圈子的精英成为乡绅会员：大男子主义的男性艺术家和鹰派政治精英。杰克·丹尼尔是美国国务院的选用烈酒，并且媒体报道了“冷战斗士”理查德·尼克松如何喜欢喝这种酒。威廉·福克纳的纵酒与他的写作一样出名，他喜爱杰克·丹尼尔这一点偶尔也被媒体报道了出来。记者卢修斯·毕比是一个爱炫耀的高端社交圈的喜欢吃喝的人，在耶鲁读的书，他成了高端杂志的一名撰稿人，同时他对西部有着非常浓厚的兴趣，他在火车上写了数十本书，然后特别到内华达州的沙漠城市创办了一份新闻周刊。在他的杂志和报纸的专栏文章中，卢修斯吹嘘他在撰写西部游记的过程中对于杰克·丹尼尔的喜爱。

约翰·休斯顿与汉弗莱·博加特、劳伦·巴考尔以及他们的一群朋友一起喝杰克·丹尼尔，他们代表的也许是可以称为海明威派的群体，这个群体由好莱坞的一些演员、编剧和导演组成。他们顽固地坚持以老派眼光看待男性气概，与拓荒精神保持一致，从而向新组织人提出了直接挑战。约翰·休斯顿是他那个时代一个重要的明星，媒体详细地报道他导演的电影和他的生活方式。电影《白鲸记》拍摄期间，《新闻周刊》和《时尚芭莎》等杂志都报道了休斯顿极其讲究的喜好，他喜欢斜纹帽、小雪茄烟、杰克·丹尼尔，还有到爱尔兰打猎。休斯顿是典型的枪手性格，他既享受生活，又试图刻画与生存有关的紧张感，如同在
60 他的电影里的男人们所面临的那样，特别是他和博加特合作的那些影片。叼着雪茄、沉迷于女色的休斯顿在爱尔兰的乡村买下了一座城堡，每当休假他就去那儿打猎、喝酒，寻欢作乐。当他厌倦了那儿（同时也厌倦了他当时的妻子的时候），他卖掉了城堡，在墨西哥买下一个热带雨林，和一个年轻的墨西哥女子结了婚。那个林子在太平洋里，只能通过小船到达，他住在那儿一个由他自己建造的院子里。

弗兰克·辛纳屈作为一个年轻的助手，与这群人泡在一起，也养成了他们那样的饮酒习惯。当他的事业在 1957 年腾飞的时候，他的喝酒习惯以及对杰克·丹尼尔的偏好也成了媒体最喜欢的辛纳屈的故事。他和他的“鼠帮”部落的同伴们沉湎于女色的恶作剧不断地被媒体报道，

杰克·丹尼尔经常被作为一个关键的道具。当他们出去进行冒险活动的时候，据说他们会穿着口袋上印有杰克·丹尼尔标记的夹克。辛纳屈作为一名田纳西乡绅会的成员，是杰克·丹尼尔公司最应该嘉奖的人。

大众传媒强化品牌意识形态

大众文化的制造者很快就增强了杰克·丹尼尔的象征意义，使品牌被强化成美国社会最有影响力的文化象征。1962 年，保罗·纽曼早期最值得纪念的电影《原野铁汉》，将杰克·丹尼尔作为拓荒精神的标志性威士忌的地位被确立下来。主人公胡德是一个有海量酒量的好色之徒，他在他父亲位于得克萨斯的农场工作。他自称是一个具有拓荒精神的讨厌新技术的人，他将不会容忍现代的东西突然侵入他的牛仔式的生活里。整部电影里，他都喝着从酒瓶里倒出来的杰克·丹尼尔威士忌，无论是追女人，还是卷入酒吧斗殴，或是与猪摔跤，他都在喝。

胡德是一个反时代的牛仔，为保持他的脱离现代化大机构束缚的个人自由的自由主义意识形态而斗争，同时又通过女人、威士忌和战斗表现了他的男人气概。杰克·丹尼尔是胡德的同志和真理的浆液。每当其他男人不支持他的意识形态的时候，杰克·丹尼尔给他安慰，并且让他以一种最积极的甚至暴力的方式来证明他的拓荒精神。

《原野铁汉》的大受欢迎以及保罗·纽曼因为扮演牛仔角色而一夜成名，确立了杰克·丹尼尔的标志性地位，它是那些美国男人，特别是政治上更偏向保守主义同时认同这种意识形态的男人所喝的酒。此后，
杰克·丹尼尔在许多流行电影中都成为有名的道具，比如《野战排》 61
《闻香识女人》《致命凶器》《复仇威龙》《本能》《义海雄风》《怒火救援》《惊天动地 60 秒》《盗火线》《珍珠港》《死囚之舞》《神秘河》，等等，总是利用和增强相同的枪手神话。

结论

杰克·丹尼尔威士忌是美国商业史上最成功的文化创新之一，它一直排在全球最有价值品牌的百强之列。1950 年代突然出现的一种新的对于拓荒意识形态的需求，对于很多威士忌品牌来说是一次非同寻常的

机遇。但威士忌市场的主导品牌们完全忽视了这次机遇，因为它们执着于当时的文化正统，迎合时髦的新组织人意识形态以满足中产阶级男人身份地位需求。杰克·丹尼尔也曾追随正统，但未取得成功，直到它的广告代理公司采取了一种完全不同的方法。杰克·丹尼尔抓住并利用了突然爆发的文化需求，推动拓荒男性气概的复活，公然拒绝了品牌以前所代表的相互攀比的势力态度。

用恢复拓荒精神应对冷战焦虑的渴望日渐增长，电影制片人最擅长察觉这种需求，开始拍摄西部片以应对这种需求，但是很快这类冷战意识的西部片便充斥市场，于是人们开始寻找新的亚文化，用它来传递相同的拓荒意识形态以满足公众心理需求。记者们抢在威士忌营销商的前面，扫探了美国文化，意外地发现了引人入胜的故事：田纳西的一个干爽的乡村小镇上的旧式的木炭蒸馏工艺酿造的威士忌产品就极其符合这种需求。借新闻界的信用，加德纳广告公司整理了这些杂志刊登的故事，对记者们构建的文化密码进行有效的润色。特别值得一提的是，广告公司创造了一种民间风格、直率的“反对营销”的交流风格，这比比尔·伯恩巴赫著名的大众汽车广告要早五年，而后者一直被很多人误认为是此类风格的创立者。杰克·丹尼尔的文化创新证明了至今产生影响的两种文化策略。

62 复兴反对者的意识形态

杰克·丹尼尔对拓荒男性气概的复兴，似乎发生在一个最不可能的时候，当时美国正在脱离它的农业基础，迈向一个由大公司、科学与技术以及大型计划（比如马歇尔计划和阿波罗太空计划）组成的社会。杰克·丹尼尔没有追随潮流，它让时光倒流，重申历史的意识形态的价值，这是一个反对者的文化战略。在《品牌何以成为标志》一书中，我们曾介绍了激浪和哈雷-戴维森如何利用完全相同的战略，在本书的第八章，我们将讨论万宝路如何利用相同的反对者战略。

亚文化经常会包含残余的意识形态，即曾经占据主导地位的却已经被边缘化的意识形态。用社会学和政治学的术语来说就是：有时这些亚文化会产生保守主义的社会运动，因为它们想要重新激活传统意识形态。在美国，最有影响力的保守主义亚文化和社会运动都曾经利用拓荒精神作为最主要的原始素材。我们发现这样的社会运动发生在20世纪初拓荒时代终结之时，发生在冷战最高潮的1950年代和1960年代早期，在1980年代被作为所谓的“里根革命”的核心，而在2000年代的“恐怖主义战争”中又作为意识形态的基础来支持这个国家的重新军事化。

将公司神话化

林奇堡“明信片”概念开创了一种新策略，我们称其为“将公司神话化”。杰克·丹尼尔的品牌运作依赖于对公司后台商业实践的真实描绘。这种策略近年来变得越来越重要，杰克·丹尼尔则是最重要的早期榜样。公司没有让亚文化的参与者去表达品牌的意识形态，而是将自身变成品牌推广的舞台。杰克·丹尼尔宣称，它的产地、工人、管理者还有工艺流程，永远都会生活在拓荒意识形态中，从未想过要转向现代生活，这一神话为杰克·丹尼尔建立了巨大的可信度和真实性。

如今，许多人对于公司的利润动机和商业行为都持非常怀疑的态度，将公司神话化就成为一种有影响力的策略。[①] 消费者对品牌反复宣传的意识形态背后的“真相”越来越持怀疑态度，他们对那些意识形 63
态主张透明度更高的品牌也就反响越来越强烈。用行动说话，每天都以这种意识形态经营它们的生意的公司，这在当今消费者心目中的可信度比那些品牌推广中所捍卫的意识形态与公司的商业实践毫无关系的公司要高得多。然而，并不是所有公司都能通过公司来表达它们品牌的意识形态，因此能够这样做的公司在21世纪初的市场上已经取得了一个相当的风险保障。

---

① 有关这个问题的学术讨论，参见：Douglas B. Holt，“Why Do Brands Cause Trouble? A Dialectical Theory of Consumer Culture and Branding”，*Journal of Consumer Research*，29（2002），70—90.

64 # 第四章　本杰瑞：激发意识形态爆发点，开启可持续商业神话

只用了不到十年的时间，佛蒙特州伯灵顿的本杰瑞冰激凌公司就从一个由加油站而改造成的街边小店，变成了全美第二大高档冰激凌品牌。公司销售额从 1979 年的 18 万美元激增到了 1989 年的 5800 万美元，1999 年更是达到了 2.37 亿美元。2000 年，联合利华用 3.26 亿美元买下了该公司，并作为其竭力打造的品牌之一，本杰瑞的生意现在已经拓展到全球。

本杰瑞取得如此佳绩，其实它并没有一个特别独特创新的产品。1961 年，哈根达斯成为高档冰激凌市场的领头羊，它用上等原料制成口感浓郁的冰激凌，装在小桶里出售，价格要比一般冰激凌高一倍。杰瑞和本只是花 5 美元参加了宾夕法尼亚州立大学奶油公司的推广课程，在那里学会了冰激凌的制作方法。他们生产的冰激凌看不出与全美数以千计的地方小冷食店生产的冰激凌有什么不同，事实上，本杰瑞最初的冷食店及其口感与斯蒂夫冰激凌店的非常相似，这令他们很苦恼。从 1973 年开始，斯蒂夫·赫瑞尔开始采用“光滑成分”和“混合成分”生产高档冰激凌，比如奥利奥曲奇冰激凌、希斯酒吧冰激凌和里斯花生酱冰激凌，其产品在波士顿地区非常流行，不过从未在全国市场上取得成功，尽管它曾获得充裕的资金支持。

此外，本杰瑞开始创业是基于 1960 年代和 1970 年代反文化的波西米亚理想。但自 1970 年代初期以来，在他们之前已经有数百位前嬉皮
65 士（包括斯蒂夫）创立了这类企业，这些创业企业中的绝大多数都做砸了。有一些变为在亚文化方面比较成功的小企业，但从未发展到可观

的规模。只有极少的几家企业突破了亚文化的范围，本杰瑞即是其中之一，这样的成功方式被我们称为“跨越文化鸿沟”。① 本杰瑞对一部分美国消费者产生了非常强烈的吸引力，这些人大多属于持自由主义意识形态的上层中产阶级。本杰瑞如何在缺少资金、没有新技术而且没有产品创新的情况下，仅仅用了15年的时间就在一个成熟的市场领域成为跨国食品公司中最重要的品牌之一的呢？如果按照“更佳捕鼠器”的创新模式的话，这是永远不可能发生的事情。

本杰瑞是通过文化创新取得成功的。1980年代，罗纳德·里根以保守主义的姿态激进地重塑美国社会，本杰瑞抓住了这一可谓历史性的意识形态机遇，它创造了一种激动人心的文化表述，将自己塑造为当时正处于上升期的里根主义在意识形态上的完美对立面。这家小公司在营销中采用了1970年代兴起的一种乌托邦亚文化——“回到乡村”的农业公社的意识形态、神话和文化密码。本杰瑞创造性地在饮食文化中注入了生态农业的理念，它坚信企业在赚钱的同时是能够做到人道主义的和可持续发展的，并用一种搞笑的恶作剧的风格与消费者建立沟通。

通过这些做法，本杰瑞开创了我们命名为**激发意识形态爆发点**（provoking ideological flashpoints）的文化创新策略。本·科恩越来越敏锐地觉察到，作为目标消费群体的中产阶级自由主义分子在身份认同方面难以启齿的渴求，于是公司通过产品设计和营销宣传文字向他们传递一种有感召力的文化表述，表明自己与里根主义相对立的意识形态。

意识形态机遇：对里根主义的拒斥

从1960年代中期开始，美国自由主义与保守主义的政治理念之间的分歧急剧扩大，其跨度远远超出了传统的政治理念上的差异，从而诱

① 其他一些品牌有巴塔哥尼亚、Stonyfield酸乳酪、缅因汤姆、小蜜蜂、斯耐普、Cascadian农场、Kashi、Muir Glen、White Wave、Odwalla等，它们全部都被大型消费品公司收购。只有少数原创的反文化企业仍然保持独立，其中有全食超市和第七世代。

发了著名的“文化战争”。[1] 联邦政府在1960年代以惊人的速度使一系
66 列自由主义立法和全国性的计划在国会通过，包括公民权利、反贫困斗争、环境保护以及差点通过的平等权利修正案等。开放住房和废除地方学校的种族隔离等民权运动尤其充满争议，激起了保守主义的强烈抵制，特别是在教育程度不高的白人群体中。[2] 保守主义运动在整个1970年代都获得了强大的动力，最终以1980年里根在大选中的获胜以及在1984年的连任而达到这一运动的巅峰。里根精湛的修辞技巧，重新激活了这个国家的拓荒意识形态，很多美国人为之着迷。但对于自由主义者来说，里根全面的政策转变带来的却是冒犯和疏离感。里根大幅地给富人减税，不加甄别地支持大公司，放宽了对工业产业的管制，同时创造了一个宽松的反垄断的执法环境。里根认定，自由主义立法浪潮中通过的一系列污染防治法是无法实施的。他从能源部门任命了新的内政部长，这位内政部长认为自己的职责就是开放公共土地资源，以便廉价地开采矿产。里根还炮轰全美的空中交通管制部门的全体成员，大大地挑战了工会的权威。他痛斥福利制造了懒惰的寄生虫，因此削减扶贫支出。同时，里根还扮演起曾在好莱坞扮演过的麦卡锡时代的冷战斗士的角色，他将苏联描绘成邪恶的帝国以激起公众的恐惧，尽管此时苏联的经济状况正处于快速的恶化之中。他夸大中美洲的小规模游击运动的威胁性，视之为下一个越南，由此资助“自由战士”去破坏这些运动。[3]

直至1984年里根再次当选总统，许多自由主义者都感到了政治上的被疏离感，甚至怀疑自己和里根的支持者们不是生活在同一个国家。美国人被分为两半，一半强烈认同保守主义，另一半支持自由主义一方。政治上的两极化创造了无数的意识形态机遇。哈雷-戴维森摩托车和杰克·丹尼尔威士忌都利用了保守主义者复兴拓荒意识形态的渴望。

---

① 此处可参考：Nolan McCarty, Keith T. Pool, and Howard Rosenthal, *Polarized America: The Dance of Ideology and Unequal Riches*, Cambridge, MA: MIT Press, 2006. 他们提供了详细的量化数据。

② Rick Perlstein, *Nixonland: The Rise of a President and the Fracturing of America*, New York: Scribner, 2008.

③ Sean Wilentz, *The Age of Reagan: A History, 1974—2008*, New York: HarperCollins, 2008.

本杰瑞则在政治谱系的另一端撬动了杠杆，里根主义激起人们对于一种值得信赖的对立的意识形态的强烈渴望。1970 年代后期环境保护非政府组织都处于休眠状态，正当许多人认为这些组织的任务已经完成了的时候，突然发现大量的新成员加入到这些组织中。一些同为自由主义者的人们试图在商业上寻找回应里根主义的办法，要用他们作为消费者的选择来反映他们的政治愿望，而做出了最果断的商业反击的是一家冰激 67
凌公司。

原材料：“回归自然”商业乌托邦运动

本杰瑞的创办与一场社会运动有着很深的关联，我们称其为“回到乡村”商业乌托邦计划，它是公司发展品牌文化的原始素材。本·科恩在创办公司之前曾经深度参与过这一社会运动，并迅速地熟悉它的意识形态、神话和文化密码，所以他想借此塑造一种新的世界观，从而令人信服地挑战里根主义。1960 年代晚期，大型企业尤其是食品工业的运作方式越来越非理性化，这项社会运动应时而生，它提供了一种另类的“个人即政治”的战略。

运动的前身是一个名叫“挖掘者”（Diggers）的组织，它由一群居无定所的街头表演者组成，他们在旧金山的海特区一带活动。“挖掘者”发起了一个激进的名为“免费食品”的合作社，在附近的一个集体农场种植食物，于是嬉皮士青年可以过上自给自足的生活。他们常常坐上被称为“黄色潜水艇”的公共汽车，以恶作剧的方式宣传他们的合作社。“挖掘者”还印发了抗议现代工业的传单，将现代工业说成是一场反自然的自杀式战争。他们认为，人们只有回到乡村才能让头脑变得清醒，才能在精神和肉体上变得健康。[①] 通过他们这些恶作剧式的滑稽举动，“挖掘者”很快闻名全国。

1969 年 4 月，一群自称为“罗宾汉公园委员会”的学生激进分子控制了本来属于加州大学伯克利分校的一块土地，命名其为“人民公

① 有关回归自然饮食运动的历史回顾，我们大量参考了：Warren Belasco：*Appetite for Change：How the Counterculture Took on the Food Industry*，New York：Cornell University Press，2006.

园”。他们还打出“权力属于人民”的标语，宣称它属于公共财产，是为人们提供言论自由和免费食物的。来这里的参观者很受鼓舞，帮着种植蔬菜，分享食物和毒品，一起观看乐队表演，享受着这片不受美国政府管理的天地。此时正值罗纳德·里根就任加州州长的典礼期间，他警告伯克利的学生们“要守规矩，否则就走人”，他担心，“这极少数垮掉的一代的、激进的以及污秽的言论的拥护者玷污了这样一个伟大的学府”。[①] 里根将整个城市置于军事化的管制之下，调集了国民警卫队，用直升机扔下了一颗催泪弹，还出动了防暴警察，结果防暴警察射杀了
68 一人，打伤了几人，还逮捕了数百人。这一冲突使得全国媒体的注意力都转向了人民公园以及新社会运动。

反文化运动批判美国的经济体制，回到乡村商业乌托邦理念受这一批判的激发而产生，西奥多·罗扎克将反文化运动所批判的这种体制称为“技术官僚体制”，这个说法如今已是众所周知。[②] 在雅克·埃吕尔、赫伯特·马尔库塞等知识分子的鼓动下，年轻人谴责技术-工业体系，这一体系利用自身的规模和实力在社会的方方面面占据了主导地位。他们向技术官僚体制的不计后果和非人性化发起挑战，这一体制下的企业用一种似乎很理性的方式相互之间展开竞争，进行无计划的、非理性的生产。它们只知道更快更好地生产商品，却毫不关心由此对社会和这个星球造成的后果。在反文化运动者看来，大公司把生产搞得井井有条，效率蒸蒸日上，但其产品却是炸弹、橙剂和滴滴涕（DDT），这实在是荒谬之极。

反文化运动者们号召重建一个规模比现在小得多的社会，在这个社会里将更少地崇拜技术，而是更多地以人性为尺度，同时，专家知识也

---

① Seth Rosenfeld, “The Governor’s Race”, *San Francisco Chronicle*, June 9, 2002, a Chronicle Special Report, www.sfgate.com/cgi-bin/article.cgi? f=/c/a/2002/06/09/MNCF3.DTL (accessed Jan.9, 2010).

② Theodore Roszak, *The Making of a Counterculture: Reflections on a Technocratic Society and its Youthful Opposition*, Berkeley and Los Angeles: University of California Press, 1995. 亦可参见：Jacques Ellul, *The Technological Society*, New York: Vintage Books, 1967. 这本书也是当时颇有影响的著作。

应该是民主化的。[①] 他们指责的重点对象当然是军工业，但是批评的声音也延伸到了食品产业和教育产业。其他一些有影响的思想家，比如E. F. 舒马赫（《小的是美好的》一书的作者，该书被称为生态农业的圣经）、温德尔·贝里、柯克帕特里克·塞尔等，为这些批评增加了生态学的陈述。一批生态主义思想家、作家和社会活动家，诸如雷切尔·卡森、奥尔多·利奥波德、J. I. 罗德尔、戴维·布劳尔、爱德华·阿比、巴里·康门勒、巴克明斯特·富勒等，他们中有些人早在若干年前就写文章关注可持续发展的问题，现在都已成为著名的知识分子和思想领袖。

起初，反抗技术官僚体制是以传统的非暴力抗议的方式进行的，诸如静坐、游行和其他一些引人关注的行动。[②] 但是后来城市里骚乱四起，马丁·路德·金和罗伯特·肯尼迪先后遇刺，和平的反抗运动分裂了，推翻技术官僚体制的运动也因此蒙上了不光彩的名声。这时，运动中一支引人注目的力量开始采取新的策略，他们放弃了甘地和金博士那种直接颠覆现存体制的策略，跑进森林，试图在小世界中重建新社会。他们要建设一个田园牧歌式的乌托邦，它应该真正地可持续发展。他们追随美国历史上悠久的乌托邦传统，从沿海转向内地，其中绝大部分流向了旧金山北部的几个州、佛蒙特的山区、马萨诸塞以及上纽约州地
区。据埃莉诺·阿格纽在她的《回到乡村》一书中的估计，至少有100 69
万年轻人加入了向乡村移民的大军。[③]

如果志同道合者们想要在更小规模上重建社会，就意味着一定要重建商业。像电气、汽车之类的技术是不能考虑的，日常生活的基本需求要通过自己动手（DIY）的方式来满足，这就得从前工业社会的生活方式中寻找灵感了。于是，他们开始学习如何制作工具、建造房屋、种地、储藏以及做饭。为了帮助这些人，斯图亚特·布兰德创办了一份叫

---

① Belasco, *Appetite for Change*, 25－26.

② Todd Gitlin, *The Whole World is Watching*: *Mass Media in the Making and Unmaking of the New Left* (Berkeley and Los Angeles: University of California Press, 1980).

③ Frances Fitzgerald, *Cities on a Hill*: *A Journey Through Contemporary American Cultures*, New York: Simon & Schuster, 1987.

《全球目录》的邮寄杂志，它搜集各种民间生活物事，不愧为自己动手的生活的最佳指南。其中有些物事甚至可以在19世纪西尔斯·罗巴克向拓荒地家庭寄送的目录中找到。这本杂志成了解决“怎么办”问题的圣经，成了维持小型化可持续特征的生活的必不可少的工具。比如它会指导人们建造深井气泵、用太阳能做饭，以及使用陶工旋盘，等等。看了目录才知道，想把自耕农生活过得有声有色，必须得学习一系列的手艺活。目录中有个经典商品，是一本名为《玩转蜜蜂文化》的书，它不仅指导人们制作蜂蜜，还教人如何出售蜂蜜赚钱。对于那些毫无自己动手的生活经验的中产阶级小青年来说，这本杂志为他们从都市文明向田园生活回归指出了一个切实可感的方向。他们体验着新的生活方式，一种强大的意识形态逐渐形成——想象着一个新的国度，在这个国度里看到的是小企业、家庭农场主、村庄商店、手工艺生产、个性化互动、政治参与以及共同体关系。

回到乡村的商业意识形态改变了生产和消费中的一切，从时尚到音乐到家居装修，诸如褪色的棉布和毛线、农夫裙、破旧的工装服、软乡村摇滚、户外节日、室内盆栽、陶艺、木质工艺，不一而足。但食物是这一切的核心，是实施运动纲领的最实际的领域。对回到乡村运动抱有责任感的人，一日三餐吃的都是由可持续发展的小农业提供的未经工业处理的天然食品，似乎这样做他们就能每天三次挑战技术官僚体制。主要归功于弗朗西斯·摩尔·拉佩的著作《一座小行星上的饮食》，素食主义成为支持可持续生活方式的政治力量。没有化学品、添加剂和防腐剂的食物是好的，而含有那些你知道是何种成分的食物则是不好的。这
70 些另类的食品需求导致了食品合作社的爆发式增长，它们企图通过生态模式来重塑资本主义。在1969—1979年的10年间，大约有5000—10000个养殖散户的有机产品上市销售，这些产品尽量避免工业处理，也不讲究包装。[①] 这下，志同道合的运动成员所喜欢的前工业的烹饪法就有了制作的食材。为了减少对环境的影响，它们大部分是散装的。所有这些人的家里，都藏有劝人回归自然的书籍或杂志。

---

① Belasco, *Appetite for Change*, 90 - 91.

一种亚文化餐厅也开始出现，爱丽丝·沃特斯在伯克利开办的潘尼斯之家是这类餐厅中的第一家。沃特斯与附近的有机农场建立了良好关系，用应季的本地水果和蔬菜招徕顾客。类似地，纽约北部的莫莉·卡岑和她的莫斯伍德公社也创办了一家员工自我管理的餐馆，他们随之出版了一系列极其畅销的烹饪书籍，尤其受到素食主义者的青睐。在她们的榜样作用和食品合作社的支持下，全国各地涌现了数以千计的新餐馆。

回到乡村商业乌托邦，尤其是它在食物上的清规戒律，成为随后10年里许多文化创新的源泉。本杰瑞公司是第一个将这些意识形态的规范商业化并因此在大众市场取得成功的公司。

设计文化创新

早期概念：本杰瑞作为亚文化品牌

公司发展初期，本杰瑞将自己定位成一个亚文化企业，它也确实吸引了佛蒙特州的伯灵顿及其周边地区的生态农业主义者。[①] 本·科恩和杰瑞·格林菲尔德都是长岛中学1969年的毕业生，当时正值嬉皮士向乡村公社进军，回到乡村的意识形态甚嚣尘上。科恩从大学退学之后去学习陶艺，然后迁到东部乡村，想以他的新爱好作为一种心灵治疗方式谋生。但是很快他又在《纽约时报》招聘专版发现了他“梦寐以求的工作”——哈兰德公社实验中学正在招聘手工课老师，这间学校位于纽约乡村地区一个600英亩的农场里。

哈兰德是乡村公社的典范。在那里，教员和学生可以自己种粮食， 71
自己挤奶，网格状球形穹顶建筑、A字形建筑，以及小木屋等各种各样的建筑也全都由教员和学生手工建造，连《全球目录》都刊登过他们的照片。实验学校抱着一种不拘形式和反权威的思想，教员的角色定位很宽松。本在这所学校工作时对烹饪产生了兴趣，他便担任起了厨师，并试着自制冰激凌。

① 有关本杰瑞的史前史、创建以及此后15年的发展，我们大量参考了：Fred Chico Lager：*Ben & Jerry's*：*The Inside Scoop*（New York：Crown Books，1994）. 以这一历史记录为基础，我们增加了对其营销、宣讲和新产品开发的文化分析。

三年之后，公社因为违反建筑标准法规被迫关闭。本邀请他的朋友杰瑞跟他一起北上，两个没有工作的人在一起异想天开地考虑做点儿什么来养活自己。他们曾经构想很多定位于公社生活的食品生意计划，最终还是选择了开家冰激凌店。他们本来想把店开在纽约阿迪朗达克山区的萨拉托加温泉镇，但是这里已经有人捷足先登了，于是只好重新寻找合适的乡村小镇，条件是那里必须要有规模可观的反文化公社。最后他们选择了佛蒙特的伯灵顿，凑了12000美元，租下了一座废弃的加油站，开始制售冰激凌。

企业之初，本将他在哈兰德公社的朋友们召集来帮忙，包括设计标识。他俩当然付不起朋友们的帮忙费，所以为了答谢大家，杰瑞和本许诺他们只要公司开着，他们就有“终身免费享用”的特权。自然而然地，哈兰德公社的那帮人将源自回到乡村运动的文化密码植入到企业的每一个环节。他们自力更生粉刷墙壁、制作桌椅，小小的店面于是焕发出纯正的乡村气息。本将墙面刷成时髦的橙红色，标识是手绘的，菜单也是手写的。在制作流程和工艺上，杰瑞特地选用了容量4.5加仑的老式曲柄小桶、岩盐以及制冰机，并且只有奶油、牛奶、蜂蜜、蔗糖和蛋黄之类的未经工业处理的天然成分才可以添加到冰激凌里。冰激凌的口味是即兴调制的，用的原料有格拉诺拉燕麦、手剥花生、佛蒙特本地特产枫糖汁，等等。他们将其称为“本杰瑞家制冰激凌”，这个名字也传达了“小型”“个人化”和“前工业”的精神。即便是那个遭人诟病的广告语——“人民的冰激凌”，也是为了唤起人们对伯克利的人民公园以及那场带有民粹主义情绪的运动的回忆。生意慢慢好起来，他们开始
72 一品脱一品脱地向外批发冰激凌。这时有朋友帮他们设计了包装盒，盒子上粗糙地印上了本和杰瑞的照片。总而言之，本杰瑞采用的大量文化密码，都旨在将公司的意识形态拉到与回到乡村运动相同的战线上，并且为它贴上对抗大型产业化农业的标签。

本杰瑞还举办了一系列纪念罗宾汉公园委员会和“挖掘者”的活动，这为他们赢得不少声誉。“挖掘者”用免费食品发扬光大其意识形态，本杰瑞也如法炮制。第一年年末，他们决定搞一个“免费冰激凌日”，在这一天里，所有来店里的人都可以享用一杯免费冰激凌以及其他免费食物。

他们还派发传单，声称“企业有责任回报支持它的共同体”。

到了第五个年头，本杰瑞已经发展成为一个真正的企业，雇用了大量员工，并开始形成企业内部的等级。这个时候，本开始担心他自己的企业是否也变成了他鄙视的具有剥削性的技术官僚体制的一部分，于是他开始考虑是否卖掉它了事。后来他的一位密友说服他放弃了这个想法，这位朋友和他一样也一直是回到乡村运动的热心参与者。[1] 本很快发现，他可以将他的企业当成政治恶棍的小讲坛用以讽刺他所不喜欢的公司资本主义的特质。1984 年，本杰瑞开始在佛蒙特以外的地区拓展分销渠道，在公司力量逐渐成长的过程中，本·科恩发现，最有力的营销策略就是将品牌塑造成里根主义政治和商业意识形态的挑战者。为了达成这一目标，他采用了与 1960 年代的反文化运动参与者们挑战技术官僚体制时同样的媒体策略。这样，本杰瑞就从一个成功的亚文化的企业变成了一个利用亚文化意识形态挑战里根主义的平台。为此，本杰瑞吸引了全国媒体的持续关注，并激起了亚文化之外有自由主义倾向的中产阶级消费者的强烈共鸣，公司获得了意想不到的成功。

农耕乌托邦的股份制

本杰瑞在一个看上去不可能的地方射出了第一支华丽之箭。1984 年，公司想要募集资金，但科恩决定放弃走华尔街投行这条老路。事实
上，他创造的融资模式不但很有想象力，同时也体现了回到乡村运动的 73
理念。科恩决定将股票发行给当地的农场主、家庭以及共同体成员，而不是那些大投资人，因此最小的投资份额只需要 125 美元。最终，将近 1800 个家庭购买了公司股票，这大约是佛蒙特州全部人口的 1%，而其中有三分之一的投资者只花 125 美元购买了最小份额。[2] 这个无视华尔街的做法让本杰瑞在佛蒙特以及周边的几个州极其地受欢迎，也让本有信心去寻求一种更加尖锐的恶作剧方式走向全国而不是地区的市场舞台。

---

① Lager, *Ben & Jerry's*, 57.

② 同上书，103。

“面团男”到底在怕什么？

1984年3月，科恩得知哈根达斯的东家皮尔斯堡（Pillsbury）公司威胁零售商，如果它们不停止销售本杰瑞冰激凌，就将终止与它们的合作。由于哈根达斯占有超过70%的市场份额，杂货商们感到除了服从这个掠夺性的方案之外无计可施。[1] 本杰瑞的律师告诉科恩，哈根达斯这个严厉的分销计划虽然直接违反了反垄断法，但是里根政府没有执行反垄断法，因此如果真要诉讼的话，谁输谁赢难以预料，而且诉讼花费的金钱和时间成本对于它们这样的小公司来说根本就只有破产一条路。皮尔斯堡自然对这一切了然于心，它本来就是利用它的公司的强大力量将新进的小企业驱逐出市场。

科恩凭直觉意识到，皮尔斯堡的打压行为反而能为本杰瑞所用。作为大型的技术-工业公司，皮尔斯堡以里根主义的风格欺行霸市，而它的对手不过是一家微不足道的小公司，它只是想依照回到乡村的理念为人们带来一种民间风格的不同选择而已。于是，科恩找到他的高级经理们一起碰头寻找对策。开会的时候，公司CEO弗雷德·拉杰尔嘴里嘟哝出一句“面团男（‘面团男’是皮尔斯堡公司著名的卡通形象）到底在怕什么啊?”，这句话令科恩一下子就明白应该如何赢下这一局了。他们以这句话作为标题发布了新闻通稿和传单，本杰瑞被描绘成一个对抗“面团男——一个年销售额达39.48亿美元的联合企业集团”的小公司，它刚刚起步，遵循的是最好的理念“回到乡村”，只想躲过皮尔斯堡的欺压守住一小方市场。在传单的背面，本还指导人们如何采取直接的个人行动，比如可以打“面团男”的热线电话让它一直占线，再比如写
74 信给联邦贸易委员会表示抗议，或者干脆将抗议信寄给皮尔斯堡的董事长。传单还号召消费者联合抵制皮尔斯堡的另一些子公司，比如金伯格公司和绿巨人公司。他们设计了印有“面团男到底在怕什么?”的汽车车贴，还派发印有“本杰瑞法律辩护基金——主要赞助者”字样的T恤衫。

随后，杰瑞·格林菲尔德孤身一人带着印有“面团男到底在怕什么?”的海报跑到皮尔斯堡的总部抗议并且分发传单。科恩则召集了当

---

① Lager, *Ben & Jerry's*, 106—114.

地的媒体，很多媒体都到场了。首先是明尼阿波利斯公共广播对格林菲尔德进行了专访，接着，明尼阿波利斯和圣保罗的几家日报也发表了相关文章，科恩为媒体提供了新闻通稿。当杰瑞穿着“面团男”T恤手执抗议牌的照片出现在美联社新闻中之后，全国媒体包括《纽约时报》《华尔街日报》《旧金山纪事报》《波士顿环球报》等著名大报都开始报道这一事件，《波士顿环球报》夸张地拟了一个“新英格兰境内的冷战”的标题。此外，这场游击战还扩展到印刷品、户外广告、包装纸等各种非传统媒介形式。《滚石》杂志也给他们做广告：“面团男到底在怕什么？——两个来自佛蒙特的嬉皮士正在抗击皮尔斯堡巨人，请支持他们一美元，我们送给您真相和车贴。”

一块广告牌矗立在波士顿附近的128干道上，上面写着“皮尔斯堡想要压榨本杰瑞，别让它得逞!”。波士顿的一场橄榄球比赛中，一架飞机拖着印有“面团男到底在怕什么?”和1-800免费电话号码的条幅盘旋在福克斯堡球场上空。每一品脱的冰激凌现在都附送一个车贴，上面印着“面团男到底在怕什么?”以及皮尔斯堡公司的热线电话。4个月之后，皮尔斯堡不得不同意庭外和解，放弃了所有旨在限制本杰瑞的分销战略。

“面团男”运动确立了本杰瑞喜剧性的在商业中处于弱势地位的嬉皮士形象，它提倡一种人性化的“回到乡村”的理念，反抗里根主义商业意识形态。“面团男”运动是如此强烈地激发了人们对本杰瑞冰激凌的需求，以至于它们可以在整个东海岸的冷饮店畅行无阻，这在运动之前是根本难以想象的。公司迅速增加了生产能力，1985年它的销售额增长了250%，1986年又再次翻番。

“面团男”运动的成功让科恩信心倍增，他开始筹划将本杰瑞打造 75
成盘踞在资本主义体系之内，但又与里根主义形成对抗的品牌。公司成立了本杰瑞基金，将商业和社会运动结合起来，公司章程规定将以7.5%的利润投入到该基金，基金资助的对象是“致力于消除诱发环境和社会问题的潜在因素的项目”。[①] 里根时代的“滴漏经济”（trickle-

① 本杰瑞基金会主页：“Ben & Jerry's: Greening the Grassroots since 1985”, www.benjerry.com / company /foundation (accessed Jan. 10, 2010).

down economics）之下，美国政府大幅度削减了富人的税赋，此举加剧了社会的不平等。为了对这一社会情势做出回应，本杰瑞公司推出颇有新意的工资政策：任何人都不得拿超过最低工资5倍以上的薪水。本杰瑞的商业政策证明了他们“走自己的路”的勇气，以及他们堂吉诃德式地宣扬回到乡村运动的商业模式。种种做法为公司越来越复杂的意识形态诉求提供了信誉保障，这尤其体现在新产品的推广方面。

樱桃加西亚

嬉皮士反文化与成功的企业之间互不相容，这是里根主义的咒语，本杰瑞的很多宣传创意都来自于对这一偏见的鄙视。在红极一时的室内剧《家庭关系》中，有一个保守主义的商人阿莱克斯·基顿（迈克尔·福克斯扮演），他父母都出生于婴儿潮时期，曾经都是嬉皮士。阿莱克斯认为父母缺乏生意头脑，并对此大加嘲笑。在里根主义的叙事中，嬉皮士懒惰、沉迷于毒品，是坐吃山空的寄生虫。里根本人也因经常巧舌如簧地抨击嬉皮士而闻名，比如他曾说：“所谓嬉皮士，就是看上去像泰山，走起路来像珍妮，闻上去像猎豹的人。”

如果一家成功的企业不管不顾地拥抱“纵情吸毒文化”，并将其产品之一命名为“樱桃加西亚”的话，一定会令人震惊。樱桃加西亚是在向杰瑞·加西亚致敬，杰瑞是“感恩而死”乐队的主音吉他手。历史上从来没有一支乐队像“感恩而死”那样用大麻、LSD等致幻剂来建立密切的身份认同。他们的演唱会声名狼藉，一大帮可以免费听歌的“脑残”开着大众车追随他们周游全国，在车里吸毒、熏香、毫无禁忌地做爱。无可否认，在回到乡村运动中，吸食毒品尤其是大麻是相当盛
76 行的。[①] 在樱桃加西亚推出之前，吸毒一直是本杰瑞公司的小圈子文化，老主顾们常常在一起分享吸大麻的经验。现在本杰瑞想要炫耀一下这种联系，新产品的灵感来自于“感恩而死”乐队的两个脑残，他们写信给本杰瑞恳请他们生产出“感恩而死”风味的冰激凌。科恩欣赏

---

① 案例参见对美国反文化杂志的话语分析：Timothy Miller, *The Hippies and American Values*, Knoxville, TN: University of Tennessee Press, 1991.

这个主意，将新产品命名为樱桃加西亚，并在包装盒上以迷幻风格书写。

樱桃加西亚于1987年上市，那时里根刚刚在国家媒体上巧言令色地鼓吹完反毒品政策。上一年，里根发表了一系列的演讲，号召“全国范围的反毒圣战，一场持续的、毫不留情的打击，将美国从毒品之祸中解救出来”。[①] 就在樱桃加西亚上市之前，里根还签署了17亿美元的反毒品账单以及相关法律，对涉毒犯罪处以更严苛的刑罚，包括对要犯适用死刑。里根的演说在全国范围内掀起了一场道德恐慌，根据《纽约时报》和哥伦比亚广播公司的民意调查，在里根演讲之后的五个月内，将毒品滥用列为这个国家最严重问题的公众人数增加了六倍。

樱桃加西亚作为一个讽刺性的恶作剧直指里根的道德主义政策。刊登在《滚石》等杂志上的印刷广告，连锁店里的招贴，还有扎染的T恤衫都采用了“感恩而死”乐队的“迷幻之旅”中的元素，比如“再次兴奋起来”“多么悠长而奇妙的陶醉”等。结果，这种口味的冰激凌风靡一时。

和平之声

里根主义政策的核心就是在全球摆出一副好战的姿态，将苏联称为“邪恶帝国”，并威胁一个试图挑战美国霸权的国家领导人。里根政府花了很多钱研制新武器，大规模地扩张军备，将核武器部署到欧洲并积极推动“星球大战”防御系统。乔治·布什1989年接任总统之后延续了里根政策，他最著名的行动是入侵巴拿马，并将独裁者曼纽尔·诺列加赶下台。诺列加曾与美国中央情报局合作多年，却最终因为拒绝美国的要求而犯下大错。本成立了一家名叫“百分之一为了和平”的非营利组织，灵感来自于一位和平主义活动家撰写的白皮书《百分之一计划：肩并肩走向永久和平》。[②] 这本书的理念是，美国和苏联每年拿出 77
全部军费开支的1%用于文化与经济交流，帮助两国人民化解相互之间

---

① Erich Goode and Nachman Ben-Yehuda, “The American Drug Panic of the 1980s”, *Moral Panics: The Social Construction of Deviance*, Oxford: Blackwell, 1994.

② Lager, *Ben & Jerry's*, 173-174.

的怀疑和误解。科恩觉得这个主意不错，于是打算开发一款新产品以表示支持。本再一次借鉴了“挖掘者”以食物为载体传播新观念的做法，开发出这款“和平之声”冰激凌。本杰瑞的这款巧克力冰激凌总共销售了1250万美元，他们在包装盒上印上和平宣言，敦促里根政府拿出1%的军费投入到和平事业之中。“和平之声”运动被美联社报道，同时全国范围内的很多报纸都报道了这一消息。

雨林咯吱脆

1988年12月，环保主义者济科·曼德斯遇刺，引发了全世界对于毁坏巴西热带雨林的强烈抗议。大企业在雨林中砍掉成片的树木，将其改造成养牛的牧场，供应欧洲和美国的肉类消费市场。曼德斯呼吁企业寻求一种可持续发展的商业模式，并建立了一个由橡胶原住民组成的联盟，试图保护热带雨林。在被伐木者刺杀之后，他的事迹传遍了全球，包括《纽约时报》都在头版作了报道。环保组织早已关注到热带雨林遭到破坏的问题，曼德斯之死成为触发这一问题的引爆点，从而在美国舆论中产生剧烈的反响。

环保主义者詹森·克莱曾经深度参与雨林保护运动，他建议科恩在为公司购买冰激凌添加成分的时候，选择以可持续生产方式收获的雨林坚果。本意识到，这样的产品会因为曼德斯事件形成的社会舆论氛围而受到欢迎。于是公司发起了一个合作项目，目标是提振对可持续收获的雨林坚果的需求。该项目计划从巴西的夏普里合作社——那里是济科·曼德斯发起橡胶原住民运动的地方——购买坚果然后卖给本杰瑞公司，章程规定项目利润的60%将直接投资于环保运动。[①] 与此同时，本杰瑞
78 开发了“雨林咯吱脆”，这是一款由香草、腰果和巴西坚果组成的新口味冰激凌。产品包装也沿用了浓郁的雨林风格，并印有如何参与雨林保护运动的文字。雨林咯吱脆于1989年第20个世界地球日这天上架，赚足了媒体的聚光灯，不但迅速成为冰激凌销量冠军，同时也进入了公众话语。1990年12月，《时代》杂志纽约版评选这个国家进入新十年以

---

① Lager, *Ben & Jerry's*, 205.

来所发生的社会变迁，雨林咯吱脆被评选为新的时代精神的引领者，《时代》写道："虚有其表的1980年代渐行渐远……你好，人道的1990年代。良好的愿望不但再次流行，甚至很畅销，本杰瑞的雨林咯吱脆冰激凌就是一款最畅销的冰激凌。"①

媒体的报道常常放大了本杰瑞在宣扬回到乡村乌托邦的可持续发展商业理念方面所做的努力，这些报道几乎不花什么钱，但推广品牌的效果却比广告更好。1992年，《今日美国》充满感情地质问到：

> 还有别的公司能如此不动声色地销售和平之声吗？或者将销售雨林咯吱脆获得的利润用于保护亚马逊森林？并且很快就决定将税前收入的7.5%用于慈善事业？本杰瑞在自由企业制度中扮演着独特的角色，它的观念正如41岁的合伙人科恩以他的布鲁克林口音告诉我们的那样："某种意义上，企业将自己放在一个不追求价值观和精神文明的位置上。事实上，企业完全可以在赢利的同时将对于共同体的关切融合到日复一日的企业行为中。如果大多数企业都按照这个模式运转，现在我们面临的所有社会和环境问题都不复存在。"②

牛奶、家庭农场以及重组牛生长激素（rBGH）

整个1980年代，农业问题在美国变得越来越政治化。社会活动家们都很关注为什么农业越来越被像卡吉尔（Cargill）、阿彻-丹尼尔斯-米德兰（Archer-Daniels-Midland）以及孟山都（Monsanto）这样的大型农贸公司占据主导。这些公司将农场变成了建立在规模经济基础上的理性化的企业，从而迫使家庭农业关闭。1985年，为了增进人们对家庭农场问题的关注，威利·尼尔森组织了第一次由"农场援助计划"（Farm Aid）主办的音乐会。1991年，全国各地的散户奶农试图成立自 79
己的组织，以应对规模经济凭借价格优势而发动的毁灭性打击。过去，

① 'Best of '90s: Well, Hello to '90s Humility', *Times*, Dec. 31, 1990, www. time. com/time/ magazine / article/0, 9171,972087,00. html

② *USA Today*, Dec. 8 1992.

联邦政府曾用价格补贴的方式帮农民渡过难关，现在，产业化农业的院外游说集团促使政府任由市场的力量将低效率的生产者逐出农业。这些人争辩说，计算机化的万头经营模式代表着未来，因为这样可以生产更便宜的牛奶。①

其实科恩对这个议题早就有所回应。1985 年，本杰瑞还在全国扩展分销渠道的时候，公司就承诺将从佛蒙特的圣奥尔本农业合作社购买牛奶和奶油，但他们当时并没有太多张扬这件事。现在情况不同了，有了雨林咯吱脆的成功，科恩决定将本杰瑞独特的原料采购方式运作成一次品牌推广行动。本决定将公司当年购买牛奶的成本增加 25%，以显著高于市场的价格收购奶农的产品。规模效应让奶产品价格降低，但质量也随之下降。本杰瑞公司没有接受这种日益恶化的理性化生产的产品，而是设定了一个可以让当地家庭农场维持经营的价格。

1991 年，本杰瑞公司和农场援助计划携手发起了一项运动以拯救家庭农场。他们又故技重演“面团男”运动的策略，科恩再次将冰激凌当作媒体，在所有的产品包装上印上了“请支持农场援助计划”的字样。他还申请了一条 1－800 热线，公众可以打电话来表达他们对家庭农场的支持。不过，这一比较传统的支持方式并没有吸引太多公众的关注。

奶业问题在 1993 年愈发引人注目，美国食品药物管理局（FDA）经不起大型食品科技企业孟山都公司的强力游说，通过了对该公司产品“重组牛生长激素”（rBGH）的认证，允许其用于牛奶生产。这是美国食品药物管理局历史上最有争议的决策之一。反对者指责 FDA 隐瞒了激素对奶牛和人类健康可能带来的负面影响。在孟山都公司和美国食品药物管理局被双双指控“压制与操纵相关信息是为了隐瞒注射 rBGH 对奶牛健康的影响”之后，美国食品药物管理局的一位兽医理查德·伯勒斯遭到解职。②

---

① ‘Milked Dry on the Dairy Farm’, *Business Week*, Sept. 9, 1991, www.businessweek.com/ archives/1991/b323057.arc.html

② Brain Tokar, “Monsanto: A Checkered History”, *Ecologist*, Sept./Oct. 1998, theecologist.org

1994 年，rBGH 开始广泛应用于大型工业化农场，科恩答应向圣奥 80
尔本农业合作社的农民支付额外费用来收购他们的牛奶和奶油，以保证他们不必使用 rBGH 提高产量。本对新闻界指出，生长激素对奶牛健康有害，它通过提高产量威胁家庭农场的生存，而且从长远看来对人类健康也有未知的影响。[①] 他们再一次将冰激凌的杯子当作抗议的媒介，在杯子上面印上反对使用 rBGH 的口号并承诺本杰瑞产品所使用的牛奶和奶油都不含 rBGH。但是，由于美国食品药物管理局允许各州自行管制食品标签的内容，孟山都公司在州一级展开强有力的游说并提起不计其数的诉讼。一些州最终禁止在商品上标注“不使用 rBGH”之类的字样。本杰瑞和一些家庭奶场的禁用 rBGH 的努力成为自由主义政治行动者一件著名的讼案，他们在下一个十年成为运动的主力军。[②]

结论

本杰瑞倡导一种与里根主义对立的商业意识形态，迎合了美国自由主义中产阶级的集体渴望，因此在他们当中激起广泛的共鸣并成为标志性的品牌。曾经，在回到乡村运动中产生过反抗技术-产业化的商业理念和实践模式，如今本杰瑞有效地汲取了它的意识形态、神话以及文化密码。此番努力的结果是向公司的目标消费者传达了不平凡的社会和文化价值观，让他们在享受冰激凌的同时也获得了意识形态的满足。一个梦想将他们聚集在一起，那就是人道的、可持续发展的商业精神终将战胜里根主义的掠夺式资本主义。同样，这一有力的象征强烈地影响了消费者对于冰激凌的感觉，他们被本杰瑞的意识形态影响，将其视为比市场上其他品牌质量更好、风味更佳、原料更天然的冰激凌。

如果本杰瑞只是带着社会使命感，以陈述的口吻喋喋不休地宣讲回到乡村运动的意识形态，它是决计不可能取得如此成功的。在他们之前，成千上万的运动者试图用回到乡村运动的理念创办可持续发展的商业项目，但一一归于失败。本杰瑞区别于它们的地方在于，科恩创造出 81

---

① 1999 Ceres Report, Section 7, ‘Supplier Relations’, www. benjerry. com/company/sear /1999-ceres/page7. cfm (accessed Jan. 9, 2010).

② www. benjerry. com/company/sear/1999 - ceres/page7. cfm

了极具感召力的文化表述，它将回到乡村运动的意识形态具象化了，轻而易举地激起大众消费市场的广泛共鸣。科恩是在恰当的意识形态时刻打出了恰当的文化牌——当皮尔斯堡想以傲慢的姿态灭掉它这个小小的竞争对手的时候，他们反击的是里根政府对大公司的偏袒；当伐木者谋杀了济科·曼德斯的时候，他们反击的是里根主义政策对拉美的掠夺以及对环境问题的漠视；当美国食品药物管理局通过对 rBGH 认证的时候，他们反击的是里根政府解除管制的立场。

我们将本·科恩开创的这种文化创新策略称为“激发意识形态爆发点”。他抓住了特定情境下有争议性和新闻价值的议题，以高度戏剧化的方式放大了本杰瑞与里根主义在意识形态上的对立。他们开发新产品、策划营销方案，将自己置于争议的漩涡中心，倡导回到乡村的非主流意识形态。这些挑衅之所以能够赢得人心，是因为它们以一种恶作剧式的幽默与敏锐嘲讽了这个国家中万能的商业和政治精英。他们总是围绕着公司如何开发业务这个中心，这与传统的社会事业相关的营销以及企业社会责任的宣传完全相反，所以这些挑衅总是非常的可信并具有说服力。

在研究中，我们发现这一策略成效斐然。市场营销的专业人士喜欢将媒体的关注度以及作为宣传效果的口碑，诸如“热点效应”“病毒营销”“文化复制”“价值讨论”等，视为营销术的圣杯。他们常常在一个饱和的市场中绞尽脑汁地寻找突围的方法。有时候，即便他们成功地制造出了热点，其效果往往也是表面的，很难改变人们对于品牌的观念。本杰瑞吸引了大量的媒体报道，而媒体的报道经常放大了本杰瑞的意识形态立场；本杰瑞也制造了强有力的口碑效应，比近年来的美国商业历史中任何品牌都要好。与传统的病毒式营销相比，科恩的“激发意识形态爆发点”策略之所以更有效，原因有两点：首先，他积极地介入有争议性的全国性议题，
82 利用公众的关注和兴趣，而不是试图从起点开始制造一个媒体轰动；第二，他的策略以有趣的意识形态的尝试，有效地传达了本杰瑞的价值观，而不是以媒介技巧吸引消费者那种毫无意义的关注。

第五章 星巴克：滴漏文化资本 84

1987 年，霍华德·舒尔茨以 380 万美元的价格收购了星巴克，他打算用一种新的咖啡概念重新打造这家运营了 16 年的公司。舒尔茨接手之后的 20 年间，星巴克一路扩张，在全球开设了超过 1.6 万家门店，年销售收入超过 90 亿美元，公司市值接近 180 亿美元。舒尔茨是如何做到的呢？

在舒尔茨看来，他的成功不过是将最好的咖啡带给了消费者，特别是给美国消费者带来了真正的意式蒸馏咖啡馆的高端体验。市场营销专家赛斯·高汀赞同舒尔茨的看法，他认为星巴克的产品是卓越的，他将星巴克比作是一头“紫色的母牛”。在另一些营销管理专家看来，星巴克的成功是因为它提供了一种“大众化的奢侈”（以一种付得起的价格带给大众消费者一种奢侈的味道）以及“第三空间”（一个供人休闲和社交的场所）。我们的分析将表明，上述见解全都未能抓住星巴克创新的核心。托雷法齐奥尼（Torrefazione）是一家以西雅图为根据地的咖啡连锁店，也成立于 1980 年代，销售风味上佳的拿铁咖啡，也给消费者提供休闲空间，但是尽管有更充裕的资金支持，它也一直没能在全国大受欢迎。类似的情况还有新奥尔良的杜威德咖啡、丹佛的皮伯里咖啡和奥兰多的巴尼咖啡。事实上，那个时候美国各类咖啡厅、咖啡吧和糕点店数以千计，它们的咖啡质量都还不错，价格也不贵，也有地方给消费者发呆和社交，那为什么只有星巴克取得了如此夺目的成功，而其他同 85
样提供了大众化的奢华和第三空间的咖啡品牌都未能取得与星巴克相似的成功呢？

星巴克无意中利用了因巨大的人口结构变化而产生的意识形态机遇，在巨大的人口结构变化中，一个新的群体出现了，我们将其称为文

化资本人群（cultural capital cohort），他们要求能获得比当时美国市场中既有的商品和服务更精致的代表其生活方式的商品和服务。霍华德·舒尔茨与他的团队开发了一种开拓性的零售咖啡，这种咖啡注入了一种非常容易理解的文化品位的形式，这种文化品位是从精英主义的咖啡文化中的手工艺性-世界主义的密码中改变而来的。这一文化策略，我们称之为**文化资本滴漏**（cultural capital trickle-down），是文化创新模式中的一种特别重要的变化形式。

本章也将考察在一个突破性创新带来商业成功之后文化创新的动态。什么样的策略可以让一种创新维持它的领先地位？一开始，星巴克善于运用新的文化密码来维持其文化领导者的地位，但随着时间的推移，舒尔茨和他的团队用行动极大地削弱了星巴克的消费者价值，放弃了公司作为一个新品味文化密码的快速追随者的立场。首先，让我们看看星巴克的第一步创新。

文化正统：咖啡作为中产阶级必需品

1990 年代早期，一个有着特殊社会阶层背景的美国人会认为星巴克咖啡及其蒸馏咖啡饮品要比其他品牌更好，就应该卖得更贵。此前，人们通常认为一杯外卖咖啡的价格不应该超过 1 美元，要改变这种价格的话似乎是一件荒唐的事情。但值得注意的是，消费者价值常常是一种根植于文化的观念，当市场参与者就特定商品的价值形成了共识的时候，人们就会觉得理所当然。我们需要分析的是，星巴克是如何能够改变人们对于咖啡价值的观念的。

尽管殖民地时期的人们更喜欢的是酒精饮料而不是咖啡，但是一些挑战人的忍耐力的事件，尤其是南北战争和淘金热，增加了美国人对于
86 新的刺激物的需求。一些公司沿用“更佳捕鼠器”的创新模式，逐渐占领全国消费市场。它们利用工业技术将咖啡的生产过程合理化，将质量标准化，进一步降低生产成本。它们以尽可能最低的价格在全球采购咖啡豆，同时也要确保持续的货源供应。为了在降低价格的同时让利润最大化，咖啡业转向大量采购更便宜的罗布斯塔咖啡豆。到了战后，咖啡成为一种便宜的且被广泛接受的工业产品，它是一种易于饮用的饮

料，已经作为一种日常生活的仪式融入了家庭和工作场所。咖啡被装在统一的真空包装的罐子里出售，不同品牌的咖啡的质量实际上是无法辨别的，都是轻度烘焙的混合咖啡，冲调之后都是口感顺滑的预料之中的味道。后来，雀巢公司（其品牌在美国叫“风味之选”，在全球其他地方叫“雀巢”）利用新的研磨技术制造出速溶咖啡，让喝咖啡变得更简单而且随时随地可以喝，它凭此占领了17%的市场份额，而桑科（Sanka）在脱咖啡因的咖啡市场上居于领先地位。

咖啡对于美国人来说是一种基本的食品，就如同面包、鸡蛋和汉堡包一样。[①] 喝咖啡是大家日常生活的一部分，是在家和工作场所的一种非常自然的仪式。至于咖啡豆本身则无关紧要，咖啡就是咖啡，咖啡豆是哪儿产的，它们是怎么长出来的，又是怎么烘焙的，消费者们根本不关心。大多数人都以相同的方式制作咖啡，都是将一匙咖啡豆放到渗滤式的咖啡壶或自动咖啡机里。到处都有零售咖啡，从麦当劳和唐金甜甜圈之类的快餐店，到各种全国性的连锁便利店如7－11、停停走走（Stop-and-Go）和怀特·亨食品店，从不计其数的家庭杂货店，到加油站便利店和街头小摊。新鲜调制的咖啡随手可得，所有的咖啡喝起来都基本上是相同的味道。

咖啡的主打产品是真空包装的罐装咖啡，主要销售渠道是杂货店。在星巴克之前，主要的咖啡品牌有福杰仕（宝洁公司）、麦斯威尔（通用食品公司）以及希尔斯兄弟，还有一批中等规模的地区品牌如MJB、蔡司桑伯恩（Chase & Sanborn）以及乔克福尔纳特等。这些品牌相互竞争并努力让美国人相信，他们应该多花点钱，享受进入中产阶级社会的感觉。

在1950年代和1960年代，主要的咖啡品牌纷纷利用了“二战”后 87
所发生的文化变化。当时，随着大型工业企业、重要的公共部门以及大量新职业的兴起，美国经济发生了转型，庞大的中产阶级也随之诞生。数百万人从过去的体力劳动者摇身一变成为“白领”，过去的租房客搬

① 历史回顾部分，我们大量参考了：Mark Pendergrast, *Uncommon Grounds: The History of Coffee and How It Transformed the World* , New York: Basic Books, 1999. 对于他所描述的特定营销活动，我们增加了自己的分析。

到郊区，过上了中产阶级的生活。新阶层的兴起创造了对“体面的”文化产品的需求。于是，杂志、情景喜剧以及品牌都蓬勃发展，它们缓解了新兴阶层在急速的社会地位上升中产生的焦虑感，指导他们如何做一个好的中产阶级公民。

从 1950 年代中期直到整个 1970 年代，福杰仕发布了一个又一个的广告，这些广告仿佛变魔术般地呈现出郊区的社会状况，而这些社会状况又往往会导致最强烈的社会焦虑：比如一对夫妇在欢迎派对上第一次遇见邻居们、一个女主人为招待其他的学生家长而做准备、当更富有的邻居将带有长长尾翼的轿车停在屋前时，一对夫妇邀请她到自己家里来做客，等等。而在每一个上述场景中，丈夫总让妻子担心自己的咖啡不够好，然后一个珠光宝气的、略像斯堪的纳维亚女人的奥尔森夫人出现了，她用福杰仕咖啡把妻子从窘境中拯救出来。每个广告都有一个题头，将奥尔森夫人定位成社交达人或救世主，比如“奥尔森夫人救了女主人”“奥尔森夫人搞掂乱局”“奥尔森夫人烧烤野餐显身手”，等等。在以烧烤野餐为场景的广告中，一位穿着短袖格子衬衫的男人告诉妻子她准备的咖啡不合客人的口味，抱怨说他不得不“用你可怕的咖啡配我的牛排”，妻子则沮丧地回应说“你让我觉得自己是一个很不称职的妻子”。她将目光转向厨房，向奥尔森夫人抱怨说“噢，我真的弄不好咖啡”。奥尔森夫人安慰她说，“这个能帮上你，福杰仕”。然后，镜头切换到了丈夫和客人们享受美味咖啡的画面，“亲爱的，你让我很惊讶”，丈夫说，“你的咖啡味道好极了”。

后来的十多年里，为了迎合新的郊区中产阶级的理念，福杰仕的广告在形式上有了一些变化。1984 年，宝洁公司开始在广告内容中顺应里根时代的新经济抱负：郊区房屋变得更大、更群落化；影像风格更接近哈尔·赖利为里根拍摄的宣传片《早安，美国》的风格；与邻居社
88 交的场景变少了，强化家庭价值的场景变多了。有一个广告片《皮特回家过圣诞》，主角是一个刚从大学回家的儿子。一大清早，他站在自己父母砖砌的群落式的院门口，他四岁的妹妹第一个醒来并跑向他，他们决定煮一壶福杰仕咖啡之后，叫醒爸爸妈妈。然后，皮特十几岁的妹妹、爸爸、妈妈从客厅中央的楼梯走下来，妈妈跑向他，给了他一个热

烈的拥抱，“噢，你回来了！”。广告的结尾，一家人在一起很享受地喝着咖啡，配以福杰仕最新的赖利风格的广告语“清晨醒来，最美好的事情就是福杰仕在杯子里”，最后打出一行标题“向您致以最美好的清晨祝福”。

局限于文化正统，咖啡营销者40年来一直将产生于1950年代的社会阶层意识形态作为戏剧化的素材，那种意识形态宣称所有美国人都能过上“美好生活”。从1980年代中期开始，这种社会阶层的文化表述越来越显得陈腐。大众传媒揪住里根主义经济政策导致社会的不平等加剧的问题不放手，同时将美好生活提升到一个更高的档次，以致美国人认为他们必须富有和出名才能感觉到自己生活的成功。尽管广告商努力将中产阶级关于咖啡的正统文化表述置于更高档次的情境中，但是这类社会阶层的文化表述很快变得过时而奇怪。[①]

哥伦比亚咖啡作为手工艺性-世界主义的先驱

最成功的文化正统的例外是哥伦比亚咖啡豆的生产企业合作社。它们发起了“成分品牌化”运动，将哥伦比亚咖啡豆与全球其他不知名的咖啡豆区别开来。它们请来一位咖啡种植者胡安·瓦尔迪兹担当广告主角，他穿着农民的衣服，神情谦卑，讲话直爽。胡安赶着骡子，骡子驮着用棕色麻袋装的咖啡豆，背景是一个咖啡种植园。他谦恭而诚挚地讲述他的咖啡的质量。他传达了他的手艺的崇高。这一早期的文化创新诉诸咖啡的浪漫情调，将咖啡视为前工业时代的手工艺品，从而打破了咖啡市场的文化正统，它预示了星巴克在10年之后将要捍卫的意识形态。企业合作社的成分品牌广告极其成功，不但让美国人相信哥伦比亚咖啡豆是卓越的，而且迫使所有主要咖啡品牌不得不进行产品线扩展，生产“100%哥伦比亚”咖啡。然而，哥伦比亚咖啡的努力最终也不过 89
是一种增量创新。胡安所传达的与奥尔森夫人所表达的在本质上没有差别——哥伦比亚咖啡是世界上最顺滑的咖啡。同时，咖啡经销商轻而易

---

① Juliet Schor, *The Overspent American: Why We Want What We Don't Need*, New York: Harper, 1999.

举地将这个入侵者吸收进来，他们引进哥伦比亚咖啡，将其作为一种口感特别顺滑的轻度烘焙的混合咖啡，同样装在真空包装的罐子里出售，甚至与它们普通款的咖啡难以区分。尽管从哥伦比亚咖啡种植者的视角看胡安的广告可以说是异常成功，但对消费者的影响却不是翻天覆地的，甚至可能没有造成什么影响，因为那个时候对于审美化的咖啡并未形成一个足够大的市场，这一点我们将在下文予以解释。

显然，哥伦比亚咖啡成功的品牌推广运动，是大众市场营销者在前星巴克时代推动咖啡进入更高档次的市场的最重要的努力。通用食品是那个时代的蓝筹公司，后来被卡夫兼并，它曾打算生产一种高档咖啡，定位于比麦斯威尔的消费者更富有的人口群体。公司开发了国际咖啡系列，各种加糖和香精的听装速溶咖啡，比如“牛奶咖啡”（Café au Lait）、瑞士摩卡（Suisse Mocha）、“荷兰巧克力”（Dutch Chocolate）以及维也纳咖啡（Cafe Vienna）等。尽管公司不遗余力地宣传这些咖啡代表了欧洲精致细腻的品位，但它们的销量一直不见起色。因为它推出的概念根本上是有漏洞的，市场营销者编造的所谓“欧洲品位”就是在含糖的速溶咖啡中加入奶粉而制成的味道。我们将看到，国际咖啡系列所传递的意识形态与正在出现的对于精致咖啡的需求是完全对立的。

咖啡作为中产阶级的基本食品的文化正统支配着进入 1980 年代。但是，附着在咖啡上的正统意识形态作为脆弱的构想将不可避免地被瓦解。时代在前进，社会变迁注定要摧毁旧意识形态的大厦并激发出对代表新意识形态的品牌的需求。1980 年代后期，文化资本群体的兴起，正是这一变化使得这种文化正统迅速地变得过时。但是什么将取而代之呢？星巴克抓住这个意识形态的机遇，它巧妙地改编了源于精英亚文化的密码，以此来传递文化的品味，从而改变了咖啡产品市场。为了更好
90 地理解这一意识形态机遇的重要性，我们将视野扩大，看看社会阶层是如何影响消费的。

布尔迪厄的文化资本理论

大部分经理人都根据索尔斯坦·凡勃伦和乔治·齐美尔在一个多世纪以前提出的阶层经济滴漏模式来理解地位消费：

- 社会阶层体制建立在经济分化的基础上，富人位于顶层，依此往下，最贫穷的人位于最底层。
- 顶层的富人凭借奢华、排外性以及声望定义了地位的象征。
- 低于顶层富人的阶层，渴望变得富有而出名，因此他们攀比那些更加富有者的消费，从而创造了对于地位象征物的需求。
- 因此，市场机会就是要设计出“渴望成功”的产品，利用奢华、排外性以及名望的文化密码，传达财富的感觉。

这一逻辑常被用于解释星巴克的成功。在传统的观点看来，美国的中产阶级人士试图通过消费所谓的“大众奢侈品”——它们是财富和奢华的象征，但又花费不多，来效仿上层富裕人士，4 美元的拿铁（这个价格也导致星巴克被戏谑地称为“4 巴克”）能够提供一次奢华的享受，一次与成功者世界的短暂相遇。但这种看法不但失之肤浅，也不够准确。它只注意到了价格上的差异，而未能解释星巴克将自己与其他咖啡零售商区别开来的文化方面的原因。杰出的社会学家皮埃尔·布尔迪厄很早以前就已经证明，地位消费不仅包括通过追逐奢华和名望（布尔迪厄称其为**经济资本**）来效仿经济精英，也包括通过追求与众不同的精致品味（布尔迪厄称其为**文化资本**）来模仿文化精英。

1980 年代后期，美国经历了一次重要的人口结构的变化，我们将在下文予以详细说明。这次变化改变了上层中产阶级（我们估计这一群体占美国总人口的近 10%）的地位消费。与以前的上层中产阶级相比，追逐文化资本对新生代的中产阶级群体来说要重要得多。新的文化密码 91
在上层中产阶级变得极其地被渴望，因为这种新的文化密码是传递文化品味，包括世界主义和手工艺性的一种方式。[1] 这些精致品味的文化密码是由精英主义运动和亚文化引领的。正如我们在其他案例中看到的那样，这类亚文化为文化创新提供了原始素材，文化创新顺着文化阶层体

① Douglas B. Holt, “Does Cultural Capital Structure American Consumption?” *Journal of Consumer Research*, 25 (June 1998), 1 - 25.

制“滴漏”下去，就像传统的社会阶层模式中奢侈品的消费需求一样。我们将这种创新机制称为**文化滴漏模式**。

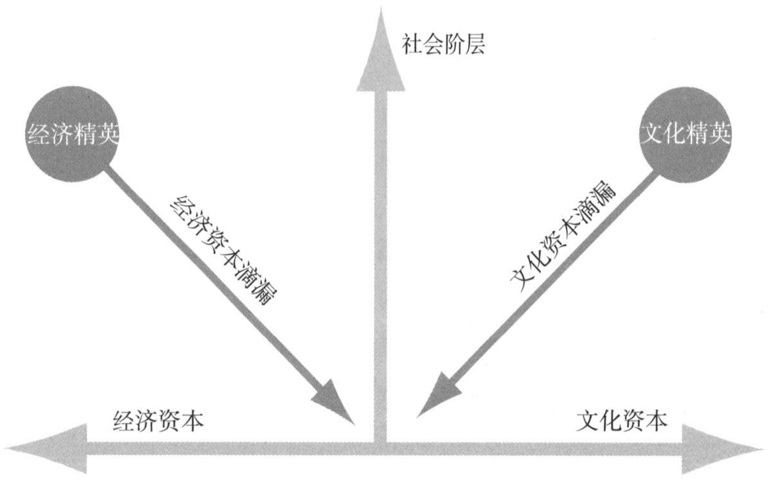

图 5. 布尔迪厄理论中社会阶层的两个维度

意识形态机遇：文化资本群体

长久以来，追求物质丰裕是美国意识形态的一个主要特征。受到国家对于社会阶层流动性保证的诱导，美国吸引了大批来自于农民和劳工阶层的移民潮。美国绝大部分的历史都证明了，一个人的全部生活就是顺着阶层的梯级攀爬直至“美好生活”——被想成是传统消费品方面的一种生活，诸如（在 20 世纪后期）一栋漂亮的大房子、两部新款汽车、最新的电器和电子产品等，用布尔迪厄的术语这就叫积累经济资
92 本。① 对精致的文化品味（布尔迪厄称为文化资本）的追求是晚近才在美国出现的一种特定的现象，它主要存在于世家豪门之内，这些人主导着各种产生精英的领域（私立预备学校、常春藤大学、精英人文艺术学院）以及大都市的波西米亚小圈子。

美国阶层动力机制的转型在 1960 年代已经埋下了种子，人们从一

① 案例参见经典的文化史著作：David Potter，*People of Plenty：Economic Abundance and the American Character*，Chicago：University of Chicago Press，1954.

门心思地为经济上的丰裕而奋斗转向寻求更多元的精致生活，这种混合性的社会地位的追求更具欧洲特色。作为林登·约翰逊总统“伟大社会”计划的一部分，联邦政府于1965年制定了《高等教育法》；与此同时，精英大学也采用精英主义的入学政策以取代裙带关系主义的入学政策。其结果是，就读美国大学的年轻人的比例迅速扩大到美国适龄人口的三分之一。1965—1975年，获得四年制大学学位的美国人口比例增长了一倍，达到总人口的20%。这一代人依然保留着追求物质丰裕的美国梦，与他们的父辈一样——布尔迪厄会如此预测，因为文化资本很大程度上是小时候被灌输的（在大学阶段经过艺术、批评和文化的体验之后，婴儿潮一代继而成为极其追求物质的一代）。当这一代人最终为人父母的时候，他们教育孩子至少像欣赏奢侈品那样欣赏文化。于是，当他们的孩子在1980年代长大成人，美国社会的地位消费市场经历了一次结构性的变化。新一代的年轻人并不是作为文化精英而培养长大的，所以他们并不普遍追求曲高和寡的品位；但是与父辈相比，他们的社会地位的指南针更多地指向了文化的精致品位。在追逐财富和权力之外，他们也寻求效仿文化精英。他们努力想要创造一种生活方式，比他们父辈的生活更有美感、更精致、更富于创造性。我们将这一人口学现象称为**文化资本群体**。

当这一群体寻求各种方式表达他们的精致品位的时候，他们面临的却是濒于崩溃的市场，尤其是美食方面。美国人的食物还停留在烤肉卷、土豆泥、味可美调料，以及按照堪普倍尔蘑菇罐头标签上的烹饪方法做出青豆煲的水平上。主流的食品杂货店刚开始销售芝麻菜、天然番 93
茄、日本毛豆以及散养的鸡这类食品。只有很少的人听说过蒸馏咖啡或者能勉强拼出“拿铁”这个单词。在文化资本群体长大成人之前，在美国没有多少人对一种更具审美的食品文化有兴趣，去为自己制作一顿精致的美食（只有少数亚文化成员除外，我们将在后文介绍）。在1990年代，企业家们迅速进入这一市场欲填补空缺，从而使得那些提供品味消费新表述的企业大量涌现。从旅馆（伊恩·斯拉格的精品旅馆、万豪酒店），到汽车（迷你库珀、新型大众），到服装（Zara、H&M），到饮食

（全食超市、乔氏超市、山姆·亚当斯、本杰瑞），到家庭装饰（威廉-索诺玛、西榆、Design within Reach），到消费电子产品（苹果），一系列的新企业都利用了这一意识形态机遇。为了满足新兴的富于文化资本的商品和服务的需求，这些企业家利用文化资本体系上层的亚文化所提供的原始素材，滴漏下去。

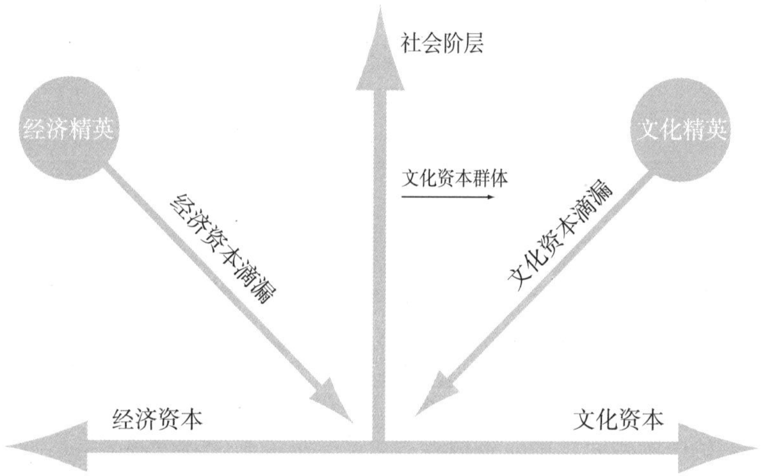

图 6. 文化资本群体

咖啡市场也不例外，文化资本群体要求咖啡能够提供更多的文化的精妙。20 年前，一种精英的“手工艺性-世界主义”亚文化就已经形成了，它倡导一种全新的更具审美性的咖啡营销和消费的主张，这一亚文化为那些试图满足新群体需求的公司提供了强有力的原始素材，舒尔茨对星巴克的重塑正是利用了这一机会。
94

原始素材：手工艺性-世界主义咖啡亚文化

手工艺性-世界主义咖啡亚文化最初出现在北卡罗来纳，它是回归乡村商业乌托邦的一个高端分支，本杰瑞公司曾经凭借回归乡村运动取得丰硕成果（参见第四章）。1960 年代后期，旧金山湾区的一些餐馆、食品饮料店、精品农场以及美食爱好者发明了一种新的美食意识形态，主要是借鉴欧洲的美食文化和全球各地的前工业美食。爱丽丝·沃特斯是伯克利地区的标志性餐厅——潘尼斯之家的创始人，她也位于这项运动的前沿。那帕和索诺玛山谷的酿酒商也突然参与到这个游戏中，他们开发出可以与最好的法国葡萄酒媲美的美国风味的产品。因为美式淡啤酒或蒸汽啤酒做得好，锚牌、新阿尔比恩和内华达雪峰在亚文化圈子中也变得很有名。运动集中出现在伯克利北部并非偶然，这里是文化精英云集的地方。围绕着潘尼斯之家的一片区域，最终成为闻名遐迩的美食街（Gourmet Ghetto），那里有一家奶酪合作社，一家出售自制香肠的肉食店，一家具有讽刺意味的名为“典范”的手工面包房，还有一家名叫“皮兹”（Peets）的咖啡店，其声望和影响仅次于潘尼斯之家。

这里的亚文化推崇季节性的本地农产品，因为它们不但风味独特而且新鲜。在加州柏城（Petaluma）的有机农场里找到的古种鸭子，从门多西诺的潜水员那里买到的手抓鲍鱼，在圣克鲁兹山地区采集到的当地独有的香草，这一切都令亚文化群体大为兴奋。他们极为小心地烹制出细腻的感觉，而且拒绝用酱料使原汁原味遭到破坏。美食亚文化不断发展，从对旧时代的手工技巧的掌握，到通过重新调配这些原料采用兼容并包的风格搭配，这种风格后来被称为“混合料理”（fusion cuisine）。后来，亚文化主义者又在更大范围的食品和饮料领域适用这种高度审美化的手工艺性的主张，包括肉和奶酪、啤酒和葡萄酒、面包和果酱、奶油和冰激凌、油酥点心和巧克力，以及咖啡。[1]

他们的努力汇聚在一起形成一种条理清晰的意识形态，这对于 95

① 这种解释挑战了关于这代人的两种流行看法，一是地理学家理查德·佛罗里达（Richard Florida）称之为“创意阶级”的观点，另一个是《纽约时报》的专栏作家大卫·布鲁克斯（David Brooks）的文章中所说的“布尔乔亚-波西米亚”。佛罗里达的描述在大方向上是正确的，但他的观点有很大的局限，因为他只关注工作，而忽视了教养问题。这两者有关联性，但并不是一回事。而且正如布尔迪厄所阐明的，早期的父母教育、同辈群体的相互影响以及教育对文化资本的积累产生了至关重要的影响。在他的讽刺文章《天堂中的布波族》（*BoBos in Paradise*）中争辩说，这一群体的品位在很大程度上受到他们父母辈的波西米亚-嬉皮士价值观的影响。这样，他就将一个主要属于社会变迁的问题过度政治化了。群体中的真正的嬉皮士只是少数，许多曾经将自己当作嬉皮士的人在成家生子之后过的生活一点儿也不像波西米亚分子。所以他的观点不可能对1990年代中文化地位的变迁做出解释。 113

1960 年代评论家强烈谴责的所谓专家政治构成了直接挑战（不妨回想一下第四章讨论的本杰瑞家制冰激凌）。亚文化主义者厌恶工业化的食品文化，这是由跨国食品和农业公司、现代科学和政府共同推动而形成的一种新的食品文化。这种意识形态强调食品和饮料的手工艺性和世界主义的品质，它将被证明是 1990 年代文化资本新表述的完美的原始素材。

艾尔弗雷德·皮兹身处亚文化的中心，触及了所有手工艺性-世界主义的信息。① 皮兹的父亲是荷兰人，一位咖啡生产商。皮兹曾经旅行到印度尼西亚，对那里丰富而独特的咖啡非常欣赏。皮兹对那个时期美国市面上最常见的由罗布斯特咖啡豆磨成的廉价咖啡很不满意，他赋予自己一个使命，要改变美国的咖啡文化。他确实是一位咖啡鉴赏家，正如一位记者所写，"他发明了一种极其细致、妙不可言的味觉，也知道如何传递它，使它变得生动起来。他的信条是在烘焙者与客户之间建立尽可能的最短距离"。② 皮兹狂热地从世界各地搜罗最好的咖啡豆，在制作中特别强调来自不同地区的咖啡豆具有不同香味和口感。在皮兹的店里，你可以找到来自爪哇、苏门答腊、肯尼亚、埃塞俄比亚、危地马拉和哥斯达黎加的各种咖啡。在加工工艺上，皮兹也是一个极其挑剔的人，他提倡深度烘焙，这种方法在今天遭到很多人批评。皮兹坚持认为，咖啡一定得要新鲜烘焙，将完整的咖啡豆买回去，在冲调之前现磨。当然，他很乐意告诉你如何冲调出香味独特的咖啡。在满世界都喝着福杰仕真空包装的并在"咖啡先生"机器里冲泡出来的咖啡的时代，皮兹推崇手工艺性-世界主义的做法不啻是一个异端。

自"二战"以来，工业化的农业-食品行业持续不断地对食品生产进行合理化改革，优化利润的同时降低消费者价格，但却很少考虑口味和健康。皮兹与手工艺性-世界主义的创业企业的伙伴们一起向占据主导地位的工业化的农业-食品行业的意识形态提出了具有挑战性的驳斥。

---

① 这一段综述了马克·潘得格拉斯（Mark Pendergrast）关于皮兹及其影响的研究。

② Carolyn Marshall, "Alfred H. Peet, 87, Dies; Leader of Coffer Revolution", *New York Times*, Sept. 3, 2007.

从下列市场营销要点中我们推断出皮兹的意识形态的核心，其直接对大众咖啡市场构成了挑战： 96

工业化的主要咖啡产品的意识形态	皮兹的手工艺性-世界主义咖啡的意识形态
口味标准化/不冒犯任何人	烹饪乐趣
全球化的匿名咖啡豆	地域性的咖啡豆
机器生产	手工技艺
大批量	小批量，特殊批次
同质化	异质，异国情调
现代科学的	前工业传统
价格低廉	无论如何成本总是最高的
十分普遍	稀缺，需要四处寻找
方便快捷	品味过程

通过以上比对，皮兹有力地改造了由福杰仕和麦斯威尔定义的“咖啡作为中产阶级必需品”的传统，它们是大多数美国人的日常饮品，皮兹却视之为过度加工的、同质化的垃圾饮料。数年之后，皮兹的意识形态以及他为了表达他的意识形态而开发的一系列文化密码，都将成为霍华德·舒尔茨创造星巴克品牌的最基本的原始素材。

失败是成功之母

星巴克最初是由三个咖啡发烧友创立的，他们迷恋旧金山湾区的手工艺性-世界主义咖啡亚文化，想把它移植到西雅图。10 年之后，霍华德·舒尔茨被这个成功的咖啡店的独特气质所迷惑。在喝了几次咖啡之后，舒尔茨说服店主雇用他当市场部经理，因为他有一个宏伟的计划，可以把星巴克成功地推向大众消费市场。但后来的事实表明，他最初的方案根本无法带领星巴克走出手工艺性-世界主义亚文化的小圈子。舒尔兹离开了星巴克，开始了自己的创业，他创办了每日咖啡厅（Il Giornale），这是一种精确模仿意大利咖啡亚文化的产品，但这一尝试同样以失败告终。直到第三次，舒尔茨买断了他的几位星巴克前合伙人的股份，并对它进行了彻底的重塑以后，星巴克才理解并发掘出文化资本中所注入的对于咖啡的巨大的被积压的需求。①

97 **最初的星巴克**

杰瑞·鲍德温、杰夫·西格和戈登·鲍克于1971年3月29日成立了星巴克公司，地址在西雅图市中心的派克农贸市场附近。鲍克是一名作家，西格是交响乐指挥的儿子，他们在旧金山的时候曾经是大学同学。所以并不奇怪，当邀请两位一起开家咖啡店的时候，他们会将目光转向旧金山湾区，从手工艺性-世界主义咖啡亚文化的中心寻求灵感（也不意外的是，他们的艺术背景让他们选择一个具有文学色彩的商标名字，那是梅尔维尔的一部小说中的人物——星巴克）。在旧金山湾区，他们发现了艾尔弗雷德·皮兹这位新的手工艺性-世界主义的咖啡的最有影响力的先锋人物，他们说服皮兹教会他们如何制作咖啡并帮他们开店。所以，星巴克最初的理念就是在西雅图克隆皮兹的小店。事实上，他们也一直从皮兹那里买咖啡，直到销量大到皮兹无法供应。

星巴克和皮兹保持一致，提供同样品种的深度烘焙咖啡，他们也像皮兹一样告诉消费者买最好的咖啡豆，然后回到家里自己研磨冲调，在门店则只提供品尝。因为这一代人都是喝工业化的咖啡长大的，星巴克对于消费者而言是一个挑战，需要重新培养他们的品尝能力。很快，"学会爱上星巴克"在西雅图成了一种文化品味的强烈标志。星巴克赢得了"讲究美食的人的咖啡"的美名，它的顾客们深信自己已经是被启蒙的一族，知道如何品尝好咖啡。

10年之后，生活在纽约的经理人霍华德·舒尔茨特地跑到西雅图，想一窥星巴克的究竟。一杯咖啡喝下去，又亲眼目睹了手工艺-世界性的星巴克顾客的狂热之后，舒尔茨瞬间明白，这一理念的潜力远远超过

---

① 除了参考了潘得格拉斯，此处的叙述也参考了：Taylor Clark, *Starbucked: A Double Tall Tale of Caffeine, Commerce, and Culture*, New York: Little, Brown, 2007；Bryant Simon, *Everything but the Coffee: Learning about America from Starbucks*, Berkley and Los Angeles: University of California Press 2009. 我们也有选择地借鉴了黑克勒（Heckler）协会（一家设计机构，为星巴克早期设计做过很多事）有关星巴克品牌表述早期发展的文章（www.hecklerassociates.com/client-studies/starbucks）。

三个合伙人所追求的目标。他跟合伙人死缠硬磨了一年多，直到 1982 年他们答应聘请他担任市场部经理。

舒尔茨早就明白，星巴克最初的做法是将好的咖啡豆卖给顾客，他们喜欢回家自己研磨冲调，这只能满足咖啡迷的小众需求，绝不可能扩大成为大众市场的生意。因此他找到了一种全然不同的商业模式。灵感 98
来源于他的一次意大利之旅，在那里，他迷上了意式蒸馏咖啡馆。舒尔茨认为，开设正宗的意式蒸馏咖啡吧将会是一个突破性的构想，它能将星巴克提升一个档次。他一次又一次地纠缠他的老板，让他们去开一个咖啡吧。最终，他们在店面的一角设立了一个意式蒸馏咖啡的专柜，但并不打算进一步推进舒尔茨的概念。失望之余，舒尔茨只好离开星巴克，去设立自己的企业。

每日咖啡厅：手工艺-世界性的纯正主义不可行

舒尔茨找来两位当地的咖啡行家戴夫·奥尔森和多恩·皮诺组成团队，一起创办了每日咖啡厅。这一创意是克隆他所仰慕的意式咖啡馆：那是一家时髦而现代的咖啡馆，有一个很难拼写的意大利名字。吧台里面放了一台巨大的发光的欧式蒸馏机，柜面的店员们打着蝶形领结，店里回荡着意大利咏叹调的旋律。

尽管文化原始素材不同，舒尔茨还是寻求在每日咖啡厅项目上采用与星巴克同样的文化资本策略。他想让大众市场的消费者顺着文化资本的阶梯往上，用精英咖啡爱好者的方法培养大众消费。舒尔茨的咖啡店犹如牧师布道一般地教导西雅图的消费者如何享受正宗的手工艺的蒸馏咖啡，这是与最好的意大利咖啡品质标准相媲美的。生意还算成功，使得积极进取的舒尔茨又开了一些店面，但是生意还没有好到可以让他建立全国性的连锁店。他再一次意识到，高度审美化的咖啡只能是小众的，消费者主要还是局限于文化精英的小圈子。无论是皮兹本人还是模仿皮兹的最初的星巴克，对于文化精英都有致命的吸引力，但却诱惑不了其他人，因为它们的口味太古怪了，它们对咖啡的品种、栽培土壤和种植方法的考究太晦涩、太学究气了，它们对制作工艺的要求太吹毛求疵了。同样，大众市场的消费者从未发自内心地喜欢过舒尔茨努力传播的蒸馏方式为基础的意大利咖啡文化。西雅图的老主顾大多喜欢拿铁，将带着少许咖啡味道的热牛奶直接调入蒸馏咖啡，至今这依然是意大利最流行的咖啡风格。

舒尔茨最初两次试图开发一种有创意的大众市场的咖啡的努力都以
99 失败而告终，原因在于他的做法过于精英主义了。他用最纯正的形式展示手工艺-世界性的咖啡，但是无论文化精英有多么喜欢它，大多数人还是不喜欢。如果星巴克坚持走这种直译意大利咖啡体验的方式的话，那么这种咖啡概念将永远都不会吸引大众市场。① 舒尔茨及其合作伙伴在大众市场上失败是因为他们尚未发现“文化滴漏”是如何起作用的。但是这些偏离是学习的过程，为他们第三次的成功提供了线索。第三次创业时，舒尔茨没有固执地坚持艾尔弗雷德·皮兹对于高品质口味的教条，他以文化的易于接近为基础设计了新的概念。

平易近人的品味：手工艺-世界性密码民主化

1986 年，皮兹打算卖掉他的咖啡店，鲍德温和他的伙伴们，甚至那些咖啡迷，都急于抓住这个机会。他们需要筹措资金，于是将星巴克卖给了舒尔茨。舒尔茨合并了星巴克和每日咖啡的门店，保留了星巴克的名字。舒尔茨放弃了在美国引入数千家纯正的意大利风格咖啡馆的想法，而是利用此次机会发起了第三种概念。舒尔茨和他的团队最终发现

---

① 舒尔茨经常在媒体上宣称，星巴克是他创造性地引进意大利咖啡的结果。这很管用，星巴克事实上是打折扣的、美国化的咖啡，但他的说法为品牌平添了一分世界主义的气质。某些营销管理权威，比如赛斯·高汀（Seth Godin），常常跟在舒尔茨诸如此类的说法后面鹦鹉学舌，而不是对这个品牌进行实事求是的分析。参见：Seth Godin, *Purple Cow: Transfrom your Business by Being Remarkable*, New York: Portfolio, 2003, 99. 他争辩说，我们正从依赖大众传媒塑造品牌的时代进入“紫牛”（Purple Cow）时代。所谓紫牛，不过是他给“更佳捕鼠器”换的另一种说法。他认为，随着互联网自 1990 年代中期的兴起，唯一的创新之路就是创造出“引人注目”的产品。培养出了“紫牛”的公司必将得到市场的青睐，因为这样的产品，它的伟大之处很容易被早期采用者辨识，然后就会通过口碑在互联网上野火一样地传播开来。他的这番说法与经济学家和工程师几十年来一直鼓吹的“更佳捕鼠器”模型几乎完全一致，只不过加上了一些对埃弗里特·罗杰斯（Everett Rogers）于 1950 年代提出的创新-扩散模型的一知半解的知识。高汀的观点很流行，无疑是因为它让市场营销变得更简单。但正如我们此处所分析的，因为缺乏对星巴克创新手法细微处的关注，他的“紫牛”理论完全不能切中要害。星巴克的成功不是因为提供了极品的纯正咖啡，恰恰是因为它制造了“略低于极品”的咖啡（至少，按手工艺-世界主义标准来说是这样），迎合了文化资本群体的需求。

了如何应对文化资本的方法。它不是传递纯正而精细的手工艺-世界性的体验，新的星巴克将萃取精英咖啡亚文化的密码，以“滴漏”的方式传递一种更易接近的咖啡形式。星巴克将咖啡的味道做成美国人喜欢的那种，但却保留了足以体现手工艺-世界性的精致品味的包装，从而满足新群体对文化资本的需求。

容易接近的咖啡饮料

手工艺-世界性的咖啡的核心是味觉体验。比如调制过滤式咖啡的时候，要精选咖啡豆，要小心地烘焙，要强调异国口味和产地特有的芳香——东非的咖啡要带有柑橘和酒的余韵，印度尼西亚的咖啡则要有泥土和果仁的芳香。至于意大利蒸馏咖啡，它的核心是“快的艺术”。它
强调完美的研磨、容器压力、冲泡的水温，以及提取时间的长短，添加 100
少许糖浆之后，一杯浮着奶油泡沫的意大利蒸馏咖啡必须在一分钟之内喝掉，否则就会变味。

因为太过坚持咖啡“产地”的纯正性，早期的星巴克未能成功进入大众市场。因为类似的原因，向意式咖啡致敬的每日咖啡厅也没能走出文化精英的小圈子。舒尔兹和他的团队发现，大部分消费者对意大利风格的名字的迷恋，诸如 grande、doppio、barista，远远超过他们对于蒸馏咖啡正宗的意大利口味的欣赏。拿铁的名字人尽皆知，这要归功于它的牛奶成分遮蔽了蒸馏咖啡的苦味。这个发现给舒尔茨和他的团队提供了重要的发展线索：可以用大量的市场营销的元素来体现精致的文化品味，但咖啡本身一定要是非常可口的饮料。舒尔茨和他的团队很快成了这方面的大师，他们将精英的手工艺-世界性的密码，以更易接近的形式注入其中。

将手工艺-世界性的零售道具戏剧化

舒尔茨转向零售的商业决定至关重要，他改变了星巴克原先主要售卖整包咖啡豆的做法，成为一家主要销售外卖饮料的咖啡店。不过，舒尔兹也不得不在售卖蒸馏咖啡和卡布奇诺的同时保留销售原产地咖啡豆的生意，因为唯有此举才能将星巴克与咖啡亚文化紧紧联系在一起，从

而维持它作为咖啡爱好者的咖啡店的重要的可信度。舒尔茨很快发现，出售原产地咖啡豆大大增加了品牌对于新顾客的文化价值，而这些新顾客正是舒尔茨希望吸引过来的，即便他们来到店里只是喝一杯拿铁或是一杯最普通的咖啡。在舒尔茨的商业策略里，他将咖啡豆浪漫化了，它散发的气息包围了文化资本群体的消费者，咖啡迷们精英主义的亚文化所喜爱的文化密码以一种非常易于接近的形式呈现出来。当消费者买一杯拿铁和蒸馏咖啡的时候，就能感受到这种令咖啡迷如醉如痴的气息。

对于亚文化纯粹主义者来说，咖啡必须由咖啡迷同道者来调制，他们品评各种咖啡的风味差异，讲述咖啡背后的故事，这一切让咖啡变得浪漫起来。这些消费者对于谈论关于咖啡的一切感到快乐，从独特栽培品种的优点到栽培技术和收割技术，再到为什么某个独特的烘焙方法能
101 将所有的特点突显出来。他们也喜欢尝试刚刚运到的新品种并分享此中乐趣。不过，在文化资本群体的消费者中，很少对手工艺-世界性的咖啡的如此精致的细节有胃口、时间或耐心。他们不会有兴致在吧台边待上 10 分钟，听咖啡师闲聊将从苏拉威西岛运来的新货。更重要的是，舒尔兹也不可能找到一批真正的咖啡鉴赏家分派到各个门店去当咖啡专家，就算找到了他也雇不起。他需要让他的店来讲故事，而不是由咖啡师来讲故事。所以在下一个 10 年里，星巴克努力完善店面里的所有消费者的接触点，包括包装、标识、服务境况、辅助资料、有教育意义的展示、杯子、音乐等等，都是为了以一种简单的、有教育性的、视觉上有说服力的方式传递手工艺性-世界主义咖啡亚文化的密码。星巴克所用的被文化精英们盛赞的原产地咖啡并不是作为收入的直接来源，更多地是作为营销的手段，在店里为消费者提供了一次手工艺性-世界主义的经历。非洲咖啡的标签上就印有骑在野兽上的里夫人（Riffs）和当地的纺织品，表现了它独特的异域情调。星巴克将咖啡的名称浪漫化，用简单的具有视觉吸引力的故事形式将它们写在店里的辅助资料上。比如，星巴克用埃塞俄比亚三个主要的咖啡名称——西达摩（Sidamo）、哈拉（Harrar）和耶加雪菲（Yirga Cheffe），讲述已经流传千年之久的咖啡种植栽培和收获技术的故事，利用农人在地里采集咖啡豆的照片，使店里充满了传统的原产地工艺制作的氛围。不管一个人点什么样的饮

料，星巴克有效的店内设计令消费者感觉到似乎自己喝的是充满异域风情的手工艺咖啡，这些咖啡是由远离北部现代生活的人们所生产出来的。

波西米亚咖啡的净化

星巴克将手工艺-世界性的食品亚文化的文化密码变为容易接近的版本形式，公司的设计师们将这一简化的方法同样运用于另一个文化精英经常出没的波西米亚风格的咖啡馆，来开创它的零售空间。在历史上，波西米亚咖啡馆是艺术家、作家、音乐家和其他一些文化精英社交中心。那里的人有蓄着蓬乱的胡须的，有脸上穿孔的，有身上刺青的，有怒气冲冲散发抗议传单的抗议者，有焚香者，还有在黑板上玩世不恭地涂鸦者，从而形成了一种特殊的氛围，令大众市场的消费者敬而远之，如同面对一杯双份的蒸馏咖啡。在星巴克激进扩张的 1990 年代，102
波西米亚咖啡馆的风格已经进化了，人们有时称它为“独立咖啡”（indie cafes）。它们在本质上还是一种波西米亚的咖啡馆，只是融入了一些手工艺-世界性的美食意识形态，提供品质上佳的手工艺的蒸馏咖啡和原产地咖啡，并且很注意保持原初的亚文化风格。

星巴克开发了一种波西米亚咖啡馆的净化形式。它没有采用波西米亚那种包含救世军元素的装修风格，而是采用一种洁净的颜色协调的格调，这样的格调会让很多评论者想到宜家（IKEA）、克拉特·巴雷尔（Crate and Barrel）或陶瓷大谷仓（Pottery Barn）以及其他的家具零售商，而所有这些家具零售商所直接迎合的就是文化资本群体。星巴克的设计者刻意避免波西米亚咖啡馆常见的大量零乱的另类报纸，以及墙上贴满杂乱的瑜伽班招生和独立摇滚乐队招聘鼓手的广告。星巴克并不像波西米亚咖啡馆那样在店里举办诗歌朗诵会、运动者集会以及知识分子辩论会什么的，它只是简单地在每一个纸杯上印上著名社会活动家或者知识界成员的名言。星巴克还去掉了传统波西米亚咖啡馆墙上的挂毯或地方艺术家晦涩的画作，代之以整洁的有框招贴画，画的内容通常呈现的是人们脑海中对波西米亚的刻板印象，比如意大利某处街景中的一辆伟士牌摩托车。背景音乐则间接地保持着与波西米亚的渊源，但比在独立咖啡馆里经常听到的音乐要更易于接受。对于典型的独立咖啡馆音乐的选择是波西米亚圈子里秘而不宣的品味，比如亚伯·艾勒、电视电台乐队、可可·罗西、思基普·斯宾塞或麦肯斯。而星巴克所播放的音乐则是容易接近的爵士乐（比如诺拉·琼斯）或独立摇滚（比如娜塔莉·莫森特），以及大量的非常易懂的世界品味的“环球音乐”（比如《乐士浮生录》《吉普赛国王》）。

舒尔茨宣称星巴克的成功是因为它提供了一个“第三空间”，这一观点也被媒体大肆宣扬。但无法解释的一个问题是，那么多的咖啡店、咖啡吧和简餐馆都能提供发呆和休闲的去处，为什么只有星巴克获得了如此惊人的成功？其实，星巴克为文化资本群体提供的第三空间是独特的，因为它所提供的是文化精英经常光顾的前卫场所的一种“清淡的”、易于接近的版本。

星巴克的文化创新成为一个商业魔幻，我们称其为易于接近的精致品味。它将亚文化的咖啡饮品改造成一种更加可口的形式，将亚文化的手工艺性-世界主义的密码以一种简化的和净化的形式注入这些可口的咖啡。这种文化资本滴漏策略为星巴克融入了精致品位的氛围。这样，
103 星巴克既满足了文化资本群体对于精致品位的需求，又让自己的产品比精英亚文化的产品更易于接受。

通过文化领导地位维持创新

本书第一部分讨论的七个案例奠定了我们的理论基础，用以解释文化创新最初是如何生根的。但是，当一种概念成功并且扩张之后，当这种概念成为成功的确定的概念之后，会发生什么呢？此处，我们将以星巴克的演进为例来说明维持文化创新的一系列策略。文化竞争可能在四个相互重叠的阶段出现：

1. 竞争者模仿创新的意识形态，从而导致意识形态的商品化。
2. 新的创业者力图以更好的意识形态超越成功的创新。
3. 成功的创新改变了市场的动力机制，既有的市场竞争者重新定位以适应新的市场环境。

4. 与此同时，消费者对于意识形态的需求并非静止不变。新的社会断裂出现之后，消费者对于商品的意识形态需求也会演变。

基于这四个相互交织的动态阶段，一个公司如何维持其文化创新？自 1990 年代后期开始，星巴克试图扩张其现有的生意，它面临着上述四个维度的挑战。创新需要有持续的品牌管理来维持文化领先者的地位。在第一次开拓性的创新之后，品牌必须继续突破新的领域，即便是以缓慢的增量创新的方式来达到。星巴克最初确实以增量创新的方式维持了自身文化领导者的地位，但是后来公司犯了一系列策略上的错误，严重地损害了其品牌形象。

倡导道德消费主义以维持文化领导者地位

星巴克确实发掘了易接近的市场营销所必需的关键意识形态元 104
素——滴漏手工艺性的、世界性的以及精英的审美性密码。然而，意识形态并不是一成不变的，在整个 1990 年代，文化资本群体的品位持续地发展变化，并在媒体（比如《家居》和《返璞归真》）关于有文化、有品位的消费的宣传推动下而被激发，从而刺激了各个企业家相互之间激烈的竞争，他们试图利用这个机会开发新的业务。为了避免被竞争者超越，星巴克不得不努力与文化资本群体的意识形态演化保持同步。

第一个重要的演变是世界主义的密码的转型。① 星巴克创立之后的 25 年里，世界主义意味着旅行以及了解和欣赏来自遥远和未知之地的文化产品。如此一来，享受一杯来自苏拉威西岛的爪哇咖啡便是一种世界主义的很好的表达。然而，当针对南半球的贫困人口以及被剥夺权利的工人所生产的产品问题政治化的运动引起关注的时候（针对耐克和其他鞋类和服装品牌的反血汗工厂运动是一个早期的令人伤感的例子），世界主义的概念便显得肤浅而短视。文化精英认为只知道咖啡从哪个国家来是不够的，还必须了解咖啡的生产方式以及它的经济和政治影响。

① 这一部分是对霍尔特写给媒体的两份白皮书的延伸，它们批评了星巴克在埃塞俄比亚咖啡种植地区努力实现产区商标化过程中的所作所为。参见：Douglas B. Holt，“Brand Hypocrisy at Starbucks”，Nov. 2006；Douglas B. Holt，“Is Starbucks ‘Coffee That Cares?’”，Feb. 2007.

由此，对世界主义的既定理解与激进的政治运动融合，产生了一种新的所谓“道德消费主义”（ethical consumerism）。这种观念认为，消费者以适当的形式参与政治，可以影响跨国公司的商业活动并推动社会公平。自1990年代后期开始，无数拥护道德消费主义的品牌上市，原有的品牌也重新调整以唤起新的文化密码，星巴克就在其列。

星巴克此前从未表达过对咖啡农人的生计的关心。比如说，舒尔茨曾经为公司写了一本很畅销的自传《全心投入》（1999），但未对这些问题予以关注。而且，公平交易（Equal Exchange）这类替代性贸易组织多年来一直纠缠着星巴克，敦促它接受公平贸易咖啡，一直没有取得什么效果。与其他跨国公司一样，星巴克仅仅以经济效益来考量供应链。但自1990年代后期开始，星巴克最终还是对美国公平贸易组织（Transfair USA）做出了让步，采购了少量公平贸易咖啡——也许是因
105 为公司激进的零售扩张使之成为众矢之的，所以这种慈善举动可以为公司名声提供一些保护。但令公司喜出望外的是，消费者对此反响热烈。星巴克承诺以合乎道德的方式采购咖啡，让消费者感到自己加入的是一个由文明的消费者组成的俱乐部，能够全然参与改善全球最难以对付的社会问题。星巴克意外地发现了道德消费主义，一个有影响力的新的文化密码，表达了演变了的文化精英的手工艺性-世界主义意识形态。

在消费者早期强烈的回应之下，星巴克热情地接受了这个新的密码，用的是同样的易于接近的品味模式。公司采用了一系列的市场营销元素，用一种道德的光环包围了消费者。星巴克借助公平贸易行动者的工作，带头呼吁可持续的咖啡生产，改善世界上最贫困的咖啡农人的生产条件。2002年，公司发起了一个名为“原产地承诺”的运动，使用大量店内标志，以支持一套特别的咖啡生产流程，即公平贸易的、有机的、荫下栽种的（那样更加原生态的）咖啡生产流程。星巴克还公布了它的咖啡标准，这是一套自我规范以保证咖啡原产地的可持续发展。营销经理们还开发出包含了道德主义承诺的品牌名称（Estima™公平贸易咖啡与Ethos™瓶装水），并且以醒目的店内展示来大力地推广。2007年，公司发起一次重要的店内推广活动“咖啡所关注的”，宣传公司的道德主义实践。2009年，星巴克又发起一项名为“分享星球”的道德

消费主义运动，这次运动更加富有雄心并取得良好效果，再次标榜了公司进步的经营方针。

十几年来，星巴克可谓是最积极地倡导道德消费主义价值观的跨国公司，它们将这种价值观视为文化资本的一种新形式，星巴克对于这种新形式的利用是非常成功的。当星巴克的饮料和食品的经营方针为自己在消费者心目中创造了一种完全不同的良好印象的时候，星巴克借此维持了一种文化品位的氛围。然而，尽管最初的文化演变取得了巨大的成功，星巴克随后还是误入歧途，它犯下了三大错误，严重折损了品牌曾经传递的品位。

在文化等级中星巴克地位受损 106

星巴克的创新建立在它的中介者的角色之上，它以文化资本群体易于接近的形式，提供文化精英的手工艺性-世界主义的意识形态。为了维持这种快速跟进者的地位，星巴克必须比它的消费者领先一步，为消费者提供易于接近的新的文化资本密码从而使他们的品味发生演变。然而，星巴克并未坚持这么做，它对产品所做的无数变化总是瞄准收益最大化，导致品牌不知不觉在文化资本等级体系中的地位急剧下降。它错失了手工艺性 世界主义文化密码的第二次重大转变，星巴克成为一个文化上的行动迟缓者，以至它的产品一直比它的核心品位落后好几个档次。

模仿快餐

星巴克渴望像麦当劳那样到处开设零售门店，加之华尔街的股票分析师把星巴克描绘成一个成长型股票的宠儿，于是它不再满足于在文化资本群体市场取得的成功。在这个目标市场上，星巴克已经达到了一个饱和点，如果仅限于这个市场，则意味着它将失去占美国人口 90% 的消费者市场。星巴克显然错误地以为，这些其他的 90% 的消费者一定也会买星巴克的产品。于是，星巴克努力让它的饮品被更多的美国人接受，包括那些在社会阶层地位上低于最初的消费群体的人。它也试图吸引更年轻的消费者，这些人将他们可以自由支配的收入花在食物和饮料上。为了让这一超级野心的增长战略产生效果，星巴克被迫运用起快餐业的游戏规则。而这些目标消费者已经融入了快餐文化，他们的口味一旦养成就很难改变。为了争取这部分人口，星巴克必须将麦当劳、唐金甜甜圈、7－11 和赛百味的潜在客户吸引过来。

为了吸引这部分消费者，星巴克修改了拿铁的配方，将它从风味独特的加奶咖啡变成了含糖量高得像甜品一样的饮料。含糖巧克力和焦糖类饮料很快成为消费者的新宠，但给人的感觉是，它们本质上就是一种热的含有咖啡因的麦当劳和唐金甜甜圈。星巴克继续在这个变革方向上
107 前进，推出了冰镇咖啡系列，这种冰镇的混合饮料消费者在冰雪皇后的店里是可以很容易买到的。公司也沿着同样的方向改造了蒸馏咖啡产品。1990 年代初，经常可以看到星巴克每天调配一种不同产地的咖啡，今天是鲜艳的橘黄色的肯尼亚咖啡，第二天是具有浓烈泥土气息的巴布亚新几内亚咖啡。由于这些咖啡的口味对于文化资本群体的消费者而言太具挑战性，所以星巴克将它们改成了更可口的混合咖啡作为原产地咖啡的替代品，比如黄金海岸和育空（Yukon）。这些花样翻新的组合温和地挑战了消费者的口味，但却是易于接受的。

为了追求更广泛的消费者，星巴克摒弃了长久以来秉承的蒸馏咖啡战略。它们不再是温和地挑战消费者的口味，而是开始迎合阶层地位明显更低的“平均”消费者的口味，蒸馏咖啡被标准化地调配出来以吸引大众市场的消费者，以确保没有人会不喜欢这种咖啡。于是，营销部决定将星巴克特制咖啡（House Blend），这种星巴克口味最温和的基本款咖啡的标准应用于蒸馏咖啡。正当文化资本群体在口味方面越来越追求刺激的时候，星巴克却将它最主要的咖啡产品从文化资本等级体系中下移，越来越接近于它最初曾经取代的作为人们基本食品的工业化的咖啡。

咖啡体验的去技艺化

星巴克一度培训其员工为咖啡迷提供滴漏场景的服务体验。在这种亚文化中，如同在皮兹和早期星巴克的店里，消费者总是可以得到业余爱好者员工的服务，这些员工与咖啡迷的品味接近，同时对他们所销售的食品具备独特的充满热情的丰富知识。这些雇员是热心的业余爱好

者，不仅仅是为钱才到店里工作，也是为了推广他们热爱的一种产品。他们从事手工艺的工作，这是他们热爱的工作。星巴克将“咖啡师”的角色浪漫化了，令消费者确信他们比大多数的消费者具有更多的咖啡知识，并能权威性地操作一台蒸馏机，借此有效地以滴漏方式传递了咖啡制作经验。

当星巴克专注于降低成本以取悦华尔街的时候，它们对咖啡制作流程进行了合理化的改造，而无视由此对品牌产生的负面影响。咖啡豆研磨机不见了，取而代之的是用巨大的塑料袋装着的预先研磨的咖啡粉。曾几何时，星巴克因为使用市面上最好的蒸馏咖啡机——意大利进口的拉马尔左科（La Marzocco）咖啡机而赢得了尊重，操作这种蒸馏咖啡 108
机需要一些技艺。2002 年，为了提高生产线的运转效率，星巴克改用了全自动咖啡机。如今，咖啡师只需要操作一个按钮即可自动完成咖啡调制，这是两岁小孩所具备的技艺。后来，星巴克还引入了臭名昭著的插入吸管的冰镇咖啡混合饮品，舒尔茨将咖啡师的职责降低到了相当于麦当劳工作少年的水平。咖啡师如今就是一个快餐工人，这个称呼曾经拥有的骄傲已经变成一个业内的笑柄。

星巴克激进的人力资源政策也令服务体验变得很糟糕。公司通过强势的激励机制使门店经理们有动力从前台员工那里榨取最后一滴利润。咖啡师的工资只比最低工资高出一点点，大致与其他快餐企业的员工相当。[①] 多年以来，星巴克一直夸耀自己的友好的用工政策，然而由公司提供健康保险的员工比例如今还不如沃尔玛高。[②] 在它探寻如何将全体员工的工作合理化的过程中，公司制定了一项“最优时间表”政策，要求员工空出相当于实际工时两倍的时间用以待命。一位全职员工每周必须空出 80 小时听候公司差遣，即便他或她只花了 40 小时用于工作。2009 年，星巴克的员工流动率高达 80%，而全食超市的人员流动率只有 28%，虽然它也是服务于同一文化资本群体的食品零售商。星巴克的员工被要求以如此快速而善变的节奏进行工作，却只能得到如此少的

① www. thebigmoney. com/articles/saga/2008/10/29/starbucks-blues

② www. seattlepi. com/business/308336_starbucks21. html

薪水和福利，以至没有精力和动机成为咖啡爱好者。咖啡师，在将咖啡转化成一种易于接近的手工艺性-世界主义亚文化的过程中的关键作用，已经被抛到了一边。

星巴克错失生态美食运动的腾飞

在本杰瑞的案例中，我们曾经回顾过 1970 年代回归乡村企业乌托邦运动的成长。数十年来，这些更加富有政治色彩的回归乡村运动者大都开始追求另外的目标，比如，发起食品杂货合作社，推广有机农业，而不是追求更具享乐主义色彩的手工艺性-世界主义亚文化（它们之间也有少数桥梁式的人物如爱丽丝·沃特斯，她在两边都是领导者）。自 1990 年代后期以后，这些碎片化的运动有效地重新汇聚成了“生态美
109 食运动”，极大地改变了美国上层中产阶级的食品消费市场，尤其是星巴克早期瞄准的文化资本群体的食品市场。

媒体上展开的话语攻势推动了这种新的市场形势，包括《快餐帝国》《超大码的我》《杂食者的窘境》（参见第七章维他命水案例中对大众传媒话语的分析）在内的媒体抨击产业化农产品的缺陷，所采用的许多观点与 1960 年代和 1970 年代回归乡村运动者所持的观点一样。文化精英接受这些回归乡村运动的政治观点，围绕着一种新的政治化了的美学饮食产生了一场社会运动。参与者们提倡回归到前工业模式下的农产品生产和消费：本地食品（土食主义者、食物棚）、直接从农夫手中购买（农夫市场、社区支持农业）、清除农业中的化学合成物（有机农业），以及再次将食物作为欢乐的社会仪式的中心（慢食运动）。文化资本群体想要模仿这些文化精英的做法，对于他们而言，这一社会运动意味着新的文化品味，他们渴望这种运动的“滴漏形式”。在所有以文化资本群体为目标消费者的品牌中，全食超市是这一意识形态机会最强有力的支持者。

如果想要保持文化领导者的地位，星巴克就必须做一个在手工艺性-世界主义中主要先行者的快速跟随者。毫无疑问，生态美食运动是那个十年中最重要的意识形态机遇，它可以成为星巴克可以利用的理想的原始素材。星巴克此时已深度涉足食品市场，目标是提高人均消费金

额以及吸引广大的午餐消费者。围绕这一意识形态的平台，公司应该建立起它整个的食品业务。然而，星巴克没有这样做，它依然只提供传统的以工业化农产品为食材的熟食三明治以及与麦当劳烟肉蛋汉堡竞争的早餐三明治。当竞争对手们正在积极地尽可能地利用这一运动的时候，而星巴克却完全忽略了它。星巴克不再引领文化资本群体的品位，它成了一个文化上的行动迟缓者。

当星巴克的营销经理们降低了品牌的档次的时候，也就丢弃了公司最重要的战略资产，即作为表达咖啡（和食品）品味的文化密码的快速跟进者的角色。2002 年，78% 的星巴克消费者拥有大学学历，年平 110
均收入 8.1 万美元，而五年之后，上述数字降低到了 55% 和 5.5 万美元。[1] 文化资本群体的消费者成群地逃离了星巴克，更低的社会阶层的消费者取代他们成为星巴克的核心消费者。星巴克不再是一个精致文化品味的中间传递者，它变成了一个大众市场的平庸咖啡的供应者；失去了精致品位的光芒，它的咖啡就让人感觉贵得可怕了。

更糟的是，星巴克引起了那些它现在正在与之公开竞争的企业的关注。当星巴克试图涉足快餐业的时候，麦当劳和唐金甜甜圈都展开了强有力的回击。这些老牌的快餐连锁企业都抓住机会，施展出了我们称之为文化柔术（cultural jujitsu）的策略（参见本书第十二章对导火线案例的讨论），它们利用星巴克之前的品牌推广策略，将它作为一种精致的文化品位的饮料来反彰显自己的平民主义。它们讽刺星巴克是一个为自命不凡的人服务的虚张声势的品牌，同时削弱它的价格点。

原为一个华尔街的成长股票的星巴克却成为一个突然终止成长的公司，它的门店销售情况也同样止步不前。2006 年，公司股价一落千丈，在全球性的商业衰退影响销售和股价之前早早地失去了 40% 的市值。现在，星巴克已经毁坏了它的文化武器，消费者觉得这家店的咖啡太贵了。

舒尔茨重振星巴克的努力使其文化等级进一步降低

2007 年，在透露给全国媒体的公司备忘录中，舒尔茨似乎至少抓

① Simon, *Everything but the Coffee*, 8.

住了品牌的部分问题。他讲到了营销部如何粗心大意地将星巴克的品牌商品化，列举了自动蒸馏咖啡机、塑料袋装的咖啡以及千篇一律的店内设计作为例证。舒尔兹呼吁要回归到星巴克的起源之处，为了重振品牌，他重新接掌了首席执行官职位。但舒尔茨的关键的新举措，却进一步恶化了星巴克的品牌问题：

- 派克市场烘焙咖啡（Pike Place Roast™）：公司开发了一款新的
111 蒸馏混合咖啡取代原有的星巴克特调咖啡，以源于西雅图的著名的派克市场命名，这一替换被当作一次重要的媒体广告运动的基础。
- VLA™速溶咖啡：星巴克同时推出它的第一款速溶咖啡，宣称它比市场上任何其他速溶咖啡都要好（毫无疑问确实如此）。

用“已然最滑顺”作为广告语的派克市场混合咖啡是第一款具有轻度烘焙特点的星巴克咖啡，看起来像是快餐饮料。这一行动不啻是挂白旗投降，作为星巴克蒸馏咖啡的主打产品，试图变得更加可以迎合更广泛的大众消费市场。它的目标是与麦当劳和唐金甜甜圈展开争夺，而不是重新复苏星巴克品牌的文化品味。推出速溶咖啡产品是一个更糟糕的举措。速溶咖啡是典型的科学工业的领地，是深度加工的、没有个性且高度包装的产品，它的原料产地被神秘地包裹起来，尽可能地去除手工制作的痕迹。公司想和雀巢一决雌雄，看谁能生产出最工业化的咖啡粉，相对于星巴克公司作为手工艺性-世界主义咖啡亚文化密码的快速跟随者的滴漏战略，这显然是一次直接的对立。

星巴克没有采取决定性的行动以令人信服的方式重新获得它的手工艺性-世界主义的密码武器，也许它应该抛弃快餐利润转向吸引土食主义者，将自动的蒸馏咖啡机换成需要一些技艺的人工咖啡机，并重新引入原产地蒸馏咖啡，让这种咖啡一直都有售，但是星巴克恰好搞反了。舒尔茨的举措令星巴克在文化资本等级体系中的地位进一步下降。令人惊奇的是，星巴克努力迎合的大众消费者更容易与麦当劳和唐金甜甜圈的平民主义宣传产生共鸣，星巴克的价格对于他们来说无论如何太贵了。星巴克似乎注定要成为另一种咖啡品牌，一个不太高档的但价格奇贵的连锁咖啡品牌。

结论

星巴克是近年来美国市场上针对社会阶层分化而进行文化创新的杰出案例。我们在本章引入了文化创新理论的一个重要变化形式，我们将其称为“文化资本滴漏”理论，用以解释这种文化创新如何产生作用。对于快速跟随者品牌的典型分析，采用的是一种经济资本滴漏模式，这类品牌通常主要是像 Zara 和 H&M 这样的时尚品牌，它们因此也被称为 112
快销时尚（fast fashion）。[1] 这些典型案例所分析的是，新的商业模式如何使得这些公司将富人和名人所喜爱的时尚产品通过降价引入大众市场，并在大众市场大受欢迎。

我们运用文化创新理论将上述分析做了进一步推进。我们的分析表明，星巴克运用了一种滴漏模式，但它所运用的滴漏模式是由探寻文化资本所构成的而不是仅仅模仿富人和名人。我们进一步认为，建立在文化资本基础上的创新需要对精英亚文化的意识形态、神话和文化密码有一个深入的理解，然后才能调和它，小心地对这些代码进行“民主化”改造，使得它们既能创造一种品味体验，同时又是易于接近的。

此外，对于了解一个品牌在初步的文化创新成功之后如何维持其文化领导者地位，星巴克也提供了丰富的案例资源。四种历史性的力量——创新的文化表述被复制、企业家努力改良文化密码、竞争者重新定位以对抗创新、消费者意识形态品味的演变——结合在一起形成了文化竞争的结构，品牌必须对此进行管理。为了维持文化领导者的地位，一个品牌必须持续地进行增量文化创新，以保持对文化市场中竞争性变革的领先优势。凭借道德消费主义的密码，星巴克在 1990 年代成功地做到了这些，但是自此之后，它就一直处于苦苦挣扎的境地。

---

[1] 案例可参考：Pankaj Ghemawat and Jose Luis Nueno, *ZARA*: *Fast Fashion*, Case 9—703—497, Boston: Harvard Business School Press, 2003.

115 第六章　巴塔哥尼亚：社会企业如何跨越文化鸿沟

当今世界有许许多多的社会企业。所谓社会企业，指的是试图通过商业手段激发社会变革、解决社会与环境问题的企业。社会企业及其相关领域，诸如社会创新、公益创业、慈善项目等，在世纪之交呈现出了爆发式增长的态势。与此同时，一个日益复杂并且资金充裕的基础环境也快速地形成，从而支持社会企业，培养社会企业家，并为最有影响力的社会创新概念提供风险资本。该领域急剧发展的最初几年中，支持者们试图促使大量的创业企业成立。① 他们都认为，只要有很多社会企业家发起了很多社会企业，就一定会有一些能取得突破性进展。然而，尽管这些基础环境帮助数以千计的创新小企业成立起来，这些企业都号称负有令人敬佩的社会变革使命，但其中却很少能够发展到足以对社会产生较大影响的规模。②

为什么能迅速发展并产生广泛影响的社会企业屈指可数，而绝大多数社会企业的影响力只能局限于社会运动参与者的小圈子？我们认为，对于那些瞄准了大众消费市场的社会企业来说，如今面临的首要问题便是品牌推广。社会企业上不了规模，原因在于它们采取的品牌战略是不恰当的，掉进了我们所谓的“文化鸿沟”。文化创新的目标便是跨越这一鸿沟。

---

① 主要的促进组织包括 Ashoka、Skoll 基金会、Schwab 社会企业基金会、社会企业家学院以及全球的一些精英商学院。

② Gregory Dees, Beth Battle Anderson, and Jane Wei-Skillern, “Scaling Social Impact: Strategies for Spreading Social Innovation”, *Stanford Social Innovation Review* , Spring 2004, 24 - 32; Paul N. Bloom and Aaron K. Chatterji, “Scaling Social Entrepreneurial Impact”, *California Management Review*, 51/3, Spring 2009, 114 - 133; Charles Leadbeater, “Social Enterprise and Social Innovation: Strategies for the Next Ten Years”, *Report to the Office of the Third Sector*, London: November 2007.

对于社会企业来说，文化创新是特别重要的。社会企业的核心是它关于社会变革的意识形态，利用商业手段，解决具体的社会与环境问 116 题。因此，用某种方式将这一意识形态进行推广并吸引大众市场，是企业能够发展到足以激发社会变革的规模的关键。然而社会企业在品牌推广上经常采用一种非常直白的方式，将它们的意识形态宣传成了一个使命陈述报告。这样的做法难免掉入文化鸿沟，丧失规模化发展的潜力。通过文化创新，社会企业能够将它们关于社会变革的意识形态转化为激发大众市场消费者价值认同的文化表述，这样就跨越了文化鸿沟。本章我们将解析巴塔哥尼亚，它是美国最早、最成功的社会企业之一。

文化鸿沟

社会企业的发展规模不大，往往是因为大众市场消费者没有对它们的意识形态产生认同，它们遭遇了文化鸿沟。许多科技创业公司在向大众消费市场推广技术创新的时候，也经常遇到类似的战略问题。乔弗瑞·摩尔根据埃弗雷特·罗杰斯提出的具有深远影响的创新推广模式，他发现很多科技企业在早期由创新采用者们所构成的小众市场上发展很快，但却无法转而进入大众市场。对于硅谷来说，这个鸿沟还与大众消费者不喜欢未经验证的技术直接被利用有关，技术验证是消费产品公司的重要使命。创业者们常常不能认识到这两种需求之间的差异，所以他们依然使用在早期市场取得成功的战略去开拓大众消费市场，结果导致失败。正如摩尔所言，如果他们不能改进战略，就不可能跨越这一鸿沟。①

这一原则同样适用于社会企业，只不过这里的鸿沟是文化性的而非技术性的。许多社会企业停滞不前，是因为公司的成立全凭对某个社会问题的热情，这样也就只能在行动支持者的小圈子中成长，在这个圈子里建立早期采用者的小众市场。企业的主张似乎很明显，“请购买我们的产品吧，只要有足够的人加入，它就能帮助世界变得更好”。这简直像是

---

① Geoffrey A. Moore, *Crossing the Chasm*: *Marketing and Selling Disruptive Products to Mainstream Customers*, New York: Harper, 1995.

战争动员，运动的积极参与者们也许会受到吸引，但问题在于，聚集在任何特定社会问题周围的行动者总是很小的一部分人，其规模远远不足
117 以产生可观的社会影响。用这种陈述式的、停留于字面的讲课式的方法来宣传社会变革的意识形态，经常会疏离大众市场而不是吸引它们。因此，如果将品牌推广着重于企业所倡导的某个特定的目标而凝练出的一些话语，那么社会企业的市场就只能限于犹如“布道的唱诗班”那样的行动支持者的范围了。这一方法使社会企业变革的目标无法实现，因为实现社会变革就需要吸引更多原本并不认同这种社会变革理念的消费者参与进来。因此，社会企业面临着文化鸿沟，如何将一个对于行动支持者们有意义的企业转变成一个对于大众市场消费者也具有价值的品牌呢？

社会企业的独特之处在于它的商业模式，建立社会企业一方面是为了推动社会与环境的变革，另一方面也要为股东获取利润回报。意识形态内核是这类公司的最大优势，是将它们与商业化的竞争对手区分开来的极其重要的资源。然而，现有的战略模式忽视了社会企业不同于传统商业的这一关键特征。近年来，两位最重要的战略专家克莱顿·克里斯滕森和吉姆·柯林斯都将他们的商业战略模式引入社会企业，两位专家的模式都是建立在“更佳捕鼠器”的逻辑之上的。

克莱顿·克里斯滕森的破坏性创新模式的核心是推出更优秀的，即更便宜、更有用、更可靠或更方便的产品和服务，他强调新产品或服务要能剧烈地改变既有产品或服务提出的价值主张。① 克里斯滕森和他的同事在一篇影响力很大的发表于《哈佛商业评论》的文章《破坏性创新为社会变革》② 中，将这一模式应用于社会企业，他们讨论了“催化创新”（catalytic innovations）是如何推动社会企业解决社会问题的：

> 破坏性创新以更简单但同时又足够好的替代品满足了以前未得

① Clayton M. Christensen, *The Innovator's Dilemma*, Boston: Harvard Business School Press; Clayton M. Christensen and Michael E. Raynor, *The Innovator's Solution: Creating and Sustaining Successful Growth*, Boston: Harvard Business School Press, 2003.

② Clayton M. Christensen, Heiner Baumann, Rudy Ruggles, and Thomas M. Sadtler, "Disruptive Innovation for Social Change", *Harvard Business Review*, Dec. 2006, 94 - 101.

> 到满足的群体的需要，从而挑战了现有的产业。同样地，催化创新能够通过为未得到充分解决的社会问题提供足够好的解决办法而超越市场的现有状态。

同样，吉姆·柯林斯将他的畅销书《从优秀到卓越》中的建议运用于社会企业，为社会企业的迅速发展（并且变成“卓越”）所必需的战略提供指导。[①] 为了给社会企业找到一个强有力的理念（柯林斯称之 118
为“刺猬理念”）以体现其广泛而可持续的社会影响，柯林斯建议通过“转动飞轮”（turning the flywheel）来运作品牌。转动飞轮，不过是传统品牌运作模式的简化版，运用这一方法，一家公司如此持续地依托它的“更佳捕鼠器”概念从而赢得性能、质量和可靠的声誉。[②]

但是，开发一个“更佳捕鼠器”并以此为品牌赢得声誉，对于任何公司来说都是一个值得称赞的目标。这是一个通用的品牌经营之道，却忽略了社会企业所面临的独特的战略机遇和挑战。社会企业做生意的方式是独特的，它们希望消费者在购买商品或服务的同时，也买入他们的社会变革的意识形态。如果品牌运作得当，社会企业将能从大众市场消费者那里获得更热情的回应，胜过那些围绕一个传统的商业理念而建立起来的品牌。遵照“更佳捕鼠器”战略方案的社会企业，必然偏离其意识形态，从而将这一潜在的它们最有价值的资产置于核心之外。

跨越文化鸿沟要求通过文化创新，将变革社会的意识形态转化为一种易于被大众市场理解的品牌。我们将通过分析巴塔哥尼亚的重大突破来阐明文化创新模式如何适用于社会企业。

为什么共和党人也爱穿巴塔哥尼亚？

从1980年代后期开始，生产户外装备的巴塔哥尼亚公司采用文化

---

① Jim Collins, *Good to Great: Why Some Companies Make the Leap... And Others Don't*, New York: Harper Business, 2001. Jim Collins, *Good to Great and the Social Sectors: A Mono-graph to Accompany Good to Great*, New York: HarperCollins, 2005.

② Tulin Erdem, Joffre Swait, “Brand Equity as a Signaling Phenomenon”, *Journal of Consumer Psychology*, 7/2 (1998), 131－157。

创新战略，寻求突破大众消费市场并扩大其品牌影响。巴塔哥尼亚也是美国成立时间最早、最有影响力的社会企业之一，它围绕着环保行动主义者组织起来。巴塔哥尼亚所宣称的使命是为了“激发环境危机解决的方案”而存在。该公司是有机棉T恤以及用可回收的聚酯塑料做原料的摇粒绒夹克等纺织品的生产商，它不仅引领着可持续发展的纺织品的生产，而且公司还用它的营业收入资助数百家环保团体，其中不少团体被认为是美国政治派别中相当偏左的派别。公司的创建者伊冯·乔伊纳德
119 试图将这一点做法制度化，因此发起“百分之一为了地球”计划，参与这项计划的公司都将拿出销售收入的1%支持被批准的环保组织。

这种激进而明显的环保使命，人们也许会认为，巴塔哥尼亚将只会吸引开明的环保行动主义者成为其消费者。然而，自1980年代后期开始，公司与大众市场的消费者产生了相当大的共鸣，这些消费者并不特别地致力于解决环境问题。事实上，我们的研究发现，巴塔哥尼亚竟然吸引了许多注册的共和党人。这种广泛的流行使巴塔哥尼亚在市场和政治领域都有效地影响了人们对于环境的可持续性问题的关注。遵循文化创新战略的逻辑，巴塔哥尼亚取得了成功，它们没有像其他的社会企业惯常所使用的方法那样平淡地宣讲自己的环保使命，而是建构了一个复杂的探险的神话世界，从而强烈地打动了所有政治派别的上层中产阶级美国人。

原始素材：“垃圾袋”亚文化

巴塔哥尼亚的大众市场的品牌营销源于“垃圾袋”亚文化，公司创建者曾帮助倡导这一亚文化。早在巴塔哥尼亚公司成立之前，伊冯·乔伊纳德就是一个美国登山者，因其第一个革命性地倡导使用在自己车库改造的铁匠铺子锻造的登山设备。那个时代的美国登山者都用欧洲产品，但乔伊纳德觉得太笨重了，而且他更担心的是登山者毫不在意地将岩钉丢弃在花岗岩上，破坏了约塞米蒂（Yosemite）原始的“垂直特性”以及壮丽的山脉。1950年代后期，乔伊纳德开始设计并手工锻造可以拔走的“遗失之矢”牌岩钉。在接下来的10年里，他增加了许多属于第一次的富有创意的攀登设备的设计。然而因为财政困境，设备生

意最终被转让出去，但乔伊纳德作为美国登山亚文化领域的领军者所形成的意识形态，最终成为他在大众市场取得突破的基础。

1973 年，乔伊纳德发布了公司第一份产品目录，是一张 36 英寸× 120
32 英寸的大幅页面，折起来像一张地图（两年之后公司才制作了第二份目录）。在他以登山迷的方式对于技术先进的设备进行的描述中，乔伊纳德传播了他的登山理念：

> 只用一个词来说，就是清洁。只有注重环保的登山迷和登山运动者所开展的登山活动才是清洁的登山活动。清洁是因为岩石并未因为登山者的到来而改变。清洁，是因为没有什么东西钉入岩石，并从岩石中拔出来而使岩石受到破坏令后来的登山者减少了自然的体验。清洁，是因为登山者的环境保护而没有留下任何攀登的痕迹。清洁，就是攀登岩石而不去改变它，就是自然之子更接近于自然的登山。

在后来的产品目录中，乔伊纳德继续就一些他认为对于野外探险方式极其重要的话题向他的消费者读者们进行宣讲，内容从技巧到服装到审美性的思考。乔伊纳德本人也从未停止进行户外探险，无论是冲浪、登山，还是以极限速度奔跑，他总是散发出海明威风格的冒险者气质，“他是那样的一种男人，特意要去喝他曾经钓过鱼的每一条溪流的水，无论那水里有多少细菌，我早已决定将余生投入户外，那就必须适应。我因此经常生病，但每次生病之后我都变得更强壮，因此就少生病了。”①

结果，乔伊纳德很快成为参与者们自称的“垃圾袋”亚文化的道德权威。乔伊纳德和他的同道们推崇男性气概，他们将野外探险看作是一种冒险性的、竞技性的业余爱好，是对自然的深刻的美学欣赏。乔伊纳德早期在意识形态方面的努力使他成为这一亚文化领域受到广泛尊重

① Patricia Leigh Brown, “The Maverick Who Sent America Outdoors”, *New York Times*, Mar. 11, 1998.

的领军者，为他后来将这一意识形态发展成为他的新的户外服装公司的文化核心赢得了巨大的可信度。不过，这一突破还必须等待合适的历史时机。在1960—1970年代期间，“垃圾袋”亚文化在美国的大众市场没什么吸引力，此时正值乔伊纳德登山生涯的巅峰。然而到了1980年代中期，美国社会发生了显著的变迁，从而使得环保主义探险者“垃圾袋”们的意识形态对于上层中产阶级的消费者产生了不可抗拒的吸引力。

121 **意识形态机遇**

所谓意识形态机遇，指的是在某一历史性的时刻，社会断裂创造了对新的意识形态的需求。如果此时社会企业能够开发出新的文化表述来满足这种需求，它就有可能取得突破性的进展。巴塔哥尼亚的突破得益于美国社会中两股交织的变迁力量：里根时代恢复美国拓荒神话的努力（我们在第二章对耐克的案例分析中曾详细讨论）以及文化资本群体人口膨胀导致的高品位消费需求的激增（这方面我们在第五章星巴克的故事中曾讨论）。巴塔哥尼亚极好地踩准了节拍，满足了这两种交织的消费需求。

历史上，贫苦的欧洲移民和宗教放逐者怀着建立一个新家园的希望来到北美开疆拓土，克服了难以想象的挑战和数不胜数的危险。拓荒的过程，铸就了美国人实现美国梦所必需的坚忍和顽强意志。这一神话也产生了美国的最初的且迄今仍最有影响力的环保主义模式，这便是对荒野的保护。19世纪末，拓荒运动接近尾声时，泰迪·罗斯福让美国人相信这个国家需要保留一些荒野以挑战城市生活造成的日益柔弱之气，并将美国西部大片崎岖不平的地带划为国家公园。约翰·缪尔则代表了美国人对于荒野的另一种眷恋，他承袭的是爱默生和梭罗在19世纪开启的浪漫主义传统，他们希望通过投身大自然来重新获得在现代都市生活中快速消退的个人自由。缪尔同样以审美的眼光看待荒野保护，并以这种理念发起了现代环保运动，但是他反对在约塞米蒂的赫奇赫奇山谷（Hetch Hetchy valley）建立水库的努力还是以失败告终。在美国政治话语中，通过重新激活人们对荒野体验的认同来重塑美国人的角色感，一直都是一个中心线索。①

如同我们在耐克的分析中所指出的那样，最近一次拓荒精神的复苏是由 1980 年代的经济重建促动的，这些新的经济形势要求美国人寻求一种角色转换。用意识形态的话语来说，新兴的竞争激烈的有自主权的个人经济要求一种完全不同的心态。而罗纳德·里根所指出的道路就是 122
将促进拓荒精神的复兴作为解决美国问题的办法。

伴随着一种贬低他们的话语的出现，上层中产阶级不得不在这个达尔文主义的劳动力市场上抓紧一切机会。如同 1950 年代的拓荒精神复兴主义者大肆嘲笑“组织人”的软弱和安逸那样，里根及其追随者们指责美国中产阶级使这个国家的精神衰退，这些人都在大型官僚机构、联合企业、专业领域或高等院校之中。他们被鄙视地称为吃馅饼的“雅皮士”，他们生活讲究，信奉物质主义，缺乏在新经济中生存所必需的男子气概和力量。里根所要复苏的拓荒神话对这群人产生了深刻的影响，要想取得经济成功的人与在荒野中的枪手一样必须具备征服世界的道德观。上层中产阶级感到必须采纳一种充满活力的拓荒风格的意识形态，证明自己根本不是官僚体制中的安逸的雅皮士。

与此同时，上层中产阶级卷入了人口变迁的洪流之中，正如我们在星巴克案例中所描述的那样。美国人地位消费的标准发生了快速的变化，从购买昂贵的物品变为追求文化品味的体验。美国历史上第一次出现了一个庞大的人口群体，他们由受过大学教育的父母抚养长大，如今已经踏入社会。这一文化资本群体追求一种富有品位和创意的生活方式的兴趣，至少不亚于传统的美国梦对于物质的理想追求。

因此，上层中产阶级同时被两股力量牵引，一股朝向荒野冒险，另一股朝向文化品味的新模式，这两股消费力量通常是相互冲突的。在黄石公园开机动雪橇或者在加拿大猎杀麋鹿都是荒野冒险的伟大表现，但无论如何谈不上什么品位，而成为独立电影或精品葡萄酒的鉴赏家则极大地反映了一个人的鉴赏品位，但同时也表明他是一个安逸的都市人。因此，能够将修养与荒野冒险结合在一起的活动会得到高度的赞赏。巴

---

① 有关拓荒神话，可参见第三章杰克·丹尼尔案例和第八章万宝路案例。

塔哥尼亚正处于这个理想的位置，它的产品手册提供了一种导向，告诉读者如何以一种富有品位的世界主义的形式来进行荒野探险。

123 巴塔哥尼亚的文化创新

1979 年，乔伊纳德和妻子玛琳达创立了巴塔哥尼亚，它的功能是一条探险服装的生产线。他们加入到了由许多其他公司推动的对于探险设备的技术开发之中，这些公司包括土拨鼠（Marmot）、乐斯菲斯（North Face）、山脉设计（Sierra Designs）、户外研究（Outdoor Research）、凯尔蒂（Kelty）、哥伦比亚（Columbia）。巴塔哥尼亚是其中唯一一家社会企业，通过运用文化战略，成为高端品牌，其定价在业内几乎属于最高的。

许多年里，巴塔哥尼亚都采用大开本的产品目录作为主要的品牌推广方式，该目录设计得像是一本杂志，里面有各种故事、文章和摄影报道，不时地插入探险设备。自 1980 年代后期开始，巴塔哥尼亚的产品目录按照一种严格的格式，一期又一期不断重复这种格式，从而有预见性地吸引了寻求一系列有品味的荒野探险的上层中产阶级的潜在消费者。我们采访的很多消费者都期待收到并阅读产品目录，似乎产品目录成了他们喜欢的一种杂志。

巴塔哥尼亚的产品目录将它的消费者假设成当初的“垃圾袋”们。它鼓励“垃圾袋”们将记录他们令人难忘的冒险经历的照片或文章发给巴塔哥尼亚，产品目录便成了爱好者们交流经验的地方。在编辑方针上，目录一直对“垃圾袋”的立场、技巧和快乐大加赞赏，并邀请大众市场消费者一窥这一高深精妙的世界——在这个世界里的人们追求的是战胜下一个无法想象的挑战。我们对巴塔哥尼亚 20 年的产品目录进行了文化分析，辅之以对公司经理和消费者的访谈，在此基础上分离出了构成巴塔哥尼亚意识形态及其最扣人心弦的文化表述的四个关键元素。

极限探险

巴塔哥尼亚文化创新的核心是对极限探险的故事虚构。从一开始，巴塔哥尼亚就推出了“现场报道”，是第一手的关于危险的荒野探险的险情和激情，公司将此称为“旅行者和探险者发自自然前线的紧张体验”。巴塔哥尼亚让大众市场消费者通过这面镜子看到坚毅的探险是怎样的，跟随这种亚文化，想象着正在进行如此紧张的野外挑战。124

天堂地狱

（作者：克洛艾·兰斯伊尔）

我用9小时完成了一个24小时山地自行车赛的路程。晚上的时候，下起了瓢泼大雨，气温开始下降，我的身体感到了疼痛，但我知道必须保持行进速度。单向赛道变成了一条流淌着树根、石子和泥浆的黑色道路。凌晨3点，浓雾降临到森林路段，周围变得模糊不清，放大了我梦境般的孤独感。这时我的体内温度下降到了体温过低症状的边缘，我加快了速度，避免在寒冷的夜里倒下。

天方破晓时我穿过了转换区，有声音传进我的耳朵，将我从遥远的梦中唤醒进入到现实世界。我一直集中精力去保持我无法确认的领先优势，这股力量驱动着我。

最后我赢了。胜利的滋味又苦又甜。一阵巨大的放空感席卷了我，比赛结束了。体力上的付出，与自然拼搏的精神，不断攀登的力量……使我继续前进的动力。这是一种深深的激情的全部，使我能够在某种程度上表达了我是谁：当我匍匐在车把上的时候，我是我唯一需要面对的人。

我轻松越过了终点，继续前进。

下一次在哪里？

（作者：麦克·威尔富德）

我的胃提到了嗓子眼。脑子里的念头急速翻涌，想要确定我必须遵守的准确的次序。在30年的登山经历中，我从未绕绳降落到瀑布里。我听不到同伴的声音，水挡住了视线无法看见他在哪儿。冰冷刺骨的水钻进了我身体的每一个部位，顺着背部流下，注满我的靴子，我一点点地失去感觉。但我朝黑色的水池下面看去时，发现自己缠在

> 了攀绳上，我的大背包的负重使我下沉，我将在深不见底的水中慢慢地溺亡。
>
> 一开始，峡谷是和善的。我们用 5 天时间登上了一座从未被人攀登上的 2.1 万英尺高的山峰，位于印度喀喇昆仑山脉。然后我们选择了峡谷作为下山路线。但事情变得麻烦起来，峡谷的坡度几近垂直，岩石很光，表面生长着藻类，像是涂了高级机油一样黏滑，几乎找不到可以固
> 125 定攀登工具的裂隙。我们找到一个地方，在吊索的顶端码起一堆岩石，大家最后握了手。
>
> 我摔下背包，拧开绑在降落绳上的登山锁。在水流的冲击中，我用双膝往下滑。在接触水池的一瞬，我立即抛开绳子，向水浅的地方奋力游去。我的背包在水面上像个软木塞一样荡来荡去。喔！我想，我不可能比这做得更好了。

这些发自肺腑的对于极限探险的描述，将这种超竞争性的荒野探险的意识形态精确地戏剧化了，而这种意识形态正是上层中产阶级美国人所渴望的。

探险的世界主义

巴塔哥尼亚的产品目录表现出对于特定探险地点的一种迷恋。“垃圾袋”从不进行那种普通的登山，他们去的是阿拉斯加布鲁克斯山脉的阿纳克图山谷（Anaktuvuk）、新西兰的库克海峡（Cook Strait）或者秘鲁的普米里尼（Pumirini）。这些地方没有开凿过的登山路线，其中很多在遥远的外国。因此，这种提及人名的引人注目的探险成为文化资本的一种强有力的形式，它体现出参与者不凡的品位。①

照片和文章将“垃圾袋”们表现为有趣的和世界主义的波西米亚分子。比如在一本目录上有这样的照片：一帮家伙戴着滑稽可笑的帽子和眼镜，在阿拉斯加的德里纳峰顶踢踢袋，照片的文字说明是

① 这一发现重申了我们在另一本书中讨论过的文化资本的两个维度，参见：Douglas B. Holt, “Dose Cultural Capital Structure American Consumption?” *Journal Of Consumer Research* (1998), 1－25.

“1.4万英尺：如果我们无法控制一场风暴，那么就在风暴中游戏吧”。几页之后的另一张照片上，一位只出现下半截的家伙正在一个破旧的野营地后面提裤子，文字说明是“一天的艰苦攀岩之后，布莱恩·克洛德的裤子。摄于约塞米蒂山谷停车场四号营地”。然后，我们又看到一名女子站在一辆老式凯迪拉克敞篷汽车的前排座椅上，后排座位最大限度地折叠起来，摆放了登山装备和雪橇，文字说明是“开路，到户外，开启攀登内华达托雅比山的可能性”。再往后几页，我们又看到说明为“布雷塔·斯约斯特罗姆在玻利维亚的拉巴斯套上呼啦圈”的照片，布雷塔穿着安第斯人手工编织的羊驼毛衣，戴着帽子，手里拿着丝酷（安第斯排箫），扭着屁股即兴跳舞，她腰间的呼啦圈上缠着色彩鲜亮的土布。

这本目录以道格拉斯·皮考克的现场报道作为结尾。皮考克的笔 126
下，自己是真正的“垃圾袋”，曾以军用干粮为食在丛林中寻找灰熊的足迹达10年之久。但是皮考克也透露他喜欢波尔多葡萄酒和鹅肝酱，正如照片上显示的那样：在黄石公园的温泉里，他在喝一瓶柏图斯酒庄1974年出产的葡萄酒（柏图斯是波尔多最著名的酒庄，这瓶酒的价格在照片拍摄的那个年代大约是200美元）。

皮考克是具有深远影响的环保主义作家爱德华·阿比的好友，也是阿比最著名的《猴子扳手党》一书中海杜克这一人物的原型。巴塔哥尼亚的产品目录也经常刊登环保主义者中文艺名人的文章，比如从诗人变成环保主义者的盖瑞·斯奈德，还有自然主义作家特里·威廉姆斯。提倡阿比（以及皮考克）的环境政治学显然会令人厌恶，除了最激进的行动者。但是，在文化创新的神秘力量的作用下，产品目录却将他们的政治激进主义转化成了一种探险品味的时尚形式。

巴塔哥尼亚的产品目录始终将“垃圾袋”表现为世界主义的波西米亚分子，为了寻找下一次激动人心的探险体验，他们在全球极其自信地旅行，这就精准地满足了新兴的上层中产阶级对于充满文化品味的野外探险的需求。

荒野壮丽的景象

为了强调荒野风格中的品味，巴塔哥尼亚的产品目录总是采用令人震撼的大自然的照片，这些摄影作品突显了一个艺术家的关注，一个巨浪的特写、锡安国家公园的岩石全景、在班夫的冰冻的瀑布中心往上看的一个瞬间镜头，等等。对大自然的美学的关注，同时也有对于探险的征服，这些都贯穿了每一期产品目录的图片中，也经常体现在文章中。大自然以其最纯粹和天真的方式被描绘出来，成为令人敬畏的和深刻的美学体验的源泉。巴塔哥尼亚呈现出了梭罗和缪尔的浪漫主义理想，荒野成为壮丽景象体验的最强大的源泉。①

翻阅巴塔哥尼亚的产品目录就像是翻阅咖啡馆里常见的安瑟尔·亚
127 当斯的自然风光摄影集，只不过在风景中穿插了一些探险者。人类生活的唯一印迹就是“垃圾袋”探险者，常常只有他一人。照片中“垃圾袋”常常只占据二十分之一的画面，仿佛是大自然中微小的道具。他们专注于探险中的挑战，从不看着镜头。有时候我们只能看见他们的手臂或者一根绳索，提示我们此时不仅仅在看大自然，而且已经融入一个危险的探险过程。这种对荒野的浪漫主义的赞扬令读者感觉到，“垃圾袋”们是荒野的鉴赏家，当他们沉浸在他们旅程中的时候，他们为大自然的美丽感到惊叹。

荒野政治观

巴塔哥尼亚一直没有确立自己正式的社会使命，直到1980年代中期它开始将公司收益的1%捐助给环保项目。从那时开始，公司持续地增加对环保事业的捐助和关注，并且将环保行动主义作为自己存在的理由。但是，巴塔哥尼亚在商业哲学上的根本转变都体现在产品目录的艺术中，除了最深度参与的“垃圾袋”和环保主义者，几乎无人觉察到它的改变。巴塔哥尼亚的做法是将自己的环境主义理念完全融入了公司的文化表述，而不是对潜在的消费者大声宣告自己的环保使命。巴塔哥尼亚汲取了早期失败的教训，找到如何整合自己关于社会变革的意识形态的方法，从而对大众市场产生了巨大的吸引力。

---

① Roderick Nash, *Wilderness and the American Mind*, New Haven: Yale University Press, 2001; William Cronon (ed.), *Uncommon Ground: Rethinking the Human Place in Nature*, New York: Norton, 1996.

1990年初，巴塔哥尼亚一篇题为《帮助狼回归黄石》的文章引领了一场长达10年的运动，呼吁将现代工业化的景观重新改变成荒野景观。这一运动采用富有知识性的浪漫的文章进行宣传，大量的摄影报道，风格类似于《国家地理》。1993年，公司发起了保护鲑鱼运动，要求炸毁阻挡鲑鱼产卵路径的水坝。这些早期运动的文章成为随后20年中巴塔哥尼亚政治观点的基础。巴塔哥尼亚发起的许多运动聚焦于为狼、熊、美洲野牛等动物建立迁徙通道，这些动物过去曾在美国西部自由地走动（在2000年代用“自由的走动”作为运动的标题）。另一项运动名为“作为荒野的海洋”，引导消费者将海洋看作最后的广阔荒野，应该与陆地上的荒野以同样的理由而得到保护。这 128
些运动推动原始荒野的恢复，并促进物种在这种原始荒野环境中的繁殖。

巴塔哥尼亚对荒野政治观的关注重现了罗斯福主义者最初秉持的自然环境保护主义的环保模式。巴塔哥尼亚公开表明的环保政治观，与老派的美式自然环境保护主义组织并无多少差异，诸如奥杜邦协会、美国国家野生动物联盟、荒野保护协会以及早期的山脉俱乐部（直至1960年代戴维·布劳尔将其变得激进化之前）。

值得注意的是，当今最重要的环保问题已经被边缘化，这些问题包括气候变化、地表水的污染与消耗、食物中的化学物的渗透、西方消费主义对发展中国家环境的影响，等等。同样地，巴塔哥尼亚作为一个公司，它所致力的环保使命几乎是看不出来的，通过细致的使用寿命的分析减少服装的生态印迹、改进供应链，并鼓励消费者衣服要穿到磨破然后将破衣回收。源于工业化的环境问题与荒野没有任何关系，巴塔哥尼亚对此总是轻描淡写。如果没有读过巴塔哥尼亚的产品目录的话，可能会以为它的环境政治观念仅仅聚焦于荒野保护问题。我们在对大众市场消费者的访谈中精准地发现了这一点，巴塔哥尼亚的粉丝认为它就是一个荒野环境保护的倡导者，而它所倡导的这种理念在广泛的政治派别中属于非常普遍而易于接受的一种环保主义，粉丝们几乎不知道，巴塔哥尼亚的环保理念直接聚焦于工业化和消费社会带来的各种环境问题。

小结

巴塔哥尼亚极具影响力的产品目录确立了公司在“垃圾袋”亚文化中的中心地位，任何偶然看到这份目录的人，都想一窥这种投身于荒野的令人胆战的世界主义的探险。从1980年代后期开始，美国上层中产阶级有一种想法，希望加入一个能够吃苦耐劳的世界主义的探险者的部落，这些探险者粗茶淡饭、勉强维持生计，这样使他们有尽可能多的时间登山，去努力追寻下一个危险的荒野。让他们感到欣慰的是，探险
129 的伙伴们分享着共同的保护荒野的理念。

这一文化创新令巴塔哥尼亚跨越了文化鸿沟，受到了上层中产阶级美国人的普遍欢迎，这一群体渴望参与到有品味的荒野探险之中。巴塔哥尼亚的年收益迅速增长到2亿美元。有了大众市场消费者的支持，巴塔哥尼亚将经济收益投入到重要的可持续发展的供应链的革新中，同时，也为草根的环保组织提供数百万美元的捐赠。颇具反讽意味的是，公司在大众市场上的消费者对这些极具影响的环保努力并不感兴趣。事实上，许多热爱巴塔哥尼亚的大众市场的消费者在经济上的贡献，才使得公司能够推动其环保进程，而这些消费者所持的环保意识形态却是与公司的行动立场直接对立的。

结论

社会企业利用商业手段来激发社会变革。消费者购买社会企业的商品的同时也买入一种社会变革的意识形态。企业经营得越成功，它的新意识形态在社会中就传播得越广。因此，社会企业在商业上成功到一定的程度，消费者就会认同它的价值观和意识形态从而成为忠实的消费者。

社会企业的社会变革意识形态可以成为一种强大的资产，作为一个杠杆而胜过那些拥有别人无法企及的资源和市场实力的商业企业。有些传统企业也涉足社会变革，会推出公司社会责任计划以及与社会变革事业相关的营销活动，但是消费者发现，社会企业对于社会变革的文化表述要来得更真实、更有说服力。① 但是，如果对营销策略缺

---

① Douglas B. Holt, “Why Do Brands Cause Trouble? A Dialectical Theory of Consumer Culture and Branding”, *Journal of Consumer Research*, 29 (June 2002), 70－90.

乏调查，社会企业的社会变革意识形态将阻碍公司的发展。当创业企业以字面的使命宣言的方式来传播意识形态的时候，尽管行动参与者觉得如此具有感染力一定能够赢得大众市场的转变，他们经常发现大众市场的潜在消费者却被这种明显的政治修辞挡了回去，这就是我们所谓的文化鸿沟。

“更佳捕鼠器”模式无法解决这一问题。它完全忽视了社会企业的 130
独特性而主张模仿传统企业，掩盖了一个社会企业的行动主义，也就丢掉了该企业可以依凭的最强有力的资产。很少有社会企业可以单纯依靠产品和服务价值，与既存的商业企业竞争的同时仍然能够坚持它们的使命。

巴塔哥尼亚之所以能够跨越文化鸿沟，在大众消费市场取得巨大的成功并推广其社会影响，是因为它们摒弃了这些用于社会企业品牌推广的正统办法。这同样在我们第四章讨论过的本杰瑞公司的案例中得到了证实。这两家公司既没有到处宣传它们的社会使命，也没有沿用“更佳捕鼠器”模式，而是开发出了有号召力的文化创新。

大众市场的消费者非常珍视富含了意识形态的商品和服务，但是和行动者们不同，他们以一种含蓄的、伪装的形式来消费意识形态，这种形式被嵌在了品牌的象征之中。没有劝说非行动者相信社会企业行动事业的重要性，文化创新则是采用了一种需求驱动的办法，即针对大众市场中的目标消费群体展露的意识形态需求予以恰当的回应。1980 年代末，在美国上层中产阶级中出现了对于有品位的荒野探险的一种新的意识形态的渴望，巴塔哥尼亚瞄准了这一群体的需求，从自己的环保意识形态中挑选素材，专门创作了对应这一需求的文化表述。

与商业企业的同行们一样，社会企业无法通过宣布其意识形态而取得突破，这种宣布方式是多么富有创意，多么符合需求。它们必须将意识形态转换为文化表述。关于社会变革的意识形态的最可信、最能产生共鸣的文化表述要在亚文化和社会运动中寻找。因此，社会企业必须投身于合适的包含了社会变革意识形态的亚文化或社会运动，从而熟练掌握最能产生共鸣的文化表述，并被大众市场视为这种意识形态可信的倡导者。乔伊纳德从“垃圾袋”亚文化中提取了文化表述，他曾是该文化的领军者。同样地，本・科恩和杰瑞・格林菲尔德是大量地借鉴了回到乡村运动，他们曾是该运动的积极参与者。

131 借助生活方式和政治行动的独特性，亚文化和社会运动将它们关于社会变革的意识形态戏剧化了，比如“垃圾袋”如何登山，如何选用装备，以及他们如何通过对原始荒野的深刻的美学欣赏，传达了他们的环保主义理念。回归乡村运动者通过他们替代性农业的实践、前工业食物供应技术的使用，以及创办和支持以人性化的方式对待员工的合作社，表达了他们可持续经营的意识形态。这些嵌入了意识形态的文化表述，暗示性地将一种社会变革的理想戏剧化，这对于大众市场的消费者来说，比宣讲式的意识形态表白更加令人信服。

两家公司挖掘了这些文化表述，并将其稍加修改以后运用于它们的品牌推广。社会企业要想跨越文化鸿沟，就不能将客户看作潜在的行动者，而要将他们看作身份认同计划中的消费者。当乔伊纳德用巴塔哥尼亚的产品目录做画布，将世界主义的荒野探险者的生活浪漫化的时候，巴塔哥尼亚取得了突破。本杰瑞取得突破，是当他利用具有煽动性的新产品的上市以及富有创意的公关噱头，来支持一个试图建立可持续性的乌托邦式的世界的时候，这种可持续性的商业是对里根主义的挑战。上述两个案例中，企业都直接回应大众市场上对于特定意识形态被压抑着的需求的方式，将其从亚文化和社会运动中借鉴的文化表述进行重新包装。

为了跨越文化鸿沟，社会企业家门必须放弃这样的观念，认为只要忠实于自己的社会使命，并有足够的时间反复宣讲这一使命，最终就必将获得成功。如果以巴塔哥尼亚和本杰瑞为榜样，社会企业更有可能取得成功的方法应该是，首先着力开发出富含了意识形态的文化表述，这种文化表述是大众市场目标消费者所需要的。这些目标消费者的惠顾对于品牌的推广是极其重要的。在上述案例中，两家公司都取得了突破，因为他们知道了如何从关于社会变革的意识形态中创造能够产生共鸣的文化表述，而这种意识形态对于大众市场而言是具有身份认同价值的。只有在这个时候，巴塔哥尼亚和本杰瑞才可能去推动一个正式的社会使命。而以一种更加“职业化”的方式来从事社会企业，将自己的社会使命用直白而严谨的方式不断地传达给消费者，实际上恰恰是一个错误的办法，无法使企业达到足够的规模从而产生广泛的社会影响。

133 第七章　维他命水：用神话打造“更佳捕鼠器”

2007年3月25日，可口可乐公司以41亿美元的价格收购了酷乐仕（Glaceau）公司，这对于一家只有11年历史、销售一种由其创始人达瑞斯·比考夫在自家厨房配制的简单饮料的公司而言，如此售价实在令人震惊。可口可乐支付这个过高的价格是为了维他命水，这是一种果味的非碳酸饮料，装在20盎司的彩虹色系的瓶子里出售。维他命水2000年面市，2004年在市场上已经大受欢迎，到了2007年的时候，这一品牌的年零售收入高达7亿美元。

出现于2000年并持续发展到2006年的一次强大的社会断裂为维他命水带来了机遇。这个断裂的制造者是杂志、报纸、电视、电影等媒体，它们炮轰美国人的饮食习惯，尤其关注含糖软饮料对健康的影响。美国人开始彻底反思他们喝的是什么，饮料制造商们则竞相要抓住这个机会。在数十种新品牌中，有一些是由跨国公司开发的，但比考夫所建立的微型创业公司却最终胜出。

比考夫赢得竞赛的秘诀并不是因为打造了“更佳捕鼠器”。维他命水的配方远非什么创新，本质上它就是一种稀释的非碳酸饮料，它的口感、规格和含糖量都非常接近佳得乐。一种饮料能够提供维他命在当时肯定不是新鲜事。在之前的10年里，就有不少品牌自称它们的饮料不但维他命丰富而且水溶性好。如果从“更佳捕鼠器”的观点来看，维他命水绝无可能如此成功，这基本上是一个“我也是”的销售主张，这样的主张对于市场而言实在太晚了。但是，消费者确实将维他命水看作是一个“更佳捕鼠器”，因为它讲述了一个更好的神话。

文化正统：功效神奇的食物

134

直到最近，美国人的饮食习惯在全世界都是很有特点的，因为它有着阴阳两面。[①] 一方面，大多数1970年代以后出生的人所处的饮食文化，都是以快餐或者其他高度流程化的但营养流失的方便食物为中心的。1970年，美国人用于快餐上的开支是60亿美元，而到了2000年，这个数字已经蹿升到了1100亿。美国人花在快餐上的钱比花在汽车上的钱还要多。[②] 这类快餐，以麦当劳菜单上的汉堡、炸鸡和软饮料为代表，被贴上了“垃圾食品”的标签，因为它们高度的流程化，富含脂肪和盐，还含有化学添加成分，而完全不含水果、蔬菜和谷类这样的健康饮食的核心成分。这种新的“垃圾食品”文化的一个主要特征就是软饮料消费的激增，美国人集体性地从喝牛奶、果汁、水转向了喝汽水，平均每人一年要喝掉600罐12盎司的汽水。至于青少年，他们有超过10%的卡路里来自于软饮料中的糖分。

一旦变成了问题，美国人开始应对他们的享乐主义的食物和饮料所造成的健康危险。然而他们不是减少垃圾食品消费，而是相信媒体宣扬的某些科学突破，他们在科学突破带来的“好处”和垃圾食品的“坏处”之间加加减减。美国人变得对各种“神奇食品”和新分离出来可以补充不足饮食的各种营养素越来越有兴趣，也越来越依赖。新闻媒体热衷于报道最新的健康科学发现，商人则会快速跟进，试图利用力量型食物、微营养成分和抗氧化剂领域最新的科学发现，击垮竞争对手。于是新产品层出不穷，从第一波添加物风潮中的人参和银杏，到更时髦的只有内行才懂的比如巴西莓、南非有机茶等。最早的神奇食品如燕麦麸、鱼和红酒很快被绿茶、核桃和石榴取代。当食品添加成分被证明不太见效的时候，美国人又越来越喜欢到非处方药中寻找补充成分，结果含有β-胡萝卜素、抗氧化剂和ω-3的小药丸都曾风靡一时。

---

① 越来越多的证据显示，其他一些国家的发展路径也与美国相似，尤其是英联邦国家以及中等收入国家的中产阶级。

② Eric Schlosser, *Fast Food Nation*, New York: Houghton Mifflin, 2001, 3.

商人们争先恐后地在产品中添加最新、最伟大的健康补充成分，科学发现受到了媒体最多的牵引。但在这个问题上，大多数消费者却搞不
135 清究竟哪种添加成分是最可信的。他们变得厌倦了，因为那些报道自相矛盾，之前还称赞对健康有益，这会儿又完全推翻之前的说法。这是一个充满着各种神奇功效食品、添加物和小药丸的令人迷惑的世界，大多数的承诺因此而令人找不到方向，这些承诺的可信度通常都很短暂。到了 2000 年之后，对采用中和策略保持健康的努力越来越失望。

社会断裂：汽水成为一种健康危害

1980 年代，营养学家第一次发出对软饮料的警告，他们特别提及低热量汽水中的防腐剂和人工增甜剂。一些刚刚进入市场的软饮料生产商，比如斯耐普和亚利桑那，为了应对这次较早的社会断裂，开发出被称为“新时代”（New-age）的饮料细分市场，这些不含碳酸的茶饮料和水果饮料被普遍理解为一种更天然、更健康的软饮料的替代品。这些饮料夸耀它们是“百分百的天然”，不含罐装汽水中常见的各种奇怪的化学物质。不含人工添加剂这一点，它们确实做到了，但它们的含糖量还是很高，而且包装规格更大，导致糖摄入量反而增加了。与此同时，美国各快餐连锁店都竞相增大饮料杯的体积以维持市场份额，导致青少年的糖摄入比任何一个时期都要高。尽管媒体不断提醒人们软饮料中含有太多的糖分，但是美国人仍然继续喝。直到世纪之交，过高的糖摄入引发的健康问题全面爆发，人们再也无法忽视它。

从 2000 年开始，媒体发动了第二轮对美国饮食健康危机的报道，这是一波更大的浪潮，最终迫使热爱甜饮料的美国人开始反省自己的习惯。首当其冲的是对肥胖问题的报道：美国人正变得越来越肥胖，以至成了一个艰难的社会问题。在 1980—2002 年之间，成年人中肥胖者的比例增加了一倍，儿童和青少年的超重比例则增加了两倍。根据美国疾病控制与预防中心 1995 年发起的一项研究，越来越多的各种证据表明这种趋势仍然在扩大。以至到了2000年，媒体开始定期地使用“流行

病”这个词，而人口肥胖被当作是国家进入紧急状态的一个警钟。[1] 136

《新闻周刊》2000年的某一期的封面故事，一个肥胖的男孩手里拿着一个巨大的含糖冰激凌圆筒，文章标题是“肥胖对于生命？600万孩子严重超重”。尽管《新闻周刊》以前曾经有报道涉及“垃圾食品”以及越来越少的锻炼，但是用一系列的批评文章指责软饮料和快餐食品导致肥胖激增还是第一次。2001年，埃里克·施洛瑟撰写的《快餐国家》一书一经发行就连续15周登上了畅销书榜单，2002年底这本书推出平装本的时候又再次登上畅销书排行榜，这本书对快餐业予以鄙视，尤其是麦当劳。纽约大学营养学教授玛丽恩·内斯特尔于2002年出版了著作《食品政治》，猛烈抨击食品工业损害了国民健康，书中还揭露了软饮料销售商如何将它们所谓的不含卡路里的产品注入美国的饮食文化。

在2002年为《哈泼斯》杂志撰写了一篇封面文章之后，格雷格·克莱泽于2003年出版了《肥胖之国》，这本书的副标题是“美国人是如何变成世界上最肥胖的人的?”，将肥胖归为国家的一个窘境。克莱泽追溯了过去20年里食品产业界教导美国人每天多吃200卡路里的食物，这一点被迈克尔·波伦在书评中戏谑地称为“资本主义的营养矛盾”。所有这些书在喜欢对社会问题发表意见的群体中产生了很大的影响，并且通过大众媒体的渗透间接地影响到软饮料的主要消费者群体，这个问题成为公众可以接受的问题。2004年的纪录片《超大码的我》将这一社会问题戏剧化了，这部片子对软饮料消费的批判对于忠实的汽水狂饮者产生了触动内心的影响。影片记录了摩根·史柏路克令人不安的试验，他在30天的时间里只以麦当劳为食。随着时间的推移，我们看到摩根变得越来越胖，越来越不健康。影片的最后，摩根的体重增加了24磅，出现了肝功能障碍的时候。这部片子吸引了广泛的观影人群，使流行饮食文化更加声名狼藉。

① 相关案例参见：Sally Squires, “A Global Quest for Health: Dietary Guidelines, including the US Food Pyramid, Offer a Simple Message about Nutrition to Help Consumers Stay Healthy”, *Washington Post*, July 13, 2000, p. H1; Paul Campos, “The Fat Become the Latest Pariahs”, *Denver Rocky Mountains News*, July 11, 2000, p. 29A.

糖毒：高糖玉米糖浆负有责任

谈到肥胖危机，就要单独挑出一个特别应该受到惩罚的食品原料——在软饮料中使用的高糖玉米糖浆甜味剂（HFCS）。2001 年，一
137 项对于汽水消费的著名研究将高糖玉米糖浆认定为肥胖症的罪魁祸首。直至 2003 年底，高糖玉米糖浆和肥胖症之间的关系都由大众媒体作为例行报道。[①]《肥胖之国》揭露了超大包装容量如何引诱消费者吃得更多，并且指出高糖玉米糖浆被越来越多地用作蔗糖的廉价替代品，因为它极其适合工业化的食品生产。1970 年代，在缺乏监管的情况下高糖玉米糖浆偷偷地进入了美国人的日常饮食，迅速成为食品生产商最喜欢的原料，因为这是销售卡路里的一种廉价方式。一篇又一篇的新闻报道将美国人"膨胀的腰围"归咎于高糖玉米糖浆。[②] 研究表明，高糖玉米糖浆很容易变成脂肪储存在体内，同时比蔗糖难以饱和。[③] 因此，媒体开始将高糖玉米糖浆称为"糖毒"。[④]《时代》杂志在 2004 年 6 月推出有关肥胖症危机的特别报道，在题为"关于净化变胖环境的主张"一文中，建议通过社会运动将快餐和软饮料清除出学校并抵制玉米糖加工业，从而降低糖的消费量。[⑤] 最后一击出现在 2006 年，当时迈克尔·波伦出版了极其具有影响力的著作《杂食者的困境》，他在书中用图表详细说明了美国人饮食中高糖玉米糖浆的增长。

---

① Greg Critser, *Fat Land: How Americans Became the Fattest People in the World*, New York: Mariner, 2003, 138 – 140.

② Sally Squires, "Sweet but Not So Innocent? High-Fructose Corn Syrup, Ubiquitous in American Diet, May Act More Like Fat Than Sugar in the Body. Some Researchers Are Starting to Suspect It's Feeding the Obesity Epidemic", *Washington Post*, Mar. 11, 2003, p. F01. Colette Bancroft, "The United States of obesity", *St Petersburg Times*, Feb. 11, 2003, p. 1D. Patricia King, "Blaming it on Corn Syrup: Its Increased Use as a Cheap Sweetener is Seen by Some as Responsible for Soaring Obesity", *Los Angeles Times*, Mar. 24, 2003, p. 1. Sally Squires, "Corn Syrup is Linked to Problems of Obesity", *Sun-Sentinel*, Mar. 30, 2003. Sally Squires, "High-Fructose Corn Syrup Concerns Health Experts", *Detroit News*, Apr. 2, 2003, p. 6H.

③ Charles Stuart Platkin, "The Sweet Truth about Sugar can be Hard to Determine", *Miami Herald*, May 22, 2003, p. 3SE.

④ Phil Lempert, "High-Fructose Corn Syrup: Sugar on Crack?" *Today*, Mar. 30, 2006, www. msnbc. msn. com/id/12058364/from/RSS

⑤ Claudia Wallace, "The Obesity Warriors", *Time*, June 4, 2004.

下层阶级中的沙发土豆：含糖饮料获得了社会恶名

媒体告诉美国人的，不仅仅是一个关于抛弃高糖饮料的健康原理，而且还触及了与社会阶层有关的身份认同问题。媒体越来越倾向于将软饮料消费者描绘成肥胖的沙发土豆，他们不关心自己的身体，在合理饮食方面也不够智慧。新闻报道提供的统计数据表明，美国人中社会经济地位最低的阶层消费了最多的软饮料，也被认为最有可能成为肥胖者，而电影中的片段以及新闻报道都令人难免要将这两者联系起来。比如，在《超大码的我》中，观众看到史柏路克拜访一位病态的肥胖者，他一看就知道来自于贫穷阶层，正准备去医院做减肥治疗。他向观众展示了他的2升装的可乐瓶，解释说他经常一天要喝3—4瓶，最近他的眼睛看不见了，已经有好几个星期了，直到他临时改喝低热量饮料视力才好转。

可口可乐和百事可乐曾经与棒球和苹果派一样是美国人的标志，但 138
现在它们声名不佳并且开始对人们的社会地位感产生了负面影响。这种感觉以及对健康的担忧加在一起，让美国人尤其是中产阶级中上层开始重新考虑他们的饮食习惯。许多以前不愿意考虑软饮料对健康的影响的人愿意考虑后果了，他们担心软饮料中的含糖量及其口感将会降低他们的阶层地位。软饮料的销售量一落千丈。如果说美国的软饮料消费者被迫放弃了他们的旧习惯，那么问题是：现在应该喝什么？

媒体报道催生的社会断裂的影响如此巨大而明显，以至大型饮料经销商和许多企业家都重视起来。即使不去听那些媒体的喧哗，他们也可以从销售数据上清晰地解读出，大量美国人开始放弃碳酸软饮料（CSDs）。所有人都看到了替代性饮料的机会，这种替代饮料不是依赖每个瓶子里那40克的高糖玉米糖浆的。但替代饮料是什么呢？

许多新品牌涌入市场，希望利用这个意识形态机遇，而维他命水是其中的一个。然而，不论是拥有超级资源的可口可乐公司和百事可乐公司，还是吉百利、亚利桑那等主流饮料生产商，以及一大批刚刚参与到市场中的创业公司，最终都没能解决这个问题，除了比考夫。其他所有的饮料商都在寻找“更佳捕鼠器”，市场营销的智囊们建议他们设计新的饮料，其中含有最热门的“神奇功效”的成分，同时不断地将口味和功能结合起来。只有比考夫寻找了一个文化战略。

维他命水的文化创新

与其他公司相比，维他命水在营销资源和经销商的影响方面都处于极其不利的位置，它是如何一跃成为行业标志的呢？既没有技术进步也没有明显的产品创新，维他命水凭着一个看上去很幼稚的销售主张，而迅速成为那些放弃了碳酸饮料的美国人最喜爱的饮料。为了弄明白这一
139 点，我们需要理解这个品牌的核心承诺中包含的意识形态力量。当其他公司都在追随饮料创新潮流的时候，维他命水反其道而行之，提供一个返璞归真的饮料，口味简单，只有维他命和水。维他命水的文化创新针对两个方面，同时回应了媒体所构建的关于软饮料在健康和社会阶层这两个方面的恶名。

针对消费者对于含糖软饮料的健康问题的担心，维他命水清晰明了地承诺自己是一种健康饮料，同时在口感上也很享受，足以和碳酸饮料以及“新时代”饮料媲美。维他命水成功的一个关键因素是它的名字，它以“维他命 + 水”这一极其简洁的表述传达了自己的核心价值主张。这种简单的架构设计向消费者暗示，他们买到的是一瓶含有维他命的水，除此之外没有任何别的东西。这一说法的意识形态力量源自于美国社会中两个强有力的媒体神话，一是“每天一粒维他命”的神话，另一个是瓶装水易于吸收的神话，我们将在后文对这两个神话予以评述。

维他命水不仅缓解了正在思考喝含糖饮料的习惯的美国人的健康焦虑，也缓解了他们的社会阶层焦虑。通过前卫的设计和聪明的广告，维他命水宣称自己比那些含糖饮料要更有品位。维他命水的标识、标签、瓶子设计、广告以及销售点的重点宣传全都暗示，比起可口可乐、百事可乐和斯耐普那样的饮料，它才是一个优雅的、时尚的阶层更应该喝的饮料。

原始素材：一天一粒维他命的神话

欧洲、亚洲和拉丁美洲的饮食文化依然保留了前工业食品传统相当

大的影响，美国饮食文化主导意识形态一直注重供给能量、促进健康的重要作用。1920 年代，制药公司和食品公司激进的市场营销塑造了我们所谓的“技术-医疗食品意识形态”（techno-medical food ideology）。这种营销策略利用技术上的创新与科学的严谨，将食品和饮料形容成了有神效的魔水，既能迅速地提振人们的行动表现，也是保护他们免于疾 140
病和死亡的防御盾牌。如同解决任何其他自然或人体问题那样，科学家们将现代科学方法运用于食品工业，他们试图从食品中分离出各种基本成分，然后通过实验来弄清这些成分与人类健康之间的关系。

为了研究营养缺乏与疾病之间的关系，科学家们在 1910 年代开始分离出不同的维他命元素，直至 1930 年代，绝大多数的维他命元素都被发现了。[①] 这一科学上的突破被媒体广泛传播，维他命作为健康的必要成分迅速进入公众话语。商人们迅速抓住了这一意识形态机遇，以产品中的维他命添加成分来推广产品，宣称它们的产品更加健康。在《好管家》《健康女神》以及《父母》之类的杂志广告中，人们会发现从阿华田到狗粮到护手霜，无一不号称添加了维他命。[②] 1937 年，制药业的两位评论家捕捉到了维他命神话的深刻影响，他们抱怨说：

> 不久之前，还只有少数有见识的人知道“维他命”这个词。但是如今，任何一个认真的妈妈如果不能极其自在地讨论有关维他命的话题，她会感到惭愧。也许不止一位丈夫曾被妻子睡梦中的喃喃自语吓住：“牛奶含维他命 A……蔬菜含维他命 B……橙子含维他命 C……缺少维他命 D 的宝宝得吃鱼肝油。”[③]

最初对维他命的科学研究集中于维他命极端缺乏所导致的疾病，这当然是一个严重的问题，但实际上只有极少部分的美国人会面临这个问

---

① Ron Kennedy, “A Short History of Vitamins”, www. med-library. net/content/view/185/41

② Rima D. Apple, *Vitamania*: *Vitamins in American Culture*, New Brunswick, NJ: Rutgers University Press, 1996, 14 – 18.

③ Rachel Lynn Palmer and Isidore M. Alpher (1937), 转引自：Rima D. Apple, *Vitamania*: *Vitamins in American Culture*, New Brunswick, NJ: Rutgers University Press, 1996, 14.

题。虽然在膳食性方面不具备商业潜能，但这对于富有创意的商人来说只是一个小问题。他们将营养问题归结到亚临床疾病上，诸如紧张、能量缺乏，他们谴责现代饮食导致了这些问题，因为科学研究表明食品加工过程导致了维他命的丧失。比如，一位维他命生产商就警告说，“也许你的饮食过于现代了”。[①] 这样，维他命就成为解决现代工业化饮食危险的科学办法。

141 “二战”期间，美国一些被征召的新兵因为营养状况不良而被退回，于是农业部大力推荐富含维他命的食物，以确保所有新兵都能合格入伍。直至 1946 年，面粉、牛奶和人造黄油都普遍添加维他命。卷入战事的工厂也给他们的员工提供鱼肝油和维他命补充剂以促进生产效率。维他命被政府当作一种战争工具提高到爱国主义的高度，使得美国人相信它具有神奇的作用，不仅有利健康，而且还增加整体活力。市场爆发了，维他命药丸的销售额从 1931 年的 1200 万美元增长到 1942 年的 1.308 亿美元。[②]

到了 1940 年代后期，美国的现代维他命神话已经变得十分强大。它被嵌入文化，以至大众媒体能够用约定俗成的意义来提及它，受众也能够轻而易举地理解。1943 年的电影《黑帮都在》中，一位丈夫抱怨他的妻子变得过于风骚，他总结说，“都是维他命 B_1 惹的祸，我告诉你不要吃太多，你不能吃那么多”。[③]类似地，1959 年的电影《粉红色潜艇》中，船长被护士明显的挖苦吓了一跳，“我希望你不要介意我给你一点专业人士的建议。当一个人紧张且易怒的时候，你可以肯定他某种东西摄入不足”。当然，护士明白他说的是维他命，她接着船长的话说，自从她开始服用维他命补充剂之后她觉得自己精力已经增加了。[④]

“每日一片”维他命片：维他命作为日常健康的保险

一家野心勃勃的公司发明了现代维他命神话的最后一个关键元素，

① 1939 年 Vitroetts 的广告，转引自：Apple，*Vitamania*，6.

② 同上书，7—11。

③ 转引自同上书，10。

④ 转引自同上书，183—184。

它将每天服用一颗维他命药丸变成了保持健康的日常仪式。在迈尔斯实验室的实验之前，美国人只有当他们觉得精力下降或者生病的时候，才偶尔服用维他命。作为“每日一片”的生产商，迈尔斯将维他命变成了一种预防疾病保证健康的新形式，从而大幅度地提高了维他命的人均消费量。迈尔斯的品牌推广策略就是利用美国人担心自己维他命摄入不足的焦虑，令他们相信每天服用一片维他命才能修复体内维他命的缺乏。这种仪式被固定在了公司的名称上，通过科学的修辞令美国人相信 142
并接受了这个新习惯。迈尔斯没有像竞争对手那样利用杂志广告像江湖郎中似地反复去夸赞维他命的好处，而是扮演成一个准政府机构的角色，声称自己的所作所为是为了公众健康。[1] 公司的宣传实实在在覆盖到了每一个美国家庭，还派发了有些“教育性”的材料告诉美国人每天吃一粒维他命等于买了一份健康保险。这些宣传册警告美国人，即使他们看上去很健康而且尚未表现出维他命缺乏的症状，仍然需要补充维他命。这种宣传取得了巨大的成功，每日一片维他命加强了公众对于每天服用一片维他命可以提供营养保证的认知。随后，迈尔斯又抓住了父母关心孩子健康的心理，将产品拓展到儿童领域。他们推出了福林斯通（Flintstones）等一系列取名于动画片的儿童维他命，向儿童灌输这一日常仪式。2009 年，仍然有 50% 的美国人每天服用一片维他命。[2]

在 40 年的时间里，精明的商人借助科学和政府的力量，将美国的每天一粒维他命的神话制度化了，这个神话的意味又丰富了许多：

- 维他命是身体机能运转所需的基本燃料，它提供健康和活力。
- 维他命是防治感冒的保证，能克服精神不振，并且能弥补饮食不当。
- 维他命成了食物中好成分的转喻。你无须知道具体的成分，你只需要“吃你的维他命”。
- 只有按照政府的营养专家的要求吃下所有必需的蔬菜、水果和全

① 1939 年 Vitroetts 的广告，转引自：Apple, *Vitamania*, 103—106.

② Leslie Alderman, “Knowing What’s Worth Paying for in Vitamins”, *New York Times*, Dec. 5, 2009.

谷类食物，一个人才能以“自然的”方式摄取足够的维他命，而这是一个极少人能够达到的黄金标准。所以，维他命不足的危机是一直存在的。

- 幸运的是，有了每日服用的维他命片，你就可以吃任何想吃的东西，维他命会保护你。

公众对于维他命具有可以保护健康和提振活力的特性的信念相当持久，非常容易抵制营养学家和健康研究机构不断提出的批评和质疑，以及许多研究对于维他命功效的驳斥。① 1986 年的《消费者报告》中有一
143 篇文章坚定地劝告人们避免服用维他命，报告发表以后，读者愤怒地写信谴责文章作者无视科学研究，屈从于美国医学协会（AMA）的压力而背弃公众最重要的利益，他们还用各人的故事证明维他命补充剂的作用。

维他命的品牌营销

比考夫最深刻的洞见在于：尽管美国人被最近的最伟大的科学健康发现搞得越来越感到困惑和怀疑，但是对于维他命神话的信念依然强大。因此，他回避了与其他公司展开功能性添加剂的军备竞赛，转向了一个更简单并且难以反驳的健康诉求：每天补充一点儿维他命，对你有好处。在这个令人困惑的功效食品的世界里，那些热情得令人窒息的健康承诺，一时席卷而来，一时又消失无踪。美国人从维他命水中得到了安慰，这是他们从童年时代就养成的顽固信念。

在 21 世纪谈论维他命似乎是一个业余的经营者所做的一件很幼稚的事，过去的 20 年里，营养学领域的创新层出不穷，它们都号称比维

---

① 尽管不断有研究人员、政府和健康组织提出质疑，这一维他命意识形态还是蔚然成风。早在 1922 年，AMA 就称刚刚起步的维他命营养品产业是一个“巨大的骗局”。1940 年代，更是有大量的研究报告质疑维他命营养品对那些营养充分的人没有任何好处。FDA 也一直表示，维他命营养品并不能带来活力，也不是满足营养要求的必需品。但公众就是愿意相信维他命的功效，没有一份科学报告能改变他们顽固的信念。1990 年 FDA 改变做法，限制维他命生产商在产品宣传中进行夸大的描述，却招致了大量的消费者批评。四年后，国会通过了两党联合提出的《膳食补充剂健康和教育法案》，该法案剥夺了 FDA 在限制膳食补充剂方面的许多权力。

他命更能促进健康。但是，正如我们对维他命神话的系谱学分析所揭示的那样，比考夫做出了一次杰出的文化创新。在各种令人费解的广告的海洋里，只有最痴迷健康的人才能辨别其真假，但是每日维他命对于每一天的健康的益处倒是显著的，值得信赖而毋庸置疑的，是美国人可以相信的。因为每喝一口都有维他命，所以美国人开始固定每天喝一瓶维他命水，而放弃了软饮料，他们相信，这样是在保护健康，就像是每天吃一个苹果。

在这个重要的“瓶子里的维他命”的承诺的基础上，比考夫又在每一种口味中加入各种不同的“神奇功效”成分，与所承诺的维他命配制在一起。其结果是，维他命水将各种令人费解的混合物质如抗氧化剂、能量成分、抗癌物质，等等，都变成了容易理解且立即可信的成分，即这些现在都是“维他命”。每一种风味都添加了各种无害的附加成分，这些成分肯定对你是有好处的。所有媒体对于这些成分（不是指维他命）是否真的对你有好处的各种纷争神奇地消失了。你只要记住每天喝你的维他命水，你不用担心别的。

原始素材：瓶装的易吸收的水的神话 144

维他命水的健康平台的另一个组成部分是水。与维他命的情况一样，将一个新品牌的饮料叫作“水”，好像是对一个旧的商品的承诺，除非你理解了这个酷乐仕曾经用过的神话。1980 年代后期，一位非常有影响力的《纽约时报》健康专栏作家简·布罗迪撰文指出，科学研究表明，每人每天要喝 8 杯水才能保持身体有恰当的含水量。这个观念像野火一样迅速蔓延开来，即使后来发现布罗迪弄错了。实际上，人们每天确实需要 8 杯左右的水保持体内平衡，但大部分是通过各种食物的水分摄入的，而不是一杯接一杯地喝水。不管怎样，美国人很快变成了一丝不苟的喝水者，他们无论走到哪儿都随身携带一瓶水，不时地偷偷喝上一口，以免身体因为缺水而干枯。

瓶装水在美国的腾飞始于 1990 年代中期，当时正值一个巨大的社会断裂。早先，美国人对公共供水系统的安全性毫不怀疑，他们相信现代技术能够为他们提供安全可靠的饮用水。但是，一系列公开的研究报告对这一观念提出了挑战，研究报告指出，不少自来水的致癌物含量超出了政府允许的范围。许多媒体原本已经报道了有关食品中含有大量的细菌和化学致癌物的问题，现在又有了这些关于水的研究报告。于是，美国人减少饮用自来水并寻找替代品。媒体轰炸式地报道说，美国人的身体积累了看不见的污染物，这些污染物又污染了他们的食物和自来水，许多美国人关注起瓶装水（它们被想象成至少是天然泉水），认为瓶装水是没有污染的有益的水，有些人甚至希望这种纯净的水能够像清洁剂一样清理体内的污染物。为了抢占这个市场，百事可乐和可口可乐这两大饮料巨头分别推出了阿夸菲纳和达萨尼，它们动用各自强大的经销能力让瓶装水在每一个需要用到的地方都伸手可及。瓶装水成了健康饮料的黄金标准：一种不含危险物质的饮料，不含有害物成了健康饮料最重要的新标准，而且不含糖，因此不会产生任何卡路里。

145 **“水”的品牌营销**

抛弃了含糖的碳酸饮料的消费者非常清楚水是最健康的替代品。通过将维他命水称为一种“水”，比考夫为这种饮料注入了所有的健康内涵：它没有化学添加剂，所以是安全的，它是补充身体水分的源泉，最重要的是，这种饮料不可能含有很多糖，否则就不能称之为“水”了。

软饮料的消费者不会谨慎地阅读标签，所以很少人会注意维他命水的含糖量。但是，由于高糖玉米糖浆备受谴责，所以他们必须小心地避免添加这一原料。维他命水必须找到另一种符合其健康标准的甜味剂来代替它。维他命水使用了结晶果糖，据说它和水果中的甜味成分是一样的，因此强调了产品所蕴含的天然性。尽管有一系列的文章和网络评论认为结晶果糖和高糖玉米糖浆之间并没有明显的差异，但绝大部分消费者并不关注这个，他们乐意相信维他命水使用的甜味剂是更健康的。因为这些科学发现还没有进入大众话语，所以使用结晶果糖增强了消费者的主观愿望，认为维他命水中的甜味剂是一项巨大的改进，甚至是健康的。

比考夫不断地用一些巧妙的办法强调“维他命”和“水”这两个元素。比如他创意的广告语——“可以信赖地补水”，强调的是健康诉求，让那些放弃了碳酸饮料的消费者可以放心大胆地喝维他命水，因为它比可口可乐之类的饮料更加“可以信赖”。比考夫进军市场的策略重点关注健康俱乐部和健身馆里的初期分销，在那种环境里具有示范作用，在那里购买饮料的人会认为维他命水一定是一种健康饮料。在零售方面，比考夫和他的团队要求将维他命水与瓶装水摆在相邻的货架上，而不是和碳酸饮料摆在一起，以此强化一个概念，维他命水就像是装在瓶子里的水一样，但是更好喝，它和斯耐普不同，斯耐普是冲淡了的含糖饮料。

原始素材：艺术界对于药品设计原理的呈现

维他命水巧妙地运用了一场设计运动的文化密码，从而成为一种比市场上现有的含糖饮料更有品味的饮料。这场设计运动，如今被艺术史家们称为“新设计运动”（New Design）。新设计运动于1990年代后期 146
在欧洲和美国崭露头角，目标是恢复战后年代极端现代主义的主要设计原则。新设计运动强调“形式服从于功能”，它们采用的流线型的极其简化了的形式，去除了所有不必要的细节。与他们20世纪中叶的先辈们一样，新设计运动的设计师们拥抱大众产品，相信每个人都有使用精美设计的物品的权利，因此试图在日常消费品的设计中注入有品味的美学。新设计运动中的经理人和企业家经常关注合成材料，他们提倡以一种反传统的方式开发塑料制品，比如弹力橡胶花瓶、流体型的牙刷和流线型的订书机、半透明的椅子，等等。

设计师卡里姆·拉希德自命“塑料诗人”，因为2000年3月20日的《时代》杂志的封面报道而闻名，封面上是他为安柏家居用品公司设计的一款塑料废纸篓，色彩鲜亮，呈现出美丽的弧线。乔纳森·伊夫则因为设计了1999年的苹果iMac的外壳而享誉世界，他设计的外壳是糖果色的，呈现出美妙的曲线，半透明的表面让人可以窥见机器内部的线路，完全不同于枯燥的棕色的四四方方的计算机式的美学设计。也许，新设计运动中最著名的践行者应该是菲利普·斯塔克。他采用了一系列的流体形式设计出了可以批量生产的塑料模具，从人类工程学的牙刷到塑料椅子。斯塔克后来与伊恩·施拉格合作，将他的流线型的新太空时代的美学扩展至室内设计，设计了一系列具有深远影响的精品酒店，其中包括纽约的派拉蒙酒店、迈阿密的德拉诺酒店以及伦敦的圣马丁巷酒店，这次合作为他赢得了名人地位。

药瓶成为新设计运动的恋物

新设计运动常常与先锋艺术界交织在一起，尤其是一个名为“英国
青年艺术家”（Young British Artists）的团体。他们有相似的理念，即倡
导一种“波普合成”的美学风格。对维他命水而言，一个至关重要的
人物是达明安·赫斯特，他是那个时代的最著名的设计师之一，赫斯特
为人所知是因为他在自己的作品中使用了旧式药品设计的一些不为人知
的宝贵的规则。他公开地迷恋各种临床用品，比如胶囊药丸、化学实验
147 烧杯乃至期刊的图表，还将动物尸体用福尔马林保存在玻璃橱窗里。他
在诺丁山开了一家餐馆，取名“药房”，以颂扬药店美学。

比考夫聘请菲利普·斯塔克为酷乐仕设计包装，而斯塔克似乎从赫斯特的“药房艺术”中获取了设计灵感。维他命水标签的设计是在白色的底子上用简单的黑体字，参考的是旧式药品的设计原理。这种设计不仅为软饮料带来一种异乎寻常的新的美学风格，而且巧妙地增强了维他命水的健康口碑，因为消费者很乐意将它与药品联系在一起。淡紫色、半透明的粉红色、大红色、亮黄色则呼应了 iMac 的合成的单色外观的色彩感觉。

比考夫和他的团队针对这一设计添加了标签上的文字说明，以加强这种文化品位的世界观。它的表达没有拘泥于技术化的营销语言，采用了一种都市的、有文化见识的平辈人的有趣口吻。比如，“力量 C”维他命水，这是一种暗粉色的火龙果风味的饮料，添加了维他命 C 和牛磺酸，它的标签文字告诉消费者：

> 依照法律，我们绝不能对这个瓶子里的营养成分的效力做夸大的宣传。因此，依照法律，我们也不会告诉你喝了这瓶水之后，堪萨斯的尤金拿起马掌就当健身器用，或者德勒维尔的艾格尼丝喝了它之后能躺着举起一头骆驼。我们还没法告诉你这瓶水能让你用小

拇指做1000个俯卧撑……你去问问皇后区的迈克。依照法律，我们不能那样说，因为那样是不对的，你知道吗？维他命+水=你所需要的全部。

文化资本滴漏与设计密码

新设计运动的理念与“药品”设计原理相结合，加上反传统的文字说明，维他命水呈现为一种相对有品味的饮料，不仅与可口可乐、百事可乐大不一样，也与刻意表现得业余的新时代品牌，如斯耐普和亚利桑那等显著不同。比考夫熟练地借用了艺术界的设计原理，不仅避开了含糖软饮料的社会恶名，还将一种像酷爱（Kool-Aid）的甜饮料改造成为一种成年人认为是更有品味的一种饮料。换言之，维他命水运用了我们曾在第五章星巴克的案例中详细讨论过的文化资本滴漏策略，它将通常在艺术画廊和昂贵的酒店中所使用的艺术界的设计密码，转换为大众易于接受的形式。尽管这种策略在服装业已经很普遍（H&M和彪马）， 148
甚至在家居用品业也有所见（塔吉特），但在当时这种策略还没有用于在杂货店和便利店销售的快速移动的消费物上。这个巧妙的转变让维他命水具有了文化气质，这就吸引了那些正在寻找一种不同于有着低档劣质恶名的碳酸饮料的消费者。维他命水关于健康和阶层的文化表述被消费者接受之后，比考夫开始着手将其打造成新的成年人饮用的“酷爱”。

半糖的酷爱

如果维他命水真是按照其商标的字面意义来配制的话，也就是在水里加些维他命，这个概念肯定会惨败。碳酸饮料消费者放弃原有的习惯是很不情愿的，因为他们很享受他们最喜爱的饮料所带来的快感——刺激的口感以及糖产生的兴奋感，他们会发现水太乏味了。如果不是比考夫挑战了美国人对什么是“水”的理解，水含有什么，或者更准确地说，水不能含有什么，维他命水作为“水”也就不会引人注目。比考夫设计的维他命水的配方，其含糖量是可口可乐和百事可乐等流行软饮料的一半。

消费者们乐意认为维他命水的含糖量要大大低于各种碳酸饮料和新时代饮料，使得他们相信这是一种像水一样的饮料。比考夫宣称，维他命水的每一种成分都要更健康，这当然带有某种程度的不诚实。不过，维他命水的含糖量确实与佳得乐一样，比佳得乐口味更淡，其较淡的口味以及稀释了的含糖量使得它与软饮料相比更易一饮而尽，更清新，也更易于吸收。减少一半的含糖量被证明足以满足以前喝软饮料的消费者对甜度的要求。但他们也喝得更多了，一瓶 20 盎司的维他命水与一瓶 12 盎司的可口可乐在总含糖量上几乎差不多。这样的含糖量，是软饮料和新时代饮料的消费者们转而青睐维他命水的奥妙所在，维他命水不但满足了他们对糖的需求，也让他们相信自己正以一种养生的方式在享用呢。为了满足不同口感的需求，比考夫为维他命水开发了一系列的口
149 味，味道与稀释的“酷爱”区别不大。这些都是美国人在孩童年代就非常熟悉的口味：橙子味、葡萄味、柠檬味，等等，比考夫相信，总有一两种口味是每个人都喜欢的。

结论

使得维他命水产生如此强大的共鸣的原因是，它是一种足够甜的饮料，又包裹在了美国的维他命和瓶装水的健康承诺的神话里。比考夫将这两个强有力的神话稍作了修改，并不断地利用综合的营销方式来宣传这个神话，同时也吸纳了新设计运动所传达的精致品味的气质。碳酸饮料不好的名声产生了商机，包括一些世界上最享盛誉的饮料公司都不惜巨资推广新产品。而维他命水的文化表述却轻松地得到了宣传。当竞争对手们试图设计一个“更佳捕鼠器”的时候，比考夫却设计了一个消费者们认为的“更佳捕鼠器”，用正确的文化密码将恰当的神话进行了修改从而做到了这一点。

维他命水的案例对于“更佳捕鼠器”模式的核心原理是一个强有力的驳斥。从经济学家和工程师的角度来看，产品的消费者利益点是客观存在的事实，它确定了市场的竞争程度。因此，这个竞赛就是产品的关键的功能性改进效果的竞赛。当这些改进不只是功能增加性的，而是一个阶段性的变化的时候，创新就发生了，就像克莱顿·克里斯滕森经

常强调的那样。

这种观点认为像软饮料这样的消费产品与飞机这样的技术产品一样，健康作为一个客观事实，按照可以预见的科学规律运作，而且工艺上也允许我们按照健康这一既定目标改进性能。

比考夫的创新办法是完全不同的。他创造性地修改了关于健康的两个传统神话——维他命神话和瓶装水的补水神话。他不是按照已有的套路改进产品的实际效果，而是提供了一种新的通过感知方式而被认可为健康的饮料。他对这套健康设计方案进行了润色，使它更具吸引力，为 150
此，他利用了从文化精英中产生的滴漏设计密码从而抹去了与碳酸饮料相关的阶层恶名。在消费者市场中，对产品功能的感知很少取决于不容更改的产品“真理”。相反，它经常是被文化性地建构出来的。创新者可以采用文化表述使消费者改变对产品功能的认识，不再参与红海中的“更佳捕鼠器”的竞争。

152

第八章　万宝路：文化密码的威力

万宝路能够成为美国最强有力的男性气概象征之一，并且迅速为全球市场所接受，要归功于两次突破性的文化创新。1955 年，公司重新启动之时，万宝路只占据不到1%的市场份额。而到了1972 年，它的销量增长了 1000%，成为全球销售最佳的卷烟品牌。万宝路的成功并非因为任何技术上的突破，也不是混合搭配型的消费者价值观的重新组合的结果。过滤嘴香烟在万宝路重新起步的时候还是相对比较新的事物，但技术本身并没有多么新奇，万宝路不过是众多的过滤嘴香烟生产商之一。撇开对于烟草的个人意见，暂且不提公司隐藏了吸烟与癌症之间的关联，我们认为，如果我们理解了文化创新的复杂性的话，就知道万宝路的惊人成长必须归因于这种复杂的文化创新。与本书中我们分析过的其他案例类似，万宝路的成功用当前的创新理论是难以解释的。

万宝路从一个默默无闻的小品牌发展成一家消费者认可的强大的企业集团的故事，是重要的管理学传奇故事之一。这个故事虽然是过去的了，但它再一次证明了建立强大的品牌战略的必要性。这个故事说的是万宝路采用作为强大的美国人象征的牛仔原型，发起了“万宝路之乡”的广告推广运动，令美国人以及后来全球各地的吸烟者产生了对牛仔的身份认同，进而又转化为对万宝路的认同。至此故事就结束了。无论是商业杂志，还是营销学专业的教科书，抑或是咨询专家的管理学手册，到处都在讲述这样传奇的产业故事。

153 这种解释吸引人的地方在于它很简明：文化创新只需要选择合适的文化象征或者原型，再将它贴到品牌上就可以了。然而如果创新真的那么简单就好了。正如我们在本书以及《品牌何以成为标志》一书中分析的那样，管理学经典敬若神明的传说中所讲到的这些品牌，比如耐克、哈雷-戴维森、星巴克、可口可乐、斯耐普、大众、百威，等等，传统的解释是严重错误的。[①] 万宝路的故事已经被简化成为一个有趣的在鸡尾酒派对上随便讲讲的故事，这样的故事版本是不准确的，而且也缺乏一种严谨而具体的分析。只要对万宝路的历史纪录稍作了解便能发现这些解释中的问题：1955 年，万宝路重新起步时便聚焦在了牛仔的形象上，但是却未能提高市场份额。过后，公司又两次发起了“万宝路之乡”的广告运动，但都是失败的。直到 1965 年，标志性的“万宝路之乡”的广告系列才开始受到欢迎。如果文化创新就是简单地采用一个原型的话，万宝路早就应该成功了。那样的话，它的广告代理公司李奥·贝纳也可以省去长达十年的尝试、失败、再尝试的艰苦努力了。

“万宝路之乡”的核心理念根本不包含牛仔形象。李奥·贝纳最初为万宝路建构的品牌意识形态，我们称其为**反主流的劳工阶级拓荒男性气概**，它并不是“万宝路之乡”的意识形态，而是另一次非常成功的广告运动的意识形态，我们称之为“纹身里的复古”（Tattooed Throwbacks），这是一次小的有价值的文化创新。“万宝路之乡”最终也正是利用了这个意识形态，只是所用的是一个显然不同的拓荒神话。牛仔从来都不是一个静态的原型，历史学家理查德·史托金曾经提出了极有影响力的观点，牛仔是美国文化中重要的拓荒神话里的一个角色，而这个神话是动态的，在国家的整个历史过程中不断以新的形式呈现出来。1960 年代，一个独特的牛仔形象——“冷战枪手”占据了主导位置。但是李奥·贝纳并没有简单地模仿这个新形象，他们非常有选择性地借鉴了这个神话的某些元素，同时删除了其他内容，目的是讲述一个特别的、关于勤奋的牛仔们以从事艰苦的体力劳动为乐的故事。“纹身里的复古”为万宝路建立了一个强大的意识形态平台，然后，这一意识形态的第二种文化表述——“万宝路之乡”使这个品牌一跃成为一个全球的偶像。

1955 年：第一次牛仔创意的失败 154

1920 年代，烟草商菲利普·莫里斯公司开始出品万宝路，一种女

① Douglas B. Holt, *How Brands Become Icons: The Principles of Cultural Branding*, Boston: Harvard Business School Press, 2004.

士香烟。它的广告语是“如五月一般温润”，作为一种醇香型香烟向上层社会的高端女性展开推广，但这一推广策略从未取得过突破。1950年代，第一波关于吸烟导致死亡的担忧引起了媒体的震动，所有的卷烟企业都被迫做出应对，开始生产过滤嘴香烟，希望人们会认为有了过滤嘴危险就减少。菲利普·莫里斯没有开发新品牌，它们决定将滞销的女士香烟品牌万宝路改为过滤嘴香烟，投放大众市场。鉴于此前品牌定位是女士香烟，加上过滤嘴当时被认为是女性化的，因此菲利普·莫里斯决定在品牌推广时要尽量显示男性气概。

恩斯特·迪克特原本是一个弗洛伊德主义的精神分析学家，后转行做市场营销顾问。他领导了一场名为“动机研究”的品牌推广革命，试图令美国的大企业相信它们应该将能够影响他们品牌的原型形象融注到消费者的心灵中。毫无疑问，李奥·贝纳受到了这股思潮的影响，它想要找一个充满男性气概的原型。它选择了那个时代最流行、最明显的男性的象征——牛仔。

在名为“牛仔介绍香烟”的广告中，作为主角的牛仔置身于这样一个舞台场景：他坐着、身体僵硬、表情严肃，穿一件白色上衣、戴着深色围巾和黄褐色的帽子，还有一根缰绳和一副马鞍做装饰。牛仔深深地吸了一口万宝路，然后对着镜头说：

> 点上一支新的万宝路香烟，享受过滤嘴带来的快感。万宝路加长过滤嘴香烟口感醇厚，吸起来轻松怡人。万宝路产于弗吉尼亚的里士满，由菲利普·莫里斯公司采用新工艺制造。万宝路新的留香过滤嘴技术，带给你喜欢的真正的烟草味道。

然后，镜头对准万宝路的烟盒，牛仔继续说：

> 适合口袋大小的翻盖烟盒，能避免香烟被压坏，又能很紧密地合上，香烟不会漏进口袋和包里。只需普通过滤嘴香烟的价钱你就能买到它。点一支万宝路，享受过滤嘴香烟带来的快感。万宝路，新式加长过滤嘴香烟，菲利普·莫里斯制造。

影片里的牛仔是被缝补进去的，让人感觉如此不舒服，因为牛仔不 155
属于这种布置了一些牛仔道具的室内摄影棚营造的世界。

第二个广告以牧场为外景拍摄，两个打扮得干净利落的牛仔骑在马上对着镜头谈论万宝路。一个牛仔递一支烟给他的同伴，同伴抽了这支烟并赞许地点头。他们先交换了对烟盒的看法，表示了积极的认可，然后第二个牛仔肯定地说："万宝路的口感真的很棒"。最后一个广告请来了德克斯·里特，一个西部乡村音乐的明星，他打扮成牛仔的样子，唱起了著名西部片《正午》的主题曲。里特同样对着镜头讲了类似的关于产品的优点，然后用一种较快的节奏重复唱道"你无法对万宝路说不"，以此作为片子的结尾。

这一系列的广告都借用了牛仔作为一种象征，从而强行推销产品的优点来进行品牌推广。因为广告完全脱离具体的语境，所以牛仔被观众理解为只是某种原型，这种原型是要代表一种具有粗犷而独立男性气概的特别的美国人。广告推广运动之后，万宝路过滤嘴香烟 1955 年的市场份额停滞在了 1.5% 的比例上。因此，菲利普·莫里斯公司 1955 年中途便放弃了这项牛仔广告运动，李奥·贝纳的创意设计师又实验了几种不同的品牌推广方案。在试验的过程中他们意外发现了战后年代最有影响力之一的文化创新。

万宝路的"纹身里的复古"

李奥·贝纳的新概念利用了与杰克·丹尼尔广告推广一样的意识形态机遇，即对新组织人意识形态予以抵制的意识形态，这种意识形态我们曾在第三章杰克·丹尼尔的案例中分析过。贝纳虚构了一群来自于工人阶级的中年男人，手腕上都露出了纹身。这项广告推广运动推出了一系列的人物原型，这些人物原型都能有力地传达万宝路的工人阶级拓荒男性气概这一与新组织人的意识形态相抵制的意识形态，这种意识形态捍卫一种似乎已经过时的自力更生、内心导向以及男子气体魄的理念，这与美国新的中产阶级地位的理念模式完全不同。新中产阶级的生活是
他人导向的，他们在大型组织里，坐在自己的办公桌旁边追求工作上的 156
成功，在郊区享受着一种安逸的现代化的家庭生活。贝纳的广告没有使

用西部荒野、西部乡村或者绿林好汉式的摩托车手来表现这种意识形态，而是将男性气概的人物放在了城市和乡村日常生活的边缘性场景之中。

在名为“男人与车”的广告中，我们看到一个头发斑白的五十岁左右的男人，留着板寸头，穿着脏脏的工装服。他专注地在摆弄一辆老式汽车，看上去应该是1930年代的车。他的注意力完全集中在手头的工作上，从未朝镜头看过来。他一个人工作，全神贯注地重新装配他的车，自得其乐。观众会听到广告中的一段私人对话，这个男人回答了采访者关于他的业余爱好的问题：

采访者：这是一个抽万宝路香烟的男人，他是一个什么样的人呢？
万宝路男人：我喜欢摆弄汽车，喜欢把它拆开来又装上去。我干起这活儿来就忘了我在哪儿，忘了时间，甚至忘记吃饭。

观众看到了拥有不同业余爱好的不同男人，由此万宝路男人的意识形态展现了出来，虽然这些男人的业余爱好各不相同，但他们的意识形态却都是一致的，正如他们手腕上露出来的相同的纹身一样：

- 一个擦枪的男人告诉观众：“我想我喜欢任何与枪有关的东西。我喜欢把它们拆卸下来，擦拭它们。我喜欢一把好枪的工艺和性能。”
- 一个砍树的男人沉思着说：“我想，一到周末我就是一个农夫，我喜欢来到户外，打理我的园地。像这样的周末我一直不停地干上好几个小时。”
- 一位高台跳水者说：“我喜欢早点儿出来练习跳水。我练习干净利索的跳水动作，一个好的跳水动作完全取决于我自己的努力。”
- 一位登山者透露说：“没有什么比登山更让我喜欢。当你登上了这里，世界就被抛在百万里之外了。”
- 一位老者从他的独木舟上走下来去寻找露营地。他在一处森林的篝火边休息，抽着烟说：“唯一的闹钟就是太阳。”

- 一个男人划着皮划艇越过了一些危险的激流。穿越激流之后他表 157
达了他的心声：“回头看看，你都不知道自己是如何做到的。”
- 一个男人与他的同伴在森林边用弓箭猎杀野猪，他说：“你必须保持手的稳定，射偏的话是危险的，因为野猪会发怒的。”然后观众看到一头野猪被两只狂吠的犬逼到了一座小山一侧的角落里。男人从箭筒里抽出他的箭，装上，射击。

这一系列的户外体力活动还有：一个中年男人在冲浪、另一个驾驶一艘大船在海上、还有一个正在驾驶飞机着陆、一个在湖边钓鱼。所有这些活动，都增强了这些形象的内心导向、自信和自立的男性气质。

这些人物原型使观众进入到了所描绘男人的观念模式里。每一个男人都在追寻他最热爱的业余爱好，专注其中，非常满足。驱动他们的是对于业余爱好的热爱而不是任何其他的重要的他人导向的目标。这些爱好通常大部分都是户外的体力活动，是那种会弄脏手的活动。一种探险的元素也经常地展现了出来。

工人阶级拓荒叛逆者隐藏在日常生活中

在这个时代最有影响力的一本书《孤独的人群》（1950 年）中，大卫·里斯曼描述了在一个媒体饱和的新社会中，一类带有历史的不同特征的人增多起来，他们就是“他人导向”的人。这些人高度关注别人如何看待他，想要得到别人的认可，并竭尽全力将自己最好的一面展现给别人。里斯曼的观察准确解释了组织人意识形态的另一个关键的一面。1950 年代，这种他人导向的意识形态得到了许多媒体以及大众市场营销者的支持和拥护。这类人是快乐而热情的，他们的欲望是对于什么是最新的、最好的或是最时髦的生活方式方面（相互攀比）的共识所塑造的。

万宝路男人拒斥这一切。他们的社交生活不是围绕着那些与朋友和家人在一起的精致的休闲活动，他也不依靠使他不必自己动手劳作的方便的产业或节省时间的小装置。李奥·贝纳带有感伤情绪的广告运动完全脱离了同时代市场营销的潮流，这一潮流强调使用有抱负的修辞来描

158 绘一种理想化的郊区生活方式。万宝路吸烟者们显然是这一潮流的反叛者，他们试图重新找回美国过去的坚忍不拔的男性气概。

原始素材

李奥·贝纳没有利用现成的亚文化作为原始素材，而是做出了一个更大胆的方案。它是一个拼贴在一起的半虚构“亚文化”：一群兄弟般的男人因为拥有相同的意识形态而组织起来。他们都有相同的万宝路纹身，纹身图案由一只锚和一颗星构成，暗指“二战”老兵亚文化和工人阶级亚文化。受纹身文化感染的许多以前的战士在 1950 年代又集合在了一起，这些人都穿着劳动布、法兰绒以及其他工人阶级的工作服。

尽管万宝路广告描绘的这种类型的男人在美国仍然为数不少，但他们完全被大众媒体忽略了，媒体都迷恋上了新的他人导向的组织人。贝纳的万宝路男人是作为反叛者对于被广泛颂扬的新男性气质意识形态所进行的驳斥。并非巧合的是，万宝路重新发起广告运动不久，紧接着詹姆斯·迪恩和马龙·白兰度的两部影片《无因的反叛》和《孽海狂涛》就上映了。这两部极受欢迎的影片反映的是冷战期间由于技术官僚社会的快速兴起而造成的社会断裂，这也表明一个巨大的文化市场正在呼唤能够对当时被广泛颂扬的男性气质予以抵制的相反的男性气概。

没有用穿着夹克和牛仔、惹是生非的年轻人，而是由头发花白的坏脾气老男人们担当主角，这些老人令我们容易想象成是早期美国的回归。这些人与我们在杰克·丹尼尔的林奇堡中看到的是属于相同品质的人，所不同的是，万宝路的这些男人在美国人的生活中随处可见。在 1950 年代，万宝路男人们所做的那些事情是过时的，也是没有社会地位的。他们更喜欢户外，喜欢做属于上个世纪的事情（打猎、捕鱼、伐木、擦枪），也喜欢户外探险运动（高台跳水、皮划艇、登山）或者喜欢过时的交通工具（小帆船、老式汽车）。这是一些简洁的自我克制的男人，他们更愿意拥有自己的业余爱好，而不是采访者的问题。他们是自力更生的男人，当他们致力于做自己单独爱好的事情的时候，他们非
159 常满意。如同美国历史上的拓荒枪手，这些男人喜欢行动胜过交谈和表达情感。这些像约翰·韦恩一样的人物，他们有一说一，没有兴趣去磨

平自己坚硬的棱角。

这一文化创新令万宝路的销量大幅飙升，到1957年占据了5%的市场份额。事实上，这项广告运动是如此成功，以至于纹身在少年男孩当中成为一种时尚，流行程度甚至让冷战中的美国政府感到了焦虑，政府想要维护的是中产阶级的彬彬有礼而不是青少年的犯罪行为，因此希望这一潮流能够消失。因为感受到了压力，菲利普·莫里斯公司自觉地终止了广告运动。无疑，有部分原因是意识到了第一次严重的香烟致癌恐慌，公司明白营销策略对于公司的长久生存至关重要。然而，这项广告运动的替换给公司带来的巨大困难超过了任何人的想象。

四年的创意实验都失败了

“纹身里的复古”广告运动停止以后，万宝路令人瞩目的增长瞬间就停滞了。1958—1962年，公司以及广告代理机构尝试了至少六种另外的品牌推广方法，但从未见效。这些广告将普通的名流和喜剧融合在一起，以直白的文字，试图用这个男人的品牌来吸引女人：

- **拉尔夫和贝莎：** 这是一个喜剧团队，依靠回忆当时流行的情景喜剧，如《我爱露西》和《杰基·格利森秀》中的幽默来表演短剧，取笑万宝路男人的男性气概。
- **万宝路女人：** 一个富有、美丽且身材优美的女人正在练习飞靶射击泥鸽。“万宝路女人：她喜欢什么？虽然她在一个男性世界的家庭里，但她是一个女人。她一看就知道什么是好东西，比如她的香烟——万宝路，这是让女人也喜欢的男人烟。”广告画面中，正在射击的女人变身为一个身穿漂亮的白色丝绸礼服的女子，女子手里的枪变成了一把雅致的阳伞。
- **马克斯·舒尔曼：** 马克斯是一个都市幽默作家，因为写作了《学府趣事》而出名。这是一个非常现代的“组织人”广告，马克斯身在高档的都市场景之中，用一种非常文雅而又讽刺的语调向 160
他的听众致辞。这是一个反身广告，马克斯在其中以万宝路代言人的角色出现，但他却取笑万宝路的品牌优点以及纹身的万宝路男人。这个由七个场景构成的广告是万宝路在 1959 年唯一有创意的广告。

- **与茱莉·伦敦一起舒舒服服地靠在椅子上：**这个广告是一系列的片段，每个片段都由性感女流行歌手茱莉·伦敦分别与不同的男伴在一起。她唱的歌，是告诉观众舒舒服服地靠在椅子上，抽一支万宝路。
- **退休运动员：**先由著名运动员，例如前芝加哥熊队的四分卫约翰尼·鲁雅克（Johnnie Lujack），回忆他们在运动场上的伟大成就，接下来没有任何过渡，他们转向镜头，介绍万宝路产品的优点。
- **杰基·格利森：**这个著名的喜剧演员正对着一只高尔夫球说一些逗乐的话，同时插入几句推销万宝路的普通台词，然后，高声唱出他的标志性的台词“多么甜美啊！”。

尽管有这么多的创意，有流行明星助阵，但是无一奏效。原因很明显：万宝路品牌的广告推广已经发生了偏离，它曾经有一个极有影响力的文化表述，这一文化表述回应了一个强烈的意识形态需求，然而它的广告推广却愚蠢地借用名流来确保传统的营销主张，以至于他们所表达的任何意识形态观点都与之前品牌推广时采用的意识形态相对立。万宝路现在提倡的是现代中产阶级的生活。

原始素材：约翰·韦恩与 1960 年代的西部叙事

通过一些明显指示性的道具，比如牛仔、电影《七侠荡寇志》中的磁带以及得克萨斯西部的牧场，我们可以发现“万宝路之乡”明显地挪用了西部题材，这些题材大多来源于战后年代最流行的电影和电视节目。1960 年代参照的西部题材，也明显是从约翰·韦恩的影片中得来。约翰·韦恩是美国最有影响力并且备受尊重的文化偶像之一，他的事业和文化影响达到顶峰的年代，也正是万宝路征服了香烟市场的时期。

正如理查德·史托金以及其他专家竭力证明的那样，西部叙事的中心并非“牛仔”而是“枪手”。[1] 西部叙事表现的是美国人的“天定命运”（Manifest Destiny），是通过必要的暴力将国家的意识形态传播到全 161
世界的探索。西部叙事也是关于勇士的传奇，其中各个枪手都以“野蛮人”的形象出现，而这样的角色起初是属于美洲土著和绿林好汉的，后来也有其他国家的土著民族和共产主义者。西部叙事是关于坚忍不拔、自力更生且不惧采用暴力的行动男人的神话，人们期待他们按照美国的“山巅之城”的理想形象重塑世界。

1960 年代，随着美国对越南战争的逐步升级，枪手神话被真实地用在了这个国家自称的针对共产主义的战争之中。约翰·韦恩不但是那个时代最具标志性的枪手形象，而且他也直言不讳地希望将自己的枪手哲学用于解决国家的政治问题。韦恩完美地符合万宝路的形象要求：他不仅是出了名的烟枪，据说每天要抽五六包烟，而且他的酒瘾也很大。在电影中，韦恩实实在在地用枪干掉坏蛋，鄙视那些光说不练的家伙，将漂亮的女人横按在大腿上，这样他就可以打她们的屁股。作为一个直言不讳的保守派共和党人，韦恩将拓荒男性气概视为这个国家的核心价值观。他抓住一切机会表明他的立场，为了避免好莱坞的干预，他自己投资拍摄了独立制作的影片《边城英烈传》以将自己的观点戏剧化，而这个项目几乎让他破产。1967 年，越南战争在美国已经不受欢迎，而韦恩却亲自担任制片人并执导了电影《绿色贝雷帽》来宣扬越南战争。对于他而言，越南战争是一个典型的拓荒之战。

当一个品牌重新利用原始素材构建文化表述的时候，它总是借鉴一些元素而放弃另一些元素，这个过程被称为“勾连”（articulation）。[2]“万宝路之乡”采用了韦恩牛仔角色的某些关键元素，而删除了其他元素。约翰·韦恩扮演的枪手以及当时其他人扮演的枪手角色中的暴力、厌恶女人（misogyny）以及保守主义政治观点在“万宝路之乡”中找不到一丝痕迹。在“纹身里的复古”广告运动的基础上，“万宝路之乡”所借用的枪手的品质是，诸如在崎岖的荒野求生、避开城市及其华而不

---

① Richard Slotkin, *Gunfighter Nation*, Norman, OK: University of Oklahoma Press, 1998.

② 参见霍尔特在《品牌何以成为标志》（*How Brands Become Icons*）一书中对哈雷-戴维森的分析。

实的中产阶级生活方式、致力于男人的体力活动，以及对于自力更生的行为感到自豪。与此同时，万宝路还刻意回避了另一个用以界定题材的文化密码。然而，第一次的广告推广运动因为牛仔没有奏效而陷入了一个尴尬境地。

162 早期四个版本的“万宝路之乡”的失败

1963 年，李奥·贝纳的创意者们将目光再次转向了牛仔，这么做也许纯粹是出于绝望——八年前他们曾经抛弃了牛仔广告，而此后他们经历了六次惨痛的失败。但是，标志性的“万宝路之乡”运动最终从“纹身里的复古”半途中止的地方开始继续，从而为公司的销售奇迹铺平了道路。但是在运动的头三年，“万宝路之乡”仍然是困难重重。在早期这些失败的广告中，牛仔通常在他们当地的场景中出现，伴随着从电影《七侠荡寇志》（影片的主角是七个枪手，他们不喜欢农场和小镇的生活，就更别提大公司了。他们为了保护一群倒霉的墨西哥村民而与一伙凶残的强盗战斗）中借用的西部音乐。此时的广告甚至已经包含了最终名扬世界的那句广告语——“来到味道在的地方，来到万宝路之乡”，但是广告里的牛仔形象却要比 1955 年的还要普通和愚蠢。随后的三年里，李奥·贝纳在牛仔的世界里越走越远，一路犯下多次重大错误。起初他们将牛仔作为一种象征，与传统的市场营销模式是一致的；后来他们开始挖掘与西部片题材相似的原始素材，但却未能找准文化密码和意识形态；最后，创意者们终于偶然发现了正确的意识形态与文化密码来制作“万宝路之乡”，使之成为 1960 年代最具感召力的神话之一。

地理上的“万宝路之乡”的失败

广告语“来到味道在的地方，来到万宝路之乡”原本是为了表明万宝路香烟的广泛流行，而不是告诉人们存在着一个有很多牛仔的梦幻宝地。印刷广告上显示了一幅美国地图，广告上方是“万宝路之乡”的横幅，广告的文字则号称万宝路风行全美 50 个州，并且可以在任何一个小店轻松找到。在所创作的其他古怪的印刷广告中，看到许多牛仔站在远处的城市景象中的一座高耸的山丘上。电视广告则对观众说：

> 消息来自西部并传遍全国各地——味道最棒的香烟，是万宝路 163
> 牌的。这是在夏延人地区、在纽约，在马里布……以及所有其他地方都有的品牌。这是征服了西部，也征服了整个国家的味道。来到味道在的地方，来到万宝路之乡。

电视广告也描绘了万宝路香烟的流行。在地理上的扩散是“一个城市，又一个城市，人们改抽万宝路过滤嘴香烟”，伴随着旁白，观众看到了迈阿密的海滩和旧金山，然后一个高大的牛仔出现在纽约的空中轮廓线的画面前面，他身材如此巨大以至看上去像哥斯拉怪兽。

牛仔原版的“万宝路之乡”的失败

李奥·贝纳的创意者们很快发现，作为一种广告策略，当“万宝路之乡”表现牛仔世界的时候，其效果要比表现万宝路消费者在地理上的扩展的效果要好得多。他们于是让牛仔回到他自然的生活环境。在名为“牛仔与女孩”的广告中，一个孤独的在荒凉的原野上行走的牛仔，竟然不可思议地遇见了一位美丽的金发姑娘。她正驾驶着一辆活动式顶篷的凯迪拉克。这个姑娘利用这个巧遇的机会：伸出她的食指和中指向牛仔示意要一支烟。牛仔递了一支烟给她之后，姑娘驾车愉快地离去，留下了独自沉思的牛仔：“这是我喜欢的类型的姑娘，她喜欢我喜欢的烟——万宝路，来一支有味道的过滤嘴。”这个广告中的牛仔被借用到一个男女偶遇的故事之中，而事实上，在这种故事里的角色可以是任何人，不必非得是牛仔。类似地，在名为“旧金山”的广告中的牛仔驾驶着吉普驶下高速公路来到岩石海滩上，点燃了一支万宝路。你也很难说，一个“垮掉的一代”的青年或者一个海滨流浪汉就不适合这个场景。这两个广告，李奥·贝纳都是简单地将牛仔的形象贴到了场景之中，而那种场景实际上适用于任何人。

根据传统的营销模式，牛仔象征运用恰当的话，品牌推广应该会成功的。然而，与1955年的那次牛仔广告一样，这几个广告都算不上精彩。精心制作一个神话来传递某种意识形态，需要仔细地研究开发角色、情节、对白、叙述以及音乐。换言之，需要细心地运用恰当的文化密码。但这几个广告中的文化密码遭到了严重损坏，意识形态也一样。所以这一广告没能激起美国消费者的共鸣。

164 **上流社会牛仔设计方案的失败**

一个名为“列车”的广告，为观众呈现了特别的西部风光，列车飞速地驶过如山脉一般绵延的松树林。我们看到了一个有钱的男人，穿着考究的白衬衫，波罗领带干净而挺括。他穿过列车的旅客区，到拴马的车厢去找他的马。看到了他的马与其他两三匹马在一起，温柔地走近它，同时拿出了他的万宝路烟盒。他轻抚着马，然后看着窗外的群山消失在远方。他一边抽着烟一边欣赏着这番景色。

这个广告又失败了。因为李奥·贝纳让我们看到的不是靠土地为生、勤劳地照料他的牛的劳动的牛仔，而是一个乘坐现代化的交通工具被动地望着车窗外的荒野、像一个旅行者一样的上流社会的牛仔。显然，无论是万宝路还是李奥·贝纳，他们都担心打破传统的品牌推广的规则，而传统规则认为，一个品牌想要成功的话，就必须吸引社会地位高的消费者。而任何对工人阶级牛仔的刻画，都会直接违反这些传统规则，所以他们宁可给一个上流社会的家伙穿上一套牛仔的服装。

“枪手神话”篇的失败

后来，贝纳的创意者不再仅仅将牛仔作为一个象征来使用，而是越来越关注西部片中常用的叙述。他们试图重新创作拓荒神话，让拓荒牛仔（枪手）成为美利坚以及美国人在发展进程中粗暴占用自然及其“野蛮人”的一个象征。在名为“雷明顿”的广告中，创意者塑造了一个牛仔形象的暴力杀手。广告以摇摄方式扫过一幅幅拓荒先驱者的老照片开始，这种拍摄风格后来因为被纪录片导演肯·伯恩斯使用而闻名，并伴以《七侠荡寇志》里的主题音乐；然后，镜头切换到一幅时间上近一些的照片，照片记录了联邦军队的牛仔战士们正准备着与“印第安人”部落战斗的场景。当镜头拉近到印第安人的时候，音乐突然转换为印第安人围绕圣歌的击鼓声。镜头在军队和勇士们之间来回移动，速度越来越快，音乐也随之来回切换，并且音量也越来越大。嘹亮的冲锋号吹响了，镜头里的照片上，是牛仔和印第安人用枪和弓箭战斗的场景。当战斗结束时，只有印第安人被射落马下。

镜头拉回到现实，一只手在翻阅一本超大的相册，那是一位衣着考 165
究的老男人的手。相册放在一间陈设讲究的书房的书桌上，一支点燃的万宝路香烟放在一只烟缸上面。旁白说道：“如今，没有什么比万宝路更令人回味过去的西部岁月。”然后镜头又切换到书桌上一座雷明顿雕像的复制品，雕像是一个牛仔，正骑在一匹弓背跳起的马上。“征服了西部的味道，也将征服整个国家。”当老男人打开巨大窗户上的百叶帘的时候，纽约的空中轮廓线出现在镜头里，他走向被空中轮廓线包围的阳台——“来到万宝路之乡”。

这个广告的失败有几方面的原因。首先，拓荒神话不是一个男性所渴望的意识形态。其次，创意者试图将传统的品牌推广规则中对于一种有抱负的上流社会形象的喜爱放在了广告中，将万宝路变成了一种属于追求名利且平庸的都市男性的怀旧的香烟，这与前文提及的上流社会牛仔广告相似。这个广告中的男性气概与曾经取得成功的“纹身里的复古”系列广告中的反叛的男性气概是截然相反的，直到成熟的“万宝路之乡”广告，才再次看到了那种男性气概。

现代版的“万宝路之乡”的失败

在一些过渡期的广告中，李奥·贝纳设计了一些以乡间牧场为背景（类似于后来成熟期的广告）的工作中的牛仔形象，但它们的意识形态是破碎的，因为这些场景包含了相互冲突的文化密码。名为“直升机”的广告叙述的是一位牧场老板一大早登上直升机去检查他的牛仔们的工作，并且为他们带去香烟。广告的本意是歌颂牧场的劳动生活，但却无意中给观众造成一种感觉：甚至连牧场也在大公司以及它们的经理们的控制之下，甚至连牛仔也受到官僚体制的束缚，这与成熟期的万宝路广告所表现的意识形态是根本对立的。同时，现代技术的运用也击碎了牛仔们仅仅依靠他们的牧匹、他们的双腿和智慧谋生的自主更生的形象。

“万宝路之乡”广告运动的最初三年，尽管创意者制作了数十个充满牛仔和牧场景象的广告，也使用了广告语“来到味道在的地方，来到万宝路之乡”，但他们都没有看到牛仔背后的意识形态，他们也没有发现能够最好地让这种意识形态戏剧化的文化密码。这些广告所包含的意识形态一直都与反叛的工人阶级意识形态相对立，而这种反叛意识形态
166 是由万宝路早在十年前就已经率先倡导的。因此并不奇怪，这三年里万宝路的市场份额实际上变得更少了。

将“万宝路之乡”重新塑造成反叛的劳动的神话

1966 年，李奥·贝纳终于发现了正确的文化密码，将之用于“万宝路之乡”的神话，以传达美国人所渴望的意识形态。随后，他们陆续制作了一个又一个广告，都坚持了同样的意识形态，直到 1975 年禁止播放香烟的电视广告的法律开始实施。在偏离方向八年之后，李奥·贝纳的创意者们终于找到了重塑西部的方法，从而能够传递他们早在十年前制作的“纹身里的复古”系列广告中所建立的意识形态。虽然在 1960 年代中期的“万宝路之乡”广告中，所采用的西部体裁已经广为流行，但是“万宝路之乡”的神话还是产生了巨大的感召力，就因为广告所描绘的“专注劳动”的牛仔形象与人们在电影和电视中所看到的完全不同。

让我们看看名为“森林之夜”的这个广告。从高处的视点往下看，黄昏中一片安静的森林，树木在摇动。镜头拉近，一个孤独的牛仔骑马行走在森林中布满岩石的路上，牵着另一匹马跟在他的身后。一把吉他缓慢地演奏出《七侠荡寇志》中的浪漫旋律，场景推进的过程中又加入了长笛和小提琴。牛仔在寻找一个可以过夜的地方，他稍停片刻，从马褡裢中摸出几支香烟，然后点上。此时屏幕切分成两半：左边，牛仔骑着马缓慢地从容不迫地行走着；右边是牛仔脸部的特写，从肌肤的毛孔中透露出勇气、决心和尊严。牛仔终于找到了一个合适的野营地，当最后一缕阳光消失的时候，他点了火，抽起另一支烟。他平静地用熟练而欣赏的方式检查营地周围的环境。他像是一个一直生活在森林里的

人，他是一个与自然相伴的人。镜头移开，追随着牛仔的目光，我们看到一个美丽的池塘，水中是松树的倒影。整部片子没有一句话，直到最后，旁白的声音插入：“来到味道在的地方，来到万宝路之乡”。

在这个广告中，“万宝路之乡”被表现为在大自然中具有挑战性的体力劳动所发生的地方。在这种地方，牛仔必须自立而坚定。这里没有“野蛮人”，没有枪，没有暴力，也没有需要营救的女人。牛仔就是他 167
自己的主人。“万宝路之乡”实际上讲的不是一个“西部”故事，而是一个描述前工业时代男人进行西部拓荒时的理想化的神话。

自然中的生活

“万宝路之乡”歌颂美国的拓荒者的岁月，那时候他们在打猎、耕种和饲养牲畜的过程中，遭遇自然界的各种危险。如同鱼在水中生活，牛仔只有在崎岖的野外而不是在大城市中才觉得最舒适。大自然可能是危险而令人感到恐惧的，但是牛仔却感觉是自在的。在名为“铺盖卷”的广告里，太阳从地平线上升起，我们看到一个牛仔在毯子里动了动身子，伸手去够自己的帽子。他从地上起来准备在这个凛冽的清晨取暖。镜头顺着牛仔的目光停留在草地和他照看的马群上。他独自生火煮咖啡，他小心翼翼地伺弄着咖啡壶，因为它很烫。他卷起了铺盖卷。最后，牛仔拿起一根燃着的木棍火点燃了香烟——没有打火机和火柴。旁白渲染起大自然的魅力：

> 在这儿，阳光会叫醒你。你的一天与太阳同时开始。你生起火堆，点一支万宝路。它的味道醇厚而悠远。无论何时当你在万宝路之乡点燃它时，你就能发现，这个味道总在那里。来到味道在的地方，来到万宝路之乡。

万宝路的生活是粗粝的，是在粗犷的荒野中的临时营地里度过的，在那里看不到丝毫文明的印迹。这种对于自然的歌颂与大型官僚机构——大公司、公共部门以及军队对于美国人工作生活的控制是直接对立的。

自治的劳动

在“万宝路之乡”，牛仔的劳动很辛苦，但他们可以自主地安排劳动时间和生活。在名为“畜栏”的广告中，两个牛仔在试图制服一匹野马的时候，还不忘闲聊。旁白对观众说：“在这里，一天的工作从日出开始到日落结束，但总有时间抽一支万宝路”。在“万宝路之乡”工
168 作与当时在美国出现的新的公司世界的工作是对立的。在公司的世界里，分等级的官僚体制中的老板、规章制度和时间表，将雇员们驯服了，而在“万宝路之乡”，人们自己选择工作并按自己觉得合适的方式完成它，不必听命于任何人。他们确实辛苦地工作，但那是因为他们喜欢，而不是因为老板的命令或者这样做能得到更好的报酬。“万宝路之乡”将前工业时代的工作理想化了，衬托出战后组织人的工作状态，他们被装入了一个官僚机构中，按指令完成工作任务，并处于老板的监督之下。

前工业的自力更生

牛仔一个人工作，或者与几个牛仔一起工作，他们不需要先进的技术。有直升机、吉普车、火车、卡车的早期广告所采用的文化密码得到了修正。这里没有房子，没有女人，没有孩子，没有文明。万宝路牛仔独自一人生活，他们喜欢这种自力更生的生活，而不是城市里依赖性的生活。

劳力的工作

牛仔是体力劳动者。他们在长年的放牧生活中获得了身体技能。他们是新的组织人的对立面，后者坐在办公桌前，依靠大学学位来证明自己已经获得了完成所接受的脑力工作的技能。而在“万宝路之乡”，工作是需要身体能力的。广告的画面和音乐效果强调了牛仔工作的这种身体性，观众在片中看到牛仔们与小牛搏斗，用绳索套住任性的肉牛，制服发狂的母马。

行动的男人

牛仔看管牧群，那是大自然中一件既费力又富有挑战性的工作。他们的工作要求面对困难和难以预料的情况时必须做出果断的反应。万宝路牛仔迎接这些挑战，并对自己迅速找到临时应对办法的能力感到自豪。名为“走失的小马”的广告，以牛仔们围拢马群的场景开始，背景里牛仔高亢的“咦–嗬”声与马群围拢时马蹄踢来踢去发出的隆隆声交织在一起。一个牛仔独自站在马群之外，这会儿是他的休息时间，他静静地看着，等着轮换到他。他点燃了一支烟，看着他将要去帮着围拢的马群。这时旁白打破了沉寂：“你认识每一匹母马，每一匹小马驹，哪怕有一只不见了的时候，你都会知道……不用点数你就知道。你知道 169
最好在天黑之前把它们给找回来。”《七侠荡寇志》的旋律响起，伴随着强有力的小号和小提琴的声音，而镜头却沿着牛仔去寻找走失的小雄驹。牛仔搜寻了崎岖而荒凉的灌木丛，找到了小雄驹，将它引回营地。旁白告诉观众：“这里是万宝路之乡，在这里一只好的小雄驹就像它在一百年前一样重要。”

重塑西部形象

“万宝路之乡”与战后美国西部叙事中所描绘的拓荒者生活相去甚远。在1950年代和1960年代的西部叙事中，主角是枪手，他非常了解“野蛮人”（印第安人和绿林好汉）。他们通常生活在“文明”的境域之内（在小镇上，在女人们的周边）。由于在西部电影中，荷枪实弹的主角总是轻松地摆平野蛮之地，所以当野蛮人威胁破坏和平的时候，他就赶来挽救，是通过暴力来解决的。尽管他是英雄主义者，但他仍然对自己在社会中的位置持一种矛盾的态度。枪手通常是警察局长、郡长，甚至是逃亡者。他们很少是真正的牛仔。虽然属于拓荒地的牧场和牛栏是有的，与牛群相关的事件像偷牛的事情也会发生，但这种牛仔的工作极少成为电影中的重要情节。[1] 枪手与城镇居

① 第三章杰克·丹尼尔案例中所提及的保罗·纽曼的《原野铁汉》是一个例外。

民生活在一起并保护他们，而万宝路牛仔与其他牛仔一起以牧场为生，从事照料牧群的劳动。

李奥·贝纳的创意者们从西部叙事中挪用了一些基本的文化密码——场景、人物以及著名的电影音乐磁带。由于1950年代西部叙事席卷美国，所以这些密码对于美国人而言再熟悉不过了。但是，李奥·贝纳也对西部叙事做出了极具创意的改编，讲述了一个完全不一样的故事，他们编织了一个关于美国人的男性气概的神话。这场广告运动号召将时间拨回到过去，重新激活历史中的男性气概。杰克·丹尼尔曾经利用了这种意识形态，但是他们是从不同的原始素材中获取了不同的文化密码。

万宝路挑战了新的坐办公室的组织人关于男性气概的理念，这些人生活在城市的安全怀抱之中，沿着公司的官僚体制的阶梯一步步往上爬。万宝路主张美国人应该重新找回过去的男性气概，这种气概是在困
170 难而危险的崎岖地区靠自主的、体力的劳动获得的，是对男人不屈不挠的毅力和乐观精神的一种挑战。这个神话是对那个时代最有潜力的意识形态机遇的完美回应，它是对新的现代中产阶级男性气质的一种反叛式的驳斥，这种新的男性气质是“他人导向”的组织人所拥有的。

结论

万宝路是美国公司历史上最令人赞叹的文化创新之一。战后美国经济与社会的剧烈转型创造了意识形态的机遇，李奥·贝纳创作了两个新的文化表述，把握住了这次意识形态机遇。无论是“纹身里的复古”还是“万宝路之乡”，都倡导了一种与现代的“他人导向”的组织人完全相反的意识形态。两个文化表述都从媒体神话和当时的亚文化中获取了原始素材，并将这些原始素材进行极其重要的编辑和再加工，这个过程便是所谓的勾连。

与各种各样关于万宝路的流行观点不同，我们认为，“万宝路之乡”的成功绝非因为借用了某个著名的美国人的象征或者原型。十余年间，李奥·贝纳曾穷心竭力地将牛仔作为万宝路的核心象征，但每一次的失败都是因为他们用来表述牛仔的文化密码是错误的。只有当文化密

码用对了，错误的密码被剔除了的时候，“万宝路之乡”才走到了一起。

超越原型和象征

“注意力份额营销”将品牌表述的最普通、最简单的那些方面，比如品牌的“原型”“深层隐喻”或“象征”，当作唯一需要考虑的因素。原型的概念由卡尔·荣格首先加以理论化，然后经由约瑟夫·坎贝尔而成为流行观念。这个概念被用于解释文化的普遍基础，即角色或故事的共性，它超越时间和空间，渗透于每一个社会。换言之，所谓原型，就是在典型的故事情节中一直存在的典型角色。如此看来，原型理论是一种以类似于自然科学的方式，比如生物学、化学和物理学的方式来解释文化现象的理论尝试。1950 年代，恩斯特·迪克特以及其他一些“动 171
机研究学者”说服了许多大公司去寻找它们的原型。晚近，一些市场咨询专家，如杰瑞·查特曼、克洛泰尔·拉帕耶和玛格丽特·马克等人，相当成功地翻新了这些 1950 年代的观念，将“原型”和“深层隐喻”当作新点子推销给大公司。①

尽管原型背后的知识谱系与注意力份额营销通常所依据的心理学基础并不是一回事，但它们的结果分析常常同样的抽象和简化，因此两者都由于同样的原因而无法激励文化创新。无论是心理学版的注意力份额营销，还是原型版的注意力份额营销，都将文化表述简化为去语境化的一般概念，剥除了所有重要的文化内容，而正是这些被剥除的文化内容形成了文化创新。大公司同样因为喜欢利益点的注意力份额营销以及放之四海而皆准的情感词汇，它们错误地将文化简化为原型，因为原型将

① Gerald Zaltman, *How Customers Think: Essential Insights into the Mind of the Market*, Boston: Harvard Business School Press, 2003. Margaret Mark and Carol S. Pearson, *The Hero and the Outlaw: Building Extraordinary Brands Through the Power of Archetypes*, New York: McGraw-Hill, 2001. 另外还有克罗泰尔·拉派尔（Clotaire Rapaille），尽管所有的科学证据证明与其结论相反，他仍然坚持文化存在于人类“爬行动物的大脑”，在幼年期就已经烙下了印记。就这样，他将品牌的文化内容简化为单个的“代码”词汇。在一个相当于退化期的新时代，只有最杰出的管理者才能发掘它们，将它们置入暗室，抽取其中的原始含义。参见：Clotaire Rapaille, *The Culture Code*, New York: Broadway, 2007.

复杂的现实给简化成为某种简单的、容易理解因而也容易管理的东西。但这种简化必然丢弃了至关重要的元素，而文化创新就是从这些元素中构建出来的。

数十年来，两种版本的注意力份额营销的鼓吹者们都用“万宝路之乡”作为支持他们营销模式的杰出案例。比如，心理学家凯文·莱恩·凯勒在他的品牌管理教科书中，将万宝路的成功归因于创造了“万宝路男人，一个牛仔，他总是身处美国西部壮丽的景色中，人们深信那里就是万宝路之乡”。①

我们对万宝路的分析揭示出上述观点的缺陷。凯勒和其他的原型战略专家建构了相似的解释，却忽略了使万宝路取得成功的全部要素。早期万宝路描绘美国西部牛仔的广告经历了许多次的失败。“万宝路之乡”系列广告在最初的三年里也失败了，因为贝纳特的创意者们选择了错误的文化密码，从而导致了所编织的神话的错误，同时植入了错误的意识形态。细节不但重要，而且是创新中具有战略意义的重要内容。

注意力份额营销法将文化简化为最粗略、最基本的组成部分，它也必然无视对于文化创新来说至关重要的细节。选择错误的文化密码，意识形态被弯曲，或者根本就没有理解意识形态。一般性地以牛仔作为象
172 征从来就没有成功过，真正起作用的，是取得了正确的文化密码，传递了特定的意识形态——作为新的意识形态的反叛的工人阶级的拓荒男性气概。这种意识形态吸引了吸烟者，因为它解决了特定历史时期因为社会断裂而产生的焦虑问题。忽视文化密码，或者错误地诠释文化密码，必然会扭曲品牌的文化表述，因为如果文化密码是错误的，意识形态也不可能正确。

简化主义的营销模式依靠原型、象征和深层隐喻，它们的问题不在于它们是错误的，而在于这些因素与品牌根本就没有关系。意识形态机遇产生于社会与文化的历史变迁，要抓住这个机遇，就必须进行独特的历史的文化创新。原型从其定义上来说就不可能如此独特，因为它们是

---

① Kevin Lane Keller, *Strategic Brand Management*, 2nd edn. ; Upper Saddle River, NJ: Prentice Hall, 2003, 718.

具有普遍的典型性的，它们是极其不明确的。它顶多作为形成一个文化方案的第一次婴儿学步。如果说“万宝路之乡”依靠的是一个英雄的原型，那么耐克也是，联邦快递也是，还有几个失败的美国汽车品牌也是。[①] 也是什么呢？

① Mark and Pearson, *The Hero and the Outlaw*.

173 # 第九章　文化创新理论

为了理解文化创新是如何起作用的，必须以一种新的方式来设想“创新”。当从文化创新理论的角度来进行考察时，市场、竞争、机遇以及创新本身都变得完全不同。既然我们业已分析了一系列关键的案例，就让我们退后一步来建构文化创新的一般模式。

所谓文化创新，是指一个品牌传达了创新的文化表述。如同我们已经论证的那样，世界上一些最有影响力与最有价值的品牌之所以成功，是因为它们能够提供创新的文化表述。因此，要理解文化创新的话，就必须首先理解文化表述在创造消费者价值方面的中心作用。然后就需要理解特定的文化表述是如何以一种新的蓝海为目标，即我们所说的意识形态机遇，通过更加常规的创新的产品和市场营销战略来超越竞争者。

文化表述是关键

纵观历史，人们对“正确的”文化表述是高度重视的，因为这些文化表述对于人们在社会中组织他们的生活发挥着如此重要的作用。文化表述犹如指南针，告诉我们如何理解这个世界以及我们在这个世界中的位置，什么是有意义的，什么是道德的，什么是人性的，什么是非人的，什么是值得为之奋斗的，什么是我们应该鄙视的。文化表述也是身份认同的关键，是关于归属感、认同感以及身份地位的最基本的素材。文化表述渗透在社会之中，为我们构筑富有意义的生活提供所
174 需要的建材。它们为社会、政治以及社会存在相关的所有关键的观念提供指引：从国家、社会阶层、性别、性关系、种族和族群，到美丽、健康、宗教、自然、同情心、慷慨、伦理、身体、工作、竞争、市场以及

成功。①

在现代社会，文化表述的传统的来源，诸如宗教、国家、艺术、教育以及其他一些社会的风俗习惯，已经在很大程度上被大众媒体和商业取代了。自20世纪初以来，西方社会的各大公司就已经相互竞争，将这丰富资源的经济价值金钱化，而品牌已成为以文化表述开展市场营销的最重要的商业工具。

由意识形态、神话和文化密码构成的文化表述

文化表述由意识形态、神话和文化密码构成。考虑一下杰克·丹尼尔和万宝路的例子。威士忌和香烟这两种产品长久以来都致力于寻求某种最好的文化表述，它关乎一种特殊但重要的社会观念——男性气概。杰克·丹尼尔和万宝路都提供了关于男性气概的创新的文化表述，我们曾经指出，两个品牌都是通过更好的意识形态、神话和文化密码超越了竞争对手。

一种意识形态是对于已经被广泛认可而且被认为是理所当然的，并被社会的一部分自然地当作“真理”的这些重要文化观念中的一种观念的态度。意识形态深刻地塑造了我们的日常价值观和行动。我们都抱持许多珍贵的意识形态，从而使我们在社会生活中发挥连贯的、富有条理的和有效的作用。意识形态也常常是消费者市场的基础，强大的品牌又支持着意识形态，即对于作为产品核心的文化观念的一种独特的态度。比如，杰克·丹尼尔和万宝路都呼唤恢复工人阶级的拓荒男性气概，这便是关于男性气概的特定观念，它激发人们珍视历史上美国人自力更生、朝气蓬勃的男性气概，反对当时占据主导地位的柔弱、安逸的组织人精神气质。不过，意识形态是一种观念，而不是一种表述，它可以通过很多种方式被表达出来。意识形态与直白的销售主张不同，是通过文化表述的各个层次使消费者得以体验。所以，只有通过神话和文化 175

① 根据定义，文化表述的市场要远比一般的产品市场宽广。因此，不应该在一般市场“空间”中来看待品牌，相反，我们需要理解，所有的品牌都根植于广阔的文化市场。不过幸运的是，对于任何给定的品牌而言这些文化观念中只有很小的部分会是在一般市场的“界内”。品牌只能参与那些从消费者的观点来看可以接受的主题，这通常有赖于大众传媒如何表现产品、利益点、应用以及它的消费者。一个严谨的分析人员能够很容易就明确与一个给定种类产品相关的文化观念。

密码来进行传递，意识形态才能进入文化之中。

神话是有教育意义的故事，它透露出意识形态。在1950—1960年代美国的商业领域，这个国家历史上的拓荒男性气概被重新激活，是通过两个不同的神话故事加以戏剧化地呈现的，从这两个故事中都产生了重要的文化创新。杰克·丹尼尔选中的神话源于山区的乡巴佬亚文化，它将未经历工业化和战后组织人意识形态浸染的田纳西偏远森林中的乡间酿酒坊浪漫化了。杰克·丹尼尔男人固执地保持着拓荒男性的气概并为此自豪，正如他们酿造的威士忌一样历久弥新。万宝路找到了美国西部的牧场亚文化，犹如挖到了金矿，它借此成功地塑造了牛仔神话——这些意志坚强、能力出色的牛仔们在荒凉、气候变化无常的牧场上刻苦工作，照看牧群。在每一个案例中，意识形态都变得令人易于理解，发自肺腑地感觉得到，并生发出共鸣，这就是因为意识形态被植入了神话。而意识形态如果作为一个概念的陈述，那将令人难以理解。

而如果一个神话想要激发消费者的共鸣，它就必须由最合适、最引人入胜的文化内容来构成——本书中我们借用一个学术名词“文化密码”来指称它。所有的大众文化表述，无论电影、零售店招贴还是包装图文设计，都依赖于其意义早已在文化中被历史性地确立下来的那些元素。通过临时拼凑是不可能构成一个文化表述的，因为如果没有历史的惯例作为根基，文化表述中的每一个元素都必须以适合解释的方式为观众进行定义。文化密码为消费者提供了一个简略的表达，让他们轻松地理解和体验意欲表述的意思。（通常将更“艺术的”以及“前卫的”表述与文化表述区分开来，是因为这些表述无视、挑战、玩弄或者故意地破坏文化密码。）

如果选择了浅薄无知的、笨拙的或缺乏战略的文化密码，即便在最有潜力的神话故事中植入最合适的意识形态，最终也将事与愿违。人们必须巧妙而精确地使用文化密码。为了表明古老的工艺优于现代化的机器，杰克·丹尼尔的广告将橡木桶的制作和炭层提醇工艺浪漫化了。为了表明对老派拓荒男人的礼赞以及对现代组织人的反感，广告展现的是
176 穿着老式劳动布工装的肌肉强健、充满了乡土气息的南方汉子。为了表明对户外体力劳动而不是安逸的办公室工作的推崇，广告展现了酿酒坊工人燃烧枫树柴堆制作过滤用木炭的场景。为了表现“有一说一”的

质朴交谈胜过城里人的花言巧语，广告文字表述采用了民间风格的地方习语，像“欢迎来走一个”。所有这些密码相互作用以一种简单的方式诠释了意欲表达的意思。

文化密码的巧妙使用对于万宝路的成功同样至关重要。在万宝路案例中，李奥·贝纳花费了十年之久才找到正确的牛仔密码——牛仔生活在牧场上，没有老板，没有机器，依靠经验和勤劳来完成令人筋疲力尽的而且经常有危险的工作，他们自得其乐。寻找到了密码之后才有了神话的腾飞。对于万宝路和杰克·丹尼尔来说，在用神话向目标消费者传达他们所渴求的意识形态之前，必须首先找到正确的文化密码。

文化竞争横跨文化表述的全部三个层面。当文化创新中包含了正确的意识形态，而这一意识形态又通过正确的神话故事得以戏剧化地呈现并用正确的文化密码进行表述时，文化创新就获得了突破。

文化表述如何创造“感性利益”

来看一下星巴克的例子。星巴克的成功是因为它为一个非常重要的观念提供了一个独特的并能引起共鸣的文化表述——社会阶层。星巴克富有竞争力地传达出一种身份，学者称之为文化资本，更常见地称之为品味。为了理解星巴克关于“品位”的文化表述为何能够激发强烈的共鸣，我们需要将它拆解为三个构成元素：意识形态、神话、文化密码。

意识形态：手工艺性-世界主义

最初引领手工艺性-世界主义意识形态的是皮兹，后来被最初的星巴克和每日咖啡所复制。手工艺性-世界主义运动将千篇一律的工业化食品作为比照来捍卫运动所推崇的：烹调的乐趣、原产地的咖啡豆、娴熟的手工调制、小批量的生产、独特的异域风情以及前现代的农业传统。1990 177
年代的美国，手工艺性-世界主义是表现品味（文化资本）的最强烈、最重要的意识形态之一。星巴克并不仅仅是表现了“品味”，它还传递了一个非常独特的关于品味的意识形态。任何其他的意识形态都未能起作用。

神话：易于接近的品位

在意识形态层面上，星巴克不是最早采用的。早在星巴克采用这一

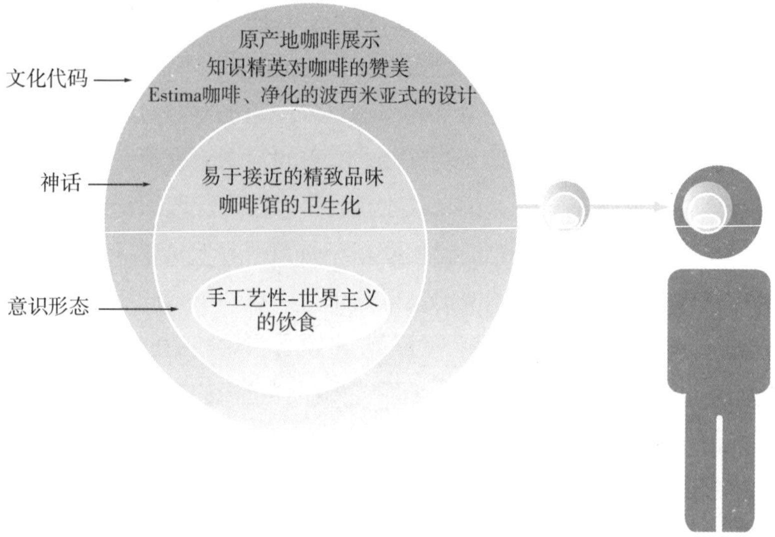

图 7. 星巴克的文化创新

意识形态的 20 年前，皮兹就在倡导它，后来它又成为精英手工艺性-世界主义亚文化的基石。星巴克能够超越它的前辈，是因为它找到了恰当的方式将这种意识形态植入咖啡体验，尤其体现在它用来呈现意识形态的神话和文化密码之中。一些亚文化品牌为人们提供的咖啡体验品位纯粹，然而它们却是难以接近的。星巴克则不然，它承诺消费者同样可以拥有精致的咖啡体验，只要你愿意接近它就可以。“我可以很轻松地体验手工艺性-世界主义的咖啡品味，无需尴尬，只需享受那种我一直喜欢的好味道。”这个神话是文化资本滴漏战略的经典案例——它从精英
178 亚文化中找到某种精致品位，自己化身为快速跟随者，将品位包装起来，然后以非精英人群易于接近的方式滴漏给他们。

文化密码

要想让神话运作起来，就必须有效地利用差别细微的文化密码，并将其应用于营销组合，而这正是星巴克所擅长的。星巴克的成功在很大程度上是因为它们在每一个消费者接触点都使用了表征“易于接近的品味”的密码，这些密码不仅富于逻辑性而且扣人心弦，比如未经研磨而

直接销售的咖啡豆所带来的视觉上的感受、意大利化的咖啡馆服务员语言、净化的波西米亚式的设计，还有店内招贴上对于可持续发展农业的支持，等等。

注意力份额营销的观点会将我们的分析简化为“星巴克将品位品牌化了”，故事到此为止了。但是从文化的视角看，这等于什么都没说。星巴克确实是美国咖啡中最有品位的品牌，但这不是将品位的概念与自己的品牌捆到一起那么简单。事实上，其他一些咖啡品牌——从国际化咖啡开始，到皮兹和早期的星巴克，再到舒尔茨的每日咖啡，无一不是围绕着“品位”打造自己的形象，但它们统统在大众消费市场失败了。失败的原因就在于，它们关于“品位”的文化表述并没有打动目标消费者。

星巴克的成功，在于它掌握了恰当的文化表述——它用意识形态、神话和文化密码传递了有品位的感觉，在 1990 年代激起了新的文化资本群体消费者的共鸣。每当消费者走进星巴克点一杯咖啡，他会感觉到手工艺性-世界主义的气息扑面而来，但这种气息又是易于接近的，也更能让他体会到星巴克不一般的品味感。文化表述的正确性归功于星巴克很好地勾连了意识形态、神话和文化密码，如果这三个层面的任何一个出了问题，整体的文化表述就会被破坏。

因为星巴克传递了正确的文化表述，文化资本群体消费者不出所料地纷至沓来。他们信任星巴克，对这个品牌产生了强烈的感情依附。星巴克变得与他们密切相关而且值得拥有。他们通过品牌来自我认同，从而将所渴望的品质统统归到星巴克的身上，星巴克是“时尚”“酷”“乐趣”“冒险”，等等。换句话说，文化表述将企业所努力打造的品牌中所有的关键优势予以了透彻的阐明。所谓感性利益，就是有效的文化 179
表述的一个结果。

文化表述如何创造“功能利益”

来看一看耐克的例子。耐克曾经以“更佳捕鼠器”为策略，向职业跑步运动员推销跑鞋，并且取得了小小的成功。奈特和鲍尔曼强调他们在设计和材料上的革新，以此来证明他们的鞋子在性能上很优越。然而，当他们向大众消费市场推销鞋子的时候，这套推销策略就不起作用了。他们不断地告诉人们耐克的“性能”是多么卓越，但运动员亚文化之外的消费者们根本不吃这一套。这个主张完全是技术思维下的臆想。

耐克的第一次突破发生在公司开始宣扬竞技赛跑运动员的个人拼搏意志之后，正是对这种精神的推崇激发了大众市场消费者的共鸣，因为他们正在焦灼地寻找新的心理支撑去追寻美国梦。许多消费者从这一文化表述中找到了价值，结果是他们也乐得相信耐克真的能让他们表现得更棒。到了1980年代后期，威登肯尼迪以一种极富挑战性和感召力的方式重新修改了意识形态的表述。品牌广告表现了有决心的运动员的个人拼搏精神，他们穿上耐克鞋，可以克服任何看上去无法逾越的社会障碍——比如种族歧视和贫困。

更有条理地来看，耐克的文化表述由以下几个方面构成：

- 意识形态：个人拼搏精神。
- 神话：“Just Do It”。广告里的运动员们面对的是某种极其严苛的社会歧视，他们凭借着（耐克推崇的）个人拼搏精神克服了这些障碍，最终赢得胜利。所以耐克也能让你（消费者）克服眼前的逆境，尤其是面对弱肉强食的职业环境，并且最终实现美国梦。
- 文化密码：威登设计的广告所用的文化密码是勾连了每一种受歧视的运动亚文化的独特语言。例如，表现美国城市贫民区的广告展现的场景有冷冰冰的高层公屋、铁链子围起来的破旧篮球场以
180 及垃圾遍地的街道，所有这些密码叠加在一起令人感受到贫民区生活的严酷现实，也体会到了一个人想要打破这些生存环境的束缚所面临的巨大困难。

相信“更佳捕鼠器”战略的人宣称，耐克的成功源于它杰出的设计以及由此带来的更佳性能。但事实上，只有极少数消费者，主要是赛跑运动员和其他竞技运动员，会像跑鞋设计师那样高度关注耐克的技术

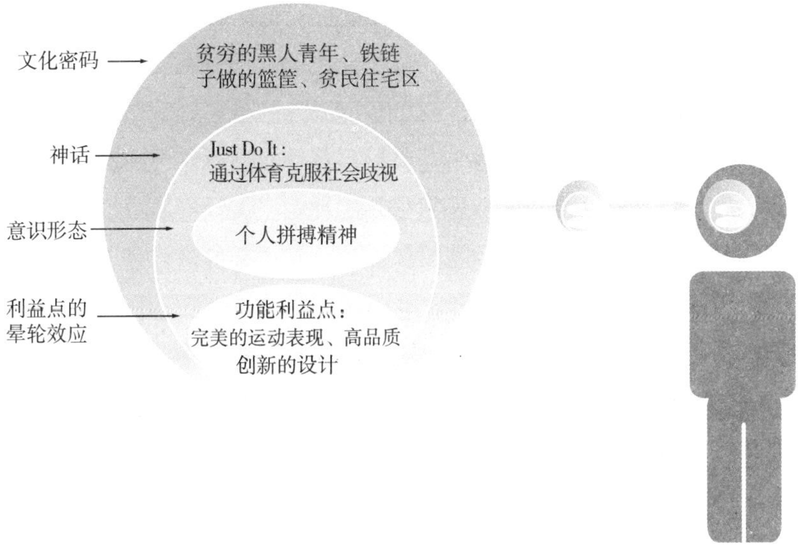

图 8. 耐克的文化创新

表现。反之，耐克是靠文化表述赢得大众市场消费者的欢心的，因为这些文化表述对他们的自我认同产生了重要的影响。而一旦消费者认同耐克的文化表述，那么关于耐克鞋将如何提升自己的表现，他们就已经做出了强有力的推论。

在我们的案例研究中，此类现象屡见不鲜。例如，当安休斯-布施公司发起了“这是你的百威”（This Bud's for You）广告运动之后，百威的功能性品牌资产（brand-equity）也呈现出快速增长的态势：人们对百威啤酒的口味和品质的好感一路攀升。类似地，当福特的探索者采用了新的设计密码和新广告之后，人们认为它要比福特的烈马二代更安全，而事实上它们在功能上是相同的。这种复杂的观念变化，对于以经 181
济学和心理学为基础的正统营销模式来说是一个难以克服的矛盾，然而对于文化模式来说，这正是理解文化表述如何创造消费者价值的关键所在。

为什么注意力份额营销和“更佳捕鼠器”策略忽视文化表述

文化表述在消费者市场中的关键作用很少被了解，因为注意力营销和“更佳捕鼠器”模式占据着主流地位。大部分公司都高举注意力份额营销的大旗，用各种抽象概念充塞于他们的营销策略之中，诸如“乐趣”“品味”“青春”“高品质”“责任”“传世招牌”，等等。这种做法暗示性地断言，只要消费者看重这些抽象观念，而且某个品牌又有效地传达了这些观念，消费者就会看重这些品牌。

许多公司喜欢将市场营销战略的重点放在注意份额概念上，因为这些概念容易理解、测算和管理（我们将在第三部分讨论）。但是认为消费者会从这些抽象观念中发现价值，这不过是存在于技术官僚们的臆想
182 中的抽象概念。通过高度结构化的市场研究技术，你也许可以强迫消费者用这些术语思考。但是从消费者的角度看，这些概念并不是独立存在的实体。他们购买、体验和看重的是一个抽象概念的独特版本，这个抽象概念是品牌的文化表述。除了“快乐”，消费者体验的是一个独特的快乐的表达，例如：听着 iPod 里最喜欢的乐曲，得意忘形地绕着房间跳舞，iPod 版的快乐不同于奥迪版的快乐，而奥迪版的快乐不同于地中海俱乐部版的快乐。品牌的每一种“快乐”变得更加生动，犹如充分放大的文化表述。然而这些快乐相当地难以理解、测算和管理，文化表述不是注意力份额的概念，因此，我们需要建立理论体系。

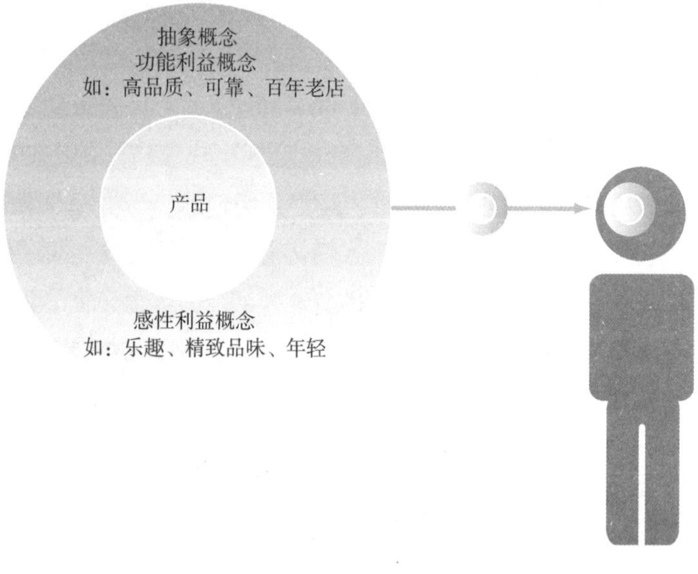

图 9. 注意力份额营销

“更佳捕鼠器”模式根据功能性利益来评价品牌价值，它看重的是一个产品或一项服务究竟能够做到多好（市场营销学也常用“理性利益”来表述）。它相信，只要产品的功能是合适的，它的价值就能直接被消费者欣然认可。消费者看重某个品牌，也是因为它的产品功能优越而稳定，并且在市场上享有广泛的声誉。注意力份额营销也认为，如何让消费者认识和体验到这些功能性利益是一个问题——所以需要做一些工作，这就是为什么人们需要进行市场营销，以及为什么可以通过设计认知框架让消费者以不同的方式来感知产品功能。但是，关于消费者看重的究竟是什么这个问题，注意力份额营销和更佳捕鼠器模式的回答没有任何差别——它们都坚持认为，促成消费者做出购买行为的是他们对产品技术功能的感知，比如：消费者购买本田，是因为他们相信本田比其他品牌的汽车更少发生故障。

这是另一种技术专家主义的市场营销观点。有些情况下，它对于了解极小部分的消费市场是一个合适的透镜，但是并不适用于大多数的消费市场，甚至也不适合于部分的消费市场。只有在满足三个条件的情况下，这种预想才能在消费者市场上实际发生：某种功能性是重要的；各种品牌在功能上差异明显；这种功能性可以被消费者轻易地认知和评价（或者由市场中介机构给出的专业评价具有相当的公信力并且为消费者广泛知晓）。对于某些产品，比如厨房刀具、毛毯或者自行车，我们确实可以看到一部分消费者正如工程师和经济学家所设想的那样，直接采取技术 183
专家的视角来判断产品是否是一个“更佳捕鼠器”。但即使是这些产品，我们也能看到有些消费者并非只关注它们的技术性能。更重要的是，很少有消费市场可以完全满足技术专家所假设的三个条件。大多数消费市场，要么其产品的功能性对于消费者来说并不那么重要，要么各种品牌在功能性上相差无几，要么功能性并不容易被消费者正确认知与评价。在这些情况下，文化就成为指引消费者进行功能感知的工具。正如我们在前文所指出的，文化表述强烈地影响到消费者对于产品功能的理解和评价。

避开红海：从文化正统中寻求突围

鉴于文化表述能如此有力地传达消费者价值，所以并不奇怪，文化表述的创新——即我们所谓的文化创新是人们发起新商业项目和重新激活陷入困境的生意的有力武器。

如今，人们都知道“红海”，它指的是一个竞争激烈的市场空间。在这里，不同品牌的产品在功能上五花八门地交织在一起，因此很少有创新的机会。创新者们需要寻找蓝海（或者市场空白），蓝海中存在着广阔的创新空间；或是通过新技术，或是通过各种优点的混搭，蓝海中为品牌提供了显然不同的消费者价值主张。

很少有商人明白消费者是通过文化表述来理解、体验和评价产品的，无论产品是有形的物品还是无形的服务皆是如此，因此也很少有商人有意识地管理他们产品的文化表述。其结果是，市场上的老牌商家会以因循守旧的态度来对待文化表述，甚至相互抄袭了事。在商业或其他类型的机构中，这种现象很普遍，学者称之为模仿，并且已经很好地证实了这种现象的存在。商家相互竞争通过提供不同的利益来超越对手，但是在文化层面上却又相互模仿，他们所推出的营销方案只是对相同的意识形态、神
184 话和文化表述做了细微的改动。当某种文化表述主导了市场之后，商家就会将这些看似传统的表述视为市场中持久的理所当然的事实。①

这正是1950年代的威士忌市场上发生的事。所有的主要威士忌生产商一致认定，作为事业成功并享受着现代生活方式的“组织人”——美国中产阶级，喝威士忌是为了满足自己的地位自豪感。因此，不同威士忌牌子之间的竞争就围绕着谁能以更有趣、更可信的方式表现组织人的生活方式而展开的。类似地，战后美国社会将咖啡视为中产阶级居家旅行必需品的看法也是当时咖啡市场的主导观念。再比如在健康饮料市场，所有大型饮料公司都认为在饮料里加上最新“秘方”原料是创新“健康”观念的不二法门。我们将这些被广泛模仿的被视为理所当然地产生的文化表述称为“文化正统”。

既然老牌商家喜欢用过时、俗套的文化外衣包装商品，这就给那些采用文化战略的创新企业家留下了巨大的商机。某一个市场，也许从“更佳捕鼠器”战略的视角看是一片红海，而从文化战略的视角看却是

---

① 这里我们所指的，就是伯格（Berger）和卢克曼（Luckman）所说的“沉淀”（sedimentation），布尔迪厄所谓的“信念”（doxa），或其他社会理论家所说的“物化”（reification）。

一片充满生机的蓝海。因为这里最强有力的竞争者都把目光聚焦于惨烈的产品层面的竞争，而完全忽视了商业的文化层面。

社会断裂产生意识形态机遇 185

文化创新的发动机是社会中的历史变化，这一变化重要到足以动摇文化正统，同时形成对于新的文化表述的潜在需求。在产品市场中，某种文化正统一般可以维持几年，偶尔也可以维持十年甚至更久。但在一些点上，随着历史的延展和社会结构的变化，社会结构变化中的一种或多种变化将是破坏性的，它将对现有的商家所提供的、被视为理所当然地产生的文化表述构成挑战，同时形成对于新的文化表述的紧急需求。这就是我们所说的“社会断裂”。这样的时刻，正是曾经的主导品牌失去了它们的共鸣，而创新品牌因其正确的表述而起飞的时刻。

社会断裂创造了意识形态机遇（ideological opportunities）。文化正统不再充分传达消费者需要的文化表述，消费者渴望那些能够照应新的意识形态的品牌，这些品牌通过新的神话和文化密码使意识形态更有趣。以杰克·丹尼尔为例，它就是重新激活了美国历史上一度占据主导地位的拓荒枪手神话，后者取代了被当时的大众传媒和政治精英鼓吹的
组织人神话。战后时期，组织人的成功反而令他们招致反感。人们普遍 186
认为，组织人太过懦弱，太过女性化了，它不适合作为美国男人的角色

图 10.　文化正统

模范，尤其是美国正处在“冷战”环境之下，因此人们渴望复兴枪手所代表和坚持的东西。然而，当时主要的威士忌生产商都陷于这种商品的文化正统之中不能自拔，他们很难想象自己可以放弃“现代”“成功”之类的品牌定位，而回归到威士忌曾经代表的粗犷、坚忍、百折不挠的乡村传统。

这种思考蓝海的方式完全不同于“更佳捕鼠器”模式的思路。根据技术创新模式或混搭创新模式，商机一直在那儿，只不过有时它是沉睡着的，直到新技术被发明出来或者有创意的混搭产品被生产出来，商机才得以苏醒，因为人们总是想得到功能更好的产品。反之，意识形态机遇产生于重要的历史变化，这些变化重新调整了这个行业的文化传统。这些变化使得消费者从那些他们信赖的并且具有他们需要的象征意义的产品离开，从而促使他们去寻找新的替代产品。这是一种紧急发生的机遇，只针对特定的历史时刻和特定的群体。

意识形态机遇为市场创新提供了最肥沃的土壤。然而，这些机遇尚未被认识到，由于经济学、工程学和心理学对于品牌管理思路有着非同寻常的影响。这几种思路尽管有所不同，但共同认可一个假设：为了简

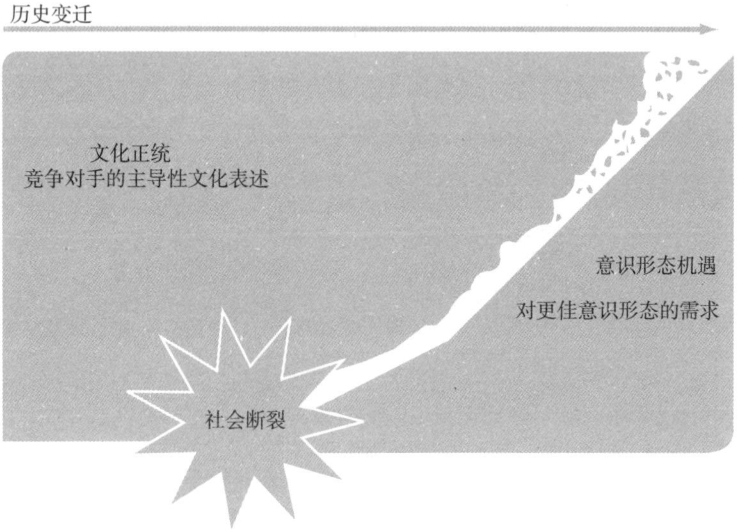

图 11. 意识形态机遇

单地理解这个世界，人们必须有意识地忽略文化语境和历史变迁。它们去掉了人类生活所有纷繁复杂的细节，试图呈现一种条理清晰的消费观，以一种更加高效的方式发挥作用。然而，正是在这些纷繁复杂的细节中，创新的机会潜伏其中。

文化创新对原始素材加以修改

为了从意识形态机遇中获得利益，文化创新需要对我们所谓的“原始素材”进行改编和修改。原始素材有三种类型：**亚文化**、**媒体神话**以及**品牌资产**。

亚文化 187

文化创新所改编的意识形态、神话和文化密码，常常潜伏于亚文化和社会运动之中（此处为了简化叙述，我们将社会运动也视为亚文化加以讨论）。[①] 根据我们的思路，所谓亚文化，指的是围绕着某种意识形态聚合在一起的群体或地方，而这种意识形态与该领域的文化正统是对立的。社会运动与之类似，但它常常有清晰的变革社会的议程，因此也更经常性地直接挑战主流意识。有机食品、慢食运动以及公平贸易运动都是社会运动的典型案例。亚文化为品牌表述的基础提供很高的可信度，因为亚文化“证实”这种意识形态作为亚文化的参与者的一种切实可行的世界观确实存在于这个世界上。[②]

媒体神话

大众媒体常常要比其他的商业机构更早从亚文化中寻找到文化表述的新资源。媒体神话被包裹在任何类型的流行文化产品中，诸如电影、

---

① 我们曾使用“民粹主义的世界”这一术语来指代这些另类的文化，它们是品牌的原始素材仓库。但我们后来发现，这个术语对很多管理者和学生而言太过晦涩，所以我们换成了更常见的术语。参见：Douglas B. Holt, *How Brands Become Icons: The Principles of Cultural Branding*, Boston: Harvard Business School Press, 2004.

② 有关这一点，我们在别处有更深入的分析，参见：Holt, *How Brands Become Icons.*

电视节目、音乐、书籍、杂志、报纸、运动、政治，甚至新闻。因此，
188 文化创新者除了直接改编亚文化，也经常间接地从源于亚文化的媒体神
话中汲取灵感。

品牌资产

企业通常都拥有能够产生影响力的文化资产。这些资产既包括公司具有明显的文化意味的商业实践，也包括尚存于人们记忆中的品牌历史及其文化表述。《品牌何以成为标志》的一个重要主题就是讨论这些资产以及它们是如何重新运作从而增进了品牌的历史感。

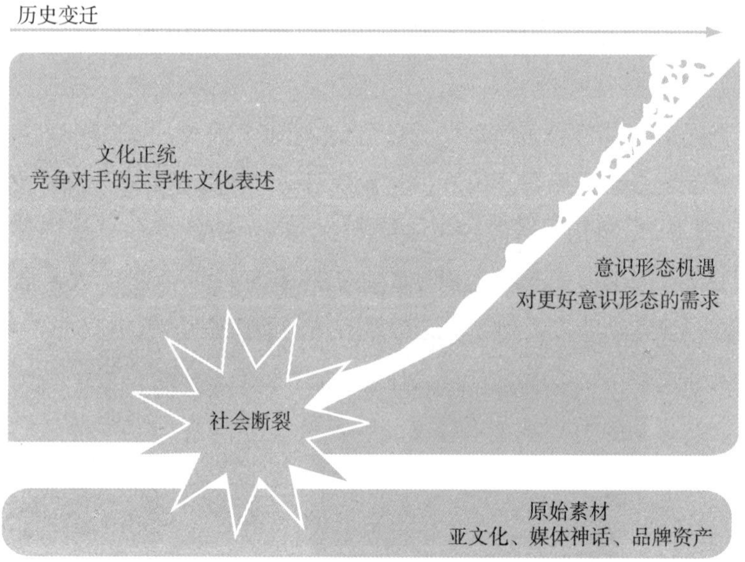

图 12. 原始素材的生新定向

杰克·丹尼尔的创新源于乡村的山区乡巴佬亚文化，在当时的美国主流文化看来，它无疑是褊狭的、粗鲁的乃至层次很低的文化，是早已被历史的车轮甩在身后的文化，也是与新兴的组织人文化相对立的文化。杰克·丹尼尔的酿酒坊坐落在田纳西林奇堡山区的中心地带，这里历史上曾经是拓荒的前沿，酿造威士忌正是他们从拓荒时代一路保留下来的亚文化传统。这一切，使得杰克·丹尼尔推销的意识形态显得非常

可信。大众媒体开启了逆向的时光之旅，从如今生活在大山深处的乡巴佬追溯到了历史上充满反抗精神的拓荒者，从而塑造了山区威士忌酿造者的神话。一个地方性的小酒坊，自拓荒时代以来就年复一年地出产品质始终如一的威士忌，这个传奇性的事实给杰克·丹尼尔的“反潮流”意识形态增添了巨大的可信度。亚文化、媒体神话和品牌资产对于杰克·丹尼尔的创新来说都非常重要，没有这三者的合力，文化创新也许就不会发生。

再看看所有那些召唤拓荒男性气概的杰出文化创新——香烟（万宝路）、威士忌（杰克·丹尼尔）、摩托车（哈雷-戴维森）、牛仔裤（李维斯、李牌）以及 SUVs（吉普），这些产品与特定的亚文化在历史中的相遇，赋予这些品牌非同寻常的可信度：拓荒男人喝威士忌，穿劳动布，喜欢抽烟；而作为现代的拓荒者，“二战”中的士兵驾驶着哈雷摩托或吉普车越野，而他们同样喜欢香烟和威士忌。然后，大众媒体又将这些亚文化意识形态转换为神话，比如马龙·白兰度和詹姆斯·迪恩的电影以及各种西部题材的影视作品，所有这些都为品牌的重新修改提供了非常有价值的素材。

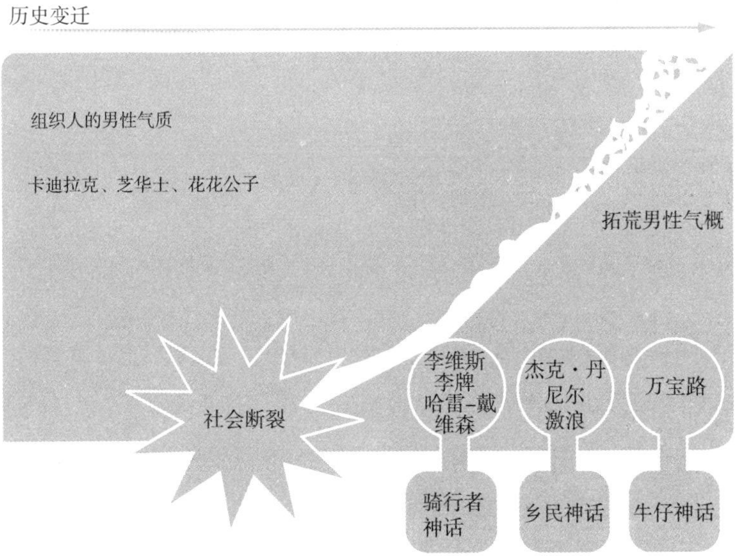

图 13. 战后的媒体神话

189 文化设计

文化创新的最后一个阶段是以一种引人入胜的独创的方式，利用适当的原始素材，设计出一个对应意识形态机遇的概念，这个设计要求将消费者面对的品牌的每一个重要元素，都以一种独创而且艺术的方式来传达这种文化表述。将原始素材变成设计，这种转换是文化创新的“创意”层面。但正如我们将在第二部分看到的，这种创意行为比当今产业界典型的像白纸一样毫无思想的“out-of-the-box”的创意计划要更加具有方向性和限定性。一旦创新者理解了正确的意识形态、神话和文化密码，那么将这些元素注入营销组合的各个方面通常就成为一个简单的任务，远比典型的建设性的创意任务要更加容易影响公司的管理层。

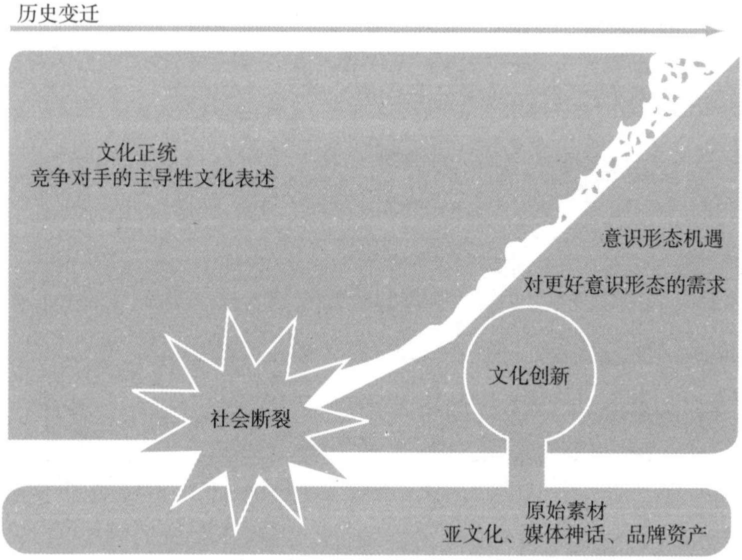

图 14.　文化创新理论

传达了创新的文化表述的品牌变为强有力的文化象征，即我们所谓的“标志性的”品牌。这些品牌如此强大是因为这些品牌得到了社会的共同推崇，成为广泛认可的意识形态的象征，这种意识形态曾是某个群体的独特的意识形态。在日常生活中，人们通过使用品牌来体验和表
190 达这种意识形态。这样，品牌在社会生活中的文化角色慢慢成为一种惯

例，而因为是惯例被持续地得以加强。[1] 文化创新生成了相互关联的三种价值：

- 象征价值。文化表述挑选出人类生活中最重要的方方面面，提供具体的方向和动机，作为精神支柱的象征，解释关于身份、主张、抱负和价值的疑问。品牌的文化表述让这一品牌的消费者在日常生活中发自肺腑地体验这些渴望的理想和价值（人类学家将其称为“仪式性行为”）。
- 社会价值。文化表述明确地阐述了社会认同，而社会认同经常是建立在关键的社会因素基础上的，诸如社会阶层、性别、种族和民族。它们也能够支持重要的政治认同，例如，关注环保主义、民族主义和社会正义的理想。这些社会和政治认同是用于传达身份的，这种身份表明一个人相对于他人的优越感，同时这种身份也建立起一个人与他人的团结与团体。
- 功能价值。当人们从品牌的文化表述中找到了象征价值和社会价值，他们就趋于认为这个品牌提供更好的功能性，质量更高，也更加值得信赖。食品和饮料的味道就更好；公司更加值得信赖，它所提供的服务就更具有连贯性；耐用消费品更加可靠。当消费 191
  者与品牌的文化表述产生共鸣的时候，他们就愿意相信该品牌的产品和服务是优秀的，因此文化表述极其强烈地影响了消费者对于产品表面功能的看法。功能价值是社会观念而非经济学家与工程师所假设的客观事实。

做文化创新

过去，文化创新一直都是一个不确定的事件，本书的目的正在于将

---

① 当然，具体到每个个体，他们对于品牌的体验是更复杂的。人们通常会将品牌的意识形态与他们个人化的故事、印象和联想糅合在一起。同时，单个消费者当然也不可能直接挑战品牌意识形态。正如公司、企业和社会运动组织感兴趣的是消费者集合，这些个人化的特殊意义也只有在集合起来并改变惯例的情况下，对于管理学才具有重要性。挑战也是这个道理，只有当个人化的挑战能够演变为公共行动、能够倡导一种对抗性的意识形态，这时它们才是重要的。参见：Craig J. Thompson, Aric Rindfleisch, and Zeynep Arsel, “Emotional Branding and the Strategic Value of Doppelganger Brand Image”, *Journal of Marketing*, 70/1 (2006), 50 -64.

它转变为一个系统的学科。本书的第一部分我们已经勾勒出了这个学科的理论基础。但是还需要做大量的工作来将一个历来受关注的学术模式转化为有前瞻性的战略框架。本书的第二部分我们将介绍“文化战略”这个由我们创建的学科，它是通过一系列独特的文化研究的技术而写成的。因此，文化战略必将是一个与绝大部分公司所采用的传统战略完全不同的一种战略。目前战略仍然是一个抽象的词语。为了让文化创新行之有效，战略必须明确确定高度语境化的机遇，并且必须指引具体的文化内容。这就是我们下面的工作。

第 二 部 分

文化战略模式的应用

引　言 195

在这一部分，我们将解释如何使文化创新理论成为一个可以利用的战略武器，即我们所谓的“文化战略”。在过去的八年中，我们一直努力将一个学术理论转化为一门战略性学科，使之能够指导文化创新的发展。我们一直寻求我们认为是“思想实验室”的方法。在这段时间里我们一直在进行学术案例研究、战略计划的理论应用以及建立可以立即完整使用的品牌应用理论，并寻求对每一迭际的模式版本的改进。

2003 年，我们第一次将这一理论模式应用于实践，这便是第十一章将要讨论的肥胎啤酒（Fat Tire）案例。这些年来我们一直很幸运，有机会在各种品牌、产品和不同国家范围内实验文化战略。但限于篇幅，本书只能选择四个案例来予以说明，它们分别是净蓝（Clearblue）验孕用品、肥胎啤酒、导火线音乐电视网以及自由职业者工会（Freelancers Union）。当然，我们为其他一些品牌所做的工作同样推动了文化战略这门创新学科的发展。尤其是在一些处于草创阶段的公司中的实践，帮助我们促进了这一模式的应用，从而使这些公司的业务在竞争惨烈的红海环境中得以增长。比如“烈酒一号”，我们运用文化战略确立了它旗下的品牌新瑞加在美国市场上对于六种主要进口伏特加的挑战者地位。2007 年，新瑞加向星座酒类公司销售了 3.84 亿美元的产品。再比如马克硬柠檬水（Mark Hard Lemonade），它是我们用文化战略重新包装“迈克的硬柠檬水”（Mike's Hard Lemonade）的产品。这个品牌曾经连续五年陷入衰退，但在重新包装之后，它在两年之中斩获了10%的市场份额，从第三名一跃成为最佳销售产品。 196

我们也为宝马、可口可乐、百富门、百事可乐以及万事达全球这样的跨国公司工作过，这是非常有益的经验，借此我们弄清了如何实施文化战略以提振全球化的老品牌的活力。例如，我们为可口可乐公司设计的文化战略重新激活了它在历史上曾经宣扬过的治愈社会断裂的意识形态，从而帮助可口可乐重建了它在全球的标志性品牌地位。来自微软公司的任务让我们有机会将文化战略模式运用于技术驱动型的产品市场，这个领域完全不同于我们此前主要涉足的典型生活方式类的产品。我们在亚洲、欧洲和拉美等地区接手的工作则帮助我们了解到如何在美国之外的地区运用这一模式，这些国际化的项目主要有日本市场的乔治亚咖啡（它是可口可乐公司最赚钱的品牌）、欧洲市场的雪碧与宝瓶、墨西哥市场的卡萨多雷龙舌兰。最后还有我们目前为本杰瑞公司正在进行中的工作，它让我们极富成效地掌握了如何将此模式运用于社会运动。

六阶模式

我们用六种互补的文化分析形式来构建文化战略模式，它们像拼图一样被拼装在一起。为了方便阐述，在后面的案例中我们将以线性步骤来说明我们的分析。但是实际上，文化战略的发展是在这六种分析和比较的循环往复中进行的，这些真实的排列在一起的连续的实验性分析使得这一理论的解释愈来愈清晰。在每一个模式版本中，我们的战略研究人员都将排除一些选项，进一步提炼出更满意的战略，通过三角定位从而建立了在文化战略这个方向上的信心。

描绘产品市场的文化正统

我们的文化战略必须在“文化红海”中航行。红海就是我们所说的文化正统，因此我们从描述文化红海开始。文化正统是约定俗成的文
197 化表述（包括意识形态、神话和文化密码），市场上现有的品牌努力用它来创造消费者价值。文化密码存在于任何市场活动之中，从产品设计、包装到零售方式、市场沟通、服务手册，一直到媒体报道中的公司首席执行官的演讲。在这一部分所涉及的案例中，我们将讨论四种不同的文化正统，它们在各自的产品市场上制造了红海。它们分别是：验孕产品市场的父权制医学意识形态（净蓝验孕）、精酿啤酒产品市场的手

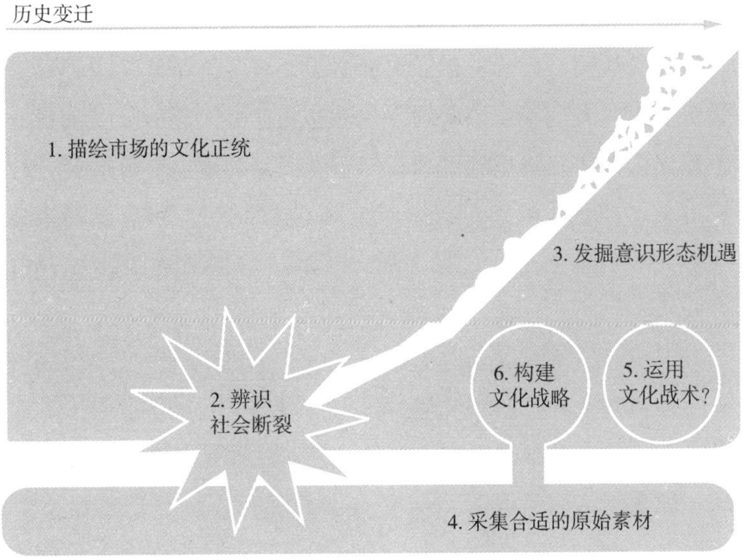

图 15. 文化战略模型的应用

工艺性-世界主义意识形态（肥胎啤酒）、MTV 主导的音乐电视市场的“新新人类梦想一夜成名”的意识形态（导火线音乐电视）以及健康保险市场上的公司专业主义意识形态（自由职业者工会）。

辨识消解文化正统的社会断裂

社会变迁最终会瓦解消费者对于传统产品文化表述的认同。在任何地点、任何历史时刻，都有不计其数的社会变迁正在发生。我们关注的是那种动摇了现有的产品意识形态的社会变迁，它使得让消费者渴望新的意识形态或者对旧的意识形态产生不满。这种破坏性的社会变迁产生的原因可以是技术变革，也可以是经济、社会结构和人口变化，还可以由社会运动或者大众传媒的力量促成。我们可以辨别出四个案例中变迁背后的力量：人口变化导致的社会断裂（肥胎啤酒）、经济导致的社会 198
断裂（自由职业者工会）、社会运动导致的社会断裂（净蓝验孕）以及大众传媒引领的社会断裂（导火线音乐电视）。

发掘意识形态机遇

一旦我们能够具体指出社会断裂之所在，就可以精确地得到社会断裂如何影响相关商品消费者的细节。在这一阶段，我们将深入理解消费者内心的身份认同，以确认他们与社会断裂有关的集体焦虑和渴望。社会断裂所催生的人们渴望的新的文化表述是什么？能够吸引消费者的意识形态是什么？四个案例将展现我们所发掘到的意识形态机会：身体自信女权主义（净蓝验孕）、“布波族之痛”（肥胎啤酒）、民粹主义逆袭MTV（导火线音乐电视）以及左派分子的工作场所的团结（自由职业者工会）。

采集合适的原始素材

文化创新从来就不是拼凑而来的。它们往往是对潜藏在亚文化、社会运动、媒体神话以及品牌自有资产中的文化表述重新稍加改编的结果。这些文化表述就是我们所讲的原始素材。文化创新也不是对“下一个十年也许会发生什么”的未来主义幻想或者头脑风暴中的想象。相反，为了把握意识形态机遇，成功的文化创新总是试图对既存的意识形态、神话和文化密码稍加修改。意识形态机遇常常会给创新者提供强烈的线索去发现最合适的原始素材。也有些时候，生意就根植于社会运动或者亚文化之中，因此正确的原始素材其实是很明显的。

运用文化战术？

我们在研究和咨询工作中开发了一系列具体的技巧作为文化战略的战术装备。在特定情况下，这些战术的威力是巨大的。因此我们回顾这一长串的战术清单，看一看是否有一个好的合适的似乎很有前途的战术可以引入战略模式中。本书我们将要回顾的六种战术包括：

199 · 激发意识形态爆发点（本杰瑞、导火线电视台）
· 使公司神话化（杰克·丹尼尔、娱乐与体育节目电视网）
· 复兴反潮流的意识形态（杰克·丹尼尔、万宝路）
· 文化资本滴漏（星巴克、维他命水、肥胎啤酒）
· 跨越文化鸿沟（耐克、星巴克、肥胎啤酒）
· 文化柔术（本杰瑞、导火线电视台）

构建文化战略

我们通篇都在强调，文化战略需用一个与存在于“更佳捕鼠器”模式和注意力份额营销模式中的传统战略不同的方式。这是因为，文化战略要求人们辨识在特定历史条件和特定社会语境中发生的特定的意识形态机遇，它还要求人们用包含了特定意识形态、神话和文化密码的特定文化表述对这一机遇做出回应。不仅仅因为文化战略的组成元素必须是不同的，而且重要的是，文化战略整体上必须更为具体，还需要更具指导性。传统战略围绕着一般性的消费者利益点或者情感词汇做文章，而文化战略则要指引每一个创新参与者，在创新的每一个组成部分都设计出独特的文化表述。这一尖锐的实验是测试战略模式是否能够指引创新设计中的设计人员朝向一个前途光明的文化表述并警告他们离开文化的死胡同。一般的战略指导书常常只是几页纸，上面是一些由形象构成的概要图示（盒子、房子、脑袋、钥匙等等），但这样的战略设计对于要达到的目标来说太模糊了。文化战略需要详细的文本，根据意识形态、神话和文化密码做出具体而精微的指导。对于文化创新来说，细节是至关重要的。

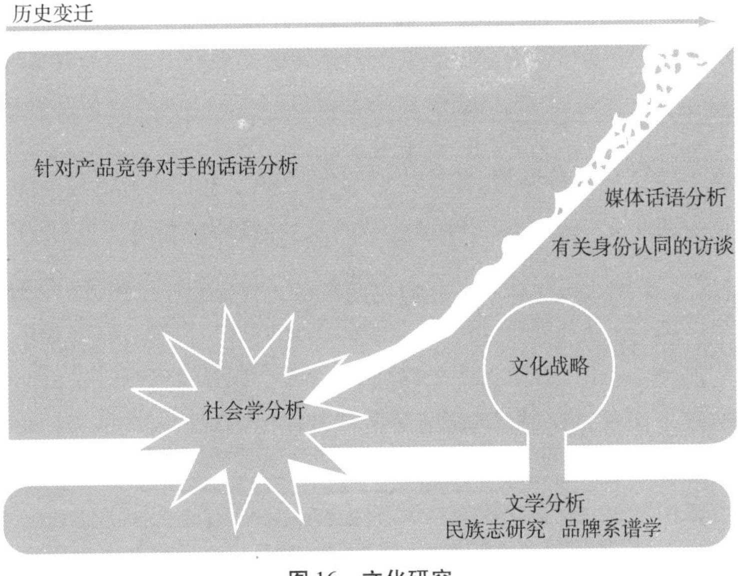

图 16. 文化研究

七种文化研究方法用于三角测量

我们的“思想实验室”最重要的一个方面是已经设计出了一套系统的文化研究方法，从而能够以一种既有效又高效的方式告知战略开发的进展。我们为战略模式中每一个组成部分设计了合适的文化研究方法，这些方法是学术研究技巧的直接应用。事实上，我们是其中一些方
200 法最早的倡导者。① 我们也会以学术文献和有深度的媒体文章作为二手资料，对其进行再度开发利用。这些文献既可以代替某些第一手的研究，也可以作为后续研究的前导。

由于文化战略本身的特性，文化研究对于文化战略设计而言不可能是“即插即用”的工具，而是需要根据项目的具体特点加以调整。文化研究遵循战略模式版本的路径：运用某种研究方法，深入挖掘模式的某个方面，从而为其他各个方面提供强有力的指引，反之亦然。做这项研究最大的挑战在于，确定一个给定的项目中哪些方法是要强调的，而哪些是要忽略的，并且要确定通过这些方法最有效的模式版本迭代路径。我们的研究从一系列的战略疑难问题开始，这些问题是最重要的，最显而易见的，同时能够为重点分析各个组成要素提供最严谨的初始规范。如果读者想要了解更多的相关技巧，可以阅读学术文献，其中对这些技巧有广泛的讨论。

模式的应用

在讨论文化战略模式如何运用于实践之余，我们挑选的这些案例还为我们提供了另一条线索。净蓝验孕产品的测试案例为我们提供了极佳
201 的实验场。通过这一实验，检验了我们关于文化创新为技术创新提供补充力量的断言。肥胎啤酒则反映了一个常见的创新难题，即所谓的“跨越文化鸿沟”。在这种情况下，文化战略是非常有效的良方。导火线电视台的故事让我们找到一种强有力的但却违反直觉的文化战术——直接

① 例如，身份认同访谈便是由克雷格·汤普森（Graig Thompson）与霍尔特等研究者根据消费者文化理论开发出来的一项研究技术。品牌系谱学则是 Holt 首创，参见：*How Brands Become Icons: The Principles of Cultural Branding*, Boston: Harvard Business School Press, 2004.

利用产品市场当下的文化正统，我们称其为“文化柔术”。自由职业者工会的案例让我们得以论证文化战略模型如何驱动社会创新。所有这些案例都让我们能够挑战克莱顿·克里斯滕森关于经济方法对社会创新的适应的观点。

202 第十章　净蓝验孕：新技术的品牌营销

文化战略在技术创新主导的产品市场中可以发掘到意义重大的商机。从事技术创新型产品销售的公司倾向于依照“更佳捕鼠器”模式所推荐的方案来运作：它们不断地寻找下一次技术突破，以为这样就可以让产品不断地有新奇的功能体验，进而为品牌赢得超越竞争对手的巨大优势。问题在于，不但技术突破本身是很困难的，而且就算你取得了技术突破并切实改进了产品的某项重要性能，它也会很快被竞争对手模仿。所以，尽管这个市场现有的参与者都想象着自己目标明确的创新，但实际上在这种产品市场的品牌竞争就是利益点的竞争。那些试图采用注意力份额营销战略在红海中活下来的品牌，经常就是在利益点竞争的过程中进行营销的。比如许多包装商品就是这样。这类产品的市场通常由一些大公司主导（我们将在第三部分讨论品牌官僚制时涉及这个问题），比如宝洁、辉瑞、欧莱雅以及汉高，它们都致力于技术创新，都用注意力份额营销的模式来宣传自己的技术创新利益点。

基于两个理由可以认为，技术驱动的产品市场为文化战略提供了极好的机会。首先，现有品牌都将注意力集中在开发新产品的技术上，所以常常无视品牌有可能传递的社会与文化价值，这一盲点为一个品牌通过一个创新的文化表述在利益点的竞争中取胜创造了机会。此外，文化创新也是打造技术创新持久声誉的一个有效的工具。当各个品牌都在用
203 同样的注意力份额营销的办法宣传各自的技术创新的时候，消费者几乎是不会予以关注的。尽管它们在市场推广方面花费巨资，但从消费者的角度看，这些品牌没有一个拥有创新。而文化创新恰恰能够让技术创新变得更有黏性，更有说服力，我们将在案例研究中对此加以论证。

验孕用品市场提供了一个非常有指导意义的案例。这个市场从开始

起，各个品牌之间的竞争就一直围绕着四项技术创新展开：（1）一种新的免疫测定技术，它能够分离尿液中的人体绒膜促性腺激素（HCG），并避免与尿液中的其他荷尔蒙交叉反应，还要足够准确以适合家庭使用；（2）涂有单克隆抗体涂层的纸带，它可以将检测简化到只需一个步骤，而无须让心烦意乱的女人先尿在杯子里，再将尿液装进检测用的试管；（3）一种更敏感的 HCG 检测器，可以在月经未按时到来之后更早地进行检测；（4）晚近出现了新的数字读出器，它让测试结果的含义令女性更容易理解。每一次，开发出技术创新的品牌都会享受一个短暂的美好时光，在这段时间里，它们尽可以证明自己能够提供比竞争对手更高的产品价值从而引领市场。但是好景不长，这些创新很快就被竞争对手模仿了，甚至包括零售店自有品牌都可以做到。于是，这个产品市场很快回到传统的注意力份额营销的竞争状态，每一个品牌都极力吹嘘自己的产品中包含的那点微不足道的差异。

数十年来，主要的妊娠测试品牌都试图说服消费者相信自己的产品在“精准”“早知道”和“易用”这三个产品利益点上，至少有一点或更多要比其他品牌的同类产品更好。2003 年的夏天，净蓝推出了第一款验孕结果数字读出器，这是一项重要的技术创新，它确实让妊娠测试比之前的同类产品更容易了。但它带来的优势仅仅保持了四个月，四个月之后，净蓝最大的竞争对手“早早孕”开发出了自己的数字测试产品。而在一年之内，零售店自有品牌也有了类似产品。因此，这个产品市场很快回到了通常的注意力份额的大战之中，各大品牌继续像以前一样吹嘘自己的优点：精准、早知道、易用。

因为注意力份额营销的理念主导着这个产品市场，所以当我们在研究中发现女性购买验孕产品的比例居然很小的时候，并没有太过惊讶。但是从文化的视角看，妊娠测试无论如何不是一件因为无聊而做的事情，而是关乎一名女性怀孕或者避孕的努力。作为品牌应该努力寻找一个更有文化内涵的主题。我们很快找到了一个被专注于技术创新的所有品牌忽视的重要的意识形态机遇。我们重新塑造了净蓝品牌，让它成为 204
身体自信女权主义意识形态的捍卫者。这一举措迅速斩获了巨大的销售业绩，这样的销售业绩在包装商品市场上是极为罕见的。

利益点混战造成红海

1970 年代早期，一项由国家健康协会发起的研究促使家用妊娠测试的发展，即用一张涂有抗血清的纸带检测出尿液中的人体绒毛膜促性腺激素（HCG），HCG 也被称为“孕激素”。1978 年，美国市场上出现了四个品牌的家用验孕产品，女性得以在去看医生之前初步检测一下自己是否怀孕，或者干脆就不用去医院了。这些测试产品实际上是一样的，都采用了相同的技术，都能达到 99% 的准确率。尽管产品没什么差别，这些品牌仍然竭力想让消费者相信自己是不同于其他品牌的，每个品牌在利益点的宣传上都试图胜过对手。①

- 第一个品牌是华纳-齐克特公司旗下的早早孕（*e. p. t.*）。产品名称强调的利益点是早知道，而它的广告则宣传产品的精准（“其高准确度已经得到了美国医生的证实”）和易用（“它意味着你可以轻松地自己测试是否已经怀孕”）。广告的最后将所有的三个利益点都放进了结尾的总结里：“至少早知道怀孕对我们来说是容易而精准的。”
- 第二个品牌，准测孕（*ACU-TEST*），强调的利益点是精准。而它的广告却宣传自己的早知道（“你越早知道自己怀孕，就越能迅速地采取保护自己的措施”）和易用（“只要检测尿液，而无需身体检查”）。为了使广告具有个体化的效果，在广告中加入了一名女性的形象，她咬着指甲，神情忧郁地看向镜头范围之外，以渲染等待测试结果的戏剧化效果。
- 第三个品牌，知孕（*ANSWER*），它的广告也宣传自己的早知道和精准，不过重点强调的利益点是对测试结果的“信心”。
- 205 第四个品牌，测孕器（*Predictor*），它采用的是“所有利益点中最好”的战略，所以宣称自己是最受认可的产品（“唯一经受了

① The Office of NIH History, *A Thin Blue Line*: *The History of the Pregnancy Test Kit*, National Institutes of Health, http://history. nih. gov/exhibits/thinblueline.

3000 家医院的 900 万次实验的测试产品”）、最精准（“98.9% 的精准率”）、易用（“容易得犹如字母 ABC”）、安全（“只需尿样即可”），以及早知道（“早知道很重要”）。

当一个品牌引入一项新技术的时候，竞争对手就会迅速加以模仿，并且将这个新技术当成仍在进行的利益点大战中的新武器。因此，当新的数字技术被引入之后，所有这些品牌又开始夸耀自己的数字化产品集各种优点之大成——不但保持着精准、早知道和易用的特点，而且现在又多了“清晰”。有些品牌也试图在广告中增加情感利益点，将表现女性在焦虑等待测试结果的场景戏剧化，类似于准测孕品牌的那个咬牙的女性的广告。也有公司想要传递“信心”，它们在广告中使用的表现手法也基本相同：转弯抹角提及医生的专业技能、医院的测试，或者一项技术的新进展。

当 2006 年净蓝的管理层来找我们的时候，它在美国市场位居第三名，远远地落后于前两名。而且，尽管净蓝在欧洲大部分国家的市场上是排名第一的品牌，但其市场份额正在快速地被商店自有品牌所占据。当时，净蓝的品牌宣传强调的利益点是“明确”，它的广告则试图通过传统的“咬指甲的女性”形象来引发观众的情感。公司请著名导演大卫·林奇拍摄了增加了悬疑情节的广告，它告诉观众“如果你正在等待知道自己是否已经怀孕，相信世界上没什么事比这更闹心的了……只有净蓝，能在一分钟之内给你一个是或不是的明确答案。”另外一些广告则试图通过隐喻将“明确”戏剧化，比如，将净蓝毫不含糊的测试结果比喻成汽车明确的方向以及明确的家具制作的方向。在另一个广告中，一个男人为一个女性旅行者指路，但越指越糊涂，直至广告插入画外音，告诉人们“明确”是一个多好的事情，尤其是对于怀孕检测来说。

幸运的是，我们接手这个项目的时候，净蓝还是一家生产医疗保健用品的小型创业公司，是因弗内斯医疗创新集团于 2001 年从联合利华手里收购过来的。因此，净蓝的管理团队比典型的品牌官僚机构更高效，也更具独立思想。它的全球市场与创新团队由三位女性组成，她们不喜欢品牌官僚机构的逻辑，也不打算耐心应付它们。与我们第一次会 206

面时，她们将单词“阴道”投影在幻灯屏幕上，向我们解释说她们是一家女性健康用品公司，并且告诉我们，如果我们与她们合作，我们必须适应在业务会议中频繁地用到这个单词。在向我们进行的简要介绍中，她们强调说，品牌推广任务的最重要部分就是超越各品牌之间利益点的博弈。她们深知利益点的混战是这类产品使得消费者相信所有的验孕产品都差不多。而零售店自有品牌以更低的价格复制了各品牌的利益点，由此蚕食了33%的市场份额。

2006年的时候，她们对联合利华遗留下来的品牌管理的流程感到彻底的失望，这一流程既费时又费钱：首先是细分市场的研究，随后是管理咨询专家指导下的创意会议，再然后是长达几个月的概念测试和概念优化期，最后将所有关键的发现简化为品牌战略图解中的八个文本方框，即他们所谓的“品牌钥匙”（brand key）。这个流程与所有的蓝筹消费品市场公司的标准品牌管理程序是相类似的，我们将在分析品牌官僚制的第十四章讲述这个问题。品牌钥匙中的文本方框标题大抵是“利益点”“相信的理由”“消费者鉴别点”之类的字眼，它要确保品牌经理围绕着产品利益点来构建品牌推广的战略。就像其他的精英品牌官僚机构使用的品牌屋（brand houses）、品牌金字塔（brand pyramids）、品牌洋葱（brand onions）等概念一样，品牌钥匙迫使经理们将所有的品牌利益点以及对于利益点的理解提取出来，作为精髓分别放进独特的文本框中，也就是本案例中品牌战略图解——品牌钥匙中心的钥匙孔。

经过详尽的市场调查，听取了大量的焦点小组的访谈，测试各种不同的概念，将最终挑选出的概念进行了优化，勤勤恳恳地将得到的信息填入品牌钥匙图解中，净蓝的管理团队最后得到的是一组精挑细选的关键词：结果早知道（“测试提早了5天”）、精准（“超过99%的数字准确率”）、易用（“一个步骤，容易掌握”）以及明确（“容易知道结果”）。经过如此复杂的流程最终产出的结果依然是在重复此前的25年中所有此类产品都在不断开列的利益点明细单！这无异于对消费者说：“在所有利益点上，我们都是最好的”，而这恰恰是他们希望避免的战略。对消费者需求的理解说成是“我感到焦虑，我想马上知道我是否怀
207 孕了”，一个老套的“咬指甲的女人”的故事。至于从各种元素中提炼

出的品牌本质，则落在“信心”这个词上，而这也是其他品牌宣传了几十年的概念。显然，这套流程未能帮净蓝发掘出创新的机会，反而令它再度陷入红海的利益点混战。

净蓝的经理们对我们用文化战略的模式来发掘品牌创新机会的可能性十分好奇，因此暂时中止了那个将她们继续引向陈词滥调的品牌管理的流程。她们要求用我们的模式为净蓝开发一个创新概念，为此我们开始了寻找能够让净蓝超越这一产品市场的文化正统的最佳意识形态机遇的文化研究。

文化正统：父权制医学

我们首先来描绘这个产品市场的文化正统，因为它是 25 年来各品牌之间利益点混战的不言而喻的基础。我们发现两家领先的品牌——早早孕和一测灵（First Response），它们的品牌推广一直都依赖了我们称为父权制医学的修辞。

在它们的品牌推广中，以一种高高在上的富有优越感的语气用伪科学的语言对女性说话。那些广告将验孕产品的理想消费者呈现为古板正经的妈妈形象，看上去像是从 1950 年代的电视节目中走出来的人。这些广告向人们暗示，这些女性羞于在公共场合谈论她们的身体或者身体机能。生殖健康是一个令人尴尬的话题，不应该公开谈论的，因此在广告这样的公众平台中必须改用“温文尔雅”的委婉说法。

早早孕试纸的一个广告中，一位女性正紧张地等待着妊娠检测的结果。她的丈夫则坐在她身旁，以一种高人一等的语气在发表一些评论。在某个版本中，他说：“下次运气要更好一点”。在另一个版本中，当他得知检测结果是阴性时，只是耸了耸肩。广告里的男人和女人，都像是直接从《家庭圈》或《好管家》这类杂志里走出来的人物。广告似乎是有意避免人们将购买验孕用品与性联想到一起，而是表现出“好”女人渴望通过怀孕实现她与丈夫构成家庭的梦想，突出了 1950 年代稳定的母亲身份以及小家庭的理想。早早孕的广告中的经典镜头是女性因为得知自己怀孕而幸福地流下眼泪，或者因为没有怀上陷入焦虑和悲伤。验孕产品主要是用于避免怀孕的，而这一点在广告中被故意地忽 208

略了。

类似地，一测灵广告里的讲述者用的是“医生最知道”的语气。主持人常常穿着实验室的白大褂，以医学权威的口吻说道：“想想吧！在你怀孕的那一刻你就能知道，这就是科学的力量！”广告中测试结果以图表的方式出现激起了一种类似伪科学的气氛，虽然是过分地科学了。在一个广告中，笛卡尔坐标平面上有一个标注为妊娠的点，一条线从这个点出发延伸至另一个点，这条线反映了孕激素水平的变化。然后我们就看到一位女性的侧影，背景是一个上升的曲线图，这条上升中的曲线将她的阴道与一个字块相连，字块上标注着“过周期了”。曲线上升的过程时而被颤音铃声打断，其他的声音效果若是用于神奇的科学一类的纪录片中也没有什么不恰当的。

两家品牌都没有意识到自己是在捍卫父权制医学意识形态：女性是被动的、已婚的。她们的主要作用是生育，而只有经过医学专业赋权的男性专家才拥有合适的专业知识对女性的身体健康做出鉴定。因此，希望女性对于自己身体的控制以及健康的责任遵从于主要是男性的医疗机构的决定。有关身体的所有问题都是私人的问题，将以诊疗的方式来解决，不能受到任何“性”的玷污。

原始素材：身体自信的女权主义

我们工作的下一步是寻找一种有效挑战父权制医学意识形态的亚文化。我们尤其感兴趣的是要识别出一种已经被媒体采用的并且转化成了媒体神话的亚文化。我们发现了一个极具影响力的运动，它长久以来一直挑战着父权制医学意识形态，它也包含了另一种性别意识形态，这种意识形态在晚近已经融入流行文化，并且在我们的目标消费人群（16—40岁的女性群体）中产生了巨大的影响。所涉及的研究包括：对挑战
209 了父权制医学意识形态的女权主义社会运动相关的学术研究的分析，对第三波女权主义亚文化的话语分析，以及对报道该项社会运动的大众传媒的话语分析。

第二波女权主义的非传统的健康运动

父权制医学在美国遭遇的第一次挑战是一本名为《我们的身体我们

做主》的书，该书出版于 1971 年，由波士顿妇女协会编撰。这本书敦促女性掌管自己的身体和健康，鼓励她们完全公开并诚实地谈论女性的性健康以及与生殖有关的问题，这本书对那个时代的女权主义运动产生了巨大的影响，说到第二波女权主义浪潮经常会提及它。

健康运动是更广阔的“个人的是政治的”运动的一部分，它号召女性将自己的身体从贯穿于全社会的厌恶女性的父权制意识形态之中解救出来。凯瑟琳·麦金农和安德烈亚·德沃金针对色情所做的斗争表明第二波女权主义运动经常涉及性的问题。只要发现与父权制相关的事情，比如在色情中将女性的人格物化，第二波女权主义运动者便会毫不留情地予以批判，并且寻求制度性的变革。她们将这些问题提交法庭，并在大学里开设新的女性研究的课程。

第三波身体自信的女权主义

自 1990 年代初开始，第三波女权主义的意识形态开始出现在年轻女性的亚文化中，它与第二波浪潮最突出的区别主要在与性有关的问题上。第三波女权主义者不像第二波女权主义运动者那样将女性的身体从卧室里拉出来，并让它们成为课堂和法庭的政治议题。她们发现，回归性权利才是更大的权力。第三波女权主义直接向第二波女权主义关于异性恋的观点提出挑战。第三波女权主义不是寻求女性摆脱男性对于性关系的安排，而是要求一种作为女性权利的性。妇女想要战胜父权制的压制，她们就必须有能力自由地享受性，而不是在性的周围筑起高墙。

第三波女权主义者认为“荡妇”这个称呼是一个双重标准：为什 210
么女性淫乱就会被人鄙视，而男性淫乱却能得到赞赏？于是，一些被传统观念认为不够温文尔雅或不女性的行为和言辞，比如性关系上的主动和小圈子里的淫乱，一下子包含了为女性赋权的意味。女性开始自豪地公开谈论她们的身体机能、生殖器、性欲甚至性征服，而这曾是男性的权力。

进而，第三波女权主义拒斥她们盛气凌人的前辈们关于女权主义者的定义的正统观念。反之，她们激励女性去认同那些能为自己带来性感、帮助自己有信心对抗父权制侵犯的东西，无论是裸照女、泼妇、性符号、假小子、脱衣舞娘、恋人、还是女同性恋口红。这些认同中的许多对于女性解放的一代人来说是禁忌，而第三波女权主义者就是要打破禁忌。

这一意识形态的出现是由代际的人口变化驱动的。认同第三波女权主义的女性通常是婴儿潮一代的子女。她们父母那辈人的前半生还在为改善基本人权而进行艰难的政治斗争，而她们这一代人中则有很多人相信已经取得了绝大部分的制度上的平等。第三波浪潮兴起的时代，女性在精英大学的法律专业和医学专业中所占的比例已经高于男性。这年轻一代的女性经常是等了又等才愿意结婚，她们也更愿意从事有竞争性的职业。她们也比父母更懂得媒体，也更享受对流行文化所持有的一种娱乐的心态，她们常常以反讽媒体塑造的女性的刻板形象为乐，这类形象从帕里斯·希尔顿到全美超模大赛。她们更喜欢用幽默的口吻来谈论与性别有关的话题，而对父母那一代在他们看来缺乏幽默感的女权主义避而远之。

这种身体自信的女权主义得到了一些有影响的亚文化杂志和网站的推动。《胸围》（*Bust*）是一份宣称“提供某些东西让女性一吐为快”的杂志，它号称自己是“新潮女性之声”，内容涵盖了职场、流行文化以及性相关的内容，包括性玩具和色情指南，是区别于《时尚》和《服饰与美容》等时尚杂志的激动人心的选择。《胸围》以一种极其开
211 放的姿态谈论性和生殖的话题，呈现出一种断然的反伪善的风格。这份杂志还运营了一家名为“乳罩廊”（Boobtique）的网上商店。《泼妇》（*Bitch*）杂志出版于俄勒冈的波特兰（那里是女权主义第三波中骚乱女孩亚文化的大本营），它的自我定位是“对流行文化的女权主义回应”。这份杂志以第三波女权主义的立场评论各种事物，从时尚到音乐，从性到扮装。它还十分推崇电影中伴有脱衣舞的滑稽娱乐以及女同性恋的性爱场景。它认为色情对于女演员来说是一种赋权。这份杂志曾经发表过一些轰动一时的文章，包括珍妮弗·马赫讨论教育学中的性爱的文章《献给老师的激情》、茱莉亚·希瑞讨论阴道再造新文化的文章《女阴的金矿》以及李·休梅克关于性别“小便池”的文章《站起来撒尿》等。还有一个网址为 Nerve.com 的网站，吸引了成千上万的年轻职业女

性。网站内容丰富多彩，既有活色生香的激情图片，大胆的网络约会，也有娜奥米·沃尔夫、乔伊斯·卡罗尔·奥茨、诺曼·梅勒等一些重要的文字撰稿人。这家网站称自己是一份“聪明而诚实的关于性的杂志，有香艳（且自信）的散文和小说”，它还鼓励成员们走出去寻找艳遇。

意识形态机遇

最后，我们对一群女性进行了身份访谈，她们代表了净蓝最恰当的目标消费人群——16—40 岁的从事专业或管理工作的女性。我们了解到，虽然她们当中只有很少人是女权主义运动的积极参与者，但其中许多人都愿意拥抱第三波女权主义的意识形态，她们愿意持开放的态度对待自己的身体，她们赞美性，并且追求自己认为合适的女性气质，而无论那是什么样的气质。她们非常赞同为女性身体赋权的《我们的身体我们做主》中的观点，但却不太欣赏第二波女权主义对待性的态度。这一代人成长于性关系坦率而淫乱的年代，对于她们当中的很多人而言，第二波女权主义的观点太过尖锐甚至有些大惊小怪。

我们有确凿的证据证明第三波女权主义的意识形态已经弥漫于大众传媒的某些部分。1996 年上演了一部名为《阴道独白》的外百老汇短剧，它由一系列的独白组成，每一段独白都关联到阴道的某个方面，无论是性、月经、手淫、怀孕，抑或是妇产科医生的各种工具。这部短剧 212
具有挑衅性地试图用戏剧来表现，女性身体和生殖健康绝不是什么令人尴尬的事物，它们应该自由而直截了当地进行讨论，而无须感到羞耻。《阴道独白》准确地踩到了女权主义第二波相比第三波的观点所存在的缺点，从而声援后者。它迅速获得了狂热的追捧，并在 2000 年代初期发展成一个全国性乃至全球性的文化现象。乌比·戈德堡在麦迪逊广场公园上演了《阴道独白》，家庭影院频道（HBO）给予了转播。随后，许多演出公司在全球一百二十多个国家演出了这部短剧。我们了解到，这部独白剧在我们的关键消费人群中一直非常流行，尤其是在英国，它不停地在五十多个城市轮番上演。[①]

---

① 参见：www. vaginamonologues. co. uk/default. asp?contentID = 576

最具有影响力的身体自信女权主义的流行表述是电视剧《欲望都市》。这部电视剧塑造了一个具有挑衅性的妇女榜样，这是美国和欧洲的女性在电视银屏上从未看到过的。也许，它是一部最有影响力的塑造战后婴儿潮一代妇女的女权主义理想的大众文化的作品。这部剧表现了四位三十五六岁的在纽约从事专业工作的妇女的日常生活。这几个女人公开地寻求性冒险并且为此自豪，她们坦诚地谈论诸如性传播的疾病、生育控制、淫乱、性伙伴、勃起障碍以及妇科疾病之类话题。这部剧因为直言不讳地讨论了性与妇女而受到尊重，年轻的职业女性模仿剧中四位好友的穿着、讲话乃至社交方式，而宗教右翼成员则尖锐地指责该剧的淫荡和举止不当。

这部 1998 年播放的电视剧，从一部美国家庭影院频道的高收视率热播剧，逐步发展成了一个国际现象。英国第四频道 1999 年引进了该剧，很快它就出售给了全世界，从德国到韩国到巴西。电视剧的 DVD 套盒成为畅销品，而《欲望都市》的影片同样风靡全球，是迄今为止票房收入最高的浪漫喜剧。

我们也发现了一些创新企业努力回应这种正在增长的身体自信的女权主义的需求。比如，柯兰奇等全国性的特许经营模式的健身机构开始
213 为女性提供脱衣舞课程，在这里，她们不再是律师、公关执行官之类的工作身份，而换成了一个性感的脱衣舞娘。

我们的访谈和话语分析显示，在 2006 年我们接手净蓝项目的时候，身体自信的女权主义已经从第三波女权主义者的亚文化而扩散到了我们的目标消费人群之中，并且成为其主导性的性别意识形态。我们访谈的女性以一种非常坦率、经常是时髦自信和反讽的方式看待性，这完全不同于大多数年长的女性。身体自信的女权主义的观念直接影响了她们如何去做一个母亲或如何避免做一个母亲，也直接影响了她们对于生殖健康的期待。与《我们的身体我们做主》那个年代的女权主义者一样，她们坚持认为对自己的身体拥有完全的决定权。但是对于在公众话语中如何谈论自己的身体，她们却有着不一样的期待。对她们而言，身体的愉悦和问题已经成为日常生活的一部分，是要谈论、嘲笑以及对待的某种东西，永远不必避讳它。

我们将这种一代人所乐意接纳的身体自信的女权主义视为净蓝的一个重大的意识形态机遇。由于简单的生物学原因，这群年轻女性是验孕产品最频繁的购买者。因此，这个市场上的两个主导性品牌——测灵和早早孕，它们所维持的意识形态已经过时，只能迎合较为年长的女性，而她们对于这个市场的重要性正在逐年下降。通过我们的分析，意识形态机遇显现出来，那就是净蓝应该在妇女的生殖健康方面提倡身体自信的女权主义。

设计文化创新

净蓝的经理们为这个意识形态机遇感到振奋。尽管她们最初的介绍中禁止使用任何可能被理解为女权主义的文化表述，但净蓝的经理们没有将这个禁令当作一回事。她们知道这不过是一个语义理解的问题，正如一位经理所言，“那份介绍文件所谈的是关于发炎的、多毛的腋窝的女权主义”。她们敦促我们用她们组织中其他人也可以理解的方式撰写战略，所以就有了下面这个宣言：

> 净蓝提倡一种身体自信女权主义关于生育和女性健康的观点。214
> 净蓝赞美女性的身体，我们不因女性感到尴尬。我们认为生殖健康是好玩而有趣的，而不是有罪的或者不淑女的。我们直率地谈论生殖问题，我们没有什么秘密，我们不用委婉的语言隐藏秘密。我们用幽默而不是严肃的态度来看待性问题。我们认为正在处理生育问题的女性是强大而有自主权的女性，而不是听从于男人或是紧张地等待检测结果的女性。我们赞赏以自然的态度对待性，而不是掩藏它。指出父权制医学在对待女性的性与性健康问题上的双重标准，我们觉得有趣。对于女性身体的种种禁忌，我们是充满个性的，是反讽的。

写了这份宣言之后，我们开始考虑如何以一种尽可能具有煽动性的方式来使这种意识形态变得生动有趣。我们应该戏剧化什么样的神话？应该对什么样的文化密码稍作修改？挑战在于我们所要进行品牌推广的是一种只有很少女性会关注的产品。我们也只有很少的媒体投放预算。因此，在针对目标消费者设计能够产生共鸣的文化表述时，我们几乎没有可以试错的空间。我们必须用正确的方式将正确的身体自信女权主义密码包含在文化表述中，以理解了的眼神告诉目标消费者，我们与他们的观点是一样的。所有这些都必须在 30 秒的电视广告或者一张 A4 纸大小的平面广告中表现出来。

这种情况下自然是采用我们的“激发意识形态爆发点”策略，这一策略是我们从本杰瑞案例的分析中发展而来的（参见第四章）。身体自信女权主义无论在欧洲还是在美国都仍然处于激烈的争辩之中，所以存在许多的意识形态爆发点。那么，如果我们用一种具有煽动性的创意，击中爆发点的话，我们就能以最少的媒体投入使我们的目标消费者激动起来。什么是身体自信的女权主义所提倡的最有争议的问题？我们首先想到的是对于性的公开而直言不讳的谈论，然而关于性感的话题在社会传媒时代已经变得稀疏平常，所以很快就丧失了锋芒及其女权主义的意味。

我们转而考虑赞扬坦率而公开地谈论女性的身体机能。因为其他女性健康产品公司在涉及这个话题时，是如此保守，经常用抽象的蓝色液体表示尿液，或是用液体倒进量杯表示撒尿。我们意识到，刺破这个禁
215 忌将是特别有煽动性的，而且这个意识形态爆发点在美国和欧洲这两个我们的关键市场具有同样的争议性。此外，这一文化战略有机地对应了如何实际使用净蓝产品。正如净蓝的经理们喜欢指出的那样，我们是做“推销尿棒”生意的。因为一个验孕产品要显示是否怀孕，测试对象就必须将尿液尿在产品上。

妊娠测试：撒尿的船

我们的第一项任务是将用于净蓝验孕产品的数字技术进行品牌宣传。尽管所有的竞争品牌包括药店自有品牌都能提供数字技术，但是它们的注意力份额营销方案是如此马虎，使得很多女性都没有注意到。因此，尽管这项创新已经面市了好几年，我们认为利用文化战略仍然有机会将净蓝确立为数字验孕技术的领先者。为了嘲讽竞争对手的父权制医

学意识形态，我们拍摄的广告片坦率而戏剧化地构想了一个女性在等待验孕结果时的行为。我们想要尽可能大声而自豪地宣告女性的身体机能绝不是令人羞耻的，所以我们决定让我们的第一个电视广告有一种欢乐的特征。广告故事的场景设定在外太空，一艘巨大的太空飞船正在逼近，音效和画面的结合形成了戏剧化的效果，太空飞船表达了对《2001太空漫游》这部电影的敬意。

一个男中音以十分夸张的语调讲述着，这种语调增加了对此类产品“科学”广告的讽刺效果：“它来了……下一代验孕产品。它的设计……简单到令人激动。它的电路设置……精确到令人难以置信。”当验孕产品的盖子漂走的那一刻，音效变成了戏剧化的嘶嘶声，仿佛正在脱离太空对接站。

男中音继续缓慢、大声且强有力地说道：“毫无疑问，这是一项最精密的技术……。”这时，就在广告片即将到达高潮的那一刻，一股洁净的液体从屏幕上方倾泻而下，降落到验孕棒的顶端。男中音结束了他的讲述：“……所以你会尿在上面。使用净蓝数字验孕。它是如此先进，如此出乎意料的简单。”

倾泻的尿液泼向数字化的验孕产品，强烈地表达了净蓝对于身体自 216
信的女权主义的拥护，以及对于父权制医学观的反对，这是文字永远不可能达到的效果。这个30秒的广告，使得市场中的领军者——一测灵和早早孕似乎变得过时了，因为它们以尴尬和庄重的态度对待女性的身体，将女性的身体掩藏在各种委婉的表述中。

排卵测试：影射

我们也将身体自信的女权主义的文化战略用于重新定位净蓝的第二个排卵测试系列产品。尽管妊娠测试在销售上排名第一，但排卵测试却是公司最具成长性的产品，因为公司在这方面是市场的领先者。净蓝的经理们将产品推广集中在美国市场，因为美国的消费者与其他国家的同类人群相比，比较缺乏相关的生育知识。大部分美国女性没有意识到每个月她们只有几天能够怀孕。她们不知道在月经周期的大部分时间里怀孕的几率都非常低，然后在最有可能排卵的两天里怀孕的几率又非常的高。在美国，许多的生育问题都是由于缺乏对排卵周期的了解而造成的。

不仅关于排卵的知识相当有限，而且对排卵测试也感到很羞耻。美国的主导性的话语将排卵测试描述为存在生育问题的女人所借助的生育手段。接受我们访谈的女性表示，无论是询问排卵测试还是到商店购买此类商品都令她们感觉非常尴尬。她们不愿意在公开场合谈论排卵测试，因为她们认为只有对怀孕感到失望的女性才会做这种测试。围绕着排卵测试的禁忌感，使它非常适合采用“激发意识形态爆发点”的策略。我们认为净蓝应该打破这个禁忌，使得在美国文化中谈论排卵成为可能。

更进一步，我们找到了一个有趣的关于性的视角，它让我们能够以
一种新颖而富有煽动性的方式来利用第三波女权主义的性意识形态。因
217 为怀孕的最佳方法就是在女性最有可能排卵的那两天里尽可能多地做
爱，那么净蓝产品就为提倡女性的性主导权利提供了一个自然的机会。

对于排卵测试产品，我们的媒体推广预算甚至比验孕产品还要少，因此我们选择广播和印刷媒体。广播广告将一位在性方面很主动的女主角的声音，直接与一位假正经的荒谬的男人的声音形成冲突。这个名叫“性的影射”的广告，一开头便是一位妇女在给听众讲述净蓝数字排卵测试产品：“你们知道的，每位女性每个月就那么几天有可能怀孕，净蓝能帮你精确地测算出最佳的造人时间。”突然，当她重复地说道：“甜心，甜心，快，快，造人时间到了”，她的声音变得很性感。这个时候，乡村爵士乐具有挑逗性地响起来，那是 1970 年代色情音乐的密码。

音乐响了没多久就慢慢地停了下来，假正经的男人打扰道：“呃，我觉得这里面有什么地方不太文明”。女人回应道：“什么?！难道我不能在排卵广告里说造人么?！啊，对不起，净蓝排卵测试产品会告诉你什么时候可以……”。这时广告中传出很响的性感的喘息声，假正经男人的声音又打断道：“噢，别这样……停下来”。女人回应道：“停什么？那只是一个女人在抬钢琴！”她继续调皮地说，“她正在锻炼，因为她提前知道最佳的日子……”，这时我们听到弹簧床垫具有挑逗性的

嘎吱声。假正经男人愤怒地打断道："嗨！停下来，这是犯忌。"女人的回答道："一条边境牧羊犬在生锈的蹦床上蹦就这么犯忌？"男人说："这对排卵测试广告没有任何意义。"女人解释说："当然有意义。它能让你笑。就像是净蓝排卵测试仪上的笑脸符号，让你知道你最佳怀孕的日子。"

假正经男人表示怀疑地嘟哝道："我不知道。这里像是有什么东西。"女人意味深长地回答说："东西有了，也真准时啊。"假正经男人抗议了，"哎！这可是性暗示啊！"女人总结性地做了回答："我可没说，是你说的。"

效果

对于净蓝验孕产品的重新打造为我们提供了一个近乎完美的田野实验的机会，来评估我们的文化战略模式的效果。净蓝在 2003 年开发了数字验孕产品，为了新产品的发布，花了相当多的推广费用。销量快速 218
达到一个稳定的水平之后尚未进一步地进行推广。因此，净蓝市场营销的唯一变化就是播放了我们设计的广告。所以我们可以很容易地在连锁店层面上测量到我们的广告对每个市场的销售影响。广告在英国播出之后的最初几周，销量增加了 74%，扭转了此前连续 9 个月的下降趋势。广告在德国播出之后的一个月内，平均周销量飙升了 364%，改变了此前连续一年的销量下降局面。在美国市场上，广告播出一个月之后，净蓝数字验孕产品的销量上升了 80%。在沃尔玛，净蓝的销量创出了销售记录。与上年同期相比，在价格上涨 9% 的情况下销量增长了 53%，而之前的一年半当中它的销量一直是下降的。在一个成熟的产品市场，一个单独的广告就能获得这样的销量增长的水平，这无疑是一个奇迹。

结论

我们运用文化战略的模式在一个技术驱动型产品的广告中做了一个具有煽动性的意识形态的表白。竞争对手们长久以来一直依赖注意力份额营销模式来推广产品的利益点，却并不知道它们所提倡的是一个日渐过时的意识形态。我们通过文化研究，创造性地制定了身体自信的女权主义的意识形态战略，而我们的文化研究所花的费用比净蓝经理们曾经做过的传统研究所花的费用要少得多，而且我们只用了一个月的时间就完成了这一研究。我们用于研究、战略制定和创意开发的预算很少，而且必须做到第一次的推广活动就要把握准确。

将文化战略运用于技术驱动型产品的关键是懂得产品的利益点与象征主义价值是紧密地纠缠在一起的。注意力份额营销模式中最大的缺陷之一是将产品的功能、形象和性感特质割裂开来，作为品牌价值相互独立的组成部分。这一缺陷逻辑导致了一个结论：如果产品采用了某种切实改进了功能的创新技术，那么利用这一价值点，品牌推广时就可以向消费者做一个直接的理性的宣传，辅之以一个令消费者感觉良好的创
219 意。在妊娠测试产品市场上，老品牌们 25 年来一直都是这么做的，其结果是将产品市场拱手让给了药店自有品牌。

我们的研究一次又一次地表明这种预设是完全错误的。创新的文化表述像一面棱镜，能够重塑消费者对产品特性和利益的感知。对确立品牌在一种新技术领域的主导地位方面，这种棱镜效果是十分巨大的。这就是为什么我们能在净蓝项目上取得如此成功的真正原因。因为净蓝很有说服力地将身体自信的女权主义用戏剧化的方式呈现出来了，令消费者认为净蓝是数字验孕产品的领袖品牌，认为净蓝所测试出来的结果是最可靠的，也比其他品牌能够更早地测出是否怀孕的结果。

第十一章　肥胎啤酒：跨越文化鸿沟 220

新比利时酿造公司的首席执行官金·乔丹了解了一定的情况之后，做了一个冒险的举措。该公司的旗舰产品肥胎啤酒是落基山地区最受欢迎的品牌，它在科罗拉多的市场占有率最高时曾达到3%，销售额达到5000万美元，这对于一个微型啤酒公司来说是一个令人惊叹的数字。这种啤酒在科罗拉多的户外运动爱好者中受到广泛的欢迎，这些人成群地到各个山区骑自行车、远足、进行北欧式滑雪、降速滑雪、到偏僻山区滑雪、开展公路自行车活动、登山、皮划艇、用假蝇钓鱼，等等。然而，乔丹和她的丈夫杰夫·勒贝奇作为这家私营公司的所有权人，对于公司却有一个更为宏阔的野心，他们想赢得大众消费市场，将产品推广到全国，最终要胜过山姆·亚当斯成为精酿啤酒的全国第一品牌。所以他们首先将产品分销扩展到了得克萨斯，2002年又进入了华盛顿和俄勒冈，同时将加利福尼亚的大众市场作为向南部地区扩张的目标。为了给销售扩张计划提供支持，新比利时公司冒险投资了昂贵的瓶装生产线，将啤酒生产能力提升了一倍。

但是扩张计划很快受阻。尽管肥胎啤酒刚进入华盛顿和俄勒冈时销售良好，因为消费者乐意品尝一下源自其他州的新口味的啤酒，但销量很快就开始下降。当地的微型啤酒厂深受消费者的喜爱，推出了仿制的比利时棕色淡啤酒，肥胎的市场份额马上大跌。乔丹忧心忡忡，如果产品销售仍然不见起色，她将难以负担资金成本，更坏的可能则是公司将失去销售团队经过艰苦努力而获得的新的经销渠道。新比利时公司迫切地需要找到一个战略，将它在山区各州的成功带向更广阔的市场。2003 221
年，乔丹聘请我们为公司开发品牌推广的战略，从而使公司在这些主要的都市消费市场进行有效竞争。

跨越文化鸿沟

新比利时公司遇到的难题对于在利基市场上获得成功的创业公司来说具有普遍性，我们称之为**文化鸿沟**。我们曾在第六章以巴塔哥尼亚为案例分析了社会企业如何跨越文化鸿沟。我们发现小的利基公司与创业企业经常会遭遇相同的问题。新比利时公司在培育山区各州的户外运动爱好者的市场方面做得很好，他们这些人从一开始就接受了肥胎啤酒。但是，公司正在非常艰难地将在利基市场上受欢迎的程度扩展到大众市场。从这个意义上说，新比利时公司的问题与 1950 年代初期的杰克・丹尼尔和 1970 年代的耐克没什么不同。耐克当时停滞不前，是因为公司只知道如何将跑鞋卖给跑步者。但是，当它从跑步者的亚文化中采集到了一种对于大众市场具有强大吸引力的意识形态，即推动跑步者的执着的拼搏精神，即使他们独自训练的时候也受到这种精神的鼓舞，并用一种简单而吸引人的方式呈现给消费者的时候，耐克便在主流消费者中大受欢迎。这一原理在于文化的神秘力量：公司将从某种亚文化经验中提取的意识形态元素转换成为更广阔市场中的神话，从而使那些较少参与亚文化的大众市场的消费者也能够以仪式的方式体验它。

文化战略为寻求大众市场突破的创业者提供了一个强有力的工具。如果能够跨越文化鸿沟，经营利基市场产品的年轻公司就可以进入主流市场并取得成功。我们将这一战略应用于肥胎啤酒这个以前属于利基市场的产品，使它成为美国第三大精酿啤酒品牌，[1]其赢利的速度甚至超过了两个领先品牌山姆・亚当斯和塞拉・内华达。利用极少的资源，我们开发了文化战略，利用这一战略，扭转了新比利时公司的市场困境，并超越了它雄心勃勃的销售目标。

222 ## 背景

杰夫在一次自行车旅行中品尝到了著名的比利时修道院啤酒，他爱上了它，从此成为一个忠实的家庭酿酒者，努力模仿传统的比利时风味。事实证明，他是一个天才的酿酒师，这一点令朋友们都感到吃惊。1991 年，他和他的妻子金创立了新比利时酿酒公司。杰夫这位曾经的工程师利用旧的乳品设备在地下室建起了一个酿酒坊；他的妻子金，一位曾经的社会工作者，负责开着客货两用车装着自酿啤酒向本地商户进行兜售。她销售啤酒的方式与任何其他的小企业一样，挨家敲开酒吧和餐馆的大门，与它们建立往来关系。她在啤酒节上做宣传，尽可能邀请更多的人品尝他们的啤酒。10 年后，公司还是依靠这种草根的办法来进行营销。随着啤酒销量的增加，金雇用了一个名为“啤酒童子军”的销售团队，这是一群热爱啤酒的年轻人，他们戴着印有新比利时公司商标的童子军帽子，负责在本地的酒吧里为公司安排营销活动，或者在路上向目标消费者派送免费啤酒。新比利时公司组织了一项名为“胖子之旅”（Tour de Fat）的以自行车为主要环节的观光节，包括骑车巡游、独立音乐、综艺节目表演以及通常的啤酒品尝。金聘请了一位营销总监格奥格·奥斯利，他之前在科罗拉多有机食品公司做销售工作。我们很惊奇地发现，新比利时公司的高级经理中只有两位拥有从事目前工作的职业训练和从业经历。一位是酿酒师，他是公司从一家著名的比利时酿酒厂聘请来的，另一位是全国销售总监，在公司请他来协助新产品的推广工作之前，他供职于波士顿啤酒公司旗下品牌山姆·亚当斯。

对于西海岸地区的市场推广，乔丹和她的团队想要如法炮制他们在山区各州市场取得成功的草根营销方式。但这种办法面临着双重难题。其一，从逻辑上讲，这种小规模的、劳动密集型的推广方式不可能向大众市场的目标消费者进行推广，而且成本也太高；其二，无论这种方式的推广范围如何，新比利时也不过是这个市场上另一家叫卖工艺酿造啤酒的公司，而这个市场中早已聚集了数十种优秀的而且地位稳固的本地啤酒品牌，这些啤酒是由使用同样的酿酒方式的精酿啤酒厂生产的。肥胎啤酒仅仅是另一种好啤酒，一种非本地产的啤酒。如果没有有效的品牌营销，肥胎啤酒注定会以失败告终。当华盛顿州和俄勒冈州的销量开 223
始下降的时候，乔丹指派奥斯利去寻求一个营销顾问来帮助攻克这一难题。

在找到我们之前，奥斯利试过两家传统的市场营销咨询机构。第一家咨询机构擅长发掘“更高档次的”“无意识的”感觉和隐喻。这种方法我们曾在本书第一章予以批评，它会导致商品情感陷阱。就像其他许多以定性方法研究市场的机构一样，这家公司在市场研究中采用“抽丝法”、突出的技艺和视觉影像等技巧让调查者抽取出与品牌相关的最抽象的概念。这就是所谓的查特曼隐喻抽取技术（ZMET©），它导出的结果与我们曾经见识过的其他的注意力份额营销研究技术相似，所抽取的概念如此抽象以至几乎可以用于任何品牌。因为这种抽丝技术迫使参与者以越来越抽象的词语将他们的偏好理性化（方法是不停地追问“为什么”，从而得到回答），它们不可避免地导致了非常泛化的战略咨询意见。[①] 在这个案例中，查特曼隐喻抽取技术炮制出了如下深层次的、心照不宣的、代表消费者意思的概念，要求新比利时公司在肥胎啤酒的品牌推广中必须予以强调：

平衡（BALANCE）
关联（CONNECTION）
天然（NATURE）
旅行（JOURNEY）
转变（TRANSFORMATION）

如果是一个典型的 MBA 的品牌经理的话，也许可能已经采纳了这些“感觉词汇”了，但奥斯利马上发现了其中的问题。因为这些术语和啤酒没有任何具体的关联，与肥胎啤酒就更没有关联了。这些词语同样适用于瑜伽毯、燕麦棒、运动内衣，或者夏威夷旅行项目，等等。奥斯利和乔丹认为，在将公司的财务健康为赌注来采用这个抽象的词语清单之前，最好再找一家咨询公司看看他们怎么说。

于是奥斯利又聘请了另一家咨询公司展开了深入的市场研究，试图找出一种不同的情感营销战略。诊断工作的重心是对新的西部市场进行一个大型量化研究，该研究聚焦于消费者心理层面，比如他们对新比利时公司以及肥胎品牌的认识，对消费者心目中的各种啤酒品牌的利益点

① 对于这种市场研究技术的学术批评，参见：Douglas B. Holt，“Post-Structuralist Lifestyle Analysis：Conceptualizing the Social Patterning of Consumption in Postmodernity”，*Journal of Consumer Research*，23（Mar. 1997），326－349.

224

的回顾等。这家咨询公司的研究发现，西海岸的啤酒消费者对肥胎这个品牌略有所知，但是对新比利时酿酒公司这个名字则全然不知。这并不令人惊讶，因为肥胎的名字是用大大的字母印在六罐装的包装表面的，而新比利时公司的名字则几乎看不见。酒吧里的啤酒桶手柄也是如此，它被制成单速自行车的形状从而在视觉上强调肥胎概念。这家咨询公司给出的第一个建议是，利用消费者对于肥胎品牌的认知度，将新比利时酿酒公司改名为肥胎酿酒公司。

他们也发现了肥胎啤酒与落基山之间的关联，认为公司在品牌推广时必须有效地利用这种关联。因为拥有了这一情感领域，这家咨询公司建议肥胎啤酒极大地加强在西海岸市场的品牌推广力度。但奥斯利没费什么思量就发现这个建议存在一个根本问题：至少对于肥胎来说掌控这个与落基山有关联的情感领域是困难的，这与掌控“平衡”“关联”“转变”之类的隐喻词汇一样困难。此前的30年中，库尔斯啤酒就一直不断地用令人厌烦的方式重复它和落基山的关系，所以现在这种手法对于一个营销新手来说也已是陈词滥调。

沮丧之余，奥斯利和乔丹决定回到他们的老办法，只是在其中加入自己对品牌情感特质的描述。他们撰写了一份新比利时公司的宣言，认为公司的品牌推广应该围绕着“关系”来开展。在我们与公司签约的时候，他们的全部工作重心都放在了与消费者建立关系上了。尽管“关系”看起来是对“平衡”和“落基山”方案的一种改进，但它同样是过于泛化的，也同样不容易将新比利时公司与其他一大批工艺酿造啤酒厂家区别开来，因为那些厂家同样围绕着消费者关系进行品牌定位。

奥斯利通过我们发表在《哈佛商业评论》上的一篇文章发现了我们。他认为文化的方法比之前两家咨询公司提出的传统的理念要更加容易理解。我们很高兴地与这家一而再、再而三地寻求营销咨询的家庭酿造公司约定咨询协议。我们在文化鸿沟方面设立了重点的战略问题：我们将如何有选择地利用肥胎啤酒在山区各州建立起来的相当的可信度，设计一种文化表述，使它能够激发西海岸主要都市地区的大众市场目标 225
消费者的共鸣。

文化正统：手工艺的鉴赏

2003 年，美国工艺酿造啤酒市场包含了将近 1500 家酿造商，它们共同占据了美国啤酒总销量的 3%，这种令人难以置信的酿造公司的分散程度反映了一种引人注目的转变情况。以前，美国的啤酒市场是由几家企业集团主导的，它们以工业化的方式生产啤酒以满足大众消费市场的需求，比如安休斯-布施、米勒和库尔斯，它们销售的是极其淡的啤酒，这种啤酒既便宜又不用忌讳任何人。这种事实上毫无个性的啤酒是价格敏感型产品长期努力地维持其较高利润而导致的，这迫使大型酿酒企业转向更便宜的原料如大米和玉米。如同战后时期的咖啡一样，我们曾在第五章星巴克的案例中分析过，啤酒也是一种工业化的商品。

我们在第五章曾详细分析过社会断裂如何促成了星巴克的成功：1980 年代后期开始的人口变化，其中一个庞大的文化资本群体进入到了成人消费市场，他们要求在体现了他们生活方式的商品中感受到更有品味的文化表述。工艺酿造啤酒迎合了相同的消费群体，只不过更偏重于男性，因为男性的啤酒消费量要比女性多得多。工艺酿造啤酒与手工艺咖啡遵循着完全相同的革命路径，都是从手工艺性-世界主义亚文化震中向外扩散的冲击波。1965 年，弗里茨·美泰格，一位斯坦福的毕业生，白色家电企业美泰格集团的继承人，援救了旧金山的一家濒临破产的名为“铁锚”的小型蒸汽啤酒酿造厂，这个酒厂采用一种拓荒时代的“蒸汽”方法来酿制啤酒，结果产出了比通常的淡啤酒味道更好的啤酒，手工艺性-世界主义群体非常喜爱这种怪异的口味。10 年以后的 1976 年，杰克·麦考利夫在旧金山北部的索诺玛县开起了新阿尔比恩啤酒厂。麦考利夫就是啤酒界的艾尔弗雷德·皮兹，他的啤酒激励了数百名啤酒迷创办自己的微型啤酒厂和啤酒吧。[1] 麦考利夫的啤酒比美泰格的啤酒更独特，也更加只有内行才懂得。新阿尔比恩波特啤酒因其极其复杂的口感层次变得很有名。当时，新阿尔比恩斯都特是美国唯一

① Maureen Ogle, *Ambitious Brew*: *The Story of American Beer*, Orlando, FL: Harvest Books, 2007, 297.

销售国产烈性黑啤的，它的口感即便对于啤酒鉴赏家来说也是一种挑战。

在这些先驱者的启发下，为啤酒痴狂的创业者们创办了许许多多的啤酒厂，它们规模都很小，独立经营，提供自己独有的酿制方法的啤酒。工艺酿造啤酒的复兴从加利福尼亚开始，沿着西海岸向北扩散，1980 年代开始向东扩散到科罗拉多和佛蒙特等地区。待到新比利时公司考虑在当地销售的时候，精酿啤酒已经在全国每一个州都落地生根了，建立了细分市场，大多数酒类商店和酒吧都提供此类产品供消费者选择。在北加利福尼亚、西俄勒冈和华盛顿州，这类啤酒的销量尤其好。

从一开始，这个细分市场就是围绕着与皮兹的咖啡和最初的星巴克相同的意识形态而建立起来的，这就是我们所谓的**手工艺性-世界主义鉴赏家文化**。旧金山湾区作为起源的中心并非巧合。作为饮食类商品，咖啡和啤酒是最早被审美化的，它们首先被文化精英用于表达精致的品位，然后同样以文化资本滴漏的方式满足了中产阶级人群不断增长的品位需求。

艾尔弗雷德·皮兹在咖啡中倡导的那种意识形态也驱动着精酿啤酒和消费者中的行家。他们的目标是酿出最具风味、最有趣的啤酒，而不是最低档的大众消费的劣质品。他们很注重原料的产地，而不用那些平淡乏味的没有特色的物料。他们采用前工业时代的酿造工艺和风格，而不是工业化的生产流程。对他们而言，酿出高品质的味道鲜美而有趣的啤酒，远比规模要重要得多。他们推崇易腐的、新鲜的和天然的啤酒，排斥加工过的、添加人造剂的和保存过的啤酒。他们鄙视大公司一致性和标准化的理念，经常在每一种啤酒里加入个人的口味以捍卫风味特色及其“瑕疵”。所以，他们常常依据个人口味来制作啤酒。例如，一位古怪的旧金山湾区的啤酒商因为他的秋季南瓜淡啤酒而出名。精酿啤酒的制造者们推崇人工而非工厂生产、小批量而非大规模、耐心而非速度。他们将酿酒视为一种精巧的手工艺加以捍卫，这需要年复一年的学徒生涯才能习得，绝不是可以简化为流水线的工作。227

所有主要的精酿啤酒品牌都很精通如何与这种意识形态相联系，使用的文化密码也相差无几。野心勃勃的波士顿啤酒公司旗下的核心品牌山姆·亚当斯迅速主导了这个产品市场，在每年销售近1000万箱淡啤酒的同时，它们仍然能够通过各种营销活动传递手工艺性-世界主义鉴赏家意识形态。公司的创建者詹姆斯·科赫在广告中讲述了一个可靠性值得怀疑的故事——关于山姆·亚当斯的啤酒配方是如何从他在圣路易斯酿酒的爷爷的爷爷那里一直传到他这一辈的。科赫解释说他的啤酒坚守严格的德国啤酒的纯度法，只允许用啤酒花、麦芽、酵母和水四种原料，并且宣称山姆·亚当斯酒曾在各大啤酒节上赢得过奖项。科赫的酒厂忙于争取各种啤酒节奖项，也热衷于激进的“小圈子”战略，他们开发出了一系列愈加只有内行才懂的“竞争啤酒”——比如啤酒搭配上比利时巧克力，以图维持自己在手工艺性-世界主义亚文化小圈子中的美誉度。媒体报道认为，科赫撼动了工业化的啤酒市场，这种工业化啤酒用劣质的原料以及最低档次的大众的酿造方法，驱动它们的是赚取更多的利润而不是酿造啤酒的真正兴趣。

塞拉·内华达，2003年排名第二的精酿啤酒，它也是文化正统的追随者，但并不依靠大众传媒来推销。它对手工艺性-世界主义鉴赏家意识形态的传达是通过选择古老的啤酒风格和酿造方法、产品名称、标签设计、酿造地点及其设计、酒厂参观活动以及参与精酿啤酒节的竞争而实现的。它手绘水彩的标签，充满着民间风味，上面写着品鉴啤酒的细节，比如用成串的啤酒花能让麦芽酒产生扑鼻芳香和辛辣口感。为了更多地传递出手工艺鉴赏的感觉，它又开发了一系列特别的啤酒，比如高浓度啤酒花的节庆麦芽酒、波特酒、小麦啤酒、斯都特烈酒、大麦酒、金色麦啤、淡黑啤酒，等等。

工艺酿造啤酒生产者大多强调自家高超的酿酒工艺、无比考究的原料以及啤酒本身的新鲜和天然，并且将自己创造性的实验品和各自独特的风格与古老的、前工业时代的酿酒传统接续起来。一旦某种原本只为
228 小圈子所知的啤酒——比如淡色麦酒开始有了标准化生产的趋势，生产商们就会转而寻求更加难以理解的酿造方法，比如德国科施和三月假日（Marzen）风格的啤酒、比利时“白啤酒”、法国“农场”啤酒以及比利时修道院啤酒。与此同时，关于啤酒花的军备竞赛也爆发了，酿酒者

们都想制造出最浓烈的啤酒。角鲨头（Dogfish Head）公司引领了这场啤酒花打头的革命，它借助了与第一次工艺酿造啤酒浪潮相同的文化密码。

在我们签下这项战略咨询项目的时候，新比利时公司正在进行同样的游戏，追随工艺酿造啤酒市场的文化正统，不遗余力地投资使自己的啤酒具备手工艺性-世界主义鉴赏家的气质。它夸耀自家啤酒古老的酿造方法、开发极端挑战口感的啤酒、用一些啤酒中少见的原料如柠檬马鞭草和泰国高粱叶做实验，以及像窖藏葡萄酒那样窖藏啤酒。它的“黑色麦酒 1554”的酿造方法就是从几个世纪之前的一位比利时酿酒者的手稿中找到的。它的标签也与很多竞争对手一样，都是民间风格的手绘图案和文字，都取一个朴素可爱的名字，海报和杯垫也是喜剧化的和充满业余气息的，这种风格在工艺酿造啤酒市场非常普遍。新比利时公司确实生产了很棒的啤酒，但是那个时候达到同样水准的工艺酿造啤酒商有几十家。新比利时公司的比利时酿造工艺一度还算有特色，但很快那些更具实验性和更加偏重只有内行人才懂的酿造工艺的数十家酿酒厂，就在文化资本的这些关键的方面战胜了新比利时公司。

肥胎啤酒是新比利时公司的一个另类，它并没有参与文化资本的游戏。它的口感恰好很淡爽，这让很多并非啤酒鉴赏家的消费者很喜欢，所以它具有突破工艺酿造啤酒市场的藩篱成为大众消费品的潜力。但是，肥胎啤酒刚刚在市场上打出了一些名声，一些当地的工艺酿造啤酒生产商便模仿它的比利时棕啤风格推出了自己的产品，同样吸引了不少消费者。许多精酿啤酒消费者喜欢本地酿酒商的产品，而这些酿酒商在当地也有更强大的分销能力，它们控制了大部分酒吧和餐馆。因此，肥胎啤酒是瘸腿的，如果它还仅仅依靠产品质量来开拓科罗拉多以外的市场，恐怕很难成功。我们的方法是，不去劝说消费者相信新比利时公司的啤酒质量更好，而是构建一个创新的文化表述，这对于在一个充满了 229
手工艺性-世界主义亚文化啤酒品牌的市场来说要高明得多。

意识形态机遇：布波族之痛

我们的目标是发掘工艺酿造啤酒的新的意识形态，如果我们通过正确的神话和文化密码将它表达出来，这将激起目标消费者强烈的共鸣。从人口结构来看，我们的目标消费者是受过高等教育的男性专业人士和经理，年龄主要在25—45岁之间，他们收入丰厚，愿意多花50%的钱喝工艺酿造啤酒而非国产普通啤酒。外国人口对我们来说也同样重要，因为我们发现在工艺酿造啤酒和进口啤酒之间存在着相当高的替代性。外国消费者在啤酒消费习惯上与我们的目标人群相似，但是他们的收入和教育程度不如后者。在大都市地区，我们最核心的消费者应该是在职业领域相当成功的专业人士，比如西雅图的微软公司的设计师、硅谷的IT工程师、达拉斯的律师或者洛杉矶的创意人士，他们会在周末的社交活动中消费精酿啤酒。2003年，精酿啤酒已经遍地开花，它们全都通过手工艺性-世界主义意识形态来表现文化资本。所以我们的具体任务就是设计出一个有创意的新的文化资本的表述，为了达成这一目标，我们需要特别关注这一群体出现的意识形态的各种渴求。

网络公司时代创意者的反叛话语

1990年代后期网络公司的兴起从根本上改变了文化资本群体对职业生涯的愿景，针对他们的职业而形成的身份规划的“波西米亚”的方方面面被点燃了。以前，上层中产阶级的职业目标就是找一份名声好而且薪水高的工作，比如大型投资银行、有影响力的律师事务所、有声望的研究型医院、处于行业领袖地位的工程企业。但是，自从每天的商业新闻都被那些超级聪明的年轻创业者的故事占据之后，一切都改变了。这些青年创业者拒绝为僵化的官僚化的大公司工作，他们获得更好的收入回报的方法是创业，他们以无所顾忌的精力和创新毅力来追求他们狂野的富于创意的梦想。他们“办公室”的布置折射出了他们富于
230 创新的思维倾向：没有一排排被玻璃墙隔成的小方格式的办公室，而是在完全裸露的空间里配上足球桌、懒人椅、休闲空间、白板以及其他一些头脑风暴的设施。

接管这一次波西米亚的教父是斯蒂夫·乔布斯。1998年苹果公司发起的“与众不同思想”（Think Different）广告运动完全抓住了乔布斯的“创新的叛逆者”的意识形态：

> 献给那些疯狂的人，特立独行的人，桀骜不驯的人，惹是生非的人，与周围格格不入的人……见解独特的人，不墨守成规的人……你可以引用他们，反对他们，颂扬或是诋毁他们，但唯独不能漠视他们。因为他们改变了事物……他们推动人类向前，或许他们是别人眼里的疯子，但他们却是我们眼中的天才，因为只有那些疯狂到认为自己能够改变世界的人，才能真正改变世界。

一份名声好而且工资高的工作已经不够。文化资本群体被激励起来去寻求梦想的实现，他们表达他们充满激情的创意、非正统的情感，以及在工作中和业余爱好中显示非凡才智的威力。另一方面，1990 年代后期渴望成为文化资本群体的社会阶层游戏已经到了通胀拐点。尽管整个 1990 年代贯穿文化资本群体生活方式的有文化品味的商品需求一直占据主导，但是这还远远不够好。伴随着对于硅谷创业者的崇拜并将他们作为新的理想，这个群体被赋予了一种强烈的文化推动力，要求将他们的意识形态带入他们的工作生活而不仅仅是买一些表达了这种意识形态的商品。他们感到必须做点儿什么与他们的生活相关的事情——用乔布斯的话说就是“疯狂的伟人的事情”。

遭遇技术垄断陷阱

然而，这个新的职业认同迎头撞上了一个根本的结构性难题。网络公司的泡沫破灭了，当足球桌、弹球机和咖啡吧被清理出去之后，这类工作的就业机会就很少了，需求就小了很多。体面而又高薪的职业仍像从前一样，这些工作要求那些死记硬背的专业技巧，这些技巧必须掌握得很好，但这些技巧很少是独特的创意或是有可能改变世界的。更糟糕的是，许多这样的工作现在都遵照相同的理性化的工艺流程，这曾令 231
20 年前的蓝领和服务业感到枯燥和不满。[①] 为了从资产中“榨取利润”，私募投资者和企业并购的银行家不遗余力地对专业阶层的工作方式进行

① Jill Andresky Fraser, *The White-Collar Sweatshop: The Deterioration of Work and its Reward in Corporate America*, New York: Norton, 2002.

合理化改进，他们引入了新的竞争形式，迫使中产阶级劳工拿出最高的效率来应付工作。使管理合理化的技术取代了一切，目光所及之处无任何力量可以阻挡，评论家称之为**技术垄断**。[①] 即便是医生这样最受保护的职业，如今也遭到保健组织（HMOs）、保险公司和医院管理层的逼迫。他们每 15 分钟要增加一个病人的预约，每天从上午 8 点工作到下午 6 点，都盯着钟的指针，不再有周三的高尔夫郊游。律师、工程师和中层经理的生活都差不多。

在工作中，技术垄断制造了格外严酷的竞争压力。如果你不能比其他人更勤奋地工作，如果你不能保持知识和技能的更新，如果你不能以最高的效率工作，你的职位就有危险了。如今美国人的平均工作时间是战后历史上最长的，而经理阶层又在所有的职业中排列第一。从笔记本电脑到家庭互联网的接入，从黑莓手机到无线网络（现在还有苹果手机），移动信息技术的发展意味着专业工作逐渐成为每天 24 小时每周 7 天的任务。工作变得在实际上无法逃避，无论你到了离工作多远的地方。

尽管工作压力很大，但对于大多数文化资本群体来说逃避是永远不可能的事情，因为报酬通常非常优厚，奢华的美食、异国情调的度假以及城市住宅和公寓的按揭，这些都成了将他们与工作捆绑在一起的金手铐。更不用说，还有他们所倚重的那些与他们面临同样窘境的朋友，因为正是这些由同类组成的社会网络为他们带来了尊重并确保了他们在社会等级中的地位。

布波族之痛

在一个技术垄断控制的工作世界里，人们如何成为一个有创造性的反叛者去追求“疯狂伟大”的目标？文化资本群体既没有时间也没有
232 精力投身于他们最想做的事业，即通过有创造性的活动实现自己的价

---

① 社会理论家雅克·埃吕尔（Jaques Ellul）在他的《技术社会》（*The Technological Society*, New York：Vintage，1967）一书中有效地合成了这个概念，它的渊源可以回溯到几十年前刘易斯·芒福德（Lewis Mumford）提出的观念，甚至可以追溯至韦伯。文化批评家尼尔·波兹曼（Neil Postman）的杰出著作《技术垄断：文明向技术投降》（*Technopoly*：*The Surrender of Culture to Technology*，New York：Vintage 1993）用一种更有时代气息、更易懂的方式讨论了类似的主题。在两本书中，我们都用他生造的这个妙词表达这一观念。

值。让他们从技术垄断的工作中挤出时间去释放自己的创意热情无异于痴人说梦。许多人在文化上变得很浅薄，极大地依赖各种文化专家来指导自己的品味和生活方式。为了描述这种广泛存在于在目标消费者群体中的焦虑，我们借鉴了戴维·布鲁克斯对文化资本同生群的精辟说法：布尔乔亚-波西米亚，或者简称为布波族，由此我们也可以将那种深刻的冲突称为“布波族之痛”。

媒体神话：“我减缓节奏去追求充满激情的业余爱好”

我们确信找到了一个伟大的意识形态机遇，但是要如何回应呢？接下来我们就在目标消费者偏爱的大众文化中去寻找，看看能否从中发现他们所依赖的用于愈合布波族之伤痛的膏药。我们并没有找到这方面的一般的书籍、电影或电视节目（虽然不久之后，就有许多旅游休闲类的有线电视频道和网站涉足这一领域），但是我们发现，布波族受到一种独特类型的故事的极大鼓舞，而这类故事通常刊登在他们喜欢的报纸、杂志或网站上某个特定类型的故事并且深受鼓舞。这类故事有一个固定的程式：主角原本是生活在大城市的成功人士，后来放弃了功名利禄，追随内心的创意热情，将业余爱好当成了事业而全身心地投入其中，全然不在乎它能带来多少经济上的回报。比如有一个自甘失败的投资银行家，跟一个诺曼底有名的奶酪师傅当了学徒，并且在缅因州的乡间买下了50亩土地，并将具有传统特色的山羊品种引进到他的牧场里，他的目标是要做出最有趣的山羊干酪来丰富美国人的餐桌。这类故事通常都发生在美丽的田园风光的地方，诸如山区小镇、古朴的新英格兰乡间，还有海边小城或者沙漠。

我们注意到这种风格在英国的布波族中也开始流行起来了。休·费恩雷-惠汀斯托尔于1998年开始拍摄他的电视系列片《小河村庄》。休出身于都市的上层中产阶级（毕业于伊顿公学，然后又读了牛津），但他放弃了传统的“牛津剑桥”（Oxbridge）生活方式。他在英国西部乡 233
村买下一处旧农场，过起了慢节奏的生活。作为一个布波族，他把热情和兴趣投入到了烹饪艺术之中，成了一位博学多闻、影响广泛的美食家。他号召人们回归到前工业时代的农业生产方式、烹调技术和食物风味。他很早就提倡人们宰杀动物之后应该食尽其用，并且以此作为他的美食推广事业的目标。休独特的生活选择令伦敦的布波族为之着迷，而且很快他就被引进到美国。在我们的项目开始时，休已经成为炙手可热的人物。这类故事体裁为我们提供了非常有益的思路，让我们领悟到如何针对布波族的伤痛来构建肥胎啤酒的文化战略。

如何利用山区户外探险亚文化

1980 年代初，越来越多的户外运动爱好者蜂拥而至美国山区各州，这些人或是带着最新的远足装备，或是骑着手工制作的山地自行车，或是扛着飞蝇钓鱼竿，或是随车装着雪橇或皮划艇。一些山区小镇的面貌因此发生了巨大的变化，像王冠峰、泰莱瑞德、杜兰戈、杰克逊、摩亚、特拉基和旗杆镇，到处都是赛艇节、激浪漂流公司、山地自行车用品商店以及滑雪板租赁点，靠近大学城的小镇如顽石坝、柯林斯堡、密苏拉和波兹曼也在发生着同样的变化。

对于科罗拉多的探险者来说的，肥胎啤酒简直就是为他们量身定制的。你带着雪人山地自行车、黑钻雪橇，还有装满了 REI 齿轮的背包，将它们一股脑儿地塞进斯巴鲁货车内。当细雪在荒郊野地下着的时候，或者当自行车道湿黏而雪又在化的时候，你停下来了，真得感谢啤酒的名字，它的水彩画的单速自行车标签，它的科罗拉多山区原产地，还有它的手工艺品质。肥胎啤酒完美地唤起了这种山地户外探险的亚文化。其结果是，科罗拉多和邻近各州的探险者们将它视为自己坚实的后盾。你可以随身带上一箱 6 罐装的肥胎啤酒，或是在完成了一项伟大的户外游之后到等你归来的山区酒吧痛饮时再买。

234 我们知道肥胎啤酒是山区户外探险者亚文化的一面旗帜，而布波族对山区小镇的田园风光怀有一种意识形态化的向往。文化战略的模式要求我们应该将这一亚文化之中最能引起布波族意识形态共鸣的某些元素神话化，就像 1970 年代耐克对跑步者亚文化所做的事情那样。因为在亚文化之中，它就是消费者的“真理”。但如果我们真的这么干了，我们肯定会一头扎进死胡同。

问题在于，山区户外运动的世界早就被彻底地商业化了，整个

1990 年代这种亚文化成为被复制得最多的一种。它是户外探险运动品牌天然的意识形态阵地，所以早在我们接手这个项目之前，巴塔哥尼亚、乐斯菲斯、欧克利、耐克、锐步、阿迪达斯还有波顿，无一不从这些亚文化原始素材中挖掘品牌的意识形态资源。甚至像激浪、喜力、壳牌石油、佳得乐以及各种汽车品牌也都想从中分得一杯羹，虽然它们都与探险活动并没有多大关系。

我们没有从“表面的亚文化”中寻求构建品牌的元素，而是提出了一个相反的问题：在这些山区小镇的亚文化中，我们能否找到某些渗透在山区人日常生活里的意识形态元素？而它们恰好就是我们的布波族目标群体所要寻找的？我们研究了布波族以及他们向往的“减缓节奏追求充满激情的业余爱好”的生活，揭示出了两者之间的最佳联系。最后，我们将分析的重点锁定在酿酒厂自身，看一看公司是如何构建自身形象的。

新比利时公司的文化资产

我们花了大量时间观察公司的运行，与公司员工进行交流，这些经验强化了我们对于战略方向的把握。酿造厂员工中很少有人是山区户外探险亚文化的积极参与者，高级经理们几乎没什么时间逃离前线。但是，这家公司却是布波族喜欢的那种媒体神话的范本。

公司的创建者夫妇从前都是专业人士，他们放弃了职业生涯去追求自己充满激情的业余爱好，无论这一爱好会将他们带向何方。他们认为 235
酿酒是一种不拘一格的追求，它的乐趣在于对各种不同风格的啤酒进行试验，以及即兴创作酿酒设备。公司的员工基本上都不是酿酒专业出身，比如公司的首席运营官（从首席财务官的职位擢升的），在加入公司之前是一个哲学系的毕业生，但金和杰夫就喜欢这样。

一个业余爱好者的公司

公司广泛地采纳了杰夫关于自己动手全身心投入激情的理念，要成为一个优秀的啤酒生产商。这一理念认为，当员工被给予自由，通过自己动手去学习、尝试甚至犯错的时候，员工就可以在公司安排的任何工作中变得非凡卓越。杰夫相信，只要让员工有充分的自主空间，他们就能通过自我学习和不断尝试把任何事情做好。公司的一位要员告诉我们一个故事，杰夫曾经让他在没有说明书的情况下拆卸并重新装配一台复杂的德国产酿酒设备（尽管杰夫的办公桌下面就放着图解以备不时之需），他最终做到了。这件事点燃了他的激情，让他想成为行家对酿酒工艺中最微末的细节都了如指掌。

作为技术垄断解药的田园组织

新比利时公司的组织方式更像是一个大家庭，大家被聚在一起，以一种比主流的技术垄断模式更加共享的、更加仁慈的方式工作。乔丹从她的社会工作经历中汲取了经验，将酿酒厂对各个家庭开放，并且实行更人性化的工时制度。公司为员工提供股权激励，也鼓励他们不断地参与社区和市场服务工作。酿酒厂看上去像是一个现代滑雪度假村，而不太像企业的工厂。它坐落在波多河的岸边，门口停放着数十辆单速自行车（每个员工会在入职周年纪念时收到一辆自行车）。想要加入公司的人必须用某种创造性的活动来证明自己，所以他们绘画，他们弹奏音乐，他们写散文。

单速巡行者

田园解药的理念在新比利时公司的标志——单速的肥胎自行车中生动地体现了出来。这辆自行车是技术以人为本的一个象征，它的设计非
236 常简单，但易于骑行，与那些装配了许多不必要功能和饰物的高档自行车形成了鲜明的对比。这个巡行者仿佛一部神话般的时间机器，将人们带回到那个技术尚未如此侵入人类生活的时代。①

---

① 这些令人激动的发现几乎将我们带入了另一个文化死胡同。我们立即得出的结论是，既然新比利时公司对自己理念的身体力行是如此的令人信服，而且它绝对是一个足够有特色的创意亮点，那么，有什么理由不认为它是适用“神话化公司”策略（参见第三章对杰克·丹尼尔案例和第十六章对娱乐与体育节目电视网案例的分析）的完美案例呢？我们想到，由于消费者对大公司的自我神话化越来越不以为然（确实如此，因为有许多是在滥用神话），所以，如果某公司试图通过日常的商业实践来传达品牌意识形态，它就必须以公司的事迹为品牌的文化原始素材。然而，当我们试图为新比利时公司的古老酿酒工艺、非专业化的雇员以及田园趣味等特质寻找对应的品牌表述的时候，我们的创意思路绕了一圈又回到了这个市场的文化正统：能够传达手工艺性-世界主义鉴赏者意识形态的文化表述。若是如此，我们非但不能跨越现有产品市场的瓶颈，还有可能陷入文化红海的惨烈竞争之中。我们意识到，如果诉诸布波族之痛，就必须在啤酒制作之外另寻品牌表述方案。新比利时公司只是人们可以追求的各种业余爱好中的一个例子。

文化战略：田园业余爱好者的共同体

我们综合了所有的这些分析之后，为“肥胎”创立了一种新颖的意识形态，直接回应布波族之痛，我们称之为“田园业余爱好者共同体”。为了集中反映我们所做的努力，我们写了长达20页的宣言，现总结如下。

业余爱好者

无论是投身艺术、科学、手工艺或者运动，业余爱好者的目的都是为了得到快乐，因为这些事情本身就是有趣的。业余爱好主义的对面是专业主义，业余人士不喜欢刻板的、体制化的工作状态，他们的组织形式在很大程度上是非正式的。他们以一种特殊的心态参与活动：好玩、异想大开、狂热乃至有强迫症。业余爱好者愿意冒险，盲目地干没有前途的事情，因为这些业余爱好者同盟所干的不是事业狂的专业。他们无意于成为以最快的速度到达巅峰的人，他们认为乐趣在于创造性的探索过程。正因为他们不把自己看成专业人士，也不接受制度化的金科玉律，所以他们才能成为桀骜不驯的偶像破坏者。我们理想中的人物是一个经常在BBC的纪录片中出现的一个偶像级的业余爱好者，此人在一家官僚机构工作，但是把全部的空闲都投入到一项终身的爱好之中——收集和研究早期美索不达米亚文明的油罐。这是一个纯粹发自内在的兴趣，它带来不羁的思想，有时候令人觉得很古怪。我们的主角是如此地热爱这件事，无穷无尽地为之付出精力，他最终成了这个问题上的世界级专家，尽管他从未获得过相关的学位。

田园

所谓“田园”或“田园的”，第一层含义是指一处美丽天成的风景之地，在那里，人们与自然和谐相处。美国西部的山区小镇正是典型的田园胜地。但对于我们来说，“田园”更重要地意味着，业余爱好能够
将人们从技术垄断的压抑下解放出来，让他们摆脱技术理性化的铁笼，237
自由地释放自己的热情。追求田园生活的人，是一群为人类和技术之间

的关系寻找乌托邦式的解决方案的人。他们试图用“田园活动”表明，技术可以以一种可控的、人性化的方式改进人类生活的质量，同时保持人类与自然的和谐。

> 新比利时公司是一个田园业余爱好者共同体，酿造啤酒是他们的诸多业余爱好之一。我们将“田园业余爱好主义”视为一种生活哲学，一种可以运用于任何技艺与活动的生活之路。
>
> 我们欣赏狂想式的、游戏式的探索。田园业余爱好者对他们喜欢的领域有强烈的探索欲，但那并不是野心勃勃的征服。这是一个玩游戏的地方，不是开拓事业的战场。
>
> 我们推崇极其重要的时间投入。田园玩票者的好奇精神意味着他们会利用一切可以利用的时间，学习一切应该学习的东西。他们沿着探索的道路不断前进，实验各种可能，关注各种细节。
>
> 我们相信人性化的技术。田园业余爱好者认为，人类应该控制技术。
>
> 我们拥抱率真的偶像破坏主义。田园业余爱好者不害怕第一次做某些事情，“一个有爱好的业余人士不必是一个天才，去避开那些他从未受过训练的工作。”（丹尼尔·布尔斯廷）
>
> 我们的方式是分享，而非竞争。田园爱好者在同行的伙伴中抒发自己的热情，为同行的业余爱好伙伴们的成就感到激动，给予支持。
>
> 我们喜欢孩子式的纯真而不是令人乏味的专业主义。田园爱好者未受到专业主义的熏染，他们对于所爱好的事情有一种天真的单纯。

我们建立了一个综合性的品牌平台，这个平台无所不包，从新啤酒的名字到与消费者的沟通策略，从销售协议到旅行者到酒厂的观光线路。我们将业余爱好主义的精神落实到每一个地方，从网站设计到杯垫制作，还有各种策划的事件，比如举办业余爱好者自拍影片的电影节，推出诸如很奇特的季节性啤酒等的一系列新产品，以及用网络视频播出新比利时公司与当地业余爱好者朋友的联欢。但是，为了在西海岸市场能够翻身，我们还需要创造某种业余爱好者思想意识的大众文化表述。我们的挑战在于要设计出一种田园业余爱好者的召唤，而这一召唤让那些生活在西雅图、硅谷、圣塔莫尼卡、圣迭戈甚至更远地方的布波族听 238
到，从此多一些梦想，有朝一日他们也许也会抛弃日复一日的八小时工作，走上追随自己兴趣的业余爱好者之路。考虑到庞大的目标人群，同时也考虑到所讲述的故事类型，我们认为应该选择电影作为媒介，因为它迄今为止仍然是最好的故事讲述者。这样，在我们的建议之下，新比利时公司发起了第一次广告运动（也许是唯一的一次）。

选择文化密码：小修补者

小修补者的角色

我们想要讲述一个狂想者的探险故事，一个技术人性化的故事，一个如今只有孩子才能享受到的自由的故事。我们考虑，最好的方式是通过一个简单的角色刻画来完成这个故事。故事将塑造一个沉迷于业余爱好的人，他以悠闲的节奏，没有时间的压力，也没有来自外部世界的干扰，他的动力来自他对业余爱好的热爱而非社会身份的需要。故事将以乡村地区为背景来表现他与自然的和谐相处，表现他过着一种“慢节奏”的生活，与城市快节奏生活形成鲜明对比。在故事中，敲敲打打、修修补补之类的脏活累活将被浪漫化，这是为了体现它们与专业性的、抽象的脑力劳动的对立。我们将这个角色称为“小修补者”。塑造这个角色，我们打算避免采用已经刻板印象化了的山区户外运动者形象，或者其他任何类似的形象。为了强化广告的神话特质，让它可以是关于任何人的故事，我们找到了一个刚刚从科罗拉多的顽石坝旅行到这里的捷克小伙子，他成了我们所有广告片的主角。在广告中，他一句话都没有说过。

单速自行车

我们“决定”片中主角痴迷的是一辆旧的单速自行车——他喜欢拆卸旧的多级齿轮变速自行车，并且将它们改装成单速巡航自行车（这在当时是一个只有内行人才懂的爱好，但就是从这时开始变得越来越流行。现在的自行车发烧友都知道，其方法是在自行车上安装一个“固速器”来固定速度）。单速自行车是田园业余爱好者的一个强有力的象
239 征，而且是“肥胎”所拥有的，因此这是一个必然的选择。大约就是这个时期，全国各地喝这种有着田园业余爱好者思想意识的啤酒的人开始将单速自行车视为以人为本技术的象征，视为反对技术对文化传统和自然的侵犯的宣言。

山区小镇背景

我们希望找到一种既真实又浪漫迷人的方式来表现山区小镇的田园风光，希望此情此景会拨动布波族潜在啤酒消费者的心弦。新比利时公司与我们一起罗列了一份典型的科罗拉多山区小镇的清单。为了寻找最佳的拍摄地，广告导演杰克·斯科特花了好几个星期环游了这些小镇。它们大多位于山区的中部，过去曾经有采矿业——诸如克莱德、西弗顿、萨利达、克莱斯顿和佩尼亚，如今任何能够勉强维持生计的人都可以在如此美丽的地方定居下来。我们首先否定了那些很有名的小城镇，比如阿斯本、威尔和斯廷博特斯普林斯，因为它们太商业化了，且非常的富有。我们最终选择了佩尼亚，它是科罗拉多州的一个小镇，位于甘尼逊河之滨，太平山顶之下。佩尼亚一年四季的日程表中最突出的是为期三天的山地丰收节，届时会有音乐、诗歌和艺术表演，还有人传授制作罐头和饲养家畜的技艺。小镇集美丽的自然风光和老旧的农场为一体，废弃的矿工房舍将人们的思绪带回到过去——那个时候美国人的生活要简单得多，也没有这样的理性化，那时候也接触不到技术。这一背景唤回了一个年代，而那个年代的具体时间似乎巧妙地让人无法确定，映入脑海的是 20 世纪初的事情发生在了今天。

震撼民谣配乐

为了强化广告片的神话特质，我们决定不用对白，代之以自始至终的背景音乐。这种手法需要音乐和画面相得益彰来表现意识形态。近年来出现了一种受民谣影响的新摇滚，它重新激活了 1960 年代由加汉姆·帕森斯、飞鸟乐队、感恩而死乐队等音乐人开创的风格。这些音乐

人经常在作品中歌颂田园风光，有时候甚至直接批判技术对田园的侵 240
犯。从他们的音乐制作理念到乐器使用，无一不体现出对业余精神的推崇——他们喜欢采用一些明显的自己动手的技术，比如用便携式录音机录音，这样会将“嘶嘶”声保留在磁带里；或者尝试一些新的乐器，连他们自己都不太熟悉怎么弄。在新民谣风格的独立音乐人中，科罗拉多的德文达·班哈特是特别契合田园业余爱好精神的一位。他的音乐结合了指弹吉他、低保真录音技术以及对各种生灵声音（比如乌鸦、牛、猪、苍蝇等等）的天真模仿等多种元素，恰到好处地植入了我们想要传达的田园业余爱好者意识形态，所以我们与他协商使用他的作品为广告片配乐。

广告语：“追随你的爱好，我们的（爱好）是酿啤酒”

因为这一创意是围绕着田园业余爱好者的业余爱好，而不是直接围绕着啤酒展开的，所以我们意识到必须用一条广告语在两者之间建立起明确的关联。我们想要传达的意思是：“这就是我们向往的生活理念，我们歌颂所有追求美好事物的人们；它深藏在我们这些酿酒者的内心，也存在于你们享受到的啤酒之中”。在头脑风暴时，我们提出了一个宣言式的口号：追随你的爱好（Follow Your Folly）。这个句子是我们对耐克“Just Do It”半开玩笑半认真的仿拟。它的出现让其他广告语瞬间黯然失色。然后，为了表明我们自身也是这个运动的一部分，只是与同道中人分享着相同的意识形态，而非运动的领导者，我们又在这个句子后面补上了一个“挂钩”——“我们的（爱好）是酿啤酒”（Ours Is Beer）。所以，新比利时公司所有广告片的结尾都如出一辙：肥胎啤酒缓缓倒入杯中，镜头淡出的同时说出这句话。

“小修补者”的赞歌

我们总共制作了四个广告片，但精心制作的只是其中之一，因为我们只有很少的广告投放预算。“小修补者”是一个赞歌风格的广告，它的背景音乐取自德文达怪诞又童稚的歌曲《舞步回旋》。故事开头，我们的主角“自行车匠”来到了科罗拉多某个乡村人家的院子里，这里

是一个旧货摊。他像邻居一样与屋子的主人打了个招呼，屋主是一个
241 70 岁的老汉，正与老伴一起坐在门廊里休息。院子里摆着废弃的画框、廉价的柜子和空汽水瓶等杂物。我们的主角绕着它们转来转去，直到他看到一辆生了锈的旧自行车。这辆车似乎得花很多工夫才能修理好，但"小修补者"显然看出了它的潜力，眼里闪过一丝光亮，转头向屋主提出了购买请求。屋主对他挥了挥手让他拿走，没要他的钱。他也向屋主挥了挥手，带着自行车离开。

然后我们就看到"小修补者"在自家谷仓改建成的车间里忙活起来了，看起来，这里才是他每天花大量时间待着的地方。他用心地将旧自行车观察了一番，然后就很有技巧地拆卸起来。然后，广告片交替地用缓慢的长镜头和急促的短镜头表现"小修补者"的状态，他一会儿全神贯注地沉迷于工作之中，一会儿又陷入异想天开的状态。某一刻，他在一个车把上做试验，另一刻，他朝谷仓顶上望过去。

"小修补者"先生挪开了旧赛车的手把，开始检查一个新曲轴。他工作的时候，我们看到不断有零部件被拆卸下来放在地板上。他小心地为旧车架打蜡，并安上一个旧的皮坐凳。一系列的镜头闪过，表明不知不觉中已经过去了几小时，我们看到窗外的天色渐渐地暗下来。再后来，我们看到在漆黑的午夜里，谷仓里依然亮着温暖的灯光。

最后，第二天的时候，我们又看到了"小修补者"先生，他已经费尽心血地将车给修理好了，这会儿他要去试一试这辆改装版的红色单速自行车，它可是 20 世纪中期生产的古董。我们看到他蹬上踏板，骑着车上了公路。他的狗在后面跟了几步，但很快"小修补者"就一个人骑着车远去了。他加快骑速，风扬起他的头发。当科罗拉多的乡村景物在他身旁略过的时候，广告切换到了肥胎啤酒缓缓倒入杯中的镜头，同时打出广告语："追随你的爱好，我们的（爱好）是啤酒"。

这个系列的第二篇叫"骑车夜行"，它继续讲述神秘莫测的"小修补者"先生的事迹。这是一个在夜幕下拍摄的广告，背景是科罗拉多的美丽星空，自始至终我们都听到德文达平和而抒情的音乐。片子开始，我们看到"小修补者"又在他的车间里摆弄自行车，这次他是要为自行车安装一个老式的前灯——这是人性化技术的又一个象征。这种前灯

与轮胎边上的摩擦起电机相连接，车轮转动的时候就能产生电流让它发光。然后，我们就看到“小修补者”骑着车冲进夜幕去试验他的前灯。他沿着一条山路骑行，只有这只前灯为他照亮前方的路。他骑上一个陡峭的坡道，因为自行车前灯的亮度取决于轮子的转速，所以在他缓慢地向上骑的时候，我们看到前灯只能发出微弱的光线，而在他勉强支撑着往上爬的时候，前灯的光已经变得忽有忽无。他接近山顶的时候，已经吃力得脸都变形了。但是，在他终于登上山顶的那一刻，轻松快慰的感 242
觉抚平了所有的紧张。他沿着另一侧的山道滑行而下，再次冲进夜幕里。他的速度越来越快，道路前方所有的景物都被照亮了。最后他返回到位于山脚的家里，靠在椅子上摇晃着大腿，再一次享受那片刻的惬意。此时，广告语“追随你的爱好，我们的（爱好）是啤酒”打出，我们的“小修补者”先生在自行车前灯的光芒里向观众微笑，然后是肥胎啤酒倒入杯中的镜头，广告片在这里结束。

电影与剪辑

在所有广告片中，我们都刻意通过镜头的使用、剪辑技巧和视觉风格体现出业余爱好者的实验色彩。手持摄像机的拍摄效果和剪辑的蒙太奇风格令故事带有一种本色的、特异的感觉，我们让影像的切换跟随音乐，艺术化地并置视觉形象而不是固守脚本的叙事结构。摄像机的镜头特性、粗粒电影胶片和颜色校正为广告造成了一种历久弥新的感觉，科罗拉多白天金子般的田园风景和稀世的夜幕星空被浪漫化地呈现于观众面前。

结果

新比利时公司大胆地承担了对这一努力的巨大投入，更为重要的是，他们最终采纳了向大众媒体投放广告的营销技巧，这是他们一开始并不喜欢甚至有些抵触的做法。我们需要证实，项目开始时拟定的目标已经兑现，即“跨越文化鸿沟”，将肥胎啤酒的意识形态传递给了遥远的落基山小镇之外的大众市场的消费者。所以我们设计了一项田野实验，将 10 个媒体市场分成 5 对 5 的两组，并且让两组在人口总量和肥胎啤酒的销售总量上都相当。我们在试验组的市场上投放广告，而对照组所在的地区则没有投放广告。结果发现，在 6 个月之内，试验组的销售总量上升了 37%，而对照组只有 2% 的增长，而事实上广告只播出了 14 周的时间。我们计算过，只要肥胎啤酒的销售量上升 11%，公司就可以收回广告成本，因此可以说这项广告运动从
243 一开始就是赚钱的买卖。这个项目还带来了另外的好处：第一个月的广告播出之后，零售商们都被折服了，于是新比利时公司的促销人员可以不费什么口舌就得到在商店里张贴更多的广告和展示产品的机会，甚至包括推广公司的二线品牌，比如阳光小麦啤酒和黑啤 1554。再者，广告的威力也刺激了经销商，他们踊跃地为新比利时公司的二线品牌开设分销店，数据表明，新比利时公司最热销的二线品牌的销量增长了 50%。

结论

创业型企业常常因为无法跨越文化鸿沟而困守在利基市场，新比利时公司是这方面的典型个案。它们谙熟关系营销以至于无法看到自身的问题：如果想在西海岸的市场打开局面，它们必须用另一种方式打造肥胎啤酒这个品牌。从这个意义上说，2000 年代之初的新比利时公司与 1980 年代的星巴克、1970 年代的耐克以及 1950 年代早期的杰克·丹尼尔在处境上都很相似。其时，这四家公司都能生产高质量的产品，并且在亚文化造就的利基市场中占据了主导地位。它们都很懂得用“更佳捕鼠器”作为自己产品的卖点——它们或是值得鉴赏的咖啡，或是最顺滑的威士忌，或是技术最先进的运动鞋，或是既有趣又工艺优良的比利时精酿啤酒。然而它们却没有想到，其实大众市场的消费者对新颖的文化表述的兴趣远远大过对产品细微差异的兴趣。这就是我们所说“文化鸿沟”。结果是这四家公司它们不得不在大众市场上与竞争对手苦苦抗争，而对手们却握有优势资源。

为了跨越文化鸿沟，品牌需要走出圈内人（insider）主导的市场，转至跟随者（follower）的消费市场。因为圈内人通常是一个专家，他们拥有非常丰富的相关产品知识，而跟随者只想轻松地接近某种高价值

的文化表述，他们选择某个品牌，是因为它可信地传递了这种文化表述。[①] 因此，对于新比利时公司来说，实现这一转变需要它们远离核心的啤酒迷群体——这群人是工艺酿造啤酒市场的意见领袖，以及他们的手工艺性-世界主义意识形态，转而考虑自己可以通过品牌向渴求特定意识形态的文化资本群体传递什么样的价值观。

① 关于这些消费者结构的深入分析，可参见：Douglas B. Holt, *How Brands Become Icons: The Principles of Cultural Branding*, Boston: Harvard Business School Press, 2004.

245 # 第十二章　导火线音乐电视：以文化柔术挑战领军者

创业者常常需要与具有影响力的既有品牌进行竞争，而后者控制着市场并且拥有好得多的资源。“更佳捕鼠器”模式力劝创业者避免直接挑战市场的既有品牌。这样的份额争夺据信是红海，创业者注定要被大鱼吞没。文化战略模式却揭示出，在许多情况下，事实恰恰相反。有时候，成熟的产品市场充满大量的创业机会，因为一个有影响力的品牌控制着市场的同时也有着明显可以利用的文化弱点。在这样的产品市场，直接利用既有品牌通常是最佳办法。挑战者利用既有品牌的流行力量来反击品牌自身，这种办法我们称为文化柔术。既有品牌越是巨大，可以借用的力量就越强。比如，本杰瑞公司的成功就是当它直接挑战皮尔斯堡公司的哈根达斯的时候，借用了这个超级昂贵的冰激凌巨人的力量而取得了惊人的效果。

音乐电视台（MTV）是音乐电视市场的巨人。这家电视网成立于1981年，迅速地确立了其作为美国青年文化的潮流的权威地位，推动新颖的音乐活动，播放激动人心的音乐视频，开发新的青年亚文化，还播报与青年有关的新闻。它播放青年文化新编排节目中最受欢迎的节目，既有《弱智与丧门星》之类的动画片，也有像《蠢蛋搞怪秀》和《汤姆·格林秀》这样的恶作剧式的喜剧片。为了垄断音乐电视市场，音乐电视台买下竞争对手，诸如乡村音乐电视频道和黑人娱乐电视网，同时将利基市场的电视网如VH2和音乐电视二频道剥离出去。到2003
246 年，音乐电视台控制了13家国内的有线电视网，包括MTV Hits、MTV Jams、MTV Tr3s（一家拉丁语电视网）和mtvU（一家面向大学的电视网），它的全球销售额达到了惊人的270亿美元，成为媒体巨头维亚康姆集团旗下公司中资产最大的一个公司。

1994 年，彩虹传媒公司在美国创办了马奇（MuchMusic）电视网，作为加拿大的同名音乐电视网的联播网。这家小规模的电视网很快就能自己制作音乐视频节目。它的管理层小心翼翼地遵从“更佳捕鼠器”的创新原则，具体的做法是通过捍卫“另类”音乐体裁试图开创出利基市场的一片蓝海：比如独立音乐、重金属、朋克以及情绪摇滚（emo），这些音乐在很大程度上是被音乐电视台抛弃了的，因为它们的市场实在太小。但是这个另类的概念却从未受到欢迎。9 年之后，也就是 2003 年，这家电视网在目标青年群体中的知名度仍然极小，也没有吸引到重要的广告客户。尼尔森的收视率调查显示，它的市场份额一直在低空盘旋，大约是 0.3% 左右。有线电视运营商也没什么理由在节目编排时将这家网络的节目排在显著的位置，而是特别地将它置于节目编排系统中的三位数的序列。

2003 年，此时这家电视网已经更名为导火线，彩虹传媒聘请我们帮助改造它，以便更加成功地与音乐电视台展开竞争。[①] 我们这项任务所得到的营销预算很少，使我们只能在该电视网的频道上做广告，再加少量的游击战式的营销活动。然而，运用文化战略的模式，我们成功地扭转了这家电视网的颓势。我们通过音乐电视台的致命弱点找到了意识形态机遇。我们由此制定了相应的文化战略，对音乐电视台发起了不计其数的具有煽动性的挑战，将导火线树立成为音乐电视台这一巨人的意识形态的对立面。在重新打造之后的第一年，导火线电视网就吸引了前所未有的媒体的关注，收视率增加了一倍，交费用户的数量惊人地增长，同时吸引了几十家全国性的广告商。

文化研究

我们并没有将精力集中在辨别这一产品市场的文化正统，然后再去

---

① 该团队包括 MuchMusic USA 的年轻主席马克·尤里斯（Marc Juris），他是这个小型的非正统团队的组织者，成员有创意总监戴夫·卡森（Dave Carson）、前 MTV 市场部主管马利·科里吉里亚诺（Mary Corigliano）以及一位渴望成为电视广告导演的编剧金·雅各布（Kim Jacobs）。我们被请去作为品牌重塑顾问。这是一个拼凑起来的团队，但我们很快就磨合良好，形成了一个文化工作室（本书后面将有专文分析这种组织形式）。

超越它，而是专注于研究音乐电视台的文化表述，目标是找出其中我们可以利用的意识形态上的致命弱点。因为音乐电视台占据市场的主导地
247 位，所以我们知道我们的最佳战略就是利用文化柔术策略。因此，我们的研究从音乐电视台的品牌系谱开始。

从意识形态的观点看，大多数青年音乐都是对于青年叛逆、夸耀成年人追逐名利且平庸的行为规范的一种表述。音乐电视台从一开始就是作为这种意识形态的信息交流中心来运作的，汇聚了各种各样的反叛的表述。1980 年代早期，在广播业尚且无动于衷的时候，音乐电视台就热捧地下的新浪潮音乐，向观众介绍这些音乐人银光闪闪的服饰、男女莫辨的化妆以及大胆刻画的发型。1980 年代中期，这家电视网向美国人呈现了极具煽动性地混合了坎普艺术和毒品的乔治男孩，以及麦当娜令人震惊地将性感与宗教圣像混合在一起。1990 年代初期，音乐电视台察觉到了黑帮说唱乐成为主流白人青年反叛神话的潜力，于是引入了冰-T（Ice-T）、冰立方（Ice-Cube）、德雷医生和斯诺普·道格等乐队和歌手。音乐电视台呈现的这些艺术家前所未有地歌颂黑帮暴力、违禁毒品的使用、与警察的对抗、厌恶女人的态度，以及满口的脏话，这些令青少年感到兴奋，而他们的父母却感到震惊。那段时间，音乐电视台通过播放贝克的低保真《失败者》视频、迈克法官愤世嫉俗的卡通片《弱智与丧门星》等节目，也帮助了反叛懒人亚文化的流行。音乐电视台在制作更具煽动性的表达青年反叛的节目方面已经很娴熟，不仅大大提高了收视率，还维持了它作为一个真正的青年文化表现者的公信力。这样，音乐电视台成了美国最有影响力的一个青年品牌。

音乐电视台意识形态的致命弱点

1997 年，音乐电视台总裁朱迪·麦格拉斯启动了一项雄心勃勃的新战略，将音乐电视台的重心从音乐视频转向较长形式的节目。音乐电视台的管理层一直都很清楚，音乐视频在收视率方面是比较差的，每个 4 分钟长的视频结束之后，容易诱发观众调换频道，而较长形式的节目则能够锁定观众 30 分钟或是 1 个小时。不过，由于音乐视频是该电视网存在的基础，所以从未有人质疑过它们是否应该继续存在下去。

麦格拉斯改变了这一切。通过低劣但内容吸引人的节目，音乐电视 248
台进入了青少年肥皂剧的时代。这个时期最成功的节目是《赤裸裸》，这部连续剧讲的是年轻人的浪漫关系，这些年轻人俊男靓女，经常来自于洛杉矶地区的有钱人家。音乐电视台以惊人的频率将《赤裸裸》的剧集翻拍了好多遍。青少年肥皂剧阶段之后进入真人秀阶段。音乐电视台曾经用《真实世界》等真人秀节目作为一种新颖的节目从而使音乐视频边缘化，麦格拉斯的战略是将真人秀变成音乐电视台节目编排单中的主导节目。为了复制《真实世界》收视率的成功，音乐电视台制作了一大批诸如《女生联谊会生活》和《房间抢劫者》之类的乏味的真人秀节目，以及诸如《曼迪·摩尔秀》之类的名人八卦节目。真人秀之后，音乐电视台进入了流行公主时代，布兰妮·斯皮尔斯、杰西卡·辛普森、帕里斯·希尔顿越来越频繁地出现在音乐电视台的节目中，频频出席音乐电视台举办的重要活动，比如音乐电视台音乐录影带大奖的颁奖典礼。后来，音乐电视台为辛普森打造了一个关于她自己的节目，名叫《新婚燕尔》，节目中介绍她与丈夫尼克·拉奇的生活、豪华轿车、初次购买的公寓和度假别墅。节目巨细无遗地展示了这对夫妇的特殊生活，比如辛普森不熟悉金枪鱼罐头，以及她不会自己洗衣服。

接下来进入名人崇拜的时代。1998 年，《互动全方位》曾是音乐电视台播放的最主要的音乐视频节目，但是电视台却以损害其诚信为代价邀请名流担当这一节目的主持人。该节目不是将注意力放在视频的音乐和艺术细节上，而是成了嘉宾主持推销自己即将上映的电影的工具，同时迎合数以百计的青少年，他们赶到演播室外面尖叫着希望能看一眼富人和名人。还有一些节目更露骨地表现了对于明流魅力和声望的崇拜，音乐电视台的《居所》节目让观众一窥名流的公寓，而有朋克特点的从模特转行成为演员的艾什顿·库奇，针对其他名人搞一些恶作剧，比如侵入他们昂贵的房子里或假装在他们的车里。

所有这些加在一起完全重塑了音乐电视台的意识形态，从青年反叛文化的倡导者变成了一个时髦少女梦想的富有、出名和美丽的生活方式的倡导者。音乐电视台不再把年轻人理想化为反叛者和挑衅者，而是将他们当作漂亮、富有、光鲜的迷你成人加以歌颂；不再将边缘领域的生

249 活浪漫化，取而代之以对做着富有魅力的事情、常乘坐飞机的名流的崇拜；也不再喜爱古怪的人以及经常是低保真的音乐产品，而是将自己作为浮华光鲜的正统的上流的时尚予以展现。

音乐电视台这个市场中的主导品牌的这一彻底变化有其经济上的原因。美国进入了一个上层阶级涡轮增压式扩张的时期，促使全社会迷恋于“成功”和成为富人，然后过上财务自由的生活。① 如果相信新闻报道的话，你会发现富人的年龄越来越小。媒体不再赞美那些留着长头发的懒人，这些人对世界感到愤怒，组成地下乐队以发泄他们的愤怒（比如1990 年代早期的涅槃乐队），而是开始将科技创业青年塑造成英雄，这些年轻人，在没到法定饮酒年龄之前就已经赚了好几千万。

直到2003 年，1990 年代后期盛行的网络驱动的疯狂的财富之花枯萎了。在青年百万富翁不断涌现的年代，似乎所有人都有机会过上有钱有名的光鲜生活。但是随着工作机会的消失和收入的滞胀，一个阶层的分化开始了。在美国超过700 万的富人构成了一个庞大的上层阶级。所以，如果你是富裕家庭的孩子，父母能够负担得起你上一所好大学的费用，这类家庭大约占全部家庭数量的15%，那么这个梦对你还依然有吸引力。音乐电视台的意识形态在一些美国青少年中依然相当流行，对于中产阶级家庭出身的年轻女孩，尤其有吸引力。但是，对于在这个有钱人的圈子之外的家庭中长大的青少年来说，财富、名望以及美丽的生活现在与他们有好几光年的距离，这个梦对于他们来说已经没有丝毫可信。这些年轻人的父母工作更加辛苦，而他们加在一起的收入与30 年前相比并没有实际的增长。如今，为了购买时尚服饰、电子游戏和mp3，以及与同龄朋友的社会交往，大多数的美国青年都必须做一份兼职的低报酬的工作，这种工作通常只有很少的薪水，而且没有福利。他们付不起四年大学所需要的费用，最好的结果也就是在几年之内找到一份枯燥的、报酬微薄的工作。这些非精英的青少年陷入了这样一个困境：一方面，他们被音乐电视台大量的试图以精英生活方式诱导他们的

① 参见：Juliet B. Schor, *The Overspent American*, New York: Harper, 1999; Robert H. Frank, *Luxury Fever*, Princeton: Princeton University Press, 2000.

电视节目包围着；另一方面，他们越来越意识到自己正在走向一条不那么光鲜的道路。根据这一研究发现，我们认为音乐电视台的致命弱点就在于，它放弃了开创之初赖以成功的青年文化的反叛理想，转而宣扬与之对立的追逐名利且平庸的思想，这就是文化柔术策略中的打击点。 250

我们在研究中发现，音乐电视台在无意中越来越触怒非精英的青少年，尤其是男青年。一股抵制音乐电视台的力量正浮现在互联网上。一个名叫“哑音乐电视台”的论坛引来了大量评论，宣称音乐电视台已经失去了它反叛的光芒，转而依靠名人偶像来支撑它的收视率。①

一位论坛的参与者写道：

别指望音乐电视台会做任何有争议的事情。音乐电视台的节目没有政治意识，给人的感觉就像是抱怨《人人都爱雷蒙德》中没有性奴役的节目。音乐电视台是布兰妮和超级男孩的粉丝的安全港，不是你们寻找最前沿的东西的地方。到你们当地的独立音像店去吧。

另一位参与者说：

现在看起来，音乐电视台（以及最初受到音乐电视台鼓舞的无数电视频道）似乎是要抨击个人特性，代之以传递一致性以及潮流。《居所》告诉我们要取得一套可以拉皮条的大房子……最初的个性和音乐出什么毛病了？现在要靠保证一致性和物质收益才能挣钱吗？当然是，音乐电视台早在数年前就已经背叛了当初的那个理念了。

或者，如一位参与者在“跳过鲨鱼”网站上所评论的：“总而言之，我认为有人谋杀了音乐电视台最初的理念。音乐电视台现在是由金钱饥饿症的白痴们以及他们的摩登少女们掌控着的。”

---

① www. winamp. com

为了更好地理解这种抵制音乐电视台的意识形态的基础，我们与一些支持“咂音乐电视台”论坛立场的少年以及年轻的成年人进行了访谈。当我们问及他们最讨厌音乐电视台什么的时候，他们抱怨音乐电视台是“一群被宠坏的孩子的豪华派对”“唧唧喳喳的富家小孩”“百万富翁少年的流行偶像”，普遍的抱怨是“光鲜、快乐，所有人都穿着同样的衣服，做同样的事”。当我们让一位被访者描述一下他心目中音乐
251 电视台典型的观众形象的时候，他认为：“不太讲话、家里有钱的男大学生联谊会的男生，以及开着老爸豪车的浅薄女生”。我们断定，这种抵制是越来越严重的阶层分化的一种愤怒表达。我们的研究得出了一个直接的推论：导火线电视网最佳的意识形态机遇就是以一种新的意识形态挑战音乐电视台，这种新的意识形态要运用一种民粹主义的对立面关注对于富有、名望和光鲜的生活方式的强烈不满，所以我们下一阶段的研究目标，就是将这种对立面的具体方面确定下来。

原始素材：作为民粹主义恶作剧的文化围堵者

一个明显的意识形态机遇已经出现，但是现有品牌中还完全没有任何可以利用的意识形态。我们试图在最具号召力的亚文化、社会运动或媒体神话中发掘我们需要的文化内容。很快，我们就确信：不能把眼光局限于目前该电视网松散的亚文化节目制作联盟，而是需要登上一个更广阔并且更具反叛性的平台。这一时期，青年音乐亚文化不仅碎片化了，而且因为被过度地用于表达青年反叛情绪而变得难以预测。直到2003年，音乐公司已经很擅长通过买断曾经具有反叛精神的音乐人的作品，从而更有效地利用他们亚文化的公信力。结果造成青年音乐亚文化的反叛价值急剧下降。我们需要找到一个更有号召力的平台，尤其要能够吸引我们在研究中发现的那个分化阶层的青少年。我们的问题是：什么亚文化或运动在这个历史时刻具有最大的共鸣和公信力能够发起一个民粹主义的针对富有、名望和光鲜世界的挑战？

我们想到反全球化运动可能是一个可以挖掘金矿的地方。这不仅是因为这一运动对青年亚文化的公司化提出了强烈的批评，而且这一运动中愤怒的民粹主义比其他诸如绿色运动的富有建设性的乐观主义更加符

合我们目标消费者的情绪，其他运动主要引起的是精英阶层年轻人的共鸣。那段时间，反全球化运动在我们的目标消费人群中的影响力与日俱增。娜奥米·克莱恩撰写的《没有标识》一书是一部颇具争议性的反跨国公司的长篇著作，冲至2001年畅销书排行榜的首位，至2002年已经售出了100万册。这本书主要站在一个民粹主义者抨击大企业的角度，这一视角对我们很有用，有助于我们去考虑如何将音乐电视台理解成这个贪婪无度的全球市场主宰者群体的一部分。更有帮助的是，她在 252
书中赞扬了一种独特的社会运动，即所谓的文化围堵者（Culture Jammer），这是一个已经在社会边缘存在了数十年的运动团体。

文化围堵是一种文化意义上的抵抗运动。行动者们通过破坏大机构的公共形象以达到抨击它们的目的。他们在跨国公司的广告上、G8峰会以及大公司总部大楼的广告上加上他们的讽刺作品。

格雷尔·马库斯在他极具影响力的著作《追踪口红：一段20世纪的秘史》中讲述过这种颠覆性的文化恶作剧的历史。这些恶作剧的技法在很大程度上是隐蔽的，隐藏于公共生活的边缘。直到几十年之后，这一理念在1960—1970年代欧美的青年抵抗社会运动中变得火起来。这些行动者受到情境主义者（Situationist）的启发，情境主义者团体是由1950年代后期在欧洲由一群政治和艺术的恶作剧者形成的。他们制作一系列的荒诞派文学风格的噱头供媒体报道，去破坏社会机构从而制造某种动荡。例如，在早期的一次恶作剧中，一位情境主义者打扮成神父的模样，跑到巴黎圣母院的讲坛上公然诋毁上帝。

情境主义者发明了一种他们称之为异轨（detournement）的策略，就是将一个公众熟知的形象或信息经过自己稍加修改从而成为一个具有新的意义的新作品。这种策略在20年后的北美被人们称为文化围堵。情境主义者宣称“异轨”可以让资本主义体系的文化表述转而针对其自身，个体的自主性和创造力从资本主义体系产生的消极“奇观”中寻找回来。[1] 最重要的情境主义理论家居伊·德波在1960年代写作了

---

① Guy Debord and Gil Wolman, *A User's Guide to Detournment* (1956), www.bopsecrets.org/SI/detourn.htm

《社会奇观》一书，成为当时行动者们的圣经之一。与此同时，美国劳工运动领袖索尔·阿林斯基也运用同样的理念，倡导“大众政治柔术”，包括“利用权力结构的一部分力量对抗另一部分”等策略。[①] 也许情境主义理论最有影响的一次实践出现在这个时代的末期：“性手枪”乐队的音乐和时尚经理人马尔科姆·麦克拉伦的率真表达，都是情境主义的典范。“性手枪”乐队创作了最具突破性的单曲《天佑女王》，并特地在为庆祝伊丽莎白二世登基25周年在白金汉宫举行的记者招待
253 会上向公众介绍这首歌曲，乐队在英国议会大厦外面的船上演唱，等待警察来抓他们，媒体围观了他们被捕的全过程。他们向新闻界宣布，这就是这个国家盲目服从于占据主导地位的皇家社会秩序的明证。

也就在这段时间，温哥华的媒体基金会以《广告克星》杂志为根据地发起了一项文化围堵运动，这项运动为行动者打造了一个规模不大但很有影响的阵地。被称为“精神环保杂志”的《广告克星》，刊登炮轰大公司的文章、颠覆性的广告，以及大公司广告的滑稽的模仿作品。杂志的创办人名叫卡勒·拉森，后来他于2000年出版了《文化围堵》一书，这本书是该团体努力将文化围堵运动变成主流文化的一部分。不过，最终实现这一目标的是克莱恩的书——《没有标识》，将文化围堵看作是与体制作战最令人信服和信赖的方法之一。

克莱恩在书中介绍了“媒体广告牌解放阵线”（Media Billboard Liberation Front）的工作，他们曾经篡改了旧金山最大的一块李维斯广告牌，将查尔斯·曼森的形象贴在穿着李维斯牛仔服的模特脸上。在阿拉斯加港漏油事件发生之后，一位行动者在埃克森石油公司的广告牌上写下了“坏事难免要发生”。还有一位艺术家，他把骆驼牌香烟的“骆驼乔”广告（Joe Camel）改成了“化疗乔”（Joe Chemo），并且在人物形象上接上了医疗器械。所有这些做法，克莱恩都大加赞赏。她盛赞互联网上的“黑客行动主义者”，他们常常侵入大公司的网站并且在页面上留下他们自己的反抗大公司的信息，她也欣赏《非酷》（*Uncool*）杂志的创办者，这是一本影印本的杂志，其中包括一张整版的哲学芭比的模

---

① Naomi Klein, *No Logo*, New York: Picador, 2000, 282.

拟广告。杂志的创办者想知道："什么在先？美女，还是神话？如果我被钉子戳了一下，但我睡着了，那么它还是不是一个危机？"① 在克莱恩文化围堵的推动引起关注之后，《广告克星》的发行量急剧上升，在寻找另类反叛方式的年轻人群体中成了很有影响力的读物。

"是的先生"（The Yes Men）是那个时代最著名的文化围堵者，他们令人印象深刻。也是克莱恩的书为他们搭建了一个舞台，在这个舞台上，他们的声望与日俱增。我们访谈过这些年轻的英雄，他们的做法是扮演跨国公司高管，穿着商务西装潜入经济精英的高端会议，以经典的情境主义者风格展开破坏活动。他们以最荒谬可笑的方式颠覆那些在他 254
们看来隐藏于跨国公司运行机制表象之下的掠夺行为。这些恶作剧者特别有趣和有力的地方在于，大多数时候，他们都能骗得听众对他们的古怪想法信以为真。举个例子，有一次，一个行动者扮演成麦当劳的高管潜入了某个重要会议，他积极地提出了一个方案，说是可以将"第一世界"人民浪费的食物回收之后重新做成汉堡卖给"第三世界"人民。他解释说，这样做不但非常环保，而且非常赚钱。会场的人居然频频点头表示赞许。

文化围堵是一场时代气息非常强烈的社会运动，它产生了强大的共振力量。我们可以将它稍加修改之后设计成一种民粹主义者对音乐电视台的抨击。我们需要做的，仅仅是将对于目标群体的表述稍作调整，并将被嘲笑的对象不仅设定在精英们的商务活动，而且扩展到他们的生活方式。

文化战略：民粹主义者的恶作剧

我们草拟了一份备忘录，其中确立了导火线电视台的一种新的意识形态，在这一意识形态中，以文化围堵为主要武器，来抨击音乐电视台为精英生活方式所唱的赞歌。

> 导火线电视台所支持的年轻人认为，音乐电视台只为势利的精

① Naomi Klein, *No Logo*, New York: Picador, 2000, 287。

> 英阶层服务，它歌颂谄媚者，抛弃了其他所有人；而导火线电视台的音乐是纯粹而简单的音乐，剥除了所有虚假生活方式的光环。音乐电视台将年轻人的生活方式理想化地认为是富有、出名和美丽，这在我们导火线电视台看来简直就是一个大笑话。究竟谁能过上这样的生活？导火线电视台撕下这个虚假的表面从而揭示出生活真实的模样：它并不总是美丽的，也只有很少情况下是富有的，它经常邋里邋遢乱七八糟。时尚不是找一群人过来，让他们穿起同样的衣服、笑容满面地做起同样的事情就可以的。我们尊敬那些不向精英规范投降的人，尽管他们最后可能被蒙上品味低俗、下流的恶名。我们认为，任何人都可以成为明星，都比音乐电视台扔给我们的那些不值当的假货要强得多。甚至连音乐电视台的产品都透着钱的味道，从图像制作到美术设计到声波签名，无一不是油光水滑的势利风格。导火线电视台没有那么多钱，就像你们一样。但是我们可以从我们拥有的东西中制造出许多快乐。

仅仅几个月的准备之后，我们导火线电视台项目组在彩虹传媒位于曼哈顿的办公室里与他们碰头。我们认为必须尽可能地将这个新概念的
255 动静做大。我们只有 100 万美元的经费，面对的却是一个高度饱和的媒体市场，这里充斥着各种青年文化、青年市场营销技巧和青年产品。但是我们仍然相信，只要我们的文化围堵策略运用得当，能够将反音乐电视台的民粹主义意识形态表现得具有煽动性，就能吸引来音乐记者、广告业记者、青年文化博主、电视新闻制片人以及音乐迷团体的关注。我们认为，如果运用我们在本杰瑞案例研究过程中发现的游击营销战术，即我们所说的“激发意识形态爆发点”战术，将会极大地提高广告投放的效率和并扩大我们所购媒体的影响效果。

文化围堵 1 号行动：拯救音乐视频

有一个令我们的目标青年极其恼火的问题在访谈中反复出现。受访者都喜欢对音乐电视台不再做音乐视频节目大加谴责。通过我们的话语分析，我们看出音乐电视台放弃音乐视频转向展现名流生活方式

的原因，其实不难解释，这是大公司为了公司利润而不惜“出卖”青年文化。如果我们策划一个带有意识形态色彩的恶作剧，表明导火线电视台与音乐电视台相对立的观点，就可以击中音乐电视台文化的致命弱点。

我们形成了一个综合的文化理念，称其为“帮助拯救音乐视频”。[①]第一单元是为期一周的马拉松式的直播节目，从形式上看它像是一场“慈善筹款会”。但我们不是为了向观众筹款，而是要求他们在电视机前多放松一会儿，看一看音乐视频。我们请来各种不同的音乐人当嘉宾主持，这些人的音乐视频被音乐电视台认为太过犯忌或者太令人反感而不予播出。比如，我们请来的玛丽莲·曼森，对着镜头说“音乐视频真的很重要，因为它让孩子们面对暴力和魔鬼崇拜”。我们设置了一块很大的数字屏幕让观众知道所收集的音乐视频的数字。

为了将这个理念转变成一桩媒体事件，我们决定聘请莎莉·斯特拉瑟斯担任我们事业的发言人。莎莉最初成为明星是因为在《全家福》中扮演了一个身材丰满的嬉皮士，而最近因为支持非洲贫困慈善计划“拯救儿童”而为公众所熟知。作为一个过气的名人，莎莉是音乐电视台宣扬的那种名人崇拜与光鲜生活的完美对立面。而且“拯救儿童” 256
也可以成为我们的广告语“拯救音乐视频”的一个令人反感的双关语。在广告牌上，我们把莎莉的形象与标题“帮助拯救音乐视频，请看导火线音乐电视”并置在一起。在青年杂志上，我们创作的标题是“每天3分钟，你就能看到喜欢的音乐视频”。在青年文化网站，我们的标题是“就在此刻，一个音乐视频正被忽略”。在商业杂志上，我们将信息稍

① 在所有我们参与或研究过的文化工作室里，成员的角色是没有严格界限的，他们的思考是集体性的，并且在循环迭代中不断更新。戴夫·卡森首先为电视网想出了名字和logo设计方案。这些标识设计中的理念在当时绝对新颖别致，全然不同于其他所有电视频道。每一个标识都将“导火线”的名字表现为一个熟悉的设计的“异轨”；风格上或是插图式的，或是动画式的，有的像视频游戏的图形，有的像日本动漫，有的像苏联宣传海报。卡森提出了各种不同的针对音乐电视台标识的文化围堵，这也导致了我们开始讨论后来在时报广场上实施的各种不同的文化围堵方案。营销总监马利·科里吉里亚诺想出了在音乐电视台对面竖广告牌的主意。在我们提出“拯救音乐视频”方案的时候，马克·尤里斯主席插话说，“你们的意思是像莎莉·斯特拉瑟斯那样？”一阵哄堂大笑之后，我们便立即决定采纳这个方案，开始反复讨论利用莎莉来担任发言人。

作调整，广告标题是“孩子们正在挨饿。为了音乐视频”。

我们在纽约时报广场买下一块广告牌，它就竖立在音乐电视台总部的对面。音乐电视台《互动全方位》的直播间设在总部大楼里，从直播间的窗户向外望，就能看到许多幅广告牌。《互动全方位》已经成为音乐电视台明星崇拜导向最主要的象征之一，这档节目一味地迎合那些极其时尚的少女要看一看明星嘉宾的愿望。想让我们所主张的新的民粹主义者恶作剧的意识形态引起关注的话，还有哪里能够比在音乐电视台对面竖一块广告牌来讽刺它们放弃视频更好呢？这一广告牌也因此成为音乐电视台最流行的节目的一个背景。

当我们发现音乐电视台的母公司维亚康姆是《互动全方位》直播间对面的那块广告牌的所有者的时候，我们想到可能这块恶作剧的广告牌的预算要提升了。我们认为，一旦知道我们将用这个广告牌来嘲弄他们传媒帝国“王冠上的明珠”，维亚康姆的管理人员极有可能会阻止我们使用这块广告牌。如果这些步骤都成立了，我们就可以将这件事（维亚康姆试图压制“拯救音乐视频”广告的举动）纳入“一个谄媚权力的大企业为了维持垄断地位而对一家民粹主义创业小公司大打出手”的新闻框架，向媒体和公众报道。本杰瑞公司在发起“面团男究竟在怕什么”运动时，采用的是同样的策略。为了确保维亚康姆会吞下这个诱饵，我们也将广告做到了时报广场上每一个属于维亚康姆公司的电话亭里，还动员了尽可能多的行人组成了游行队伍，让他们穿上印有“拯救音乐视频”口号的夹身广告牌，在维亚康姆和音乐电视台总部外面的街上走来走去。我们还印了几千只纸杯分发给街头咖啡店，让他们用这个替换他们平时用的杯子，每一个导火线音乐电视的咖啡杯上都醒目地印着对 MTV 标识的文化围堵（恶作剧），比如，有一种是在“M”后面加上几个字母，变成了“垄断”（Monopoly），还有一种是用“M”组成一个句子发问，“Where's the M in emptee-vee?”

257 广告牌要挂上去的前一天，我们将广告内容送给维亚康姆的媒体部门审核。与此同时，我们也将广告内容“泄密”给了音乐电视台的管理层，希望这样能够增加音乐电视台以及维亚康姆内部有人阻止这个广告的几率。中午时分，维亚康姆和音乐电视台就上钩了。首先，音乐电视台的首席运营官给导火线电视频道母公司的首席执行官打电话，抱怨此前几天在时报广场上出现的那些“反音乐电视台”的杯子，他认为那些杯子上的内容简直就是“人身侮辱”。然后，维亚康姆的一位最高级别的媒体执行官打电话给导火线频道的首席执行官马克·尤瑞斯，说如果这块广告牌的内容和挂放的位置恰好成了《互动全方位》演播室的背景的话，它不能挂上去。恶作剧开始了。

整个下午，导火线的公共关系部门都在忙着向新闻界透露“爆炸性新闻”，将维亚康姆描绘成一个决意扼杀胆敢向音乐电视台发起挑战的小企业的公司巨头。为了把恶作剧进一步做大，我们打电话给维亚康姆的广告销售部经理，告知他我们已经向媒体公开了这件事，除非维亚康姆批准广告牌挂上去，否则将有一大堆的负面新闻等着它们。维亚康姆无奈之下只好同意改变他们的决定。

第二天上午，当我们在时报广场上悬挂广告牌的时候，新闻界如约赶到。这是故事的第二单元。工人们把广告牌一点一点地升上去，直升机上的电视摄像和地面上的摄影记者都记录下了这一振奋人心的场面。

最有影响的报纸、音乐杂志、青年文化杂志以及电视新闻网都蜂拥而来，实时报道了这个事件，显然，这个恶作剧挑动了人们的神经。我们的广告运动将音乐视频重新置于其在青年亚文化中所属的位置，这一方案花费极少，借助我们所设计的公关活动从而出现了全国范围内的广泛报道的现象。著名的《滚石》杂志认为导火线是一个“虽然规模小，但正在茁壮成长”的音乐电视频道，它将与音乐电视台展开竞争，它也赞同导火线提出的“音乐电视频道必须播放音乐视频”的理念。全国性的新闻媒体《电视指南》《娱乐周刊》和《纽约时报》将他们的相关报道冠以《音乐电视台楼下的导火线》《一个让音乐电视台压力很大的音乐电视频道》《音乐电视业：来势汹汹的挑战者》之类的标题，扩大了导火线电视频道的影响。仅仅几天时间，我们就吸引了大量媒体完全免费地为我们大力报道导火线电视频道民粹主义者恶作剧意识形态。这 258
些带有噱头的报道逐渐将音乐电视台描述成一个华而不实、见利忘义、公司巨头式的电视台。

文化围堵2号行动：赤贫蹩脚的海滨房屋是对被音乐电视台宠坏了的富家子弟的嘲讽

为了推进方案，我们考虑寻找其他内容来将我们的民粹主义者社会阶层针对音乐电视台的批判戏剧化。夏天正在临近，音乐电视台的荧屏又将充斥着“被宠坏的孩子们的奢华派对”，这正是我们的目标消费群体所不能接受的。在研究中我们发现，音乐电视台海滨别墅是这家电视台所犯下的各种错误中最显著的代表之一。

每个夏天，音乐电视台都将在海滨别墅里举办各种派对并在电视上播出，这些别墅坐落在上层阶级的一个度假胜地，价值数百万美元。2002年和2003年，音乐电视台海滨别墅选定在东库圭，这是汉普顿地区一个富有、光鲜的名流汇集地。其间音乐电视台播出的派对都突出昂贵、尖叫的时尚少女以及现身的名流等特点。2003年，音乐电视台网站将海滨别墅描述成“赤身露体的男生、大胆的女生以及令他们窒息的泳装”，所以说，这是一个以炫耀财富、名望和美丽为中心的娱乐奇观。

从文化战略的观点看，这是一个唾手可得的果实。我们设计了一个传播方案，它将以尽可能夸张的方式模仿音乐电视台的这一年度美丽文化。我们决定也建造一个海滨别墅——导火线（Fuse）海滨别墅。

我们的导火线海滨别墅选址在新泽西收费公路附近的无名郊区，位于一个破败汽车旅馆内。它周围都是混凝土建筑，距离海滩还有好几英里远。然后，我们用各种闲杂人等填满房间，这些人一看就与富贵没什么关系。有些家伙粗鲁无比，有些是老人，所有人的打扮都谈不上体面，大部分人看上去都是这种或那种的社会边缘人，比如有一个扎马尾辫的家伙是让人讨厌的游戏迷，另一个看上去呆呆的家伙是空手道业余爱好者，还有一个人身上有不规则的深浅不一的皮肤印子，一看就知道穿的是中小号的紧身衣。

当然，他们不是作为名流来参加重要活动的，这些度假者是要做一些我们能想出来的最凡俗的事情。我们的第一个广告片表现的是导火线海滨别墅狂欢者们排队上一个单人的移动厕所的场景。移动厕所设在停

车场，旁边是一个废弃的游泳池，他们不能在里面游泳。他们等得很焦 259
躁，内急导致的不舒服溢于言表。终于有人忍不住了，冲上去打开门，想要找里面老不出来的人吵架，却发现里面没有人，于是所有的排队者骂声一片。片子结尾的广告语是“有许多音乐视频，但只有一个卫生间。导火线海滨别墅”。在第二个广告片中，几个海滨别墅成员在经济型旅馆臭烘烘的、近乎干涸的游泳池里玩一个叫“马可波罗”的儿童泳池游戏。片子结尾催促观众，“来看音乐视频，顺便在奥运级的水坑里扎个猛子”。第三个广告片的主题是导火线海滨别墅的一次音乐表演，一个六十多岁的和蔼老头在拨弄吉他和音；在他身后，有一个年纪更大的老太太在旅馆房间发霉的墙上擦来擦去。

然后我们又在《互动全方位》演播室的对面竖了一个广告牌，要看看音乐电视台的管理层会不会再次上当。广告牌的画面里，我们请来的各色人等在一间又脏又黑的旅馆房间里坐成一圈，他们看上去很无聊，从房间的窗户望出去，就是导火线的“海滨别墅”。广告的标题是“这里不是汉普顿。它不在海滩边上，它甚至都不是一个房子。”据称，音乐电视台的管理层对“帮助拯救音乐视频”的广告牌感到很恼火，于是在公司内部调集专人成立了工作组，唯一的任务就是监控导火线电视频道的广告。这次，他们游说了这个广告牌的所有者贝塔斯曼，这也是一家跨国音乐公司，它拒绝发布这个广告，它们给出的理由是它太“低俗”了。我们当然不能不把这件事情透露给新闻界，于是，新闻界再一次兴高采烈地炒作了起来。

我们继续在各种非传统媒介上传播这个理念，比如在时报广场投放了弹出视窗广告。广告中，导火线电视频道的主持人在主持海滨别墅的节目。然后，导火线海滨别墅的人跟着乖戾的 WARPED 音乐节（一个地下的另类音乐节，除了朋克和硬摇滚，还有极限运动）四处观看。我们为他们分发了导火线海滨别墅洗漱包，这对于参加巡回音乐节的人很实用，还派送了导火线海滨别墅明信片，让他们寄给亲友做纪念。作为“流动海滨别墅”的一部分，我们携带了一个巨型沙发，可以躺着看音乐视频。为了让这个互动的空间更拥挤一些，我们竖起了“导火线音乐视频邋遢女人”——一架可充气的大滑梯，形状上就像一个吹气玩偶。

在导火线海滨别墅广告运动结束的时候，导火线频道的收视率上升了
260 450%，但其实电视频道并没有对节目内容做多大的调整。

文化围堵 3 号行动：以导火线频道名人清单嘲讽音乐电视台的名望崇拜

到了第一个营销季的秋天，我们继续寻找合适的音乐电视台的内容进行嘲讽。运用我们文化战略的理论，我们发现音乐电视台音乐录影带大奖是一个显而易见的目标。音乐录影带大奖是音乐电视台炒得最热的年度活动，它的目标是与奥斯卡和格莱美并驾齐驱。颁奖典礼上，首先是名流与富豪走红地毯暖场，然后是仪式的主体部分，嘉宾宣布获奖演员并为他们发奖，仪式结束之后，举办方会向追逐名人八卦的报纸、杂志、博客和网站等媒体爆料。在 2000 年代早期，这个精彩的场面比较关注男生乐队，比如超级男孩和后街男孩，也关注布兰妮·斯皮尔斯、克里斯蒂娜·阿奎莱拉、碧昂斯·诺里斯、珍妮弗·洛佩兹这些流行公主。那时候，像琳赛·罗翰、德鲁·巴里摩尔、格温妮丝·帕特洛和塞尔玛·海耶克这类电影明星尚未与音乐有什么关系。直至 2003 年，音乐录影带大奖变成了一个主要的名人八卦事件，成了《好莱坞直通车》《E!》《青少年人物》这类媒体的追逐对象。

为了讽刺音乐电视台对上流社会的趋炎附势，我们组织了一系列的宣传，参与宣传的是一些被名人文化排斥在外的人，他们不酷、没有魅力、愚蠢而无同情心。与男士美发俱乐部的主席史柏林签约，他的俱乐部是美国织发补发行业最大的一家公司，而他的电视信息广告已经成为深夜有线电视的一个主要节目。最令人讨厌的是他标志性的广告结束语："我不仅是主席，我也是一个客户"，他也因此变得很有名。在我们的广告中我们让史柏林说道："唯一比去美发俱乐部更好的事情是观看导火线频道的音乐视频。"

我们与塔米·费伊·巴克签了约，她是一位福音传道者、基督教歌手、作家以及电视界名人。1980 年代末至 1990 年代初，她的名声达到了巅峰。那时候，她的丈夫吉姆·巴克也是一位电视福音传道者，是全美最有影响的基督教基本教义派名人，他开放了美国遗产村的游乐园，并且组织了参与者众多的"赞美主"俱乐部（PTL）的电视秀。但吉姆

被指控欺骗了这家基督教福音派组织，从组织的基金中挪用了数百万美元供个人使用，并且存在性的恶作剧行为。也许是因为喜欢浓妆艳抹，261 塔米·费伊倒是很享受继续在流行文化中被人关注，尽管是作为晚间电视脱口秀主持人和《南方公园》之类的卡通杂志的笑柄的。我们让塔米在电视上说的支持导火线频道的话是："我看见了光。它来自一个电视，在那个电视里有音乐视频。"

然后我们还请来了克莱奥小姐，此人是一个自封的灵媒和萨满巫师。2000年代初期，她为自己的灵媒热线做了很多广告，并因此成为名人。克莱奥小姐对我们特别有吸引力，因为她最近又成了报纸的标题人物——她被指控发布虚假广告、报假账以及假的收集资料的行为。我们让克莱奥小姐在广告中如此宣传导火线频道："你将会找到真爱吗？……不。你将会变得富有吗？……不。但是至少，你可以在导火线上看音乐视频。"

最后，我们还请到了罗宾·伯德为我们做宣传。罗宾以前是一个色情明星，她最出名的片子是色情经典《黛比达拉斯》。她在公共有线电视平台有一档节目叫《罗宾·伯德秀》，因此她也成了深夜电视的一个主要的节目嘉宾。直到2003年，这档节目已经办了近三十年，一直以不怎么漂亮的脱衣舞女嘉宾、低俗的表演和低保真度的画面质量而出名。我们为罗宾撰写的广告语是："当我没在演色情片，没在看色情片，没在下载色情片，也没和色情片明星们一起逛街的时候，我喜欢看导火线频道"。这次文化围堵行动同样获得了全国媒体的非凡报道，它们认为，在音乐电视台追逐财富和魅力的节目的狂轰滥炸之下，导火线为非精英的青少年提供了一个民粹主义的避难所。

将民粹主义者的挑战拓展到音乐电视台之外

第一年结束的时候，我们针对音乐电视台的文化围堵行动已经产生了巨大的吸引力。然而我们却开始担心，如果继续以音乐电视台作为恶作剧的对象，那我们的行动将变得容易被预测或者落入俗套。那绝非一个聪明的恶作剧者应该做的事，我们需要为现在关注导火线的青少年留住一些惊喜。所以我们决定把民粹主义文化围堵行动拓展到另外一些作为富有、名望和美丽生活方式的神圣偶像的品牌上。第一个选择很容易，是苹果的 iPod。

262 **文化围堵 4 号行动：民粹主义恶作剧者与苹果战斗**

2004 的时候，iPod 成为美国上层中产阶级青年和青少年必备的时尚标志（当然，iPod 最终扩散到更广泛的人群，但它最初售价昂贵，主要吸引的是上层中产阶级的消费者）。媒体发出的声音简直震耳欲聋，它们宣称 iPod 是音乐界仅有的最值得夸赞、谈论和书写的现象。而从我们的文化透镜看过去，iPod 是民粹主义文化围堵行动的完美素材。苹果是一个精英的、昂贵的品牌，是由社会中受教育程度最高的群体炫耀性地消费的。苹果是美国的一头“圣牛”，它做得如此之好，如此之酷，以至于没有人有胆量批评它，所以它是一个体现了对于名声像旅鼠一样盲从的完美例子，导火线应该挑战它。

iPod 的“剪影”广告是这个时代最著名的广告之一，但是在我们看来，它歌颂的是一种表面光洁的、追逐名利且平庸的、伪个性的世界观。《剪影》广告中的形象是 iPod 的听者，他们或是在跳舞，或是在弹无形吉他，他们都剪着极其时髦的发型。广告似乎在向人们暗示，戴着耳机跳舞或作弹吉他状是一种很酷、很叛逆的姿态。

这些一眼就能辨识的图像为我们的文化围堵行动提供了着力点。我们挪用了苹果广告的设计密码，以颠覆其上层中产阶级的时尚风格。我们的广告是对彬彬有礼的中产阶级社会的一种侮辱，我们尽可能地将广告做得愚蠢而粗俗，只要能通过媒体内容审查就行。有一则广告，“剪影”是一个年轻男子，他一边看电视，一边用火柴点自己放的响屁。另一则广告中，我们看到的“剪影”是一个年轻男子在看电视，但他的裤子褪在脚踝部位，旁边放着一罐护手霜。还有一则广告，“剪影”是一个看电视的女子，她裸着身子挂在一根钢管上。在一个两页的广告中，第一页是一个男人为一个女人口交，另一面是一个女人为一个男人口交。

我们决定再次精心策划一场实时的媒体轰动事件。我们在广告发布之前将它泄露给了苹果公司的创办人和首席执行官斯蒂夫·乔布斯，很快我们就收到了一封要求“停止并结束”的信函。信中苹果威胁将采取法律行动。于是，我们把苹果的信函内容告诉了媒体，给它一个民粹主义者的回击。这个故事的新闻特点，使我们仅用了不到50万美元的 263
媒体费用便掀起了一场全国性的媒体现象，比如，一家报纸的标题是“苹果为广告打击导火线频道”，另一家的标题是“苹果大惊小怪；指控导火线频道的滑稽模仿广告”。

结论

通过运用文化围堵行动激发意识形态爆发点，我们花费不多的游击营销却持续地产生了非同凡响的全国媒体的报道。我们的预算也许只相当于音乐电视台预算的一个零头，但通过把音乐电视台重新定义为一个肤浅的、脱离当今青年品味的自私自利的公司巨人，导火线频道成了音乐电视的文化领导者。

运动对于导火线频道的广告客户的影响也是惊人的。在品牌运动的第一年里，导火线频道便赢得了六十余家新的广告客户。而频道的收视率在品牌重塑之后的几个月之内便达到了之前的四倍，全年的综合收视率也较上一年增长了一倍。导火线频道一直保持了这个水平，直到我们的客户马克·尤瑞斯和玛丽·科里利亚诺离开导火线转战庭院电视（Court TV），我们也追随他们帮助重新激活这家电视网。

我们在导火线频道项目上的成功足以证明，在成熟的市场的核心也有蓝海，只要你用意识形态的视角而不是“更佳捕鼠器”的视角来看待机会。创新机会并不一定要找到与市场现有产品不同的非正统价值组合，也未必要等待天上掉下某种彻头彻尾的新技术。在成熟市场上，一条特别有效的突围之路是利用一个有影响力的既有品牌的广为人知的文化表述。我们利用既有品牌的市场力量为挑战者提供一个平台，我们称之为文化柔术。在这个案例中，柔术依赖于文化围堵，这是一种从社会运动者挑战社会权力结构的行动中借鉴而来的一种技巧。但是运用文化柔术的技巧还有许多其他的方法。自1970年代至1980年代早期，红星伏特加迅速成长为排名第二的伏特加品牌，它的方法就是挑战市场老大斯米诺伏特加的世界主义的真实性，指出这个品牌其实出自一个特别的非世界主义的小镇，位于康涅狄格州的哈特福德。苹果的突破性的文化创新来自它的“1984”，这个激发热情的广告煽动性地将 IBM 公司渲染成一个令人窒息的官僚机构。苹果利用 IBM 这个占据市场主导地位的
264 品牌自身的文化力量来攻击其意识形态上的致命弱点，从而成为全世界最有价值的品牌之一。

第十三章　自由职业者工会：社会创新的品牌营销 265

文化战略模式也可以成为发起**社会创新**（social innovations）的强有力的工具。所谓社会创新，指的是旨在解决社会与环境问题的理念。社会创新，也被称为社会企业家和社会企业，已经在全世界迅速流行起来。利用企业和市场资源来解决全世界的具有挑战性的问题的各种努力激增，从推动南方国家发展到阻止疾病传播，到促成各国达成建设低碳社会的承诺，等等。当全球商业精英和政治领袖齐聚达沃斯的时候，也会例行地请来社会企业家，他们在解决系统性的全球问题中扮演了一个关键角色。许多基金会和大学都特别关注将社会企业纳入他们的使命，现在大多数领先的商学院都资助研究中心并开设这一领域的课程。

但是，正如许多社会企业家发现的那样，动员人们去解决一个社会问题，比推动新主顾去购买一个新产品还要难。因此尽管社会企业迅速增加，但真正能够产生规模化影响的却微乎其微。社会创新概念很适合以文化战略模式为指导，因为后者本来就是直接针对社会断裂而设计的。第一次有机会将我们的文化战略模式应用于社会创新的项目是今日工作（Working Today）的品牌重塑，它是一个很有潜力但当时尚未成功的社会企业概念。这也是一个非常有趣的案例，在“更佳捕鼠器”
模式最著名的理论家克莱顿·克里斯滕森看来，这个案例恰恰表明，他 266
的破坏性创新模式才是进行社会创新的一个有力工具。

今日工作

1996 年，就在美国经济以历史性的速度发展的时候，一位第三代劳工活动家莎拉·霍洛维茨为外包工人面临的医疗窘境所困扰。于是她创立了今日工作，一个基于互联网的非营利组织，目标是为独立工人提供比其他渠道更好的健康保险费率。在美国，绝大部分保险的销售方式都是由大公司按协议价格为雇员团购，这样，如果某人没有在公司里工作，他就只能自己买健康保险。霍洛维茨意识到，新的“知识经济”要依靠人数日渐增加的兼职劳动者、自由职业者以及合同工，而这些人却无法享受公司的健康福利，因为他们不是全职员工。面对保险市场中个人保单的巨额保费，许多独立劳动者冒险过着没有医疗保险的生活。今日工作背后的理念是，将这些零散的独立劳动者集合起来，利用集体的议价能力与保险公司商谈一个低得多的团体健康保险的费率。这个概念确实富有创意，对于刚刚出现的这一重要社会问题不失为一个聪明的解决办法。霍洛维茨也因此获得 1999 年的麦克阿瑟天才奖，她的有创意的社会活动获得了认可。

虽说这个奖是一种一厢情愿的行为，但更是对一种成功的社会创新的认可。今日工作创办之后的最初六年中，一直只是一个表现平平的利基市场组织。2002 年，当霍洛维茨来寻求我们的帮助的时候，购买今日工作的健康保险方案的独立劳动者还不到 2000 人，该组织每年购买的保单的总价值也只有区区 120 万美元。2003 年，我们运用文化战略模式将今日工作重新设定为自由职业者工会（Freelancers Union），随后它的生意突飞猛进。五年之后，这家社会企业每年为 9.3 万名活跃的会员以团体保险的方式购买了总价值超过 7000 万美元的健康保险，成为全美增速最快的个人健康保险业务提供商。莎拉・霍洛维茨现在任职的
267 机构是美国过去十年中最著名的社会创新之一，她也成为社会企业家运动的标志性人物。

保险产品市场的文化正统：公司专业主义

美国健康保健市场控制在一小部分的大型保险和健康管理公司的手中，它们所提供的产品既包括传统的健康保险，也包括由垂直整合的健康维护组织（HMOs）自己的医生所提供的医疗服务。这些机构竞争的目标是将自己的保险产品方案列入大企业的雇员保险购买计划之中，所以，它们更关注的是公司对公司的市场，向各种大型的公共或私营组织机构销售团体保单。而这些机构选择健康保险的标准就是传统的经济学

准则：哪种计划最便宜同时又能覆盖最多的保险险种并提供最好的保健服务？

由于大公司一般都为雇员提供不同的保险计划，而这些计划经常来自于几家不同的健康保险提供商，这些供应商会代理一些保险品牌，但是各自所代理的品牌非常不同。它们会采用标准的注意力份额的逻辑，与品牌保险公司接洽时都将重点放在了特别的利益点上，它们以为这些对于消费者是重要的。这些利益点诸如保险范围、赔付能力、就医渠道、用户友好服务、理赔效率，或者一些综合的利益，等等。

比如说，牛津健康保健公司着重以险种覆盖范围宽和赔付能力强见长。因此在它的电视广告中，一位愤怒的消费者说，“我应该得到处方药的保险”；另一位消费者说，“我拒绝按月支付保费”；再一位消费者说，“我要求100%的长期住院治疗”。HIP公司则强调自己的就医渠道广，它花了1000万美元发起了一次印刷广告运动。广告中，消费者的特写照片上方是“没有让你去看专家门诊？好极了！”或者“现在有更多的医生，现在有更多的选择，现在它是为我服务的”之类的广告语。哈门那公司的产品则以用户友好服务为特色，所以它在广告中让消费者“想象一种没有健康保险那么复杂的健康保险”，还有“忘记流感。我们治好了占线时一直播放的音乐！”联邦公司则为消费者提供与医学专家在线聊天、牙科纳入保险范围，以及更快的客户服务。

大型保险提供商不断地使用我们称为公司专业主义的意识形态来强 268
化它们所宣称的利益点。它们预期消费者是理性的，会相信最值得信赖的、最高品质的医疗保健是由大的、坚实的、保险资源丰富的、管理优良的保险供应商提供的。它们的广告将它们的利益点诉诸华丽的、缺乏人情味的、时尚的、大的企业标识设计，例如，像帝国公司的蓝蝴蝶和牛津公司的线条艺术。为了表现它们的雇员和医生网络，这些公司会用电脑图片库里有的一般的中产阶级的父母和工人的照片，同时还有非常英俊的医生，他配备了听诊器和医疗设备，正在诊疗。这些保险供应商的名字诸如HIP、信诺、帝国、蓝十字蓝盾，都突出了大企业集团的特征，都是经过并购和重组之后原公司名字的首个字母的组合。

在红海中奋争

2002 年霍洛维茨来找我们的时候，我们很快确定了为什么她的今日工作的概念无法运转。她从这个市场的文化正统——公司专业主义中抄来了所有的文化密码，试图打造她的创新服务的品牌。这个机构的名称“今日工作”就表现出了一种平淡无奇的专业主义。它的广告语“对你的工作之路大有帮助”，与大保险公司向消费者宣传产品利益点的方式一样令人腻味。公司的标识是不事张扬的线条艺术，不由地令人想象成自己是在和一家枯燥的风险一般的企业集团打交道。公司网站所用的通常的图片库的公司形象也都和其他保险供应商没什么差别：穿着职业装的工作人员，其形象被刻意地做了模糊化处理，似乎是为了保持一种无个人特征的感觉。

我们认为霍洛维茨的革命性商业模式是一个文化创新的理想的基础，但是今日工作未能传达出这种使健康创新成为可能的意识形态的转换。霍洛维茨追随传统注意力份额营销的套路，想把今日工作打造成一个可靠性好、赔付能力强、专业的健康保险服务提供商。这样她实际上
269 是自己消解了产品巨大的文化潜力。而今日工作的竞争对手都是一些手握海量资源的大型保险服务提供商，所以它打的是一场注定失败的战争。这些大公司通常每年有几千万美元的广告预算，同时还雇佣了庞大的销售队伍提供咨询服务，而今日工作每年只有不到 10 万美元的广告投入，而且没有提供咨询服务的销售人员。

这场实力悬殊的竞争让霍洛维茨陷入了严重的两难困境。一方面，她已经意识到自己不可能通过这种方式打败强大的竞争对手；另一方面，她又担心抛弃市场的文化正统会不会带来更严重的后果。如果今日工作不再试图传达公司专业主义，这家年轻的小企业会不会被人看成是没有专业素养，缺乏公司精神，不值得相信的无信用且唯利是图的机构？

传统的注意力份额营销策略的失败令霍洛维茨感到沮丧，因此她特别愿意配合我们将今日工作重新打造成一个文化创新，即便这样做意味着完全抛弃健康保险产品市场的意识形态和文化密码。

意识形态机遇：自由职业者的左派联合体

好的社会企业概念与商业品牌不同，它从一开始就直接指向某种社会断裂，经常是某个严重的社会或环境问题。对于商业品牌来说，我们必须先通过研究找出它背后的社会断裂，但对于社会企业则不必。霍洛维茨早已将今日工作的目标拟定为抨击劳动力市场中一个重大的经济错乱。1980 年代末，随着华尔街对这个国家战后形成的综合性企业寡头的分拆，一种新的组织形式——网络化的公司出现了。这些灵活的新公司在全球范围内进行外包生产，不断趋向于价格最低的供应商。它们也极力地将公司所有的非核心功能进行外包。为了管理工资和健康保险的成本，这些公司促使任何可能的劳动力成为公司劳动力的组成部分，比如自由职业者、独立合同工、临时工或者顾问。自 1990 年代至 2000 年代初，外包从蓝领工作被吸引到中产阶级工作。

我们将霍洛维茨关于社会学的见解进一步提炼，试图让她的目标更 270
加明确。霍洛维茨的目标客户是所有从事外包工作的工人。2000 年代初，外包以独特的力量严重影响到了商业艺术工作者。一些公司为了削减成本，将诸如图形设计、网站设计、室内设计、新闻、建筑设计、广告、网站编排、技术文件写作、插图、3D 动画之类的科目采用外包方式。这些做法形成了一大批商业艺术合同工，他们依靠零散的自由职业的工作生活。

我们在纽约开展了一项针对商业艺术工作者的身份认同访谈，想要了解这些访谈者如何看待外包工作。我们的很多受访者上过艺术学校，在开始面临谋生的经济现实之前，曾经梦想着成为艺术家。因此他们打心眼里认同艺术界的波西米亚意识形态。许多人特地住到了以波西米亚艺术家社区而闻名的相邻街区，比如曼哈顿东村、下东区以及布鲁克林的威廉斯堡、格林堡、绿点大街、波恩兰姆小丘。即便那些没有住在这些地方的人，谈起这些街区的波西米亚生活方式也都不胜向往。

他们不仅接受了波西米亚的文化，同时也喜欢波西米亚式的左派分子的政治立场，这一立场主张用社会行动主义取代过去的革命狂热。2000 年代早期，波西米亚行动主义的中心是“反全球化运动”，它的参与者来自各种群体，他们反对巨型的全球化公司利用强大的实力控制各个产业的方式，这些产业包括：食品、水、武器、医疗保健乃至教育、监狱和军队，损害了基本的社会利益。反全球化运动经常揭露大公司的伪善，这些公司摆出一副友善可信的面孔来推销自己的品牌，而在背后却剥削工人、降低工资标准。我们的许多受访者厌恶乔治·W. 布什，部分程度上就是因为他支持解除对公司政治力量的管制，牺牲劳工的福利和权利。

许多商业艺术工作者反感大公司，同时又缺少健康保险的投保经验，因此我们并不奇怪，他们对市场中的健康保险公司持怀疑态度。他们嘲笑那些健康保险公司在营销时将这些公司吹嘘得值得信任和可靠。
271 他们还遣责这些健康服务提供商利用独立工人无处可以投保的境遇，向他们收取过高的费用。

当谈及他们可以随意安排的工作时，这些商业艺术自由职业者陷入了深深的矛盾情绪当中。他们喜欢自由职业的工作带来的自主性，也高度评价这种脱离大公司的独立性。由于商业艺术工作者是在主流机构的束缚之外工作，所以他们能够将自己描绘成一个具有自由精神的独行其是者，一个在现代波西米亚的边缘工作的人。也许他们没有很多钱，但是他们可以做想做的工作，去想去的地方。如果突然有了灵感，他们可以跳上车进行一个工作日期间的马路旅行。

然而，自由的工作安排也存在物质的和社交上的问题。首先，自由职业让他们没有公司提供的健康保险和失业津贴。更重要的是，自由职业者渴望与那些在更稳定的组织中工作的人们一样拥有群体团结。因为自由职业者的工作经常变换工作场所，所以他们很少体验到组织内的同志之情。同时，因为他们的工作要求长时间地待在家里或者咖啡馆，所以也就失去了波西米亚艺术社区日常生活中的那种乐趣。我们的研究表明，这种围绕着波西米亚-左派意识形态产生的对群体团结的集体渴望，为重塑今日工作提供了具有重大影响的意识形态机遇。

原始素材

为了寻找到如何让一个重塑的今日工作掌握这一意识形态机遇的原

始素材，我们研究了美国工人团结的历史以及劳工阶层反对大公司不受管制的力量的斗争，从反全球化运动开始，最终挖到了20世纪早期美国劳工运动平安幸福的岁月。

反全球化运动

因为我们的受访者中的许多人都认同反全球化运动的意识形态，而且霍洛维茨的概念也与这一意识形态针对全球化经济和大企业的批评完美契合，所以我们就从反全球化运动开始。我们筛选了一系列最有影响 272
的人物、电影、书籍、广播节目以及媒体的宣传噱头。迈克尔·摩尔在他的纪录片《罗杰与我》和《大家伙》里揭露了通用汽车、耐克等大公司的贪婪和非人性化。麻省理工学院的语言学家诺曼·乔姆斯基是这个群体中有着巨大影响力的公共知识分子，对于他认为体现了新自由资本主义之非人道特性的世界性事件展开不断的马克思主义的批评。娜奥米·克莱恩的著作《没有标识》因揭露新经济公司在友好的品牌表象下对工人的残酷剥削而产生了巨大的影响。世界社会论坛组织分散在全球各地的反全球化团体，作为对全球精英齐聚的新自由主义的达沃斯世界经济论坛的一个驳斥。2003年，一个名叫“是的先生”的反全球化恶作剧者组织发行了一部DVD，记录他们因为在新闻发布会和商业会议上冒充世界贸易组织和各大跨国公司的官员而恶名大增的情况。“是的先生”尤其因为讥讽当今全球化大公司如何剥削工人而出名。同一年，极具挑衅意味的电影《大公司》在反全球化运动的圈子里大受欢迎，这部片子认为，现代大公司呈现出一种精神变态者的特质。

对反全球化运动的这番挖掘为我们提供了重要的线索，但是基于两点理由，我们认为它还不是我们最终需要的东西。首先，在我们开始这项工作的时候，该运动已经失去了它通过媒体对于1999年在世贸组织的西雅图会议，及其随后的欧洲会议上的抗议活动所进行的广泛报道而建立起来的公信力。到了2003年，反全球化运动的同情者们开始意识到，媒体所展现出来的一场无隔阂的前后一致的运动，实际上是由充满内部矛盾的多种不同群体聚合在一起的运动。其次，这项运动的文化表述更多地聚焦于全球媒体的壮观场面而不是当地工人的团结。无论是

"是的先生"，抑或是迈克尔·摩尔和乔姆斯基，都将我们的目标消费群体视为一个旁观者，而不是参与者。因此我们断定，对于强烈渴求波西米亚左派职场共同体的商业艺术合同工作者来说，反全球化运动并不是一个合适的意识形态资源。也许是受到霍洛维茨家族史的启发，我们开始认为解决这个文化谜题的唯一办法就是创建一个工会。

273 20世纪早期的劳工运动

在美国，工会一直是最有影响力的工人团结形式，直到遭遇新经济力量的巨大破坏，新经济力量产生了网络化的公司，它们严重依赖劳务外包。因此，到工会力量尚且强大的时代去寻找原始素材是我们最好的选择。自1900年至大萧条时期，美国的劳工运动发展到了一个巅峰阶段。那个时代，工会运动是由无政府主义者和社会主义者组成的政治激进主义的斗争现场，那个时代，工人领袖们努力形成一种国际性的劳工运动，与他们在苏联和欧洲的伙伴们共同战斗。即便到了2003年，20世纪早期的工会运动依然作为工人团结最有影响力的表述铭刻在美国人的集体记忆中，具有左派倾向的制片人和导演拍摄的影片都讴歌了这些工人运动。那是工会在美国历史中真正具有影响力的唯一的一段时间，所以并不奇怪那个时代会受到如此神话般的论述。

我们看到了重塑今日工作的潜力，它可以成为一个组织核心来召集自由职业者支持非公司形式的集体健康保险。那个时代的工会，比如美国劳工联合会（AFL）、产业工会联合会（CIO）和产业工人工会，都采用各种各样能够唤起感情的文化表述来推动它们的意识形态。我们特别感兴趣的是运动中用于号召集体主义精神和强调团体联合的歌曲和标语。比如产业工人协会的歌曲是《伤害一个人就是伤害所有人》，其他一些组织则打出了"永远团结"和"工会让我们更强大"之类的标语。

有些运动使用的口号直白而富于战斗性，具有一种特殊的号召力。1931年，"你站在哪边？"的口号成功地组织了肯塔基哈兰郡煤矿工人罢工。1937年，组织者用"坐到你涨工资的那一天"为口号鼓舞通用汽车的工人坐在他们的工作岗位上但拒绝工作。这些话语给人的感觉完全不同于2003年的时候健康保险产品市场上那种安全的、卑躬屈膝的营销风格，我们认为，它对帮助我们表达出我们的目标消费者所渴求的意识形态具有巨大的潜力。

我们的目标消费人群对那个时代的抗议歌曲有深深的怀旧情绪，比如由比利·布拉格和威尔克演唱的非常受欢迎的伍迪·格思里的老唱片里的歌曲。他们也喜欢到与20世纪早期工会运动中寻找相关的艺术设 274
计密码。也许，关于工人团结的最具代表性的表达源于苏联的结构主义艺术运动，它兴起于俄国革命之后，并贯穿了整个1930年代。结构主义艺术家用抽象且有棱角的几何设计做出极具视觉冲击力的海报，传达工人团结的信息。这些设计在70年之后的今天依然令人难以置信地受到欢迎，影响着大多数的设计师和艺术家。

那个时代的工会标识也为我们提供了很有启发性的素材。它们的口号采用“联合起来”和“兄弟之情”之类的话语唤起社团的联合。它们的设计往往体现了工会的核心技艺或它们的集体主义联合。扳手、锯子和木工角尺等技艺工具的形象会激发起能够娴熟使用它们的人的自豪感，而新经济中的公司，这些工作外包了。另一些标识用握手或攥拳头的形象来表达组织起来之后产生的集体力量。通过对这些文化密码的研究，我们认识到可以将它们稍加修改以便在商业艺术自由职业者当中产生自豪感。借用旧的美国工会运动的文化密码用以表达现在到了开始另一个联合的时候，激发我们的目标群体围绕着他们认同的波西米亚左派意识形态走到一起来。

从工会运动中寻找到了的重塑今日工作的办法，这家社会企业最主要的一项品牌资产，就是霍洛维茨以及她的家族故事。事实上，每一家报道过霍洛维茨和她的事业的大的新闻媒体都曾提及她的家族有组织劳工的传统。莎拉的祖父曾经是国际妇女服装工人联合会的副主席，她父亲是劳工律师，她母亲作为一名教师，也是美国教师联盟的工会积极分子。莎拉毕业于康奈尔大学的产业与劳动关系学院，然后创立今日工作，其目标就是捍卫新经济中独立劳动者的利益。莎拉已经取得了相当多的媒体关注，因此，根据我们的文化创新模式，所以我们考虑将她本人的文化资本作为文化创新的原始素材。工会复活意识形态就是她个人使命的一个真实而可信的延伸。

275 设计文化创新

为了契合独立商业艺术工作者身份认同的需求，我们建议霍洛维茨的机构应该提倡一种“独立工人联合体”（independent worker solidarity）的意识形态。我们想要发起一个有感召力的号召，让商业艺术自由职业者走到一起，形成一个具有挑战性的新团体，促使改变美国对于新经济中外包劳工的待遇。将负担得起的健康保险作为所有工人的权利加以捍卫，这应该成为我们组织工会的核心问题。

我们的第一项决定就是将今日工作更名为自由职业者工会。而名称的变更却成为一项有争议的提议。我们的文化研究揭示出，因为今日工作这个名字是在模仿市场中健康保险供应商令人乏味的产业社团主义意识形态，所以市场营销做了七年之后，今日工作还是没有向目标人群准确地表达自己的理念。但是霍洛维茨一开始认为，“自由职业者”这个词有很多问题，她曾经用“独立工作者”来指称目标客户，依据是她所做的传统市场研究表明这个词显得更加能激发情绪，因为它透着一股“专业主义”气质。但我们的文化研究却显示，商业艺术工作者希望将自己与在公司工作的那类人群区别开来。所以用文化密码“自由职业者”作为一个半开玩笑的称呼会更好地产生群体团结和文化价值。

“工会”这个词更是引起了轩然大波。霍洛维茨曾经故意避免采用工会主义的词汇来谈论她的组织。使用这个词，不但违反了健康保险市场的营销惯例，而且是无视美国劳工联合会-产业工会联合会的司法规则——因为1930年代制定的劳工法禁止临时工加入工会，所以如果霍洛维茨的组织叫作工会的话，就是对此法律的挑战。但我们恰恰认为这个挑战是一个具有强大力量的理念：在新经济时代促使将工会范围扩大到外包工人，这正好击中到了意识形态爆发点。这是一个真正创新且及时的理念，它既符合组织的使命，也将激起巨大的兴趣。反复讨论之后，霍洛维茨略带犹豫地决定去挑战既有的劳动法，以工会为名重塑她的组织。

为了给自由职业者工会设立一个视觉身份认同，我们考虑设计一个新的标识，它将借鉴20世纪早期工会标识中为人熟知的设计元素，但要用一种有趣的方式。我们设计了一个证章模样的标识，两个同心圆的 276 非重叠处构成了一个外圆圈，外圆圈上刻着工会的名字，外圆圈的底部是工会的创办日期，而在两个圆的中心位置铭刻着象征技能工作实践和工人团结的标志性形象。我们想过用具有商业艺术家特征的工具作为标志性图案，比如铅笔、尺子和电脑键盘，等等，但最终我们选择使用三只蜜蜂的形象。蜜蜂代表独立工作者，蜂房则代表这一更加伟大的团体，这是自由职业者现在能够归属的团体，尽管自由职业者是自我运营的自由的个体工作者。

为了推广新的自由职业者工会的品牌，我们用较便宜的预算发起了一项广告运动。户外广告和印刷广告具有一种新的设计特征，令人想起20世纪早期结构主义者海报中的抽象几何图形以及明显的字形。我们使用了简短而具有煽动性的标题，将集体健康保险扩展到自由职业者的理念表达成为一种新的社会运动的动员令。广告文案则以愤怒的口吻提及自由职业者们面临的健康保健困难。比如，其中一则标题是“健康保险与支付租金”；另一个标题“紫雏菊不是一种可以接受的健康保险形式”则暗指许多自由职业者完全放弃了健康保险；还有一则标题“你主要的保健医生不应该是一个网站”暗指许多自由职业者因为看不起医生而利用医疗网站自己做诊断的情形。

我们所写的广告词让人觉得是出自遭遇了同样的挫折而对健康保险感到害怕的熟悉情况的同行。这种设计与市场中占据主导地位的产品广告所用的文化密码形成了对比，后者是权威大公司的口吻，居高临下地向消费者喊话。我们在所有广告的结尾都加上了一句广告语——“欢迎加入中产阶级贫困队伍”，这是一句具有幽默感的政治讽喻，也道出了自由职业者每天都能体验到的无名的自治的困境。我们知道，将这些受过大学教育的白领工作者描绘成正在遭遇“中产阶级贫困”的人，一定会吸引当地许多媒体的关注，也会引起我们的目标群体的共鸣，因为它如此剧烈地改变了人们对于“贫困”的刻板印象。广告竭力主张自由职业者马上加入工会，从而有机会获得“健康保险以及其他为如今的流动工作者提供的好处”。

印刷广告和户外广告推广活动结束之后，我们又在全国公共广播投
277 放了广告，同时开展了游击式的招贴广告推广活动。游击式的招贴广告是受产业工人工会的启发，他们曾经印制了成千上万张写着劳工运动口号的招贴让会员随身携带，所到之处，从工场设备到街头小汽车，都贴上了招贴广告（这个技巧后来也被很多地下摇滚乐队使用过）。对于自由职业者工会而言，我们招募了一些工会会员和街头游击营销团队，将印有讽刺性标题的招贴广告贴到商业艺术工作场所、地铁、出租车里，以及城市的灯箱上面。所有这些广告项目，我们只用了 8.5 万美元的预算。

我们建议利用自由职业者工会的战略重新设计组织的网站。我们建议将重点从推销健康保险转移到吸纳网站访问者成为会员方面。霍洛维茨重新设计了她的主页，在页面前端中心设置了“加入运动”的广告语。现在，访问者会被力劝成为会员，即便目前还没有打算在市场上购买健康保险。

霍洛维茨继续利用这一战略为网站增添新的修饰，从而加强目标成员与自由职业者工会的紧密联系。比如设置工作机会布告栏和自由职业者讨论组；发布工会大事日程表，会员们可以根据日程表来参加集体活动；出售工会 T 恤衫等；还提供“工会卡”，会员们在加盟商家消费时可以得到打折优惠。所有这些内容让之前相对静态的网站转变成为一家典型的 2.0 版的网络社交媒体社区，它吸引了大量会员的定期访问。

网站的重新设计帮助实现了一个更大的目标，那就是转变今日工作的商业模式。此前，今日工作一直未能找到引导潜在客户转变为健康保险购买者的系统办法。自由职业者工会重塑之后，将工作重心放在吸纳会员上，以此来支持健康保险的销售。这就吸引大量的潜在客户，他们通常都对一个健康保险网站感兴趣。我们在销售保险之前招募到大批会员，然后根据会员名单与他们保持营销联系，直到某一天他们突然有了购买健康保险的需求（比如以前投保的公司突然提高了价格，或者以前
278 雇主不再为他们提供保险）。这个时候，我们就成功地将他们从潜在的客户变成了消费者。事实证明工会会员制模式是高效的，它成了霍洛维茨的销售漏斗。当会员数目愈来愈庞大时，自由职业者工会营销数据库

的潜在消费者的数目也随之增加；潜在消费者的数目增加了，自由职业者工会的保险销售收入也就水涨船高了。

结果

将今日工作重塑为自由职业者工会是一项综合性的战略工作。我们利用文化战略模式使组织的每一个方面都发生了实实在在的转变，从组织名称到标识，到设计模版，到广告，到社会媒体作品，到管理与在线客户关系的系统。在今日工作模式的六年里，这家机构总共只吸收了2000 名会员，只销售了 120 万美元的健康保险。而在重塑计划实施后的五个月内，它就吸收了 4000 名新会员。当年，它的健康保险销售收入激增 619%，达到了 760 万美元。到了 2008 年，也就是重塑计划实施六年之后，自由职业者工会总共吸纳了 9.3 万名会员，年销售收入猛增至 6600 万美元。

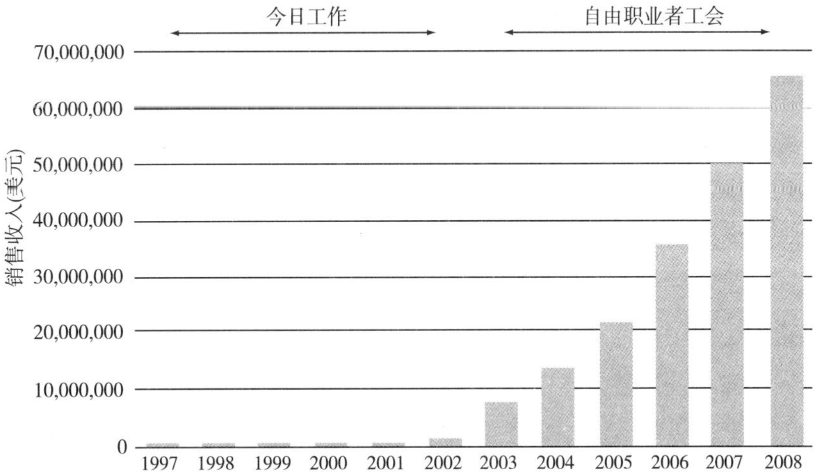

图 17. 销售收入（1997—2008）

资料来源：Working Today，IRS Form 990，1997—2008

结论

我们将今日工作转变成自由职业者工会，证明我们的文化战略模式可以运用于扩大社会创新。然而克莱顿·克里斯滕森和他的同事们却认为，作为一个经典案例，自由职业者工会的成功证明了他们的“更佳捕鼠器”模式用于社会创新的有效性（本书第六章已有综述）。面对如此分歧，这个案例提供了一次有益的决定性试验。一项社会创新之所以发扬光大，难道仅仅因为它们提供了一个更便宜、更有效或者更简便的解决一个社会问题的办法——就像克里斯滕森和他的同事们认为的那样？还是说文化创新在其中扮演了关键的角色？

如果只看表面文章，人们也许会赞同克里斯滕森的说法，将“更佳捕鼠器”视为问题的关键。毕竟，霍洛维茨的商业模式是用更便宜的价格向被大型保险公司忽略的利基市场消费者提供健康保险服务。这样看来，霍洛维茨的成功确实支持了克里斯滕森等人的观点，即社会创新的成功之道就在于想出既便宜又足够好的办法解决社会问题。但是，如果我们仔细地检验各项证据，就会发现这种解释离事实很远。为了让解释得以成立，克里斯滕森和他的同事们不得不忽略霍洛维茨的组织的历史发展轨迹。在今日工作这一社会创新项目前六年的运营中，霍洛维茨的品牌战略一直是强调它将以更低廉的价格提供专业化的健康保险服务，事实上都失败了。直到它转型成为自由职业者工会，建立了会员制组织，迎合潜在客户对左派波西米亚联合体的需求，向自由职业者提供买得起的健康保险产品，它才开始踏上了成功之路。在最初六年的宣传中，这个组织所提供的正是克里斯滕森及其同行所赞扬的“既便宜又足够好”的产品。然而，这一组织却是在我们将“更佳捕鼠器”重新塑造成为一个意识形态创新的组织之后，通过文化表述与目标消费群体产生了强烈的共鸣，因此才得以腾飞。

克里斯滕森的模式是将经济算术用于社会创新：当创新为其所服务的市场提供了更好的经济价值的时候，创新就成功了。我们在自由职业者工会的工作则表明，这种经济方法是不够的。推动社会变迁不可避免地包含了一种意识形态的斗争——用一种新的意识形态挑战旧的意识形态。一个新的意识形态要想得到理解，它就必须向参与者和支持者提供
280 显著的文化和社会价值，而不仅仅是经济价值。我们研究过和参与过的大量社会创新案例都表明，社会和文化价值至少不亚于那些可以赤裸裸地计算的理性利益。此外，正如我们在本书中所一直强调的，人们对产

品功能利益的感知受到附着在产品身上的社会和文化价值的强烈影响。正因为自由职业者工会奉献了自由职业者所渴望的文化表述，所以它所提供的团体保险产品才被看作是一个更高品质的和更有价值的产品。要使得社会创新的努力成功的话，就必须通过文化战略模式发掘创新概念中的意义和价值。如果一种战略将社会问题仅仅当作只需考虑功能和花费的实用问题来解决，它的失败将是必然的。

第三部分

文化创新的组织

第十四章　品牌官僚体制与“似科学”营销的兴起 283

经理们梦寐以求的是创造出下一个耐克或者本杰瑞或者杰克丹尼，或者维他命水。尽管世界上最好的消费品公司也会对这些杰出的文化创新顶礼膜拜，至少在某种程度上如此，但它们极少跟随这样的做法。这些公司受到股东要求提升业绩的巨大压力，它们的高管也兢兢业业地建立各种制度，以图改善投资回报率。既然这样，为什么它们在文化创新方面的表现如此一致的乏善可陈呢？在这方面，创业企业家的小公司往往表现优异，那些还没被专业市场营销组织完全掌控的中等规模企业也表现得相当不错，尽管这两类公司可以动用的市场资源与大公司相比要少得多。我们的研究发现，大的专业化的营销公司陷入了一个系统性偏离文化创新的管理模式，我们称之为“品牌官僚体制”。

尽管在其他大部分领域，诸如供应链、服务传递和信息技术等方面，这些公司的创新非常繁荣，但是关于开发新品牌的工作方法，三十多年来都未曾做过这方面的预算。举例而言，两大世界级的软饮料巨头可口可乐和百事可乐公司，在日常的市场营销领域它们都是巨人，但在文化创新方面则同样都是侏儒。它们不惜花费数以亿计的美元向市场兜售一系列毫无创新的产品，诸如 Tava、Pepsi Blue、Surge、Vault、OK Cola、Coke Blak。然而，一些资金不多、分销能力有限的创业企业，却凭借着对意识形态机遇的高度敏感建立了规模巨大的生意，比如佳得乐、红牛、维他命水、斯耐普、亚利桑那、清饮、奥德瓦拉等。两个 284
“可乐公司”的管理层都放弃了组织的创新能力，取而代之的是用昂贵的价格获得创新的渠道，从创业者手上买下了维他命水、奥德瓦拉、Fuze、Honest Tea 和清饮。

我们发现，当一家公司达到一定的规模，专业化发展到一定的程度的时候，就会产生一种特有的创新迟缓，对消费者偏好的大的转变缺乏应有的反应能力。我们也找到了救治创新能力萎缩的方法，它便是所谓的“文化工作室”。在我们研究过的所有成功的文化创新案例中，我们都发现了文化工作室的存在。在品牌官僚机构束手无策的市场缝隙，文化工作室正可以大显身手。我们考察的文化工作室有些来自于创业的小公司（维他命水、巴塔哥尼亚、ESPN、斯耐普），有些来自于在成功之后拒绝引入职业化市场管理模式的公司（耐克、彪马）。当然，文化工作室也可以在大型消费品公司中存在（李维斯、大众、探戈、迷你、李牌），但前提是它必须作为公司内部的非常规部门存在，并且由某个特立独行的经理领导，因为只有这样的人才能抵御来自品牌官僚主义的影响。

方法

本章我们将说明为什么品牌官僚体制会经常性地导致创新失败，以及为什么在失败之后，品牌官僚体制仍然牢牢地扎根在大的消费产品和服务的公司里。我们对 11 个文化创新的案例进行了深入的研究，试图揭示出阻止公司进行文化创新的组织性障碍，并且找到打开文化创新之门的钥匙。

斯耐普	娱乐与体育节目电视网（ESPN）	探戈（英国市场）
李　牌	李维斯（欧盟市场）	彪马（欧盟市场）
百　威	激浪	迷你
大　众	高特牛奶（Got Milk）	

在企业家被当作英雄歌颂的年代，官僚体制通常是一个贬义词。然而，每一家大公司的成功都离不开合理地建立起官僚体制原则。正如马
285 克斯·韦伯所指出的，官僚体制是有“技术优越性”的，因为它让组织像一台机器那样运转，在优化组织的速度和准确性的同时将不可预测的事件降到最低。市场营销的一些主要方面，诸如新产品发布、产品细节改进、销售渠道管理以及售后服务的精心安排，都从官僚主义规范中获益良多，所以很多大公司——想想联邦快递、丰田、GE、西南航空

和沃尔玛这些例子，它们的竞争优势都来自于训练有素的官僚主义结构的独特的杰出之处。尽管官僚体制能够为企业带来巨大的利益，但是在文化创新方面，它会成为企业严重的功能障碍。

什么是品牌官僚体制？

为什么专业化的市场营销公司会如此固执地坚持几乎不起任何作用的品牌创新的方法呢？马克斯·韦伯对于官僚体制特征的分析为我们理解这一现象提供了极具价值的参考。韦伯的分析也揭示出，当商业遭遇文化的时候，官僚体制如何导致功能性障碍的结果。我们援引了他定义官僚体制的六个主要标准，从而形成对品牌官僚主义的体制逻辑的概念。①

可计算的规则

在韦伯看来，“可计算的规则”是官僚体制的首要特征。管理庞大而复杂的项目，诸如战争、生产技术复杂的产品、为地理分布分散的人群提供服务等，都要求控制一套简化了的并且标准化了的管理工具。对于现代市场营销来说，可计算的规则包含了三个主要层面：

抽象与简化

官僚体制要求对品牌和消费者有一个简单的启发式描述，这样经理们才能迅速把握管理上的问题、分享信息，并做出有效的决策。无论是品牌还是消费者，都要用简明而通用的语言加以表述，以便任何一个经理人不管他对于该品牌是否有具体的了解，都可以迅速理解品牌和客户。于是，品牌战略问题就被简化成了短短的一组形容词和短语，通常正好适合一个页面的篇幅，甚至经常被进一步缩减为单单一句话。

标准化的程序以便保持一致性和可控性 286

在官僚体制中，一致性是通过由客观规则和标准化的流程来保证

① Max Weber, *Economy and Society*, Berkeley, CA: University of California Press, 1978.

的。品牌官僚体制促使形成一种单一的机械的逻辑，这种逻辑统一地适用于任何情况下的任何一个品牌的研究、战略和创意开发。

科学管理与定量化

科学管理是官僚体制的核心特征，因为科学能够为问题的标准化、问题的监控及其最终解决提供正当化了的方法和手段。官僚体制应用科学逻辑持续地改进程序从而提高效率。自从泰罗主义管理原则在1920年代兴起之后，运用科学原理解决管理问题就成为改进官僚体制效率的主要方法。从1980年代的产品质量控制革命到1990年代的流程工艺风暴，再到2000年代行为激励模式的应用，无一不体现了科学管理的影响。科学管理对品牌官僚体制的发展同样是极其重要的，我们将在下文讨论其影响。

理性化的管理

官僚体制通过高度的理性化发挥作用，并由极其擅长客观运用犹如规范一样的流程的经理们来具体实施。大公司都发明了各自的管理系统，将始终如一的决策制定的流程贯彻至市场营销。理想状态下，市场经理是可以相互替换的。在品牌官僚体制中，所挑选出来的经理们经过了社会适应性训练，他们可以始终如一地运用相同的流程从而做出相同的决定。对品牌官僚体制而言，合理化管理的三个特质殊为重要：

专用的专门知识

官僚体制在本质上是组织和管理复杂项目的一种方式，它将复杂的市场事务分解成各种专业任务。官僚体制要求管理者们善于高效地完成
287 他们的任务，并通过专业化来实现这个目标，也即是将项目分解成一个一个的任务单元，设立岗位和部门来管理每一项任务，然后在这些岗位上安排的人员都“受过专门训练并通过持续实践来提高他们的专门知识”。[①]

---

① Max Weber, *Economy and Society*, Berkeley, CA: University of California Press, 1978, 975.

命令的等级链

品牌官僚体制运用非常精心策划的流程以及监督和服从的等级体系，围绕着一整套的命令体系来管理。官僚化的结构与雇主控制着的各种管理手段的中心紧密地连接着。[①] 专业化的市场营销组织所依赖的是一个等级化的命令链，在这个链条中，组织中各种各样的任务被整合在统一而稳定的管理的方向上。在营销公司中，品牌经理表面上看负有盈亏的责任，但事实上他们位于金字塔的底部，高管们控制着所有重大的决策以确保组织始终如一地朝着目标发展。

去人性化的规则运用

官僚体制由职业化的员工构成，他们忠诚于组织中合理化流程所设定的岗位。为了让官僚体制运转顺利，这种管理必须是非人性化的，必须将来自人类情绪和个人习性的“干扰”降至最低。韦伯写道，官僚体制发展得越完善，它就越是去人性化的，也就越接近彻底地将难以计算的爱、恨以及任何纯粹个人化的、非理性的和感性的元素从事业中剔除。[②] 但是，品牌官僚体制的去人性化特质与文化创新是相矛盾的，因为文化创新要求对贯穿社会的集体“非理性”的渴求做出细致入微的理解，以及用完全人性化的文化表述对这些渴求做出回应的能力。品牌官僚体制在探索创新的过程中必须解决一个基本的问题：一旦你被剥除了人性，你如何将人性放回去？

“似科学”营销的兴起 288

2005 年，喜剧明星斯蒂芬·科尔伯特在自己的电视节目《科尔伯特报告》中用了一个单词——“似真理”（truthy）从而掀起了一个小小的媒体轰动。他用的这个词的意思是“某种看上去像真理的东西——是我们希望相信其存在的真理”。[③] 科尔伯特首先就拿乔治·H. W. 布

---

① Max Weber, *Economy and Society*, Berkeley, CA: University of California Press, 1978, 980.

② 同上书，975。

③ www. newsweek. com/id/56881

什出兵伊拉克作为“似真理”的例子，他讽刺说，当布什要美国人民相信他的内心的时候，他所试图传达的一种“真理的感觉”。为了向科尔伯特的妙语致敬，我们创造了一个类似的新词——“似科学”（sciency），意思是“某种似乎科学的东西——是我们希望相信其存在的科学”。专业化的营销公司梦想着将营销中人性的方面转化成一种可预测的机械的科学，为此他们创造了我们所谓的“似科学”营销（sciency marketing）。

“似科学”营销固定地使用科学的术语和方法来应对所有营销问题，这便是品牌官僚体制的基础。这种营销方式从1920年代之后逐渐兴起，至1980年代取得了霸权地位。曾几何时，市场营销还被看作是一种艺术或手工艺，它需要企业家对于市场的“感觉”以及吸引潜在客户的沟通能力，并且有良好的沟通能力吸引潜在的客户。[①] 从1920年代开始，宝洁、高露洁-棕榄和利华兄弟这些领袖级的消费者市场公司开始将官僚体制的流程和科学方法运用于市场营销，这套流程和方法扎根于泰罗主义关于大众产品的管理模式，原本主要用于控制大众消费品的生产流程。后来，市场研究的科学主义方法开始流行，这一点上社会科学家功不可没，“二战”时期他们研究舆论的这种方法现在被引入到商业调查中。战后，保罗·拉泽菲尔德、罗伯特·默顿和伊莱休·卡茨等社会学家发展了定性和定量的市场研究技术，于是市场营销专家可以直接用这些工具来研究消费者。1950年代，扬罗必凯公司的罗瑟·瑞夫斯和大卫·奥格威成为最有影响力的支持者，提倡将市场科学运用于创意表述。

在这个时期，强调人文的市场营销理念依然有很大影响。亚当·李奥·贝纳相当成功地抵制了科学主义的召唤，他常常依靠源于人文学术传统的“动机研究”来做广告。1960年代，人文主义的广告传统甚至取得了暂时的胜利——先是恒美公司为大众甲壳虫所做的著名广告，然后在1960年代的反权威精神的鼓舞下，霍华德·戈萨基和乔治·路易

① 参见：Nancy Koehn, *Brand New*, Boston: Harvard Business School Press, 2001.

斯等魅力型广告人发起了广告界的“创意革命”。[1] 然而，反文化运动 289
终究熄火了，同时麦迪逊大道的创意“艺术家”显然越出了他们熟悉的领域，营销理念的钟摆再一次回到了科学主义的一方，而且自此就停在了那里。

从 1970 年代开始，在营销业“信息革命”的推动下，将科学家用于自然界的那种极其细心的准确性用于品牌的管理。在此之前，市场专家们总是耐心地等待每月一期的“尼尔森报告”，该报告是 A. C. 尼尔森公司通过向全国范围内随机抽样的商店派驻调查员，用手工清点货架上存货的方法形成的。对于市场科学家来说，调查员提供的统计数据糟糕透顶，不但数据不充分而且存在一大堆严重的人工和统计错误。因此，通用产品代码和收银台条码扫描机的发明对市场研究者来说不啻是一场科学革命。现在，市场专家们在交易的几天之内就可以得到详细而精确的购买行为数据。学术型的市场科学家成群地兴起，他们在海量数据中挖掘金矿。市场研究机构和顾问公司也不甘落后，它们从运算研究中开发各种各种计算方法来分析这些数据的意义。

自 1980 年代至 1990 年代，市场科学大大提升了企业在定价、销售和促销方面的收益。既然成果在握，消费产品营销公司便致力于运用科学方法将整个营销环节的各种要素进一步合理化。它们设法进一步优化营销的各项开支就像它们优化产品生产和供应链那样。

市场科学在一些领域产生了卓越的成果。杂货零售商和那些“俱乐部”式的服务供应商，比如旅馆和赌场，现在都开始采用复杂的田野实验来做所谓的“行为营销”（behavioral marketing）。它们试验各种促销方案，这样可以针对每一个客户的不同找出最有利可图的产品方案。当消费者的情况合适的时候，科学营销就运转得非常好——比如有些情况下用赤裸裸的经济算术测算出消费者的决定，有时候有非常详细的数据

① 托马斯·弗兰克（Thomas Frank）的书很好地记录了这一转型，参见：*The Conquest of Cool*：*Business Culture*，*Counterculture and the Rise of Hip Consumerism*，Chicago：University of Chicago Press，1998. 对于创意人士接管文化创新，弗兰克并不太相信这是一个“历史终结”的情形，因为情形尚未改变。事实上，它只是一次短暂的实验，品牌官僚体制很快就带着“似科学”营销的武器杀回来了，重新取得霸权，创意者接管的想法落空了。

可供参考，有的条件下还可以用低成本实验来测试多种营销方案。但是，在这些条件超出控制的情况下，所有的办法就失灵了。许多最重要
290 的营销战略都不适合用科学主义方法来制定，尤其是市场创新，它特别不适合采用科学主义方法。但是，并没有阻止品牌官僚体制的运转。

“似科学”营销

科学主义的方法如今主导了整个市场，不仅应用于它作用发挥良好的领域，而且也被用在那些它根本不适合的领域。在定价、促销和营销力量配置等方面，科学营销是非常有效的，因此将科学方法运用于这些领域当得起“科学营销”的名称。但是如果在无法发挥作用的产品意识形态领域坚持运用营销科学的方法，那就不是一个有效的管理。这种将追求正确性和稳定性的科学误用于意识形态领域的做法，我们称其为“似科学”营销。

品牌官僚体制在科学的虚假表面上繁荣发展，无论结果如何。如果你没有掌握必需的数据以及正统的分析技巧的话，你是无法在任何一家大公司主持一个“严肃”会议的。经理们认为，即使科学方法目前尚未发挥作用，但是有缺陷的科学总好过完全没有科学。而且，迟早正确的技术会被发现，它可以产生正确的数据，然后用适当的缜密的科学方法来加以分析，这样所有的营销决策包括市场创新都将由市场科学来决定。

MBA 与营销专业资质的建构

MBA 与医生、律师等专业职业一样，意味着专业的正确性。经理们通过获得 MBA 学位来表示自己拥有特定的知识体系，它可以带来从事这项职业的正当资质，可以将他们与“非专业人士”区别开来。但情况并非从来如此，直到 1960 年代，MBA 都还是一个普通的商科学位而已，它的主要培养方式是通过案例研究来学习实际的商业操作。1960 年代早期，一些重要的基金会对 MBA 提出了尖锐的批评，指出 MBA 缺
291 乏知识上的完整性，这等于是暗示 MBA 没有合格的专业资质。这份报告建议 MBA 应该传达商业的科学理论，因此发起了长达半个世纪的

MBA 科学化运动。

重新设置的 MBA 要求每一门课程都是一个富有逻辑的知识和技术的科学体系，从而证明其专业能力。于是，商业课程大胆地模仿自然科学及其近亲社会科学，尤其是经济学，因为这些学科学术声望显赫，被看作是证书知识的来源。这样做的结果是，MBA 渐渐变成了一项严格的科学教育，包含了大量的数学技能和科学分析方法的训练。一些数学化的学科，比如金融学，专业化方向是非常明确的，是一个包含经济学概念和数学分析技术的被广泛认可的体系，是对冲基金或投资银行经理所必须掌握的专业体系。

而对于市场营销来说，建立这样的“科学谱系”需要更多的创新。1970 年代，科学作为市场营销的意识形态占据主导，一大群实验心理学家转入商学院的市场营销系对这一精英学科进行殖民，他们决心在这个科学缺失的领域打下科学的地基。他们发起的第一波研究浪潮，旨在建立“消费者行为的一般理论”，但失败了。然而到了 1990 年代，心理学派通过引入“决策科学”与“行为科学”两个分支学科最终取得成功。大批有影响力的受过运算学训练的工程师和统计学家随之加入。正是这群人，从 1980 年代开始就不遗余力地将一切市场营销的现象数学化。

所以说，30 年以来，这些实验心理学和运筹学的“模型家”主导了所有精英商学院营销的教学研究队伍。所有其他学科都被系统地排斥在商学院课程之外，而其中有些学科对于市场营销来说是非常重要的，比如社会学、人类学、历史学、政治科学、地理学，还有媒介研究。这些心理学家和工程师牢牢掌控着营销学知识的定义权，不仅掌控精英 MBA 教育的课程设置，而且掌控所有的一流学术期刊。

在这样的学术环境下，我们不必惊讶为何与品牌官僚体制原则完美
契合的“似科学”假设被用于市场创新的研究和教学，因为此类学术 292
研究持续不断地为品牌官僚体制提供了意识形态黏合剂。

共谋者：市场研究机构、咨询顾问和广告代理

品牌官僚体制为市场研究公司、广告代理公司、设计公司和咨询顾

问公司提供了一个巨大的支撑平台，它们通过纠正品牌官僚体制的制度性偏差来谋取利润。一些公司凭借着所掌握的“似科学”的市场研究技术，诸如“概念测试”“容量测算”、组合分析、模拟试销等，确立了在全球的寡头垄断地位。品牌官僚体制与这些公司合作良好，因为后者为它们提供了衡量和操控品牌创新工作所必需的“客观”指标。

不必介意这类测试实际上与成功的创新发展之路是背道而驰的。在我们的研究中，迄今为止还不曾发现这类研究确立和推动了任何创新。而且，“似科学”创新研究必然倾向于采用浮于浅表的一般性文化密码，因为这类密码可以激起消费者快速的、可预测的反应。这些方法很容易被精明的创意产业的企业使用，而品牌官僚体制一直钟情于这类方法，因为它们契合了官僚体制的逻辑。倔强的品牌官僚们心里也许会想这些方法可能并不是都有用的，但是他们深怕任何偏离科学的方法都不仅对于品牌存在危险，而且对于职业生涯也有危险。

MBA 们接受训练的目标，就是成为“似科学”营销专家。他们得到梦寐以求的品牌管理职位之后，面临的是紧挨着他们的专业知识的难以形容的压力。他们会发现，在追求商业创新的过程中，他们的科学抱负从未真正实现过，所以他们喜欢去做“下一件大事”，利用这一次的突破最终使他们能够将创新变得常规化。咨询顾问则是最机灵的市场营销专家，他们最喜欢的是开发迎合品牌官僚体制口味的咨询“产品”。1980 年代，咨询顾问出售给品牌官僚们的点子是通过测量人体电脉冲
293 的变化来预测消费者对于品牌创意表述的反应。于是，市场营销人员花了相当多的资金买来了看起来像电椅的设备，让目标消费者坐在上面，用显示器察看他们对于品牌沟通信息的反应。最近几年，咨询顾问利用他们企图控制客户的乌托邦的想法，又向品牌官僚们兜售核磁共振扫描仪。这些顾问往往索价上百万美元，然后向品牌官僚机构承诺：扫描仪上那些代表着大脑不同区域的色点最终将会帮他们找到符合消费者硬需求的完美创新方案……听着，是“最终”哦。

至于为大型消费品公司工作的广告机构，因为处于从属地位，它们只能被动地对品牌官僚体制做出反应。所有的大型广告机构都亦步亦趋地跟着客户走，所以大公司的品牌官僚体制的原则完全被复制到了广告

机构。广告机构表面上很高兴地夸赞他们的客户在品牌运作方面具有深邃的智慧，私底下却一直在嘲讽这些做法。广告公司不得不将自己全部的产品做得与客户的创新装配流水线的节拍相吻合，即使它们私底下知道这样的结构是自欺欺人。

品牌官僚制如何扼杀创新

几乎在所有专业的消费产品营销公司中，品牌官僚体制都主导着创新过程。我们在本书第一部分和第二部分都曾论及，成功的文化创新需要在整个创新过程的每个环节都细致入微地分析社会的文化变迁。文化创新需要经过五个关键步骤：

- 分析当前产品市场上隐含的文化正统；
- 社会断裂创造了对新的文化表述的需求，通过分析社会断裂来发掘意识形态机遇；
- 锁定创新所需要的合适的原始素材并且理解它们，这些素材将在亚文化、社会运动和媒体神话中挖掘；
- 为创新制定文化战略，明确创新的意识形态、神话和文化密码； 294
- 设计创新：在营销组合中创造一种清晰易懂的文化表述，将文化战略付诸实施。

品牌官僚体制组织下的创新在每个阶段都注定要失败。似科学营销和命令控制管理模式导致它们在研究和概念阶段就系统地剥离了文化。而在文化内容不可或缺且极端重要的设计阶段，品牌官僚体制所建立的却是战略性地丧失“文化注入”的流程。

剥离文化：将市场化约为一般抽象物

简化论者的研究：将文化挡在营销之外

文化创新要求对社会与文化给予细致入微的理解，而品牌官僚体制所追求的正好相反，它们喜欢简单的浓缩的市场描述，避免语境和历史细节。对于商业机会的描绘，通常不过是用幻灯片展示几个精炼的图表或一些要素的列表。品牌官僚体制将市场理性地简化为一些最简单的“洞察”，以便全公司的管理层成员都可以不费力地理解它。

品牌官僚体制要求现在时的研究，仿佛它们的客户活在一个“无限的现在”世界。在这类研究中，消费者和市场都是以快照的形式存在，它们构成了一个简单而稳定的世界，然后你可以在其中销售任何产品。为了了解未来，品牌官僚体制也要求做一些“趋势报告”，那其中会展现一些一般的观念（经常是由研究机构出售给许多行业中的许多客户的），对社会变迁的分析极其流于表面。趋势报告聚焦于市场的表层变化——冲浪用具是热门的、千禧年的年轻人主要依靠移动电话约会、上层中产阶级妇女越加关注她们所买的东西是否环保，诸如此类。这是潮流和时尚层面的变化，趋势报告忽视了社会中的结构性变化及其对文化的影响，以及这一变化对于改变当前产品市场利益结构的潜在力量。

295 品牌官僚们深居在大公司的办公室里，他们将所有营销智力工作都外包了。他们亲身参与的市场营销活动通常限于仪式性地出席一下偶尔的焦点小组的访谈，坐在镜头前面，随意抓几个关键词，然后向总部证明“我去过了”。品牌官僚体制下的消费者洞察部门坐满了专家，本来他们的任务是帮助品牌寻找商机，但其实这些工作大都外包给了市场研究机构。于是，消费者洞察部门的首要工作就成了确保所有报告都是以高度精炼、简化的标准形式发到所有管理人员手中。市场研究机构搜集并分析数据，然后对“研究发现”加以提炼和标准化，再用一张张的幻灯片展示出来。至于访谈、观察、焦点小组、照片等各种原始数据，以及较为详细的分析过程，则极少被放在报告里。有些原始数据开始时确实会出现一下，但最终会从收发室被归类到档案库，然后就在等待中落满灰尘直到被粉碎。对品牌官僚机构而言，唯一重要的数据就是以高度浓缩的方式展示出来的那些，它们会对这些数据再次提炼，直到浓缩成一两页纸的篇幅。一旦这些精炼再三的表述得到高级管理层的首肯，它们就会成为全公司理解市场时的通用语。

最成功的市场研究机构正是那些在专长和产品上契合官僚体制逻辑的公司，它们善于制作华而不实的汇总表，吹得天花乱坠，作为对于市场的洞见卖给它们的客户。它们提供的方法论忽略了成功创新所必须掌握的社会文化细节，这些语境化的细节在进入品牌官僚体制的大门之前就已经被系统地排斥了。

注意力份额营销：围绕着抽象形容词的争论

简化论者通过品牌官僚体制的“洞察”流程制造出来的词汇和短语直接进入到创新战略之中。品牌官僚体制喜欢战略，因为战略为他们实施官僚的“炼金术”提供了工具，戏剧性地将复杂混乱的市场状况转化为一张简单的标准化的管理模板。发展创新概念与现行的企业战略 296
采用的形式完全一样，都是一份简单的图表或陈述，包括大量的抽象形容词。不同的公司采用不同的几何形状，金字塔形状的，洋葱形状的，房子形状的，但逻辑总是一样的。

在《品牌何以成为标志》一书中，我们称这种战略决策形式为“注意力份额营销”，我们想用这个词来反映从特劳特和里斯的《定位：头脑争夺战》一书出版之后就成为主导的一种观念：品牌运作的成功有赖于殖民消费者头脑中的“认知的不动产”。如果能在许多消费者的神经元结中建立起你的品牌与某个深受喜爱的形容词之间的关联，你的品牌运作就获得成功了。运用这种思维方式，创新就是阐述消费者在产品认知领域的缺口，并将新的形容词组合来填满它。

品牌战略的制定通常需要六个月到一年的时间，在这个过程中要进行很多次耗资不菲的调查研究，还要开数十次会议。品牌官僚们会花数月的时间来挖掘同义词，比如：我们的新产品应该是“新奇古怪的”还是“开心有趣的”？我们应该在其中加入“乐趣”吗？或者应该是“叛逆的”？“好玩的”怎么样？或者“有活力的”？要么“有特色的”？还是“乐观的”？这些争论很重要，因为品牌官僚们相信一个创新的成败取决于是否选择了那几个正确的抽象词语。

品牌官僚体制依赖的是等级制的决策系统，因此确立一个新概念并为此进行研究、或决定投产资金，尤其是在开展市场测试之前，需要在这个想法列入组织内部的图表之后进行许多重要的工作。低级别的经理们开发一些待定的新概念，写成书面报告或做成幻灯片（这些工作经常由创意供应商帮他们完成），然后汇报给他们的直接上级，上级会做一些略微的修改，然后再汇报给更高的级别。低级别经理们所做的书面建议通常都是临时的有待修改的，在沿着命令链层级上报的过程中经常会被修改得面目全非。这个过程直到战略报告递交到高级管理层，通常是首席营销官、总裁，甚至是首席执行官来做最后的决定，他或她不时地会在建议的方案中写上自己的意见。

297 一旦方案通过了，这个概念通常就会转换成计划书或原则指南，从而作为创新设计明确的、正式的导向。这些计划书或原则指南，有时也被称为“品牌圣经”。这些曾经被高级管理层赞赏的战略文件便开始了它自己的生命历程。它决定了所有后续决策的方向，成为给创意合作方的指示并以此为依据来评判设计的各个方面。这个过程是线性的，研究决定战略，战略指导设计。

一个蓝筹营销公司的抽象形容词辩论

这个例子是从我们提供过咨询的一些世界上最受尊重的消费品营销公司的经历中抽取的一个。为了保密，我们这里虚构了该公司的品牌运作目标，对经理辩论中的具体术语也作了伪装处理。但是，描述中的形容词辩论过程真实地发生过。并且它也并非什么特别的案例，在我们的经验中，这样的过程是许多品牌官僚体制中的标准流程。

公司想在拉美市场推出一款新的果味茶饮料品牌，之后或将在全球推广，因此需要找到“概念”，这需要进行大量的形容词辩论，其间会夹杂“似科学”研究以便对形容词的每一个更替版本进行测试。公司的数十位经理与一个小规模的咨询团队，还有一家市场研究机构一起工作了一年半的时间，花费了数百万美元，围绕着“品牌愿景”“核心销售主张”和“品牌个性”展开辩论。

他们从“品牌愿景”开始：这种饮料旨在“让生命更纯粹、更完满、更充实”。核心销售主张则是“新的止渴佳品，让你成就卓越，超越梦想”。但是有些经理不同意，他们觉得这种说法不太正确。所以又进行了一些研究，品牌愿景被修改成了“迎接冒险”。然后，在下一个版本中，他们又将它改成了“能量，让你享受每一天”，再然后是“清新每一天”“清爽活力”“为活力人生带去清新”“给生命以燃料”，最后，公司的经理们终于达成一致，确定为“让生命充满活力”。

“品牌个性”也在类似的形容词辩论过程中产生。开始是“成熟、亲切、惊喜、低调、潮流、活力”，但很快就演变成了“成熟、惊喜、活力、轻盈、振奋”。在数不清的辩论、多个回合的研究以及后来聘请了两个品牌管理咨询公司之后，品牌团队决定用“成熟和平衡、‘一缕清新’、内在的力量、亲切、对生命的热望、激情、乐观向上、自然、喜爱快乐和顽皮、充满活力而又天然”作为品牌个性。

围绕着“核心营销主张”的辩论消耗了参与者们最多的精力。这项工作包括了多个回合的概念测试，既有定性分析又有定量分析，为此设计了复杂的概念优化的各种方法来鉴定最具优势的形容词组合。在冗长的辩论期间，还有一个巨大的研究计划，依然是定性和定量两方面的，主要是确认现有市场产品的心理的“需求状态”，数据是由三家市场研究机构和两家品牌管理顾问公司提供的。

首先，核心价值主张从一开始的“新的止渴佳品，让你成就卓越，超越梦想”变成了“新型茶饮料，发现你的生命节奏，每天为你提供养料以迎接生命中的一切挑战。”在若干次往复和更多研究之后，它又变成了“口感独特的茶饮，为你加油，让你焕发光彩”。又进行了进一 298
步的研究之后，“口感独特”变成了“口感极佳”。经过再进一步的研究之后，改成了“口感极佳的新型止渴健康饮料，为身体补水，让精神焕发，活力人生更美好”。之后又改成“新型美味饮料，让你充满自然的健康活力，神清气爽”。最后，品牌团队选定了“新型美味清爽饮料，让你自然健康，活力无限，神清气爽享受每一天”。但是在咨询顾问的帮助下和进一步的概念测试之后，它又一次地被改变了，这回是“新型美味水果茶，让你神清气爽看世界，活力无限每一天”。这还没完，它继续在辩论中被修正，直到最终达成一个大家都接受的版本“清爽活力饮料，让你体验生命之活力”。

所有这些修改都是为了在品牌中注入情感，但他们的做法就是将各种抽象形容词进行不同的重组。而事实上，这些形容词可以套用到任何一种饮料品牌上，给创意合作公司留下了极大的自由度去拼凑出他们想要的任何东西，并声称这是按照战略做出来的。公司高管坚持让中层经理致力于填满公司“品牌金字塔”的各个小方格，这无意中是为此类极其肤浅的辩论会推波助澜。再借助其他的品牌官僚体制下所使用的洋葱、房子、树或者钥匙形状的图表，品牌金字塔机制，只需瞥一眼就能管理品牌了。结果，中层经理花费整月整月的时间在微小的语词差别上纠缠不休，如果只是为了寻找适合填入金字塔的小方格的话，这些话可能不会对结果产生任何影响。

概念测试

在创新过程中，品牌官僚机构常常在概念测试环节花费了最多的时间。常见的情形是，它们仅用一两天时间就产生出创新的理念，这些理念经常是在“头脑风暴会议”中产生的，然后花上差不多一年的时间去测量消费者对这些概念的反应。通过大量定性和定量的研究测试，这些概念被排列、筛选、优化，然后填充到复杂的统计模型中，这些模型将用来预测销量和市场份额。

每一个概念都用一个概念公式来表达。老派的品牌官僚仍旧使用不加修饰的概念说明，它有点类似于人们在营销手册中看到的定位说明，比较实事求是，不带感情色彩，理性利益点、功能表现及其可信的理由都做了书面说明。例如，“一种新的防晒油，它可以阻挡有害的太阳射线，保护你的皮肤，它含有保护性的抗氧化剂，如维生素 E 和锌”。现
299 代的品牌官僚则已经了解了一个事实，那就是这种理性的概念陈述与产品最终在市场上所呈现的设计、广告、包装以及店内促销招贴等相去甚远，以至无法预测消费者究竟会有何种反应。这些更世故的新官僚试图在概念中加入情感内容，我们在后文将此称为“情感工程”（emotioneering）。开发更具情感性的概念，在许多大公司已经成了一个公司自我发现的艺术，也可以说是品牌官僚版的创意艺术。因此，原本以科学为导向的市场营销专家们，便开始炫耀地显示他们在艺术方面的实力，在他们的营销方案中加入在情感上有说服力的一些建议。例如：“新型能量饮料，更多添加抗氧化剂，让你在生命中获取更多。无论是工作或是运动，无论是独处还是聚会，它都让你清新自如，让你看到更多，做得

更好，体验更丰富”。有些品牌官僚喜欢模仿广告的做法，另一些则喜欢建立“情绪板”（mood board），由图片库里搜罗出来的照片以及从其他公司的印刷广告中剪辑下来的图片拼贴而成。尽管这些努力算得上勤勉尽责，但这样的概念逃脱不了注意力份额营销的弱点：都是一些模糊的通用的词组，它们可以用以表示任何一种产品，当然就不可能指出一条创新的道路。

缺乏创新内容全然不是问题，因为在品牌官僚制之下，概念的质量远不如所采用的测试程序的严格来得重要。概念测试已然成了研究机构的金矿，它们开发了更似科学的测量和统计制图系统。例如，凯尔顿调研公司就开发了所谓的“拨号测试”技术：

> 通过我们的即时反应拨号技术，让沟通有效性立即获得证实……这种掌上拨号器让被测试者能够对呈现给他们的信息做出迅即而连续的反应，为我们了解每一个被测试者实际看到这些词语和短语时的反应提供了一个精确的度量。①

还有一些品牌官僚机构转向了“生物反馈研究”，将消费者与生物传感器连接在　起　　　家公司这样描述：

> 它是一件舒适而不张扬的衣服，能够发现并综合那些构成人类 300
> 情绪基础的关键生物测量报告：呼吸、移动、心率以及皮肤的传导性。与它配合使用的有最先进的视线追踪技术，它可以精确识别一个人在做出任何反应的一段时间内看向哪里。这些生物测量指标对于媒介刺激是锁时的（time-locked），通过我们拥有专利的数据分析和报告生成软件，将生物测量指标数据合并成容易理解的各种情绪反应报告。②

---

① Kelton Research Research Tools，“Communication and Advertising：Language Dial Testing”，www.keltonresearch.com/research-methods/capabilities/advertising-market-research（Jan. 11，2010）.

② Innerscope Research Website，“Our Approach：Innerscope's Biometric Monitoring System2”，www.innerscoperesearch.com（Jan. 11，2010）.

及至2009年，美国至少有90家市场研究机构提供生物反应测试服务。

这类测量系统生产出图表和统计表，让品牌官僚们有信心把得分较低的利益点概念替换成得分较高的利益点概念，这个过程被称为“概念优化”。一家大型市场研究机构以似科学的口吻将这个术语描述为“一个从刺激物中去掉某个令人不满的部分，并替换成更有优势的成分的机会。客户由此有机会将他们的市场份额、反应率或注意力持续度最大化，并最终转化成利润”。[①] 根据这一逻辑，如果一个品牌官僚发现“自信让你成为最耀眼的明星”在某个概念测试中得分很好，“深层清洁”在另一个概念测试中表现也很好，于是他就可以创造一个新的、优化的概念组合：“深层清洁给你自信，让你成为最耀眼的明星”。当然，根据同样的逻辑，你还可以将《蒙娜丽莎》的微笑与蒙克的《呐喊》放在一起。品牌官僚们仍然很少有人会接受未经优化的创新概念。

概念测试的下一个阶段，品牌官僚机构找到了一个同样似科学的术语：“容量”测试。在这个阶段，品牌官僚们用优化了的概念公式和复杂的统计方法来预测他们的创新将产生的销量和利润。尽管有些品牌官僚机构开发了自己的预测系统，但大多还是以昂贵的价格外包给了尼尔森BASES这样的市场研究机构。这些机构里的数字处理专家将概念得分输入复杂的计算程序中，用以测算试买和重复购买的数据。但是，这些高度复杂的统计技术却不可能产生有用的结果，因为它们所依赖的输
301 入数据是有缺陷的，这些抽象的形容词和老掉牙的图片，经常是已经通过优化程序被机械地组合在一起了。但是这些“超似科学性”的程序是如此的富有魅力，以致品牌官僚们经常完全依据容量测试的结果来开发新品牌。

命令-控制式管理

官僚体制运行强化了这种创新战略的高度简化的方法。经理们所看

---

① Zogby International, “Market Research: Dial Testing/ Perception Analyzing”, www.zogby.com/Products/ReadProduct.cfm?ID=96 (Jan. 11, 2010), her-reports/ e3ifc7db5bf2ea46d9541582bo844cddaa3

重的好的概念是那些容易理解、应用和测量的概念。处于监管新概念开发的中转站的经理们，他们认为一个好的概念应该是一个容易被高级管理层理解并领会的概念，他们没有时间去探究更复杂的概念。因此，文化创新所要求的语境化的微妙差别以及细节一定会被他们排除在战略文件之外。官僚体制对于简单和控制的要求决定了创新的命运。

品牌官僚体制是一个严苛的公司环境，无休止的马上到交稿期限的报告以及充斥着日程表的会议和演示。它要求经理们不断地执行任务：会见零售商和供应商、在地区会议上激励销售人员、为上级管理部门提供促销分析报告、保证标签印刷妥当，等等。品牌官僚的职责范围很广，而且定期调换岗位。公司希望他们将自己锻炼成通才型的管理者，既可以胜任公司的各种管理事务，又能和价值链上无数的伙伴展开合作。确保重要的营销任务按时完成并在预算范围内实现促销目标。因此，他们没有时间也没有动力去深入研究他们的市场，了解那些复杂的语境化细节。尽管这种通才型的市场决策技巧对于其他的营销决策非常有用，但是对于文化创新的管理来说，它恰恰是没有帮助的。

在我们做出以上分析之前，我们总是对被许多蓝筹消费品市场营销公司当作最先进的消费者观察和品牌战略的肤浅的模式化概念感到郁闷。但是，在品牌官僚体制内，用高度简化的普遍化的方式来看待市场是完全可以理解的。事实上，在这种工作体制的束缚下，他们没有别的 302
选择。我们一点也不惊讶，品牌官僚们会对“神经营销”——用核磁成像技术测试什么样的品牌沟通会触动消费者大脑皮层的反应的技术感到无比激动，因为这类标准化的技术恰巧避免了繁琐的文化细节，为经理们提供了易于掌握的概念蓝图。

遗憾的是，为了产生易于理解的演示效果而将文化排挤出去的话，是不可能产生文化创新的。这些高度提炼过的抽象概念太模糊、太生硬、太抽象了。事实上，命令-控制式的品牌管理程序非常倾向于产生“我也是”这种随大流的理念，甚至是陈词滥调。

尝试将文化重新注入创新

品牌在本质上是一种文化表述。即便所提出的概念全部都由抽象的词语组成，最终实际的营销推广仍然必须将具体的文化内容置入营销组合的各个细节当中，包括产品设计、服务境遇、包装、零售环境和消费者沟通。因此，当真正到了设计新品牌或重塑老品牌的时候，文化内容又必须被注入回去。但是，由于如此零乱的文化内容在消费者洞察和战略阶段已经被系统地排除掉了，所以当文化内容最后被添加进去的时候，就缺乏任何一种战略性的指导，只能由似科学程序以及陈旧概念混合在一起的一个奇怪组合来控制。

创新装配线

品牌官僚体制组织创新就如同装配流水线。为了追求效率，品牌官僚体制被划分为研究、概念和设计三个部分。一旦某个概念被确定下来成为某种品牌的圣经，品牌官僚体制就会将它作为模板来控制设计阶段。为了确保成功，概念被当成一套固定的规则必须严格遵守。这就是说，创意成果应该像生产线上的产品那样被生产出来，这个线性系统从结构性的输入开始，到消费者洞察，再到一个创新模板产出，创新模版又被用于审查设计理念。品牌官僚体制将设计理念看作是丰富的、不可
303 预测的甚至是随机输入的，因此审查程序的权力就是用概念模版萃选“符合战略”的理念，剔除“不符合战略”的理念，在品牌官僚体制看来，这样就会产生一个成功的创新。

这一线性创新装配程序的一个问题是，它为不断学习设置了障碍，而后者对于文化创新来说是相当重要的。品牌官僚体制习惯于在某个单一的方向上进行很大的投入，没有为通过得到市场反馈之后改进设计留下任何机会，一旦创新走进了死胡同，没有任何准备去改变方向。

但最大的问题还是在于，它确立了不包含文化内容的抽象概念在指导品牌设计方面的决定性权力。这样的模板要求创意合作者去制作平淡抽象的通用的抽象表述，任何由创意合作伙伴制作的真正有创意的文化表述都将这条创新装配流水线系统地排除在外。

一成不变的字面主义

品牌官僚体制用品牌模版对所有营销元素的设计进行微观管理，其

方式往往是非常字面的、刻板的。对这些概念的似科学理解，导致他们要求每一项品牌表述都要以最清楚明白的方式体现品牌的概念。品牌表述多落入“渴望成功”的俗套，诸如：更漂亮、更富有、更有魅力。对渴望情绪的表现必须让注意力不集中的孩子也能看得懂。品牌官僚制以科学的方法来管理文化表述，将文化表述的制作分割成极小的互不相连的碎片，并对每个碎片适用字面主义的标准进行衡量。这样做的必然结果是完全抛弃了设计的人文主义方面，即通过艺术技巧、隐喻、模棱两可以及讲故事来加强共鸣的方面。品牌官僚的思维方式中，完全没有基本的修辞手法。但是，只有凭借隐喻、比喻、奇思妙想、想象力、语气、通感、讽刺这些手法，才能创造意义丰富的文化表述。所以不必奇怪，品牌官僚体制所发起的品牌营销活动，自始至终只听到充满说教意味的演讲，而不见意义丰富的文化表述。

一成不变的字面主义如何毁掉了斯耐普的文化创新 304

1990年代初，凭借着一次杰出的文化创新，斯耐普在美国成为标志性的品牌。[1] 当时，许多非精英阶层的美国人开始怀疑里根关于滴漏政策将如何带来繁荣的承诺，因为他们看到的现实是这些国家精英们享受着美好的生活与他们自己在经济上的苦苦挣扎之间存在的鸿沟。斯耐普的产品很廉价，口感奇怪，有些品种的口感甚至很糟；它的广告也很古怪，看起来像是以极其低廉的成本制作的，它还找来了拉什·林宝和霍华德·斯特恩帮忙促销。这些元素结合在一起，形成了一种庸俗的民粹主义意识形态，它嘲弄大公司的华而不实，赞美普通人的日常生活。那个时代，美国有太多的实力雄厚的大公司正在赚取巨额利润，于是人们将斯耐普看成是弱势群体的反击。

将斯耐普当成一个全国性的零食品杂货品牌推出，同时又要完整地

---

① 对斯耐普文化创新的深入分析，参见：Douglas B. Holt, *How Brands Become Icons: The Principles of Cultural Branding*, Boston: Harvard Business School Press, 2004.

保持它庸俗的民粹主义意识形态，绝对是一个挑战。但是，在斯耐普锐意创新的营销经理裘德·海默尔的带领下，柯森堡和邦德广告公司艺术地做到了这一点。这个团队创意了一个广告，主角是一个高大、急性子的妇女——她叫温迪，来自长岛，事实上她是斯耐普的员工，职责是答复消费者来信，他们让温迪成为斯耐普的品牌代言人“斯耐普女士”。“温迪”广告就这么傻乎乎地记录真实的消费者来信中的故事，斯耐普公司也会访问这些消费者求证，或者根据粉丝们的建议推出新的口味古怪的饮料。从1992年到1994年，斯耐普的销售额增长了两倍，从2.32亿美元飙升到6.74亿美元。桂格燕麦公司用17亿美元收购了斯耐普，决心要做得更好。

在设计“温迪”广告宣传时，海默尔还只是一个广告创意人，没有受过正规的品牌营销管理的训练。而柯森堡和邦德广告团队也违反了品牌官僚体制的所有规则：没有品牌洋葱，没有焦点小组，没有概念测试，没有线性装配式的流程。他们一起试验新理念，从所犯的错误中吸取经验，直到他们掌握了一套复杂而完整的知识，知道如何在广告、草根事件、公关策略、广播电台赞助以及新产品中表述斯耐普的庸俗的民粹主义。他们拍摄了30个广告每晚八点播出，这些广告旨在激发文化上的共鸣，而非诉诸“客观的产品利益点”，后者正是裘德的嘲笑对象。换言之，他们团队是我们所谓的“文化工作室”的组织结构的完美案例，我们将在后面两章讨论这种结构。

然后，桂格燕麦的品牌官僚体制接管了斯耐普品牌。在收购之前，桂格的管理层就考察过斯耐普的主要执行官。他们早就认定海默尔没有营销经理的资质证书，所以用一个在品牌官僚体制中受过很好训练的团队取代了他。随后，柯森堡和邦德公司被强迫要求按照注意力份额利益点来开展创意工作，遵照品牌官僚体制的程序来进行开发、审批和测试。

首先，品牌官僚体制进行了大量的客户研究。“他们不遗余力地进行研究”，一位斯耐普原先的营销团队的成员，他继续留了下来并工作了很长时间，看到了桂格是如何工作的：

> 我是说定量和定性的研究进行了一次又一次。他们把正在播放

> 中的广告宣传当作研究对象，广告效果部分当然没纳入研究范围。他们做了如此多的研究，也追踪了如此多的研究，第一年，我每周都在做焦点小组访谈的城市出差兜圈子。我想，他们大概是认为他们所做的每一个决定都必须用这些研究来支撑。

疯狂研究是为了桂格的第一个步骤——制订定位说明。在桂格的管理层看来，裘德和他的团队没有做任何研究就能有效地进行品牌推广绝对是难以置信的。他们还拜访了柯森堡和邦德广告公司，为他们讲解什 305
么是“定位说明”以及如何写一份定位说明。广告公司费了好大的劲才让他们接受了“温迪”概念的短语“你爱我们，我们用爱回报你”，另外他们还建议用“用地球上最好的东西制成”作为广告语。桂格的管理者们同意将这两个定位概念与他们自己的品牌官僚团队提出的一系列概念放在一起进行测试。

> 你可以想象一下，将“你爱我们，我们用爱回报你”当作概念进行测试，然后真地试图拆解它。我记得围绕着这个事情的无穷无尽的争论，因为你可以用几百种方法解释研究结果。我常常感觉到我们像是关在笼子里的老鼠，在无休止地转动轮子，因为这些人对研究的解释实在是太过拘泥于字面意思了。无穷无尽的会议，最后给你的感觉是你是第五十次参加同一个会了。围绕定位说明的争论持续了好几个月，我们跟着轮子转了差不多一年的时间。

品牌官僚机构在转动轮子做定位研究的同时，对现有的“温迪”广告的创意和开发过程进行理性化改造。它制订了一份战略一览表给柯森堡公司，让他们依据这张表格来评估自己的理念是否符合战略。这些指令反复要求广告中要表现具体的特征（广口瓶）、口味以及写信的消费者的地区差异。没有提及品牌的意识形态，或者说那种意识形态的独特的文化表述，比如“100%的天然”的广告宣传就很有效。于是，柯森堡现在提交的草案不但要符合可怕的一览表，而且要通过等级制中所有级别的审核：从斯耐普全国销售经理到斯耐普的营销总监，再到斯耐普–佳得乐联合机构的广告部的副总裁，再到斯耐普营销副总裁，再到斯耐普–佳得乐联合机构的首席营销官，再到桂格饮料公司的总裁唐·乌齐，再到桂格公司的总裁和首席运营官菲尔·马里诺。这些高管们完全不懂斯耐普的文化共鸣，也没有时间去深入理解，他们自然只能依靠下级经理为他们准备的便利的一览表来做出决定。结果便产生了一系列笨重的“温迪”广告，这些广告努力将注意力份额的指令贯彻其中。

桂格的人只知道从字面上理解品牌推广，这意味着他们从来没有明白“温迪”广告的成功之处。管理层对这个广告感到很困惑，他们只看到广告片拍摄质量很差，主角的形象跟他们为佳得乐发起的广告中说“我喜欢迈克”（乔丹）的那个鼓舞人心的形象完全相反。同理，他们也认为在斯耐普广告中出现的许多粉丝，还有粉丝的家人，都很缺乏吸引力。“他们不喜欢广告中有太多人”，柯森堡公司参加过斯耐普项目的关键创意人员丽莎·麦肯伯格如是说，“尤其是那些看起来有点古怪的人，比如拉尔夫，他梳着大背头，目光慵懒，那个是斯耐普最受欢迎的广告中的一个人。他们也不喜欢我们广告中的人们住的地方，我们称这些人为棚户。不过最关键的还是他们不喜欢温迪，说‘你们就不能找个有吸引力一点的吗?’。”

在第一次与柯森堡广告公司的人会面时，桂格的管理者们就表示了对广告的业余水准的担心，要求广告公司少拍一些影片场景，把质量做得好一点。事实上，柯森堡的创意团队有很专业的广告片拍摄技术，但是为了刻意制造出媚俗的感觉，他们用 16mm 胶片代替了通常用的 35mm 胶片，让画面看起来有更明显的粗粒感，为了矮化温迪，特地制作了一张高大的服务台，拍摄的角度也笨拙得让人发笑，他们还采用了颜色校正技术让片子看上去就不够专业。用温迪和伪纪录片风格的广告来表达斯耐普媚俗的民粹主义，海默尔和柯森堡的创意团队的手法是大师级的。他们竭力将有线电视节目的低保真和粗制滥造感植入电视广告片。温迪，一个大嗓门的矮胖女人，用来表达这种意识形态实在太棒了。如果你看了后来他们用俊男美女们做的广告而遭到的攻击，就会更
306 加确信无疑，尽管全世界的品牌官僚们都深信用俊男美女做广告对于产品销售非常重要。

桂格的经理们还担心“温迪”广告会不会“太纽约了”，毕竟斯耐普是全国销售的饮料。他们认为温迪的长岛口音和广告片的卡茨基尔山区“甜菜汤地带”（Borscht Belt）风格的幽默会对斯耐普在全国范围的基础会产生适得其反的效果。品牌官僚逐渐相信，斯耐普之前的消费者沟通不能反映这个品牌的“平均消费者”。

柯森堡的创意者们争辩说，这些看起来古怪的广告对于传递斯耐普的品牌意识形态极其重要，但这全都是对牛弹琴。桂格的人希望更漂亮的人出现在广告中。于是，柯森堡公司只好在广告中增加了一个漂亮的配角作为温迪的助手。但这还没完，桂格后来干脆炒掉了温迪，在新战略的基础上发起了一个全新的广告，它以新的定位说明为指导，而那个定位说明则是因为在焦点小组研究中表现最佳而胜出。

柯森堡辞掉了斯耐普的业务，因为桂格的品牌官僚体制对他们的士气打击很大。桂格只好另请高明，福特康贝尔厂公司接手了业务，但拍出来的广告反响甚微。斯耐普的销售额曾经以惊人的速度增长，如今则以惊人的速度衰退。桂格后来采取了一系列孤注一掷的拯救措施，更换原有的品牌官僚班子，但也未能见效，最终，桂格不得不以 3 亿美元的价格将企业转让——三年之间折损了 14 亿美元的品牌价值。

情感工程：将文化表述简化为情感词汇

商业中的文化创新与图书、电影、音乐和艺术这些创意产品并无二致，都是文化上的某种突破。文化创新通过神话来宣扬意识形态，神话又是通过文化密码而传达的，文化密码则激发了各种情绪。但是，官僚体制的原则不可避免地剥除了创新概念中所有文化的方面，没有能激活概念的神话和文化密码，也缺乏能够激起情绪反应的特质。它们喜欢的是商品化的“情感词汇”，而这些词汇的情感效果如同儿童手中的识字卡片。

只有将消费者从历史、社会生活和文化中剥离出去，品牌官僚体制才能有效地运行。尽管市场营销人士知道与消费者的情感联系极其重要，也曾长时间地努力加强这种联系，但情感沟通的效果一直不佳。品牌官僚机构数十年来一直希望将情感带入他们的品牌管理流程中，他们努力尝试以工程学的方式在创意工作中添加“情感”，所以类似于“情

感营销”“感性利益”这样的术语充斥营销领域十年有余了。这种设计
307 拙劣的解决方案以似科学研究为基础来确定需要植入产品的情感元素。如今，一份战略中要是没有讲“感性利益点”——比如“不羁的”“有趣的”“好玩的”“热烈的”“精神焕发的”“诚挚的”就不能说是一个完整的方案，就像本书第一章里所批评的那样，营销经理们要求创意伙伴通过创意工作将这些情感植入产品营销设计。

情感工程如何摧垮了李牌牛仔的品牌

1980 年代，罗纳德·里根重新激活了美国历史上的拓荒神话，在随后的 20 年中，这一神话主导了美国的大众传媒，并且为能够可信地利用它的品牌带来了巨大的商机。拓荒神话的重新复活为一系列成功的文化创新带来了意识形态机遇：从福特的探路者、哈雷-戴维森、李维斯到百威、巴塔哥尼亚和激浪。①

这个历史性的机遇也摆到了李牌牛仔的面前。因为，它的确是拓荒者曾经穿过的牌子（还有李维斯牌和角斗士牌），所以在 1950 年代和 1960 年代的最后一波拓荒运动中，因为之前的历史它又被当成了拓荒的象征，这个品牌可以利用这种正在出现的需求很容易地开发这些文化资产。

风靡一时的唱片《生于美国》封套上的形象是歌手布鲁斯·斯普林斯丁的背部特写，他穿的就是一条破旧的李牌牛仔裤，而在《滚石》杂志的封面上，斯普林斯丁穿的也是李牌牛仔马甲。这些形象向人们宣告，拓荒神话回来了，只要你穿对了牛仔裤，你就能加入这波拓荒潮流。现在，李牌和李维斯牌不再是怀旧的品牌了。李牌的销量蹿升至历史最高水平。

但是李牌的管理层并无兴趣了解为什么自己的产品突然激起了如此大的文化共鸣，因此他们最终未能利用这次历史性机遇重塑李牌。李牌面对的是那个十年中最有吸引力的商机，为何错失了呢？原因就在于管理层太过于相信似科学研究。

李牌的定位是“最舒适的牛仔裤，因为它确实很合身”，它们开展

① 有关这一转型，我们曾在《品牌何以成为标志》一书的激浪、百威和哈雷-戴维森案例中有过分析。

的研究“证实”了这个注意力份额战略完全正确。它们的定量研究得出的结论是，在所有利益点中，消费者唯独将“舒适”排在了第一位。在他们列出来的28个利益点中，94%的被访者认为“舒适”是“必需的”或“重要的但不是必需”。焦点小组也支持了上述发现。被访者一致地同意，在他们选择牛仔裤的时候，舒适是最重要的考虑因素。李牌的经理们认为，它们的品牌能够“拥有”这个利益点。李牌与其他流行品牌比起来难道不是更舒适吗？李牌这么多年的广告不是为了建立这种利益资产吗？

接下来，管理部门又研究了细分市场，他们发现在统计学上中年女性是最切合李牌“舒适又合身”定位的消费人群。于是，他们决定放弃年轻人市场，完全迎合中年女性的消费需求。就这样，在下一个十年中，公司和广告代理法龙·麦克艾利戈特公司着力把李牌定位成既健康的又实用耐穿的牛仔裤，主要目标消费群体是中年女性。

法龙这一时期的广告不但符合“战略”，一遍又一遍地向消费者重复舒适与合身这两个利益点，而且可以说是富有创意和娱乐性的，以至于能够赢得广告行业的大奖。比如1980年代末的一份名为“剪影”的广告就很典型。广告开头，一辆红色的敞篷跑车呼啸着驶过街角，然后镜头就切到了一个只穿着内衣的女人，提醒人们她还没为约会穿好衣服。她试图把牛仔裤套上，但没能成功，只好站起来一边转圈一边往上拉。跑车里的男人看到女人在窗户上的剪影，微笑了一下，对着镜头扬 308
了扬眉。然后我们看到女人拼了老命地跳着试图把牛仔裤穿上，直到被衣帽架绊倒。从窗户的剪影上看，衣帽架像是一个男人，这个“男人”正弯下腰吻这个女人。看到这一幕，跑车里的男人无比沮丧，对着镜头耸了耸肩，手里的花散落了一地。这时画外音响起，“牛仔裤穿不进？试试李牌吧，合身的牛仔裤”。广告以李牌牛仔裤臀部标识的特写镜头结束，同时配以超大字体的广告语“李牌，合身的牛仔裤”。

但获奖归获奖，李牌的市场份额却从20%急剧地下降到了8%。李牌的经理们依靠注意力份额营销战略将品牌简化为一系列泛泛的认知联系：吸引、舒适、自信。他们不得不这么做，因为“严格的”定量研究要求操作概念必须简单。十年之中，这些抽象的认知联系就是他们全部研究的基础。似科学研究蒙蔽了管理者的眼睛，他们看不清一个事实，那就是李牌的品牌价值建立在它被感知为美国拓荒意识形态的正宗表述者这一品牌形象之上。同理，他们也不会明白里根对拓荒意识形态的复活为李牌带来了千载难逢的机遇。

1995 年，李牌的经理们绝望地寻求创新以重新激活这个品牌。在法龙公司客户企划的敦促下，他们决定改走“情感工程”路线。按他们的说法，新的沟通战略将“更重视感情，以价值为导向”，从原有“理性为主，情感为辅”转向“情感为主，理性为辅”。他们认为过去的利益点都太过理性了，所以现在的任务是发掘更能刺激情感的利益点。

李牌和法龙公司设计了一个精致的程序来识别这些感性利益点，在一连串的焦点小组访谈之后，他们发现“看起来有吸引力”是消费者希望牛仔裤具备的一个关键利益点。很难想象那么多的研究最后只得出这么个空乏的、没有启发性的结果，但情感工程的本性就是如此。品牌官僚机构决意探测“更高层次的情感”，于是问焦点小组的受访者为什么想要看起来有吸引力？这是他们典型的梯级模式。焦点小组成员回答说，因为看上去有吸引力会让他们“感觉自信”。于是，一个更抽象的利益点概念就产生了：

让我感觉自信
让我看起来有吸引力
穿起来合身

几个月的研究和战略会议之后，李牌的管理部门将新战略提炼到了一页纸的篇幅，后来又进一步提炼成所谓的“核心创意理念”：

李牌牛仔裤让你更自信，更有吸引力

管理部门也想明确地表述李牌的“品牌个性”。这是有必要的，因为任何品牌都或多或少可以主张“外表有吸引力”、“感觉自信”之类的优点。团队凝练了一些品牌个性关键词，认为它们是李牌所独有：“真正的”“实际的”“自然但有感觉的”“性感的”“浪漫的”“有活力的”“非常潮的”“有趣的”。管理部门从这份形容词清单中总结出了一个短语，以清楚表述李牌的品牌本质：

健康的性感

按照战略设定的各种要求，法龙的广告创意者还是非常出色地完成了黑白广告片的制作，他们围绕着李牌牛仔裤讲述了一系列性感但又朴素的浪漫故事。一个名为“渡船”的电视广告，开场是中西部一个宁静的渡船码头，在美丽的湖边。然后，片子先是用一个特写镜头呈现了一个生锈的俄亥俄汽车牌照，再切回来，一个看上去很健康的美丽女人
打开车门，从一辆旧皮卡中走出，她伸了伸腰肢，可以看到她穿的是李 309
牌牛仔裤。镜头再度切换，这一回，皮卡在刺耳的刹车声中停住，一个帅气而粗犷的男人跳下车，冲向渡口。音乐声响起，他发足狂奔向马上要离开的渡船。男人终于赶在起锚的那一刻跳上了船，走向那个女人。“对不起”，他羞涩地说，“你把这个忘在那儿了”。女人惊讶地看着男人和他手里的项链，“哪儿?”，她问。“内布拉斯加”，男人温柔地回答。渡船提速向远处驶去，镜头艺术地切到它后面黑黝黝的水面。此时旁白响起，“李牌，合身的牛仔裤”。观众们觉得法龙的广告很有意思，但作为文化表述，它和重新激活的拓荒意识形态自相矛盾，后者本应当是李牌应当抓住的关键意识形态机遇。所以，李牌的销量继续停滞不前。

这是品牌官僚制如何放走唾手可得的意识形态机遇的典型案例，因为他们抹掉了社会变迁和文化内容，单纯地以心理学模型来简化品牌和市场。品牌官僚机构首先关注的是功能利益点，其次是感性利益点，它的注意力份额营销模式聚焦于抽象的“高阶洞察”和“情感真理”，必然会产生通用的词语和短语，既不能激发消费者，更不能为品牌打通创新之路。深陷品牌官僚体制之中的李牌管理层，对于品牌在历史和社会中的位置视而不见，所以他们不可能抓住复兴拓荒意识形态的良机重塑

拓荒神话；尽管各种迹象都表明，当时的美国人渴望这种意识形态。

通过文化外包鼓励随机创意

因为在创新过程的早期，品牌官僚体制就系统地剥除了文化内容，所以经理们后来又被迫让文化内容偷偷潜回来。创新的设计阶段对经理们而言是一个巨大的挑战，他们经常为此而饱受困惑，因为品牌圣经并不是一个合适的过滤器，他们只好再度努力寻找好的决策。经理们意识到，就算他们尝试着对品牌推广的全部方面进行微观管理，将似科学技术用到任何可以用的地方，最终还是无法掌控关键的设计方面。

品牌官僚体制自以为是地认为，设计阶段之前那些耗费了大量人力财力的研究工作为创新提供了至关重要的基础，但它也许有些平淡无奇，所以在最后一个阶段，必须将额外的文化内容外包给技艺超群的创意天才们，从而添加最后的光芒。这个想法广告公司和设计公司都希望能够维持下去，因为这彰显了它们的实力，一般情况下它们在客户关系中都处于弱势。然而，这样做的结果一直不那么令人满意。问题在于，品牌官僚机构的指令是如此地空洞，以至接受外包的合作伙伴只能做出
310 “随机创意”（random creativity）：他们采用的设计元素很有艺术性，很时髦，也很聪明，但却无法传递任何文化创新。

品牌官僚们坚持以纲要上那些抽象词汇为依据对品牌的所有文化表述进行微观管理。创意合作者们则深知这些简要的通用的术语全无用处，如果照着字面意思，那么设计富有创意的文化表述是一点机会都没有了。所以，私底下他们竭力围绕着纲要开展工作。根据即兴的“战略”来做出文化表述，这些创意会编在活页上，给它们所要设计的产品一些指导。但这种做法导致的结果是要碰运气的，因为缺乏可信的战略指导，创意者们经常使用一些小技巧来对付外包品牌，一面满足纲要设定的规范，一面要给同行留下好印象——他们都是根据艺术性来评估创意作品的。这是一种沟通最成功的游戏，设计公司已经非常精通，同时也极大地取悦了官僚体制。但是，将随机的文化素材拼凑到一起，去适应通用的简化的纲要，很少能传递一种创新的文化表述。

无论品牌看起来多么有“创意”（比如得到其他商业艺术家的首肯

或者大奖秀评委的赞赏），要想获得文化上的成功，它们就必须用精准的、引人入胜的神话和文化密码将创新的意识形态戏剧化地传递出来。品牌官僚机构并不明白文化表述是战略性的，所以它们将设计的元素看作是纯粹的创意灵感。这就导致了“创意”疯狂——随机创意。由于缺乏一个文化创新程序对文化表述进行有效的管理，创意者们就会追随他们喜欢的表述，他们觉得“酷”的表述，他们觉得同行们会拍手赞叹的表述。品牌官僚机构希望通过引入市场研究测试来建立对随机创意的严格管理，但这不过是一种非常差的替代，因为培育正确的文化表述才是第一要务。

品牌官僚体制的铁笼

马克斯·韦伯的经典说法，官僚体制的机构化惰性犹如一只“铁笼”。一旦官僚体制的合理化的程序被置于组织意识形态和日常惯例之中，它就成为高度束缚性的并且难以改变的过程。从 1980 年代开始，
品牌官僚体制就变成了一个铁笼。市场营销的科学的方法在某些方面是 311
非常有效率的，但在另一些方面则陷入了严重的功能失调。它在作为有效的管理工具之外，品牌官僚体制最为自豪的地方是它可以支撑一家公司变大并持续成长。对于大公司来说，热情地拥抱品牌官僚体制一开始是为了得到一个组织化的问题解决方案，但随着时间的推移，品牌官僚体制自身却成了问题。

作为一种强大的制度逻辑，品牌官僚体制渗透到营销企业的各个方面。它为进行日常讨论、制订计划以及在大型会议上辩论获胜提供了想当然的假设。在所有的大型消费者市场营销公司中，它都处于教育、雇佣、培训、晋升等政策的中心。为品牌官僚机构工作的经理们唯一的选择就是拥抱官僚体制，如果他们想要获得成功的话。与所有强大的机构一样，品牌官僚体制相当保守，能够轻易地驱除恐惧。直接挑战品牌官僚体制会被当作幼稚的、没有逻辑的和缺乏应有的严谨的人而被解雇。

品牌官僚体制是这个行业的“常识”，它主导了几乎所有的大型消费品营销公司、广告公司、研究机构，甚至所有顶级的 MBA 项目。几十年前，一批蓝筹消费品公司、研究机构和广告公司创造了一个似科学

的神话，它“论证”了品牌官僚体制是唯一出路。一代科学主义的营销人走上了大型消费品营销公司的高级经理岗位，他们有权决定与品牌有关的组织结构和工作程序，品牌官僚主义逐渐成为持久的意识形态，它渗透到官僚机构的组织文化之中，它的假设渗透到了公司的计划流程、员工培训计划、晋升条件以及员工招聘战略。

一旦品牌官僚体制成为理所当然的“真理”，经理们就会发现遵照由市场上最著名的大公司确立的社会规范要比当一个异教徒去挑战这些规范要容易得多。换言之，品牌运作会以组织社会学家所说的“模仿同形”（mimetic isomorphism）的方式展开，一旦所有人都模仿其他所有人，打破共享的假设也就非常困难了。

312 因为难以在公司组织创新的方式与市场实际效果之间建立直接的偶然性关联，品牌官僚体制一直都只能将平庸的结果进行标准化。所以他们将指责转嫁给创意伙伴已成惯例。比如，商业杂志《广告周刊》曾经在一篇谈论首席市场营销官（CMO）的文章中援引了联合利华的营销副总裁劳拉·克劳伯格在“创新缺口”问题上的看法，“她认为问题在于广告公司与媒体伙伴尚未成为持续的创新源泉。尽管她看到这种情况正在发生缓慢的变化——‘我们获得的（突破性理念）比过去多了’，但是公司还远没有感到满意。”① 品牌官僚们认为他们的创新程序是正确的，问题是创意伙伴们没能领会他们的指导精神，可不是嘛！

我们在研究中发现，我们所研究的所有取得了成功的文化创新项目都源自一种非正式的组织结构，我们称其为**文化工作室**，它与品牌官僚体制恰好形成对比。小公司和创业企业在文化创新上有一种天然的优势，因为它们还没有陷入品牌官僚体制的泥潭。大公司如果想在市场创新方面取得突破，也有必要抛开品牌官僚体制，换一种非常不同的方式来组织创新。在第三部分的最后两章中，我们将探讨文化工作室如何运作。

---

① Janet Stillson, “CMOs Demand Command Performance”, *Adweek. com*, Mar. 2, 2009, www. adweek. com/aw/content_display/special-reports/ot

第十五章　隐蔽的文化工作室：李维斯 501s 在欧洲 314

1980 年代初，李维斯——这个在战后青年反文化中有标志意义的牛仔裤品牌——在欧洲逐渐倒塌，它在年轻人中间失去了全部魅力，成为只在可以讨价还价的百货店中以折扣价出售的商品，但即便如此，市场份额还是逐年缩水。李维斯请来了一家刚刚成立的广告公司百比赫（BBH），但它自己的品牌官僚机构仍然掌控着品牌创新，百比赫不得不屈从于它们的结构和程序。结果，尽管百比赫也创作了一系列很不错的广告，但其实际效果为零，丝毫没有提振销售状况。在李维斯集团位于旧金山的总部，高级管理层极其严峻地考虑是否将品牌从欧洲市场撤回，但最终他们还是决定通过激进的品牌重塑做最后一次的拼搏。

管理层派遣解决困难者鲍勃·洛克从美国前往欧洲接掌管理大权。洛克对百比赫的工作印象深刻，将李维斯在欧洲的全部销售记录交给了百比赫，但他建立了一个激进的完全不同的品牌重塑流程，撤消了品牌官僚机构，让百比赫全权负责李维斯品牌的重塑。他还决定集中精力在一个几乎要被人们忘掉的款式 501s 上打一个翻身仗。

在洛克的保护下，一个文化工作室机构出现了，它的成员主要有百比赫的创意总监约翰·赫格特、设计师雷·派特利、导演罗杰·莱昂斯、客户总监尼可·伯格勒以及后来的导演塔森。这个文化工作室艺术地利用了当时在英国艺术圈最有争议的性别弯曲（gender-bending）理念，以颠覆性的极其欧洲风格的方式阐释了李维斯品牌关于青年反叛的
美国神话。重塑后的李维斯让欧洲的年轻人趋之若鹜，他们将其视为对 315
那个时代的反叛精神最激动人心、最独特的表达。

李维斯的品牌官僚机构推行注意力份额营销

李维斯是百比赫接手的最早的一批业务中的一个，这家伦敦广告公司成立于1982年，三位合伙创办人分别是方案策划约翰·巴特、客户总监尼可·伯格勒和创意总监约翰·赫格特。他们此前曾就职于李岱艾广告公司，在将李岱艾带到英国顶尖广告公司的位置之后，三人便离开了李岱艾。从一开始，这个团队就认识到，必须利用李维斯在战后青年反叛文化中积累的象征资产来开发这个品牌。赫格特和伯格勒回忆了1960年代的品牌体验，当时他们都沉迷于李维斯的501s，赫格特总结了从那个时候起李维斯在他心中的感觉：

> 牛仔裤在这里是美国文化的象征。詹姆斯·迪恩和马龙·白兰度是标志性的人物。那个时候，所有伟大而年轻的东西都来自美国——伟大的电影、伟大的音乐、伟大的衣服。那里是我们寻找我们的青年文化的地方。李维斯501适时地出现在青年文化的转折点上，音乐、时尚和电影等领域无不发生着剧烈的革命，501则成了革命口号的一部分。

伯格勒也有类似的记忆。他回想起1960年代在法国南部度假的日子，仪式般地在海边岩石上把他的李维斯牛仔裤弄干。那么，这个美国男性叛逆文化中的标志性品牌究竟传递了什么样的精神，让昔日的英伦青年如此狂热？伯格勒和赫格特想要清楚地阐明这一点。

从百比赫接手这个项目开始，伯格勒就一头扎进李维斯难以计数的注意力份额营销研究资料之中。一个接一个的研究报告都认为，李维斯与“美国”“质量”和“正宗”这样一些词汇联系在一起。但这些研究不但忽视了李维斯最重要的意味——它曾经是男性叛逆和个人自由的独特象征，也忽略了李维斯象征意义与历史的相互作用。它曾经是文化引领的标志，现在却成为对过去文化怀旧的象征。所以，复兴李维斯的唯一出路是在某种程度上激活它已经褪去光芒的品牌资产。

不过，虽然赫格特和伯格勒凭直觉感到重塑理念必须建立在李维斯曾经拥有的文化之中，但具体怎么做他们心里还不太清楚。毕竟，现在的英国年轻人拒斥美国文化，而更喜爱本土成长起来的反叛文化形式。赫格特和伯格勒自己缺乏解决这个难题的文化洞见，而且可以料想的是，李维斯的品牌官僚机构会用更加没有想象力的更加不精确的方式来重新定义品牌的问题，一定会坚持不让他们去做这方面的尝试的。

潮流建议

百比赫一开始聘请了一位著名的潮流专家，但此人给出的建议几次误导了他们。彼得·沃利斯，笔名彼得·约克，他是最佳时尚杂志《哈泼斯与名媛》的时尚编辑，畅销书《斯隆流浪者手册》的合著者，同时还拥有和经营一家顾问机构。沃利斯自称是一位文化潮流专家，他的观念挑战了赫格特和伯格勒最初的看法。沃利斯分析了在“后朋克”时代英国的大众时尚潮流如何终结的。赫格特总结了沃利斯关于青年文化的观点如下：

> 时尚全都与地下社会运动有关，都是一些独立的小品牌。听什么音乐穿什么衣服，如果去德克西午夜奔跑者，你就得穿工装裤，如果是文化俱乐部的粉丝，你确定需要穿正装，还有去哥特摇滚、亚当·安特小子代表的新浪漫主义，所有这些都分散在各个地方。在你参与三种亚文化之前，你就已经 55 岁了。

1982 年最流行的营销建议是，大众文化正在分裂为各种各样的品牌部落、品牌社区和品牌亚文化，这一理念迅速地成为市场的陈词滥调。沃利斯认为，由于五花八门的亚文化的兴起，像李维斯这样的大品牌将为它的普适性付出代价，这种普适被看作是“顺从者”的。数量众多的新品牌不但让李维斯看上去“落伍”和“不够时尚”，也让它的舒适看起来像是一个错误，人们现在都喜欢紧身的牛仔裤。所以沃利斯建议，为了具有文化价值，李维斯应该拥抱其中一种亚文化，即便它缺乏这方面的信誉基础。

就在百比赫开始为第一次广告运动工作的时候，李维斯的品牌官僚 317

机构也开始发威，他们既拒绝了彼得·沃利斯追随亚文化的建议，也否定了赫格特和伯格勒利用历史象征来重塑品牌的想法。李维斯的品牌经理们还是以装配线式的程序开展研究，企图用传统的营销纲领来驱动品牌沟通。他们与百比赫开了一系列的战略会议，长达五个多月，就是为了拟定传统营销术所说的"关键消费者利益点"。

"关键消费者利益点"的纲领制定出来以后，百比赫再次找到彼得·沃利斯，这次是要通过一项焦点小组方式来帮助评估一系列与12—24岁的男性青少年相关的品牌概念，这些人是李维斯的目标消费者。这些概念大部分都是为了配合纲领，它们按照定位说明中的传统营销术语拟定，强调产品的质量、耐用性以及各种感性利益点。但是百比赫也偷偷夹带了他们最初的某些理念。在其中的一项概念测试中，百比赫向参与者展示了一组"从白兰度到伊斯特伍德的美国传奇英雄"的蒙太奇，受访者赞同赫格特和伯格勒的想象。但根据沃利斯的分析，研究结果确认了他最初的观念，对于利用李维斯的文化传统来重塑品牌感到犹豫。他在研究报告中指出：

- 利用"过去"是有疑问的，因为受访者所感兴趣的各个不同阶段的青年亚文化很大程度上都是沿着亚文化的脉络彼此分隔开来的。
- 利用"美国"概念也是成问题的，因为新一代的年轻人在朋克和尼克松时代长大，他们普遍有反美情绪。
- 利用"英雄形象"也是有问题的，因为这一代人没有角色榜样。（如今，大多数年轻人认为，潮流主要产生于他们自己的群体和部落，而非摇滚明星。）

沃利斯基于英国年轻人对于传统定位说明做出的反应所做的结论，最终被证明是完全错误的。他的分析是很典型的字面主义，这种模式仍然是传统市场营销的主流。不过，李维斯还是采用了沃利斯的研究结论，设计了以耐用性为核心的概念，顽固地拒绝了任何文化方案。

318 在随后的五个月中，百比赫与李维斯的品牌管理者们一直致力于注意力份额的辩论，他们试图找出正确的抽象短语以指导创意理念。百比赫不断地修改描述李维斯的品牌利益点的术语，一次又一次地加以展示说明，就这些抽象形容词的微细差别进行辩论，以便在强调理性利益和强调感性利益之间做细微的改变。

在最终纲领的基础上，百比赫开始了创意工作。这份纲领突出的是李维斯牛仔裤的耐穿性，百比赫打算围绕着这个概念创作有趣并且有视觉冲击力的广告。"铆钉"是一个很有幽默感的视觉纪录广告，它讲述的李维斯牛仔裤的铆钉从哪里来，广告片以富于想象的视觉手法描绘了金属开采和铆钉熔铸的过程。"铆钉"之后的广告是"缝合"，它以打趣的风格告诉消费者，李维斯的缝合质量足以保证人们穿上它去深海捕鱼。

尽管这些广告都很吸引人，却未能对年轻人如何看待李维斯品牌产生任何影响。1982 年，李维斯的销量下降了 11%，1983 年下降了 2%，1984 年继续下降了 13%。李维斯欧洲公司大量资金快速流失，正在萎缩的市场份额也让步于更小的更趋潮流的牛仔品牌。百比赫负责李维斯业务的团队变得极度担心。李维斯的管理层眼睁睁地看着每年 8000 万美元的损失，不得不公开讨论是否将欧洲市场抛弃。

鲍勃・洛克的加入

但是李维斯旧金山总部的管理层派遣鲍勃・洛克去欧洲，想看一看他能否拯救陷入麻烦的欧洲业务。洛克在服装零售业是一个老战士了，大学毕业之后，他来到美国联合百货公司，在那里开始攀登事业的阶梯。他在李维斯的工作为他赢得了翻盘专家的美名，已经重振了摇摇欲坠的美国年轻人和妇女服装的生产线。洛克并不是一个专业的市场营销专家，也没有 MBA 学位，他是在实战中学习品牌营销的。

经过全方位的审阅之后，洛克对百比赫的战略设想印象深刻，于是他终止与欧洲大陆的麦肯-埃里克森广告公司的合作，将欧盟市场的全部品牌推广工作委托给新设立的百比赫公司。从一开始，洛克就向百比赫传递了一个非常明确的信息，他的目标是找到最有可能重新激活李维斯品牌的战略，他授权百比赫朝着这个目标去做。于是，洛克很快用行动，如果不说是个人魅力的话，在他和百比赫之间建立了充分的信任。
319 正如百比赫的客户总监蒂姆·林赛所言："鲍勃其实是一个很友善的家伙，但也许是因为他曾在军队服役的背景，他并不是热情洋溢的那种人。你只是能感觉到他认为你正在做的一切都是很棒的，因此你自己会觉得有责任将工作做得漂亮。"

部分地建立在百比赫对策建议的基础上，洛克迅速地做出了一系列重要的战略决策。他改变了李维斯的品牌档次，提高了原本低廉的零售价，将分销商限定在较高档次的零售商，并且开始在李维斯零售店里开展新产品发布活动。这些都是必要的，但远不足以让李维斯摆脱急速下降的局面。只有年轻人足够地感觉到李维斯的反叛气质，他们才会追求这个牌子，才会愿意掏更多的钱购买它。

为了引领品牌的重塑，洛克选择了李维斯经典的501系列作为突破口，因为它刚刚也在美国市场重新推出，并且相当成功。洛克问欧洲市场的经理们对这个理念的看法，但是他们没一个人能给出一个令人信服的答案。洛克估计经理们十有八九会认为重塑工作不会成功，但他们能给出的理由无非是501的设计与当下的文化时尚不合拍。李维斯开展的那些传统的市场研究也对洛克的决定没有任何帮助：

> 李维斯在各国的市场部都有一笔预算供他们每年的市场研究之用。问题在于，他们用这笔经费做的研究首先是为自己为什么没能做到该做到的进行辩解。我们希望他们的研究能帮助我来判断是否有可能用某种方式再现501在美国市场的辉煌？那真是一个卖到疯狂的产品。很明显，我们并没有找到有说服力的研究方案来回答这个问题。我们咨询过麦肯的研究团队，还有其他几家市场研究公司，以及我们在美国的合作者福特康贝尔丁公司，我们希望他们能给出一些方案，但是他们显然都没想出好主意。

从1980年代初的眼光看，501s系列的直筒裤腿、宽松臀部和裆部清晰的缝合线都显得相当古怪，它与那时流行的"紧身"设计背道而驰。但百比赫意识到，只要他们能找到正确的品牌概念，奇怪的设计将

会转化为优点。在这个意义上，501s 与 1960 年代的大众甲壳虫汽车完 320
全一样，从文化的观点看，501s 的传统“丑陋”有潜力成为一个更好的产品。它独一无二的设计让百比赫有可能在牛仔裤市场倡导一种有号召力的意识形态。

洛克也很犹豫是否应该坚持让百比赫采用李维斯在美国市场取得成功的模式，它利用的是美国的当代文化。不过百比赫倒是很坚定，他们认为李维斯在欧洲和在美国完全不一样。他们告诉洛克，欧洲人不喜欢美国当代文化，所以李维斯应该与它划清界限。就像蒂姆·林赛所说的：“我们发现现代美国有很多消极的方面，是里根和汤姆·克鲁斯的美国，是在路上的音乐以及电视节目没有深度的美国。美国市场的 501 表达的就是这种现代性，将牛仔裤故意弄得破旧的做法也会让欧洲年轻消费者不屑一顾”。显然，在欧洲市场上李维斯不能照搬美国的市场策略，但是如何找到适合欧洲市场的文化观念委实是件让人头痛的事。

洛克坚持让百比赫独立自主地工作，这也导致了李维斯品牌官僚机构的解体，这些经理们不希望洛克将百比赫失败的责任归咎于他们的干扰。洛克的铁腕策略令官僚组织暂时缺席，这给了文化工作室发展的空间，于是百比赫可以集中精力帮助洛克应对挑战。

第一份原始素材：修改战后青年反叛神话

在欧洲，李维斯是典型的美国品牌，它是 1950—1960 年代的平安幸福时期青年反文化的代表。所以赫格特和伯格勒一开始就是对的，他们直觉地意识到，重塑工作必须利用这一强有力的历史遗产。

但是在李维斯一成不变的品牌官僚机构看来（不是指他们的潮流研究专家），这个方面难以理解。毕竟，百比赫的广告人自己也曾指出，英国青年尤其鄙视 1980 年代的美国文化。这不仅是因为罗纳德·里根咄咄逼人的鹰派立场——他在欧洲部署核武器，威胁苏联，在中美洲扶
植“自由战士”，这些都是许多欧洲青年抗议的对象，也许更令人气愤 321
的是，里根政府在价值观上还转向了“道德”和“体面”，围绕着核心家庭重建社会，这一点尤其加剧了欧洲年轻人对美国的反感，他们认为美国是一个说教的假正经的国家。这样，李维斯将如何处理自身的“美

国性”？百比赫的创意者们很快就在赫格特和伯格勒似乎乡愁般的记忆中找到了他们需要的东西，不应该照着字面去想象美国，而应该理解战后有巨大影响的青年文化的神话。闪回到战后的美国，当时这个国家在欧洲受到了广泛的钦佩，他们青年反叛文化中的角色榜样也发挥着最巨大的影响力，一切都明白了。1950 年代欧洲人对于美国的兴趣为李维斯提供了一个自然的文化接触点，而这个接触点是李维斯悠久的文化资产所赋予的。

欧洲人在这些历史偶像中仍然能够发现许多值得景仰的精神，从詹姆斯·迪恩、马龙·白兰度，到吉恩·文森特、埃尔维斯·普莱斯利和巴迪·霍利。山区乡村摇滚乐的复兴运动正在进行时，领军者是流浪猫乐队，与此同时，威猛乐队的乔治·迈克尔穿白 T 恤、牛仔裤和皮夹克，让詹姆斯·迪恩的清癯风格再度流行。似乎那个时代的音乐从未失去吸引力，再版的唱片这些年来在销售排行上常常仅次于最当红的歌手。于是，约翰·赫格特和他的同事们开始着手撰写脚本，它在风格上追求重构原汁原味的战后美国青年亚文化，甚至包括在广告片引入当时一部电影的原声音乐，这部 1985 年的电影有些特别，但它是将欧洲青年带回到迪恩和白兰度时代的完美桥梁。

挖掘战后青年反叛文化的神话是一个明确的选择，但如何去挖？如果李维斯新 501 的广告只是简单地抓住人们的怀旧兴趣作为卖点，一定会被认为是保守的甚至反动的，如果那样，李维斯将无法成为青年反叛文化的终极象征，从而也不会赢得青少年消费者的拥戴。

肤浅的第一版：沉迷于着装仪式

最初的广告概念直接来自于赫格特和伯格勒的怀旧情绪。赫格特后来提到：“那时的人们，费好大的劲来拾掇牛仔裤，其中一个办法是用
322 石头洗牛仔裤。我想，我必须将这个理念变成一个广告。于是就有了‘自助洗衣店’。”

赫格特在这个广告上运用的手法很典型，他以娱乐的方式戏剧化了 501s 的创意理念，即市场人士经常说的“产品真理”。这样的理念足以让广告有趣并富有娱乐性，但它们缺乏任何意识形态内涵，也不可能创

造重要的文化价值。他们在宣传推广的两个广告中都着力表现人们如何仪式般地照料自己的李维斯牛仔裤，这给广告提供了有益的文化内容，但真正有突破性的文化观念这时还未出现。

在特定的时代场景中用特定时代的音乐将牛仔裤仪式化——这个最初的创意观念透射的是对 1950 年代的怀旧情绪，它也许只对成长于那个时期的婴儿潮一代有吸引力（这个意义上，它与 1990 年代晚期大众甲壳虫的重新上市很相似）。广告创作期间的研究也揭示了这个问题，百比赫对创意概念做了一些定性的分析，包括最早的“自助洗衣店”广告。赫格特回忆说，所有创意概念的测试效果都谈不上特别好。林赛则指出：“研究结果还行，但不是那种让人发出‘喔哦！’一声的震撼效果……人们不会很激动。”

文化工作室带着“仪式”创意的初稿继续向前，他们开始制作一些广告。突破很快就要发生——新成员的加入将文化工作室推到了完全不同的方向上，他们不再以一种怀旧的方式看待李维斯的历史遗产，而是以艺术的方式颠覆了它们。他们在广告中注入了当时正在伦敦艺术圈中涌现的一种新的性别意识形态，此举完全改变了一开始以纪录片的方式重塑 1950 年代美国反叛文化的风格。

更多的原始素材：水牛帮与性别弯曲先锋艺术

为了拍广告，赫格特找到了他的一个老相识雷·派特利，他在苏荷区的一个相邻的办公室里工作。此人是一位叛逆的造型设计师，也是伦敦地下先锋时尚运动的领导者，他最终成为 1980 年代最具影响力的设计师之一。派特利发现高端时尚惹人厌烦，那个时期的先锋艺术圈风起云涌，罗伯特·梅普尔索普等人开始拍摄同性恋等主题并引起了轰动， 323
某些理念也深深地影响了他。派特利和他的“帮众”以街头文化为基础开创了一种流氓男性的风格，对当时充斥着高档女装的时尚界形成了挑战。后来，他又从诺丁山的波多贝罗大街这个文化熔炉里找到了更多的灵感，当时那里是英国的加勒比文化中心，正流行着乱蓬蓬的长发绺和雷鬼音乐。派特利从这种社会环境中汲取了感官欲望和街头领悟者的坚忍不拔，将其融汇在中性的外表之下，从而发展出一种前卫的美学风格。派特利和他的“帮众”被人称为“水牛”，这是个加勒比的说法，意思是长得轮廓分明、神情桀骜不驯的粗野的或叛逆的男孩。“水牛”的挑战性姿态不仅表现在他们对加勒比族群风格的推崇，更表现在激烈地改变了传统的性别密码。派特利让男人穿裙子，女人穿短夹克。他的一位重要伙伴朱迪·布雷姆（一个男人）后来成了乔治男孩的服装设计师。

由于设计师、摄影师、导演以及那些同时在时尚界和广告界的专业人士之间的关系网络，百比赫和“水牛”之间形成了密不可分的联系。在与赫格特的团队合作的过程中，派特利将“水牛”新的性别扭曲的叛逆男性的理念带给了文化工作室。但真正产生了最大影响的人物是赫格特选择的导演，文化工作室的一下个新成员，他将“水牛”的性别激进主义注入到了李维斯的怀旧文化之中。

文化战略：通过男性身体的物化来激活性别密码

广告创意理念刚刚从草稿中萌生的时候，赫格特和诺克斯就引进了罗杰·里昂斯来执导将要制作的三部广告片，后者迅速成为文化工作室的核心成员。他们在创意会上给了里昂斯非同一般的时间来讲解和讨论他的构想。每次参加百比赫的会议，里昂斯都会带着老电影、参考书和研究报告。他们花了很多精力为广告寻找最纯正的文化密码以精确传达1950年代的美国文化在欧洲生成的神话，比如角色、发型、服装（甚至细致到“自助洗衣店”广告中主角穿的拳击短裤）以及摆设。

但关键的创新点子是在里昂斯和赫格特讨论如何在“自助洗衣店”
324 广告中刻画脱衣服的男主角的时候才萌生的。他们开始大胆地设想将广告表现为某种形式的男性脱衣舞，而男主角模特兼歌手尼克·卡门将被表现为男性的性象征，他的身体将以某种观淫癖（voyeuristic）的风格展示：脱光衣服，挑逗性地呈现给大胆的镜头，而这种风格以前仅仅用于对女性身体的表现。在赫格特和里昂斯的指导下，摄像机性感的特写镜头滞留于卡门松开的皮带、拳击短裤和一块块的腹肌上；然后他们将镜头组接到女性观看者带着羡慕凝视的眼神，让观者无法忽视故事的观淫癖本质。整个广告片没有一句对白，观众不得不全神贯注于卡门的身体。

1950 年代传统的叛逆姿态是大男子气的危险的坏男孩，他们可以得到任何想要的女孩子，但这样的姿态到了 1980 年代已经在大众市场沦为陈词滥调。伴随着这些叛逆偶像长大的一代，如今已是温和平静的居家男人，所以迪恩和白兰度的反叛意味也久已消散。如果想重新召回他们，唯一的方式是大胆地颠覆 1950 年代的理想，在里昂斯的启发下，百比赫文化工作室创造了一个 1950 年代男性反叛气质的激进的翻转版：所有的提示都是那个时代的纯正风格——从装扮、发型到音乐到道具，但我们的反叛主角对于自己的展现却完全是另一回事。詹姆斯·迪恩被女性审视，可他从不脱下衣服给她们看。[①]

卡门的脱衣舞娘是一个令人不安的挑衅，它挑战欧洲中产阶级成年人中大多数人的性观念。通过将以前只用于女性的文化密码倒转过来与旧时的性观念勾连在一起，这是令人震惊的、有伤风化的。直到这个广告片播出的时候，卡门为女性窥视者表演脱衣舞这样的令人气愤的异性恋场景仍然被认为是同性恋。直到 1990 年代初，卡尔文·克莱恩的广告，才将这种展示男性身体的方式变为主流化。因此，对卡门身体的“物化”为青年反叛文化提供了创新的意识形态。

这些广告场景都富有挑战性，但又很有趣，因为它们以 1950 年代的美国为背景，而欧洲人认为那是一个假正经泛滥成灾的地方。广告在承认美国文化威力的同时，又转弯抹角地拿它开玩笑，因此对欧洲年轻人而言特别有意思。

初步成果 325

501s 的广告于 1985 年节礼日[②]开始投放，文化创新的影响不但迅速而且威力强大，导致广告不得不停止播放，因为李维斯制衣厂的生产

---

① 关于 1980 年代和 1990 年代的性别新密码，可参见：Mark Simpson, *Male Impersonators: Men Performing Masculinity*, New York: Routledge, 1994; Frank Mort, *Cultures of Consumption: Masculinities and Social Space in Late Twentieth-Century Britain*, London: Routledge, 1996; Kenneth MacKinnon, *Uneasy Pleasures: The Male as Erotic Object*, London: Cygnus Arts, 1997; Sean Nixon, *Hard Looks: Masculinities, Spectatorship & Contemporary Consumption*, New York: St Martin's Press.

② 圣诞节后的第一个工作日。——译者注

速度跟不上这一史无前例的需求。1986 年，李维斯 501s 的销售额增长了 600%，1987 年又再增长了 1000%。仅仅凭借这次广告运动，李维斯回到了牛仔裤品牌以前的领导者的宝座，它作为青年反叛文化的强力象征，成为那个年代人手一条的牛仔裤。

洛克极具挑战性地提高了李维斯产品的价格，清理了非核心的产品，并减少了分销点的数量，所以 1986 年李维斯产品的销售总量下降了 11%，而利润却迅速增长。到了 1987 年，基于 501s 的重塑，李维斯的销量也恢复了，较 1985 年增长了 13%，而且是在售价更高的基础上的销量增长。因此，利润飞速增长并成为销售团队的首要目标。1984 年下半年的时候，李维斯产品零售店的一位首席采购经理还坚持认为在英国不会有人愿意花 20 英镑以上去买一条牛仔裤，但重塑之后的李维斯 501s 却将目标零售价定位在 27—30 英镑。李维斯整个产品线的平均价格在 1986 年提升了 18%，1987 年又再次提高了 13%，这几乎是极限的涨幅了。鲍勃·洛克自豪地谈起创新带来的惊人效益：

> 我们取得了直接而迅速的效果。第一年结束的时候，李维斯在欧洲开始重新盈利。1985 年底，李维斯脱离困境，有了 100 万美元的利润。1986 年，我们成功盈利 8500 万美元，1987 年盈利 2 亿美元。501s 从第一年几乎是在欧洲销量最小的产品，到第二年就成为销量最大的产品。广告运动第二年的年末，我们在欧洲每一个国家的销量排名不是第一就是第二。从李维斯在全球的销售情况来看，原本萎缩中的欧洲市场成了公司最大的利润来源。

维持文化创新

从 1980 年代中期至 1990 年代中期，百比赫文化工作室通过反复的一个又一个版本的迭代试验，将这一文化战略发展成为欧洲商业史上最
326 成功的品牌重塑战略之一。不过在整个过程中，创新的文化基础都并没有被清楚地表达出来，主要是以一种文化工作室不断学习的心照不宣的形式存在的。

百比赫的计划人员和李维斯的管理部门曾经很正式地采用传统营销

概念“品牌真理”来诠释这一广告运动，比如，说李维斯是“纯正的”和“美国遗产”。所以，当广告运动开始之后，李维斯的传统营销经理们介入并试图控制广告的发展，从而使得广告成为按照这些通用概念所做的字面表达。毫不奇怪，这些最初的广告推广运动都未能发挥作用。

“艾迪·科克伦”

1988 年，百比赫拍摄了“艾迪·科克伦”广告。与“自助洗衣店”类似的是，“艾迪·科克伦”的场景也设置为 1950 年代的美国，它用一首经典的美国乐曲为背景音乐，画面色彩非常漂亮，暗示着纯正的时代风格。但与“自助洗衣店”不同的是，广告片以传统营销的叙事特征突出吸引异性的利益点。“艾迪·科克伦，如何得到艾迪·科克伦”，广告以女性讲述者的喃喃自语开始，然后我们看到一个美丽的女子在她的衣柜前考虑穿什么。“我只是穿上李维斯和运动衫就去参加聚会了”，女子解释道。镜头切换到一场 1950 年代放纵的纽约派对，派对上满是像“自助洗衣店”里的卡门那样的摇滚俊男。“我还记得当时我有多紧张”，在讲述者的解说中，我们看到她羞怯地在人群中穿梭张望。“但是”，她继续说道，此时镜头突然切换到艾迪·科克伦对她微笑，“艾迪让我留下来！”。广告以李维斯牛仔裤的镜头结束，同时用一行字揭示了讲述者是莎朗·斯蒂尔，她后来成了艾迪·科克伦的女朋友。

市场对这个广告反应冷淡，其效果与百比赫的第一个 501 广告不可同日而语。“艾迪·科克伦”被当作一个非同寻常的失败记录在了百比赫。因此，文化工作室获许重新控制创新理念。赫格特和文化工作室再度获得了合作自由和决策自由，他们高度原创性地发展了文化战略，创造了具有号召力的文化表述，在整整十年之中使得这一意识形态一直充满活力。

“冰箱男”和“搭便车” 327

1988 年，百比赫推出了“冰箱男”广告，它的场景设在一个家庭公路旅馆，一惊一乍的人物表情和低俗的音乐显示了人们对 1950 年代风格的刻板印象。然后，我们看见一个男人正在下楼梯，他只穿着一条白色的内裤，广告以特写镜头表现他的腹部和胯部。男人大摇大摆地走过房间，一边对盯着他看的老板女儿挤眉弄眼，一边从冰箱上取回他的牛仔裤。1989 年推出的“搭便车”广告，主角是一位身穿牛仔服的男人，他停车帮助一对车子抛锚的小夫妻。检查之后，他发现抛锚的车子需要拖着走了，于是他慢慢脱下牛仔服交给那位一直盯着他看的受到滞留的妻子，摄像机镜头凝视着这一切。随后，我们的主角将衣服绑在两辆车的保险杠上，便开始用他临时做的牵绳拖车。这两个直接从最初的文化战略中衍生出来的广告在欧洲的年轻消费者群体中收获了热烈的反响。不过，若是一直采用这种风格也会让创意变成老套，那样不免会让李维斯的品牌意识形态可信度下降——毕竟，李维斯在很大程度上是依靠先锋艺术来塑造它新的反叛形象的。于是，文化工作室决定找一个新的创意方向继续推进战略。

“游泳者”

1992 年，赫格特与他的创意团队创作了一个脚本，取材于美国 1960 年代的一部风靡一时的电影《游泳者》。脚本的内容非常纯真：郊区，一个穿着牛仔裤的男人从一个庭院飞奔向另一个庭院，游过所有挡在路上的池塘。然后，他来到一个正在举行婚礼的庭院，从一个老男人手里抢走了待嫁的新娘。广告的结束语是：“你洗得越多，它们就越棒”。

创意团队后来与塔西姆·辛（业界称他为“塔西姆”）进行了深入的合作，他是一位音乐视频的导演，以艳丽的巴洛克视觉风格闻名。塔西姆发现“游泳者”广告有进一步发掘同性恋元素的空间。他翻拍了一个新版本：在一个 1960 年代风格的郊区庭院里，有几个天真的孩子在玩水管；伴随着孩子们目瞪口呆的表情，广告切换到慢镜头，一个穿牛仔裤的男人朝镜头方向以慢镜头的方式走来，四溅的水花暗示出他将要做的事情。镜头跟着男人的躯体穿入邻居家的庭院，衣着保守的一家
328 人正在院子里烧烤；再一次，所有的人都露出目瞪口呆的表情，穿着牛仔裤的主角继续健步向前，一根烤得膨胀了的香肠出现在镜头前景中——这带有强烈的暗示意味；随后，男人慢慢地脱掉汗衫，露出雕像

一般完美的身体；在旁观者的注视下，他以舒缓的身姿俯冲到游泳池里，然后从池子另一端浮出，闭着眼睛，特写镜头中水顺着他的身体往下滴；在他的背后，邻居家的太太手里抓着他扔下来的汗衫按在自己的胸口，表情如醉如痴。然后，镜头切换到一个特写，男人跳入一个又一个的庭院里的游泳池，每一次，观众可以从不同的角度看见他健美的身体以及顺着他的身体泻下来的水。在多次侵入性地"借道"游泳池之后，"游泳者"终于在某个庭院里引诱并带走了一位女子，他甚至都没有多看她，用慢镜头的方式只是从她身边经过，她就机械地跟着他走了，此时的镜头里是他肌肉强健的后背。

"游泳者"背景音乐的选择也别出心裁。文化工作室决定选用 1953 年黛娜·华盛顿演唱的抒情歌曲《为那个男孩痴狂》，这首歌的歌词热烈地表达了对一位电影明星不求回报的爱情，用它作为背景音乐进一步地将广告主角的身体物化了。黛娜·华盛顿夸张做作而富有诱惑性的嗓音赋予了广告片一种坎普风格的异装秀的感觉。事实上，了解的人会知道，《为那个男孩痴狂》最初是诺埃尔·科沃德 1932 年为百老汇剧院写的剧本，剧中一个商人坦白地承认了他对一个男电影明星毫无保留的同性之爱。及至 1990 年代初，这首歌已经成为伦敦新兴的男扮女装歌舞表演的一首保留曲目。"游泳者"广告对英国观众的影响是如此之大，以至于水星唱片公司再度翻录、发行了《为那个男孩痴狂》。这首 1930 年代的老歌，居然红极一时地登上了单曲排行榜的榜首。

"溪流"

赫格特的文化工作室不断地增强性别密码的挑逗性，这对于一个先锋反叛品牌维持其自身的潮流领导者地位是至关重要的。他的团队越来越明了，正是从性别扭曲文化密码才产生了李维斯挑战性的新意识形态，所以他们有信心完全抛开战后的美国文化，这使他们得以完成了一系列极具创意和挑战性的工作。1994 年的广告"溪流"是当时最具同 329
性恋意味的广告，李维斯在明显的清教徒式的美国场景中将男性身体的物化推到了极致。为了创作这部广告片，文化工作室请来了沃恩和安西娅，他们是音乐电视导演搭档，以拍摄绚丽的黑白片而著名，同时还擅长在音乐视频中运用坎普艺术。“溪流”也是黑白片，背景设定在1870年代左右：在一家人野餐的地方，母亲在读圣经，父亲看上去是严厉的门诺派教徒，两个戴着帽子的女儿从他们身边溜出来到了溪边。一个光着上身的男人正在溪流里洗澡，他扑打着水洗脸、胸和肩膀。引人遐想的是男人从水中站起身的一刻，镜头两次聚焦于男人的下腹位置。为制作这个广告，文化工作室特地请来了一位作曲家皮特·劳勒写了一段原创音乐。编曲时，劳勒让音乐和男人下腹部位的特写镜头形成叠加效果：随着男人突然从水中站立，水从他的牛仔裤上倾泻而下，音乐声也陡然爆炸开来。这个坎普风格的软色情效果既令人吃惊又有趣。李维斯的“粉丝”们要求知道这段音乐的名字，劳勒抓住时机组织了一支乐队 Stiltskin，将其演绎成了一首单曲，并且登上了英国单曲排行榜的头名。

“出租车”

1995年的广告片“出租车”是第一个将异装癖作为欲望对象的主流电视广告。赫格特等人为文化工作室请来了导演巴利·沃尔什，他擅长在音乐视频中表现真实的街景。他当时正在拍摄一部康斯薇拉的纪录片，后者是一位有异装癖的妓女，已身患艾滋病。广告中的场景设定在1970年代的纽约，一条游荡着妓女和皮条客的乱七八糟的街道。一辆出租车在四处兜转着拉客，我们首先是从背后看到女主角，她正在拦出租车。她穿着高跟鞋、紧身牛仔裤和丝质三角背心，腰部暴露在外。镜头追近她身体的后面，尾随着她进了出租车。女主角坐定之后，通过后视镜向司机扑闪着长睫毛，司机也挤眉弄眼地回应着她。她轻抚着自己
330 的胸部，一边卸妆一边舔着嘴唇，噘起嘴向出租车司机发出挑逗的信号，司机被她弄得心旌摇荡——直到我们的女主角拿出一把电动剃须刀开始剃下巴的胡子，可怜的司机才和观众同时意识到，他被一个异装的男人引诱了。广告的结尾，女主角走下出租车，穿过纽约市下水道的水汽，留下性感的背影。这次，广告选用的背景音乐是怪力合唱团的《打开，打开，逃跑》（“Turn on, Tune in, Cop Out”），也迅即登上了英国

流行音乐榜的榜首。

文化工作室持续地以挑战性的姿态开发新的文化密码以传递李维斯扰乱社会性别规范的新意识形态，在另一边，李维斯的销量保持着每年两位数的增长。

什么是文化工作室？

李维斯在欧洲的重塑是一个典型的案例，它代表了文化工作室如何以一种隐蔽的实验部门的形式在由官僚体制掌控的公司里运行的。隐蔽的文化工作室往往只能维持几年时间，因为当品牌危机过去了或者一个叛逆的经理加入公司的时候，品牌官僚机构就会解散它的团队。但是，文化工作室存续期间能够对品牌创新产生强有力的影响。李维斯的隐蔽文化工作室是至今我们研究过的案例中存续时间最久的一家。有三个组织性的特征将文化工作室和品牌官僚机构区别开来：

品牌的实践社区促进了文化习得

百比赫的巨大成功归因于其独特的组织结构，使这个集合起来的团队在文化上的超群技艺得以释放。同样是百比赫，之前曾经为李维斯的品牌开发花费了好多年的时间，但却没有取得任何进展。然而在鲍勃·洛克的支持下，团队的参与者们才有可能以完全不同的模式工作。约翰·赫格特找到了一群合适的合作者，他们在一个广阔的理念范围内使品牌的广告宣传的版本迅速地更迭。由赫格特聚合起来的参与者在文化领域有独特的专长，因此他们能够迅速而有效地发现最有感召力的新意识形态，并且通过神话和文化密码使这种意识形态更加生动。

管理专家们普遍认为，**团体实践**这种极具特色的组织形式是其他 331
形式的创新的核心，文化工作室正是这样一种团体实践的文化变形。这一概念源于认知人类学对学徒制的研究，[①] 它指向一种特殊的学习

① Jean Lave and Etienne Wenger, *Situated Learning: Legitimate Peripheral Participation*, Cambridge: Cambridge University Press, 1991; Etienne Wenger, *Communities of Practice: Learning, Meaning, and Identity*, Cambridge: Cambridge University Press, 1998.

过程（在场的学习）和知识类型（默会知识），当一群实践者高度专注地应用某种特殊技能解决手头问题的时候，它们便由此出现。在组织中，当参与者有机会长时间合作解决某个特殊问题时，实践团体就在这些情况下产生了。实践团体重在开放式的专业知识分享，参与过程是持续的，并且没有角色限制，它强调不断优化团队的集体知识以版本更迭的方式找到解决问题的各种方案。起初，实践团体的概念被用于描述能够产生出“更佳捕鼠器”的组织结构的特征。与技术创新一样，文化创新也是一种复杂、微妙、动态的任务，它同样伴随着富有挑战性的知识问题和学习问题，而我们所谓的**品牌实践团体**正是应对这一挑战的最佳组织构型。文化工作室依靠扁平结构的协作团队，刻意模糊基于正式的专业知识和头衔的任务。它自然地导致了一种探求模式，在这种模式之下，团队成员相互促进，共同为集体项目寻求解决方案。

品牌官僚体制的封闭装配线

相反，品牌官僚体制倾向于采用**封闭的装配线**，它有效地消解了任何必需的快速协同学习过程。在品牌官僚机构中，创新工作按照三个相互独立的线性阶段被组织起来：首先是消费者洞察研究，然后是战略构架，最后是创意开发。每一个阶段都被正式地委派给一个有适当资质的专业团队：市场研究专家提炼出消费者洞察，品牌经理和策划拟定并实施战略，创意人员则具体完成创新的设计工作。理论上说，他们构成了一个团队，但在实际运作的过程中，他们的角色是相当专门化的。一个阶段的工作完成之后，会提交一份“产品”（子装配体）给负责下一阶
332 段的团队，后者据此向前，遵循着研究到战略、战略到设计的组装线式的流程。

封闭的装配线模式按照固定的时间轴执行计划：每一份对创新的贡献都必须按时按量完成，它必须是容易理解的，以便装配线上的其他成员可以在它的基础上进行工作。因为处于“下游”的成员并未参与到前期的工作，同时又因为洞察和理念都必须以形式化的方式呈现，通常是通过幻灯片展示出来，因此，在各个环节中流通的内容就必须剥除它

们在独立环节内所附有的大量了然于心的洞见和理念。其结果是，只有最简单、最肤浅的研究结果和建议才能很容易地在封闭的装配线中流通。

从实践团体的密切协作中产生的精微洞察和反正统结论不可能被允许在装配线中存在，因为它会在装配线上造成瓶颈并导致混乱。装配线的参与者们很快便会明白，作为一种职业策略，迎合陈词滥调和传统观念要远比在工作中寻找创新的标签要好得多。所以说，封闭的装配线绝不会容忍了然于心的知识的快速增长，而后者对于文化创新来说恰恰是至关重要的。

通过迭代试验寻找新兴战略

李维斯文化工作室工作流程的核心环节是迭代试验，他们会尝试一些半成熟的构想，这些构想的基础常常是晦暗不明的，甚至是异想天开的。但这种做法也容许大量的学习，一段时间之后，这个从零开始的团队便找到了强大的文化战略。在这里，并没有什么非要实施的正式的战略蓝图，相反，参与者将任务理解为解决一个文化谜题，通过紧密的协作，他们可以最终破解它。

他们提出的第一个想法是重构1950年代美国青年文化，是一个独立存在的概念，犹如一枚炸弹。但这一想法确立了主色板，文化工作室从中得以重塑青年反叛，这个概念被证明是至关重要的。同样地，聚焦于着装仪式的广告手法本来已经很老套，难以推动品牌起飞，但正是沿着这一创意思路，文化工作室注意到了着装仪式中的男性身体表现，结果就想到了更具影响力的新理念：李维斯一度风行于1950年代的美国， 333
那是一个性观念相当保守的世界，这恰好成为具有反讽意味的背景，可以通过当代的性规范来颠覆它。

文化工作室依靠版本更迭的方法改进方案，而这些改进源自集体的即兴创作。文化工作室很重要的一部分工作便是参与者彼此之间的交流、碰撞、激发、建构和提炼。版本更迭次数越多，最终得到的理念也就越好。

品牌官僚体制一字不改地执行死板的战略蓝图

这种漫谈闲聊式的半组织化的流程永远都不会进入品牌官僚体制，因为它违背了“似科学”营销的原理。品牌官僚体制花费大量的人力物力开展前期的市场研究，认为只有这样才能严谨科学地确定市场机会并找出必需的创新设计。品牌官僚体制的创新概念存在于一张静止不动的战略蓝图上，那通常是从前期研究程序中产生出来的一份抽象短语清单。战略制定常常先于创意开发，一旦战略在高级管理层那里得到批准，它就成为所有创新活动的“皇冠上的明珠”，而必须不惜一切代价地加以分析维护。

品牌官僚的任务是精心策划创新流程，确保所有来源于其他不可预见的创意人士所做的所有的决定都能直接地传达既定的创新概念。这些经理们定期地介入设计过程，从而使得在许许多多的决定之中，确保它们形成合力，使创新活动获得成功。因此，品牌官僚视自己的职责为确保最初的计划，也是唯一的战略，一成不变地得以执行，而不是通过创意探索发展出更好的战略。

在文化工作室中，战略的形式是长期的设计探索而出现的结果。即便在李维斯的战略看上去已经完成的时候，“自助洗衣店”广告运动取得突破性的成功，但仍然有更多的细节有待发现。文化工作室花了好几年的时间才发现用极具号召力的“性别扭曲”意识形态，去讽刺李维斯在美国的品牌遗产，这是李维斯倡导一种新的反叛方式的战略要点。导致了一个长达十年之久的成功突破的形式。在文化工作室中，战略是
334 工作室思想的临时性总结，一旦对事物有了更精妙的理解，原有的想法就需要抛弃或更新。

文化工作室拥有决策权威

直到 1984 年，李维斯欧洲的管理部门依然按照品牌官僚体制的逻辑运营。无论是战略决策，还是设计、理念创意和生产，都服从于命令-控制的原则。基层工作人员做出的决定，报送分管的不同部门、地区和产品市场的中层经理暂时批准，再依次上报各层面的高级经理正式

通过。尽管销量和价格下降出现了亏损，但是没有人会偏离主管和高级经理们的期望。研究者建议控制关键利益点，即牛仔裤的耐穿，因为焦点小组和量化测试都表明这是消费者最看重的东西。于是，战略制定者将这个功能利益点导入各个泛化的情感领域。广告机构的创意者和导演则以高度艺术化和情感化的方式来表现这一利益点。李维斯复杂的命令-控制组织按照传统的市场营销指南，推出了一个又一个品牌营销活动，这些活动看上去符合各种似科学研究的标准，然而对李维斯可见的品牌价值却没产生什么积极影响。

麻烦终结者鲍勃·洛克采取的方法是完全不同的。他醉心于找到最好的团队并把他们安放在合适的位置上，在这方面他花费的时间要远远超过一般的管理者。在将复活品牌的重任交给广告公司之前，他一次又一次地与团队成员进行交流和沟通，训练他们如何就各种具有挑战性的问题提出各自的观点和依据。当他决定选择百比赫之后，他便义无反顾地押上了赌注，放手让赫格特和他的团队全权掌控此项工作并承担全部的责任。他问过许多探索性的问题之后，从此不再怀疑团队的判断力，极少在微观上管理他们的设计要求他们符合注意力份额的战略蓝图。

洛克公开地做出了决定，并且独自一人承担了决策责任。他让李维斯公司的每一个人都清楚，百比赫全权主管品牌重塑工作并为此负责。在品牌官僚机构中，角色、责任以及特定项目的“所有权”往往是碎片化的和随时变化的。而且，极其常见的情形是，足够的“所有权”是品牌官僚中最有影响力的人物所有的，品牌官僚机构中人人都知道这 335
一点，所以都采用规避风险的方法。

在品牌官僚体制中，尽管各种项目名义上都会正式地委派给中层经理与创意合作者，但是它的命令控制流程仍然是由“最终话语权”的高级管理层主导的。其结果是，品牌官僚体制开发的创新机会、创新概念与执行方案都倾向于迎合高级管理层的偏好。由于高层经理没时间认真研究创新工作的语境化细节，所以在实践中，这些工作都只能根据他们喜欢的模式化概念、传统观念和陈词滥调展开，哪里还谈得上什么创新。

品牌官僚机构相信，他们对创新过程控制得越多，就越有可能得到正面的效果。但洛克的组织模式证明了实际情况恰恰相反。洛克将品牌官僚机构的命令-控制决策程序束之高阁，允许百比赫形成一个文化工作室。他充分信任文化工作室，赋予他们在一切重大问题上的决策权，让他们不断地发展壮大。这种授权式的管理风格形成了良性循环，它使得文化工作室的成员们产生了信任、奉献和勤奋工作。当罗杰·里昂斯和雷·派特利意识到自己拥有不同寻常的广泛决策权之后，他们也付出了非同寻常的努力为李维斯的品牌创新而工作。在我们调查的全部案例中，我们发现了洛克所设置的障碍：凡是希望加入文化工作室的高级经理，必须承诺花费足够多的时间参与到团队的日常学习和讨论当中。如果不能保证完整地参与团队工作，那么他们就应该发挥作用，在团队组合之后，主要作为流程的促进者或者作为团队与外部权益人的联络人。

这一案例充分表明组织模式对于文化创新而言何其重要。在重组之前，李维斯欧洲任由自己的意志来支配开展文化创新的所有关键性的创意人员，像赫格特、诺克斯、派特利、里昂斯，早就参与了为李维斯欧洲最早的品牌推广了。在命令-控制的决策结构的组织下，他们每个人的努力带来的只是品牌的停滞和死亡。而作为拥有了决策权的团队，他们便能够发展出文化创新，为品牌创造了数十亿元的价值。我们在所有
336 文化工作室的案例研究中，都发现了同样的组织特征。尽管文化工作室产生的原因经常具有各种各样的特点，但工作室自身的特质是一致的。

在品牌官僚体制主导的专业化大型营销公司中，文化工作室常常以隐蔽的形式存在。通常的情形是：当公司处于危难时刻，打破常规的举动会被容许，此时若有一位有独特机遇的经理，他有能力赋予某个项目团队足够的自治权，文化工作室就产生了。这种类型的文化工作室通常是短命的，因为品牌官僚机构终究会重新掌控他们的自治空间。除李维斯之外，我们在碧域、安休斯-布施（百威）、李牌牛仔和大众汽车也发现了隐蔽文化工作室的存在。

在一些小公司和创业型企业中，并没有设立由 MBA 驱动的品牌营销部门，那里的文化工作室可以以“公开”的组织形式存在。为了追

求创新目标，参与者甚至可以反复试验、寻找最佳的组织形式。比如娱乐与体育节目电视网（ESPN）、耐克、本杰瑞、彪马、斯耐普等公司都避免由专业化的 MBA 掌控营销，因此它们的文化工作室是以公开的形式存在的。下面，我们就转向讨论这一类型的文化工作室。

337

第十六章　公开的文化工作室：ESPN

ESPN（娱乐与体育节目电视网）开播于1979年，当时是一家每天播出七小时的有线电视体育频道，是同类电视频道中的第一家。作为一个资金捉襟见肘的小型创业公司，电视网不得不随便找些廉价节目来充填播出时间。结果，除了不厌其烦地播放澳式橄榄球，它也让美国的体育电视观众看到了不少之前没怎么看过的运动。1990年代初，ESPN有了一群忠实的拥趸，这些铁杆体育迷为它提供了一个利基市场，但它旋即又面临着我们此前讨论过的跨越文化鸿沟的问题（参见本书第六章对巴塔哥尼亚的分析）。一般的体育爱好者占据了电视体育节目观众的大部分，他们并不关注这家电视网那些只有内行才懂的体育专业知识，所以并不收看。

1992年，基斯·奥伯曼与丹·帕特里克组成二人组，主持ESPN长达一小时的电视体育新闻节目《体育世界》（*SportsCenter*），这是电视网取得突破性发展的开端。他们为节目取了个昵称叫“大秀”（*The Big Show*）。在节目中，俩人对体坛予以非常机敏的、批判的、有趣的评论。他们经常出其不意地对娱乐文化圈的事加以评论，令观众保持对节目的关注。在铁杆体育迷们看来，奥伯曼和帕特里克成了英雄，是他们体育迷部落的大祭司。但在这个狂热的小圈子之外，就很少有体育爱好者知道ESPN是什么。《体育世界》在小众市场的成功让ESPN有了一张王牌，但它尚不知道如何打好这张牌以赢得更广阔的市场。“看热闹”的大众体育节目消费者依然习惯于从三大电视网（ABC、NBC、CBS）和地方台晚间新闻中获取体育资讯，这种状况几十年来一直未曾改变过。

338 1995年，ESPN请来威登肯尼迪广告公司发起了一次重要的品牌运动——“这里是体育中心”（This Is SportsCenter，TISC），目标是增加《体育世界》的影响力从而赢得大众体育节目市场的观众。这项运动产生了迅速而深刻的影响，自此之后，ESPN 的地位远不止于作为传播体育新闻和娱乐的平台，它事实上成了许多美国男人的体育中心，不仅接收与体育有关的信息，更为重要的是，它成了体育的道德权威。ESPN 在 1990 年代横空出世，成了美国最举足轻重的、最有潜力的品牌界的一个中心。（我们访谈过一些 ESPN 的忠实粉丝，他们都是男性。许多人在门口与我打招呼的时候，都自豪地戴着 ESPN 的物品，仿佛是在向我们表明他们是某个秘密组织的成员。）ESPN 成了这个国家最有影响、最赚钱的有线电视频道，成了迪斯尼媒体帝国皇冠上的明珠，据估算，它贡献了迪斯尼公司全部毛利润的 40%。

这一文化创新并不是威登肯尼迪公司的集体智慧的结晶，尽管这家公司一直是世界上最有能耐的广告机构之一。它也不是创意天才们独自苦思冥想之后的灵光一现，也无法归功于 ESPN 管理层抛出的伟大战略洞见。事实上，我们通过分析发现，“这里是体育中心”（TISC）是一个相对自治的文化工作室的集体协作成果，它的主要成员包括一位初级广告文字撰写人、一位 ESPN 的品牌经理、一位导演以及一位电影剪辑师。正是文化工作室的这种特殊组织结构让“这里是体育中心”得以成功。ESPN 的例子说明，在一个尚未向品牌官僚体制屈服的年轻组织中，文化工作室如何能够以公开的方式存在。

文化工作室的雏形及其早期学习成果

1993 年，ESPN 的管理层将品牌推广项目委托给威登肯尼迪公司。这不奇怪，威登为耐克所做的“Just Do It”广告取得的巨大成功，使它难以抗拒地想要为另一个运动品牌做推广。威登将这个策划任务交给它的三位富有经验的创意师——拉里·弗雷、杰瑞·克罗宁和史黛西·沃尔，要他们为 ESPN 开发一种新的口号。例如，克罗宁在报纸上设计了一系列的小幅印刷广告，将品牌与“猫头鹰餐馆的美食真的很棒”、 339
“我们将让你震撼——已经足够”之类的话联系起来。通过这些早期工作，创意三人组认识到，ESPN 应该将自己当作一个体育迷来说话，展示它的最热烈的观众们的幽默感和鉴赏力。当 ESPN 的管理部门向威登索要品牌战略方案时，弗雷和克罗宁用几页纸的篇幅总结了他们的所思所悟。克罗宁说，“可以归纳为两行字”：

ESPN 不是一家庞大的电视网
它是一个超级体育迷

美国的电视网通常都以做新闻的方式做体育节目，记者们不带感情地报道单纯的事实。弗雷和克罗宁建议 ESPN 用交流的方式来传达体育迷热情的知识和固执的观点。ESPN 的管理者喜欢这个主意，并照此开始运作。弗雷和克罗宁的定位说明在 10 年之后成了 ESPN 品牌战略的核心。不过在最初，它的战略突破却与推动 ESPN 的《体育世界》成为美国著名的品牌节目的文化创新并没有太大关系。直到文化工作室形成并在不同的方向上推进创意探索之后，这一战略的突破才得以确立。

全美冰球职业联赛

汉克·波尔曼 1993 年以初级广告文字撰写人的身份加入威登肯尼迪的时候，正值威登接手了 ESPN 的项目。波尔曼的第一项工作是为 ESPN 转播全美职业冰球联赛（NHL）的广告撰写文案。尽管威登的大部分创意者如果被派到没有什么名气的项目，像冰球，如果还是 ESPN 这样一个没有名气的客户的话会很失望的，但波尔曼却很兴奋，他热爱体育。这项工作的主要内容是制作一个 15 秒钟的“广播”广告，前导广告将在 ESPN 播放，希望引导观众收看一个特别的全美职业冰球联赛。

传统上，节目广告会着力表现两支球队近期的比赛场景，很可能是直接从两队最近的一次遭遇战中撷取素材。如果两支队伍都很享受这场
340 激烈比赛，那么广告就会强调这个事实。通常，男播音员会大声地告诉观众，即将到来的这场比赛是一场“战斗”，一场“壮丽的战争”，一场“势不两立的比赛”，一段历史将重新被创造。但波尔曼认为所有这些说法都不明智。这种华而不实的促销形式的风格已是陈词滥调，真正

的核心是两支队伍将要展开争夺，是一个既定的事实，不值得一提。波尔曼认为大部分体育迷也知道很少有比赛值得事先广告投入。

波尔曼加入冰球广告项目之后便开始考虑，那些从加拿大乡村来的乡村选手是神秘而有趣的，也许这个出发点是更好的广告点。波尔曼与几个看法相似的同事组成了一个创作小组，布莱恩·巴克利和弗兰克·托德罗当导演，保罗·诺林当编辑。布莱恩和弗兰克都是体育迷，诺林不是，因此他可以将局外人的观点提供给创作小组，用非体育迷的术语来设计角色和对白。在创作了几十个冰球联赛的广告之后，这四个人很快就凝聚成了一个文化工作室。随后，又有一位关键成员和几位重要的合作者加入进来，文化工作室将接着开始“这里是体育中心”（TISC）的设计。

文化密码实验：更衣室的“周六晚间直播”

波尔曼的冰球广告创意在风格上是即兴的纪录片式的而非虚构的。很久以来，他一直是《周六晚间直播》（*Saturday Night Live*）的粉丝，因此这档节目的即兴喜剧模式强烈地影响了广告运动。波尔曼尤其喜欢午夜喜剧秀的伪纪录片风格（fake documentary）的短剧，所以他选择以低技术含量的纪录片的手法拍摄黑白影片。他设置一些看上去傻乎乎的短剧，并且说服冰球运动员照着他的基本概念即兴发挥。波尔曼在冰球队的训练中心拍摄这些短剧，训练间隙的时候他与队员们打成一片，并将他们之间即兴的打趣充实到喜剧中。波尔曼还意料之外地拍到一些在球场工作的特殊角色：设备经理，赞博尼（在比赛间隙上场平整冰面的一种机器）的驾驶员，还有一个老头，他的工作是在进球得分的时候鸣响蜂鸣器。在其中一个最有趣的广告场景中，波尔曼让赞博尼驾驶员列举观众扔到冰面上的各种奇怪玩意儿，炫耀他近期收集到的各种特百惠 341
塑料制品。

这个脚本是集体智慧的结晶。波尔曼与他的三位战友一起工作即兴创作自己的想法，每个人都试着用《周六晚间直播》的风格讲故事，彼此之间比赛着看谁的故事会令冰球迷疯狂。作为资深体育迷，他们的感觉很敏锐。正是在这个基础上，文化工作室开创了一种鲜明的喜剧风格，它完美地符合全国冰球联赛的气质。“为什么我们不请游侠队的阿历克斯·科瓦洛夫来做广告呢?”，在为纽约游侠队与纽约长岛人队的比赛拍广告时，波尔曼心想。理由是什么？科瓦洛夫刚刚才开始学着讲英语，波尔曼曾经听过他接受采访，他浓重的口音听起来很有趣。波尔曼真找来了科瓦洛夫。广告中，科瓦洛夫一边向冰球场走去，一边骂骂咧咧地贬低对手球队，当然分寸控制得很好。他看着摄像机镜头，用几乎听不懂的俄国口音说：“如果说有什么东西让我受不了，那就是长岛的口音”。运动员们很快对波尔曼的广告佩服得五体投地，因为这个幽默如此精准地抓住了他们的那种男性气概：冰球运动具有超强的对抗性，甚至很暴力，很乐意搞一些破坏，会非常开心；但是在这些表象之下，他们也是有着可爱笑容的普通小伙儿，具有年轻人的幽默和工人阶级的价值观。

波尔曼的广告理念，实际上是邀请观众走进冰球队员的幕后人生，让他们看到，在运动场与媒体聚光灯之外，冰球运动员是和他们一样的普通人。耐克广告着力表现运动员训练之刻苦与精神之顽强，ESPN 则让他们从近乎完人的高姿态中走出来，成为平民主义的角色：爱玩闹，也爱自嘲，就是一群普通人。

破茧而出的“后台通道”神话

虽然，ESPN 的管理层一直相信他们的“体育迷”战略将引领这个品牌的发展，但是在波尔曼的领导下，尚处于雏形阶段的文化工作室已经用自己的创意将 ESPN 带到了一个不同的方向。全国冰球联赛广告不再将 ESPN 定位为一个体育迷，它的视角来了一个 180 度的大转弯。ESPN 不再以体育迷的口吻说话，而是以一个终极内幕人士的身份对体育迷说话，它打开门，招呼观众进来。现在，ESPN 是世界上最伟大的运动员的知己和旅行伙伴了，它对体育比赛背后的世界了如指掌，而这个世界对普通体育迷来说却是可望而不可即的。在广告中，ESPN 为体
342 育迷提供了一个后台通道，一窥职业运动员真实世界的究竟，为他们打开了一扇门，让他们得以近距离地感受运动员的特殊气质。文化工作室将运动生涯想象成一个“工作中的小伙子的小世界”，在那里，可爱的

年轻人的幽默是体育评论的主要方面。这个神话，事后被证明是“这里是体育中心”得以产生的关键。

为了制作“这里是体育中心”的广告，波尔曼的文化工作室充分利用了自己在全国冰球联赛广告运动中获得的文化表述方面的见解：通过“后台通道”让观众窥见作为普通人的运动员，以及运用了“周六晚间直播”即兴创作式的纪录片风格的讽刺手法。当然，“这里是体育中心”还需要另外一些创新。毕竟，尽管全国冰球联赛广告运动对于推广冰球比赛很有帮助，但并未太多致力于 ESPN 的整体品牌推广。冰球广告将 ESPN 作为一个渠道的角色，体育迷可以通过它来接近运动员的世界，其中，运动员被英雄化了，他们仍然是明星。

艾伦·布罗斯的到来加强了文化工作室

为了监督威登的工作，ESPN 招聘了一位新的广告经理艾伦·布罗斯。布罗斯来这里之前曾经在百事可乐公司担任过四年的品牌经理，再以前他还做过一家广告公司的客户执行官。尽管来自品牌官僚体制却与品牌官僚相对立，其实这也是他离开百事应聘一家创业企业的原因之一。作为一个杜克大学的毕业生，布罗斯是一个铁杆体育迷，ESPN 是他最喜欢的体育频道。也许与他对百事的不满以及早年在广告公司的经历有关，布罗斯上任之后，没有按常规建立客户-代理联系机制。他很快与威登的创意人员建立了直接关系，而不是按照通常的品牌官僚体制的渠道来开展工作。布罗斯注意到自己最喜欢的全国冰球联赛广告出自波尔曼之手，于是迅速地找到了后者并且直接与他一起工作。在一个品牌官僚体制中，这种越过客户总监和客户企划的做法不仅违背了职位角色与责任所要求的微妙的体制规则，而且会令广告代理机构拉响“政治警报”。因为，创意人员经常会随意地、不拘小节地发表意见，在缺乏严谨的掌控和管理的情况下，客户直接面对他们会感到工作毫无预见。不过，与服务于品牌官僚体制的全方位服务型的广告公司相比，威登肯尼迪是一个松散得多的公司，因此也没有拉响警报。

初生的文化工作室迅速接纳了布罗斯。布罗斯也表示，他与波尔曼 343
等人对于 ESPN 及其在体育和美国文化中所扮演的角色方面的理解是一

致的，也非常乐意加入他们的即兴式的创意工作。在另外几个合作者的帮助下，尤其是波尔曼第一年合作过的艺术指导瑞克·麦奎斯特恩，这个团队取得了“这里是体育中心”项目的惊人的成功。

制作“这里是体育中心”

1995年，ESPN的成功招来了凶猛的竞争对手：福克斯电视网（FOX）和美国有线电视新闻网（CNN）都开办了体育频道，完全照搬ESPN的套路。尽管ESPN在铁杆体育迷中树立了相当高的权威性，但它在大众体育市场仍然没有名气。于是，伯恩斯坦和他的高级经理们决定，是时候发起一场ESPN的“频道外的”品牌宣传运动了。

ESPN有许多值得炫耀的地方。如果按照传统营销模式来做品牌推广的话，可以很容易地将ESPN与它之最连在一起：对体育运动广阔的覆盖面，出类拔萃的现场报道，以及在各种集锦和脱口秀节目中体现的专业水准。但是，布罗斯坚持认为，品牌的宣传必须绝对地根植于《体育世界》，因为这是ESPN电视网的灵魂所在。基斯·奥伯曼与丹·帕特里克主持的“大秀”节目已经成了ESPN的标志性节目，它吸引了铁杆体育迷的狂热追捧。伯恩斯坦支持布罗斯的看法，因为他完全了解这档节目在铁杆体育迷心中的分量。布罗斯坚持应该由波尔曼和他的文化工作室来担纲这次品牌宣传运动。冰球广告为波尔曼赢得了ESPN的高度信任，尤其深得伯恩斯坦的赏识，因此对这个要求没有争议。而工作室的其他成员，包括布罗斯本人所做的贡献，都被隐藏在雷达之下，基本上处于委托人的视野之外。在ESPN的管理层看来波尔曼是创意的“作者”。

布罗斯从未提出一份传统的战略纲领，没有开列ESPN的关键利益点和关联概念的清单，没有提炼ESPN的品牌“个性”，也没有花时间去考虑观众赋予ESPN的情感。恰恰相反，他给予文化工作室充分的自
344 主权去尝试，去寻求一个有创造性的解决方案，目标是能够极大地增进体育迷对《体育世界》的认同。文化工作室的战略寻找过程简单得如同一场持续进行的对谈，主要在布罗斯与波尔曼之间展开。在这场对话中，他们交流、提炼、整合了各自对《体育世界》的看法，将其理解

为一档具有独特感受力和对待体育的认真态度的体育节目。

威登的企划们也在为这个项目展开工作试图指导创意的进程，他们拟了一个标准的营销利益点，但是它们的文案对项目的进程没有发挥什么作用。“我们从未与企划人员坐在一起”，波尔曼说，“我们从未参加过战略会议，从未要他们来告诉我们 ESPN 品牌是什么”。波尔曼与布罗斯非常了解 ESPN 和铁杆体育迷亚文化之间的联系了。他们同是旅行中的伙伴，栖息在 ESPN 主持人创造的奇妙世界中，在这个世界里，体育是宇宙的道德中心。正如布罗斯开玩笑所言：当所有频道都在报道海湾战争那样的重大突发事件的时候，ESPN 也只是快速地提一下，然后会马上回到体育节目中来。波尔曼和布罗斯明白，《体育世界》是一个特别的地方，男人们聚集在那儿沟通交流。《体育世界》为观众提供了一种通用语、一种鉴赏力乃至一种世界观。这种整体的视角很容易就被他们想出来了，因为他们俩同是长期的体育迷。鉴于《体育世界》如此深入地扎根于体育的世界，文化工作室凭借直觉便找到了合适的文化战略，这就是我们所谓的“神话化公司”。他们没有像耐克等品牌那样从体育亚文化中撷取原始素材，而是将《体育世界》本身作为概念的核心。

布里斯托尔演播室成为文化原始素材

发起第一轮广告运动之前，波尔曼拉上艺术指导瑞克·麦奎斯特恩，与布罗斯分头出发来到位于康涅狄格州布里斯托尔的 ESPN 总部。为期四天的行程中，布罗斯带着他们在 ESPN 逛来逛去，了解《体育世界》是如何制作的。这番浸泡之后，波尔曼发现了一个非常怪异却又非常独特的事实，那就是 ESPN 是从康涅狄格州布里斯托尔的一个低成本的演播室里播出的：

> 它的伟大之处正在于它是一个土包子：在布里斯托尔播出，主
> 持人穿得也不够靓。酷是 ESPN 从来都没有的东西，没有神秘，也
> 没有酷。我们觉得这很有意思。布里斯托尔是一个可怕的地方，一 345
> 个工业园小镇。这些年轻的主持人都是漂亮的小伙子，他们愿意生

活在布里斯托尔，只是因为想为 ESPN 工作。某种程度上，ESPN 之酷恰恰体现在它是如此的不酷，如此的土气，如此的落伍。所以我想，我们可以对这一点大加称颂。

与此同时，波尔曼几乎无法相信他看到的是一种旧式学校风格的新闻工作。“我们到了那儿就被震惊了”，他说，“节目的制作方式太不可思议了”。波尔曼简直找不到言辞来表达他对 ESPN 雇员的能力和奉献精神的欣赏。主持人会自己写文案，然后在播报中即兴发挥，只有这样才能适应体育直播的快节奏。波尔曼非常喜欢这种工作男人的体育节目的方式。文化工作室还讨论了 ESPN 的制作理念，可谓是设施极简、成本极低。布景、主持人服装和化妆品都寒碜得可笑，直播间没有任何多余的东西，而这种风格似乎也影响到了主持人在电视上出镜时的个性。“我很喜欢他们的工作方式——自己整理领结和衬衫，尽管他们弄得不太好。它的播出地是布里斯托尔。如果你不是一个铁杆体育迷的话，你不会觉得它时髦。”

于是，波尔曼开始围绕着他在 ESPN 直播间里找到的兴奋点和灵感来勾勒草案。主持人自己写文案，主持人自己化妆、自己挑选服装，加班加点的制片助理，每天挑选赛事集锦截稿时乱作一团的景象。文化工作室并没有着眼于找出 ESPN 必须贩卖的“利益点”，而是在铁杆体育迷亚文化中找到了文化原始素材。事后证明，他们发现的是一座金矿。

《周六晚间直播》短剧进化成仿纪录片

波尔曼和麦奎斯特恩在为《体育世界》广告运动召开头脑风暴会议时，将波尔曼最初受《周六晚间直播》的启发而获得的文化密码又向前推进了一大步。参考了其他一些大众文化，俩人很快意识到新的“仿纪录片”（mockumentary）类型是展示“体育中心”故事最切实可行的平台。波尔曼设计了一个广告模板，它的灵感来源于具有深远影响的仿纪录片《摇滚万万岁》（*Spinal Tap*）。广告以 ESPN 的主持人对着镜头说话开始，他们严肃而平实的语气让它看上去像是一部“真”纪录片。随后，片中将展现荒谬的场景，但表现方式依然是坦诚的，仿佛

实有其事。这种仿纪录片风格的幽默是文化工作室唯一认真考虑过的创意大纲，也是唯一兜售给 ESPN 的理念。 346

首批广告将观众的视线引向布里斯托尔的简陋办公场所，荧光灯、格子间、吊顶以及到处一样的办公室地毯，让他们领略到 ESPN 的日常生活。广告开发了两个主题，我们称其中之一为“房间里的运动员”，另一个为“主持人在工作”。“工作中的解说员”篇取材于波尔曼与麦奎斯特恩在访问 ESPN 时偷偷观察到的奇特场景，所以在广告中，我们就看到了基斯·奥伯曼与丹·帕特里克在男浴室化妆的镜头，他们还为是否正确地使用了睫毛膏争论了一番。“房间里的运动员”篇，摄像机一路跟拍《体育世界》的几个重要人员的一举一动：他们工作，他们在大厅里徘徊，他们从同事的房间里进进出出……然后，他们“碰巧”遇到了某个明星运动员。一个广告中，罗杰·克莱门斯出现在一个房间里，他在帮忙调试一台复印机。另一个广告中，玛丽·卢·雷顿刚巧路过，她一个后空翻从门廊里出来。还有很久以前的篮球明星乔治·迈肯和冰球明星高迪·郝威，他们看上去就像是退休后生活在布里斯托尔。还有贾森·基德，他正驾驶着直升机将当天的比赛集锦送过来。最荒唐的是，雪城大学的体育吉祥物“努基”，一个长了腿的大橙子，在广告中成了布里斯托尔的设施（随后的一批广告中，出现的是“佛罗里达马林鱼”，这也是一个人尽皆知的奇怪吉祥物，它身子僵硬，还长着一张乌鸦嘴）。

首批的广告，比如克莱门斯篇和基德篇，将运动员表现为在 ESPN 工作的人员。但文化工作室很快就找到了一个更强大的点子——因为它看上去更荒谬可笑，那便是暗示他们就在 ESPN 布里斯托尔总部附近游荡，因为“体育中心”是如此彻底地跟他们的生活绑在了一起。该系列最著名的一个广告中，丹·帕特里克向办公大厅走去，一边对着摄像机镜头解释 ESPN 是如何工作的，这时他偶遇了活塞队的巨星格兰特·希尔。希尔坐在一架大钢琴的后面，像个会所表演者那样把琴键敲得叮当响。帕特里克扔了一块钱在小费罐里，那神情仿佛他是个路人。

ESPN 的广告并没有像大多数体育品牌那样炫耀著名运动员的光环或者利用他们的知名度来进行评价，恰恰相反，ESPN 的广告中的运动员在他们闲暇时在"体育中心"的周围晃来晃去，就因为这里是运动的中心。文化创新通过各种各样的修辞而运作，这也是夸张手法的一个
347 经典案例。广告以一种幽默的方式极度地夸大了"体育中心"的重要性，但却令观众对一个不那么夸张的描述去思考：在体育的中心，"体育中心"确实占据着一个特别的、甚至可以说是神圣的中心位置。从这一点出发，它给人的感觉又是相当可信的。

兜售广告

假如高级管理层不愿意赋予文化工作室将创新应用于营销实践的自主权，并且尽可能地减少干预，那么文化工作室的创新概念即便产生，也等于零。许许多多的案例中，甚至在文化工作室已经公开组织起来的情况下，品牌官僚体制还是很快压垮了文化工作室，有时候甚至是被广告机构自己的高级管理层压垮了，他们将自己确立为客户要求的全权代表。为了让文化创新被高层管理者接受，得要长袖善舞才行，因为这些人缺乏文化工作室在集体学习过程中发展出来的心照不宣的知识，但他们却是创意方案效果的最终责任人，而且高层经理往往需要在方案上签名，因此这种机制要求高级管理层介入文化工作室的工作，甚或拒绝采用文化工作室的创意方案。而在 ESPN 的案例中，意外的宽松环境让波尔曼的文化工作室可以放心大胆地自主工作。

在所有的广告制作完成之后，波尔曼、麦奎斯特恩和布罗斯将全部 27 个广告片展示给威登高级创意师们看。他们还算仁慈地接受了。广告让报告会上的观者笑了，但他们似乎并不像创意者那样喜欢它们。只有那些铁杆体育迷和 ESPN 的粉丝会觉得广告真的很有趣。波尔曼后来回忆说，吉姆·李斯沃当时笑的声音最响。此人是威登才华横溢的创意师，耐克的"Just Do It"广告就出自他手，他也是一个体育迷。波尔曼的创意指导拉里·弗雷喜欢这些广告，但是他认为其中只有一小部分有效地处理了"体育世界"最重要的利益点。丹·威登则同意弗雷的看法。不过，由于波尔曼的工作室早就得到了客户的认可，而且布罗斯本人也深度参与了其中的工作，所以弗雷和威登乐得让这些广告通过并将它们呈报给 ESPN 的高级管理层。布罗斯讲述了广告在 ESPN 被接受的

过程："我们将广告片放给伯恩斯坦和其他高级管理者看，会议室里的反应比在威登的情况还要更糟一些。他们礼貌地交流了一下意见，伯恩斯坦说他觉得广告有趣并扣人心弦，但随后又问：'你确信应该用它们来替换现在的体育中心梦想为主题的广告吗？'，我的心一下子就沉下去了。"布罗斯回忆说，"当时非常紧张"。ESPN 的管理层不止是对广告的创意理念感到担心，他们还顾虑广告会让主持人变成明星，这样管理层在与主持人的薪资谈判中就可能会处于不利的地位。最终，纯粹是出于对布罗斯和波尔曼的信任，伯恩斯坦为广告方案开了绿灯。当然，广告播出几个月之后，所有人都喜欢上这些广告了。 348

在"这里是体育中心"广告宣传刚刚冲破障碍爆发影响的时候，这项文化创新尚未达到顶点，到达巅峰是一年多以后的事情了。其间，文化工作室边干边从已经播放的广告中汲取经验，从而将创新理念推向更远。在创作首轮广告片时，工作室通过极其可笑的镜头语言传达了文化战略："体育中心"位于布里斯托尔的破旧演播室，满是土气的体育迷。它的创意主要建立在波尔曼之前的全国冰球联赛广告中恶作剧式的幽默的基础上，但是现在，它是美国体育的精神中心，"体育中心"本身成为了关注的中心。随着广告宣传走向成熟，文化工作室开发了另一个至关重要的文化密码，这一点文化密码将"体育中心"塑造成了一个美国男人无法抗拒的意识形态力量。

主张"纯粹体育"意识形态

文化工作室取得的最大进步是，他们发现，当"这里是体育中心"的广告讽刺体育圈的道德秩序时，"体育中心"用辛辣的幽默来倡导竞技体育的道德，不被商业利益、高薪运动员、好莱坞明星、体育官僚或兴奋剂污染时，最能激发观众的共鸣。在"鞋广告合同"篇中，文化工作室试图抨击泛滥成灾的职业选手为运动鞋做代言人的现象。那段时间，即便是不太起眼的体育明星，也能通过同意穿着某个公司的鞋在广告中亮相的广告合同而获得数百万美元的报酬。其中不少代言者在职业联盟中没待过多长时间，其经历也平淡无奇，有些人的职业生命甚至还没有代言广告的合同时间长。对于铁杆体育迷来说，这种市场营销术玷污了运动的纯粹性。所以在“鞋广告合同”篇中，我们看到，一位制鞋公司的老板开出不菲的代言费用，苦苦哀求丹·帕特里克为他的翼形饰孔皮鞋做广告，这种鞋通常是保守的商务正装服饰的一部分。这个广
349 告引起了一阵爆笑，同时也将ESPN树立为“纯粹体育”的护法者。

有时候，ESPN也会用完全不同的方式来表达自己的观点，比如当联盟的官僚们试图执行某些与如何比赛不相干的规则时。波尔曼回忆说：“阿伦·艾弗森就因为穿了件太长的短裤，从而受到美国职业篮球联赛（NBA）的责骂。我们觉得这件事太愚蠢了。所以我们不禁想到要问，‘体育中心’会有什么类似的事情呢？于是，我们制作了‘着装政策’篇。”广告里有一个小伙子在“体育中心”栏目组里晃来晃去，拿着尺子量衣服领子和袖子的长度，以确保主持人的着装符合联盟的着装规则。

这类广告中最成功的一个是“孩子”篇。那段时间，职业体育队纷纷跑到高中去挖人，让那些太过年轻的孩子去承担根本无法承受的职业体育的严酷和竞争，职业队之间的人才竞赛几乎触及到了底线。还没上大学的凯文·加内特刚刚签下一份巨额的NBA合同，而大学才是职业队传统的选秀基地。很多时候，当这些杰出的年轻人失败时，体育队会声明为了停止损失而终止与这名运动员的合作关系，会说，非常遗憾，这是一个优秀的年轻人，但他还不够成熟，还无法克服职业体育世界里的困难。

对于“这里是体育中心”的道德讽刺而言，这种破坏体育纯粹性的事情是再好不过的素材。所以文化工作室创作了“选秀”篇。广告中，一个刚刚高中毕业的孩子被选中，当上了ESPN的体育主持人。这个角色是通过一次非常规的演员招募选出来的：巴克利和波尔曼出现在布里斯托尔高中的校园里，通过校内通讯网宣布他们在为ESPN招募一位广告演员。然后他们挑中了一个小伙子，他对波士顿红袜队的了解令人吃惊。文化工作室创作了一个短剧，小伙子作为一名超级聪明的助手而即兴创作。在广告中，“体育中心”的一位联合主持按惯例坐在这位年轻人的旁边，他刚一开口，还没来得及对扬基队的投手吉米·凯伊发表任何评论，年轻人就脱口而出了，“吉米·凯伊?！我能打中吉米·凯

伊的球。他投了多少，一百个？吉米·凯伊水平好臭啊！”联合主持人惊呆了，他还没搞明白发生了什么状况。广告活灵活现地表现了一个猴急的年轻人——他有丰富的知识，却缺乏有条理的解说能力，这个即兴创作的场景，描述了一个莽撞的年轻人，他具备丰富的体育知识却没有丝毫编辑的能力，广告大受体育迷的欢迎。

还有一则广告是针对棒球明星奥尔波特·贝尔的，此人经常卷入打斗，报纸报道说他曾经甚至威胁体育记者。他不受约束的行为是文化工作室打算抨击的另一个缺乏头脑的问题。这个广告的理念与其他广告也 350
类似，波尔曼说：“艾伯特·贝尔胆敢打记者，‘体育中心’对此将有何反应？好吧，他们将学习防身术。那么，在‘体育中心’的节目中，他们将学习什么样的防身术？符合逻辑的结论是，他们当然要学习《功夫》里的人物。所以，我们设想可以让大卫·卡拉丁出演广告。”结果，他们真这么干了，再次用一部犀利的短片无情地抨击了在运动场上控制不了脾气的粗野运动员。

波尔曼曾谈及文化工作室成员如何开始思考“体育中心”在体育界的作用，他说：“当马林鱼队赢得世界职业棒球大赛冠军之后，却逐渐被肢解的时候，‘体育中心’应该对此事发表评论。我们制作了一个广告。我们其实是想说，我们热爱体育，我们很在乎体育，以至这类胡说八道的事情令我们非常生气，但我们采用搞笑的形式来表达我们的愤怒。”

从注意力份额营销的观点看，这种沟通方式简直不可理喻，这样能促销什么样的利益点？它们如何能促动消费者去追求社会地位？它提出的品牌个性是什么？但是从文化的观点看，这些广告是完美的。在一个商业主宰了体育的时代，体育迷越来越伤心，而ESPN站出来捍卫体育的正直和纯粹。

文化工作室此时已经一起工作了好几年，它像是一台磨合良好的创新机器，能够游刃有余地从“体育中心”的视角创作令人认同的广告。不过，文化工作室的成员从未如我们在本章已经正式地分析过的那样，去反身性地思考他们的讽刺作品的基础。相反，他们已经内化了ESPN的意识形态，并且与“体育中心”的敏感性保持同步，因此，基于这些原始素材的文化创新就自然而然地产生了。概念与执行一起展开，集体力量的锤炼成就了这些广告作品。文化工作室所发现的是“体育中心”是“纯粹体育”的先知，坚定地向体育世界发出道义之声。“这里是体育中心”将体育迷带入了体育世界，为他们提供了话语和道德武器，让他们觉得自己在维护体育社区的过程中发挥着重要的作用。ESPN 文化工作室的结构和创意流程与品牌官僚体制要求的结构和流程构成了截然相反的两极。

351 **ESPN 的文化工作室**

可以说，ESPN 的文化工作室违反了品牌官僚体制所遵循的每一种“最佳实践”。独特的组织形式是 ESPN 文化工作室最明显的特征，它非常有利于文化创新。它的这个特点，与我们在前一章所分析的李维斯欧洲品牌重塑项目中的文化工作室一样，也与我们研究过的另外一些文化工作室的没有差别。

品牌实践团体中的协作

在 ESPN 的文化工作室中，研究、战略和创意被有意地混杂在一起，这样做是为了让工作室成员用一种整体主义的视角看待自己的任务，通过文化表述，将 ESPN 塑造为公认的美国体育文化的领军者。成员竭尽所能地为项目做贡献，每个人的贡献都是整体性的，从消费者洞察到战略，从战略到创意，也不按照特定的顺序来工作。也许只有艾伦有点特殊，他们一开始指望他独立地负责创意工作。如波尔曼所言：“这是一种总体的协作，没有边界，所有人都相互帮助。布莱恩和弗兰克写了很多广告文字，我本来是写文案的，却干了很多导演的活儿。工作上的界线非常模糊。艾伦·布罗斯也写了好几个广告，他甚至亲自导演了几个片子。我们全都兼制片人、剧本作者和导演于一身。这真的是一个非常理想的工作环境，一个极好的工作方式。”

这一看似缺乏组织性的形式，实际上很好地解决了品牌官僚体制中的由于职责分工而导致的功能失调问题。在品牌官僚体制之下，战略制定者捍卫他们的抽象短句，坚持要求创意人员必须不折不扣地按照品牌纲领操作。研究者们则捍卫他们的消费者洞察，认为它是推断消费者心理的唯一经验基础。而创意人员则强调，所有其他人都必须遵从他们的创意灵感，他们也不接受来自其他人的创意。

ESPN 文化工作室认为成员的集体学习是极有意义的做法。许多知识都非常微妙，难以言传，只能通过在许多个广告制作过程中成员相互之间的协作而产生并逐渐积累。在将近两年的紧密协作过程中，这个文化工作室对 ESPN 关于纯粹体育的意识形态有了丰富而深刻的理解，同 352
时也掌握了如何用令人捧腹的文化表述来传递这种意识形态，它的表达方式本身也深得 ESPN 式幽默的精髓。尽管文化工作室的每个成员都为集体智慧做出了自己的贡献，但在我们的访谈中，他们很难用语言表述那些心照不宣的知识。波尔曼说："它们是靠直觉的，我从来不曾对艾伦·布罗斯说：这是 ESPN 的声音。有各种各样的工作要做，一些人开始就像 ESPN 那样去感受世界，另一些人没有。但时间长了之后，你便能够分辨：啊，这个广告像是我们做的。"在集体协作的过程中，文化工作室也发展出了自己的一套话语，用以谈论"体育中心"和它的观众。这套话语充分地体现了他们对这档节目最与众不同的"伟大"之处的细微观察，也包含了他们用以戏剧化这一"伟大"之处的最佳文化密码。

ESPN 和威登没有参与文化工作室集体协作的经理们很难理解创意到底是由谁负责的，也很难与成员就正在发展中的创意进行沟通。在评价已经完成的工作时，这种情况再次出现。其他人未曾参与过文化工作室关于"体育世界"的细致讨论，不明白它在体育世界中的道德中心的地位，因此也无法领会这些幽默广告在意识形态上的精妙之处，只能从风险控制的角度来揣测。所以威登的创意指导们又陷入注意力份额营销的误区，他们只能凭经验想象这些广告将招致客户怎样的批评。波尔曼回想起，他将这些广告展示给拉里·弗雷和杰瑞·克罗宁看时，他们毫无头绪——"他们认为这些广告与节目没什么关系。它们确实很有趣，但没有告诉你节目是什么。丹·威登也表示了差不多的意思。"类似地，朱迪·费云和其他 ESPN 的高管也很难判断这个广告宣传的潜在作用。

通过迭代试验发现战略

工作室并非先提出一个品牌战略，然后再考虑如何有创意地执行战略。成员们并不是简单提炼出幻灯片中所展示的纲要，相反，基于对ESPN和铁杆体育迷感同身受的理解，他们找到了文化线索和关键的消费者洞察，并且据此不断调整工作进程。尤其值得一提的，是ESPN文
353 化工作室集体协作中的即兴创作，每一次迭代都在这种即兴创作中推动了理念的发展，为之增加了洞见和细微的差别，参与者也因此越来越擅长这样的即兴创作中的迭代实验。其实，广告运动的所有要素都可以看成是这一迭代工作模式的成果。文化工作室通过它所制作的广告作品为基准来发现弱点并即时修补，文化战略在这个过程中不断地被提炼。同样，文化工作室成员之所以能够立即发现布里斯托尔演播室以及体育节目主持人的工作常规两者本身就是极有价值的文化资产，因为研究工作是在战略和创意讨论中进行的，这就使得他们能够“看到”比让研究者独自工作所找到的“品牌真理”要好得多。

从发掘研究文化的参考材料到片场台词的调整，这种“即兴创作”模式被运用到了每一个环节。而在品牌官僚体制中，即兴创作被认为只是创意部门的专利。然而品牌经理们经常按照战略对创意工作进行微观管理，这表明，给予创意部门的探索权也是非常微不足道和脆弱的。相反，在ESPN的文化工作室中，即兴创作主导了整个广告运动过程。

战略是建立于迭代过程中的，而不是一个独立的、静止的文本。波尔曼的文化工作室从一个临时起意的理念开始，然后围绕着这个理念进行内容开发。为了使战略得以实现，他们不断地试验各种文化密码，反复斟酌作品以及目标人群对于作品的反应，再在这种不断学习的基础上修改战略。对于ESPN的文化工作室来说，战略构想经常是临时性的，是可以在团队的迭代工作的基础上不断改进的。

赋予文化工作室的决策权威

“这里是体育中心”品牌宣传运动的成功也因为ESPN的高层管理部门从未摆架子和动用“命令-控制”权威干预品牌工作。波尔曼

承认：

> 参与这项工作的人并不多。在 ESPN 方面，就只有艾伦·布罗斯。他的上级是朱迪·费云，是营销部的领导。我们必须从艾伦那里了解朱迪的一些想法和评论。但最终她信任艾伦，而艾伦信任我们。还有一种情况是，当我们听说了某种意见却不太认可，我们会 354 忽略这种意见。如果不管什么指示我们都得照办，那这次广告宣传肯定就被毁了。

ESPN 的 CEO 斯蒂夫·伯恩斯坦没有插手，他从不管具体的事务。他倒是提出过一些建议，但从未要求文化工作室按他说的做。最终，是伯恩斯坦对文化工作室能力的信任使“这里是体育中心”的广告宣传大获成功。伯恩斯坦的信任，一半是因为布罗斯对这个项目固执的信念和热情，另一半是因为波尔曼曾经用已经播放的作品证明了自己是一个广告天才，只要他喜欢，就能干出伟大的工作。在我们考察过的文化工作室案例中，高级经理们的角色模式始终是这样：一旦他们放权给文化工作室，并且相信成员们的协作力量足以创造有趣的作品，他们就会离开并给工作室提供便利，而不是强迫工作室去过品牌官僚体制下的一道道关卡。

汉克·波尔曼是文化工作室当然的领军者，但艾伦·布罗斯扮演的角色也至关重要。布罗斯的特别之处在于，作为一个品牌经理，他却成了文化工作室的关键成员，一个名副其实的创意合作者。这是一种罕见的情形，也并非文化工作室取得成功的必须要素。在另外一些案例中，极少有品牌经理扮演这样的角色。布罗斯这个角色的重要作用体现在，他鼓励文化工作室按照自己的想法工作，捍卫文化工作室的自治性，也强化了工作室在品牌文化内容上的最终决策权威。从一开始，布罗斯就鼓励工作室创作能够产生最巨大的文化影响力的内容——拿出最有趣的广告，让笑声来证明战略中的要点：“体育中心”位于体育文化的中心。布罗斯并未将自己当成一个执行者来传递战略蓝图中的战略要点，从而对创意内容进行微观管理，而是参与到文化工作室的协作中，共同寻求用更有趣、更具感召力的方式实现工作室的整体意图。

与品牌官僚机构中责任被极度地分割不同，伯恩斯坦的方式是让文化工作室承担广告宣传的全部责任，这给了他们的工作很大的回旋余地。波尔曼理解伯恩斯坦的意思，那就是："你们自己做主，你相信这个理念，就让它发挥作用。你们可能会成功也可能会失败，既然我们聘了你们来做这项工作，那就祝你们好运吧。"不难看出，这番话与李维斯案例中鲍勃·洛克对百比赫说过的话非常相似。

355 其他文化工作室案例

我们的研究未能涵盖一些值得称颂的人物，其中有一些是管理者，他们阻挡了品牌官僚体制的侵袭，使得品牌实践团体的协作得以可能，还有一些是文化工作室的组织者，他们推动了迭代试验，从而产生了突破性的文化战略。以下简要介绍几个另外的案例。

斯耐普

如果不是朱迪·海默尔的杰出工作，桂格燕麦公司决计不可能拿出23亿美元购买斯耐普。这位广告公司的前高管，被私募公司THL（Thomas H. Lee Partners，1992年买下斯耐普）任命为斯耐普的品牌负责人。海默尔的文化视角启发了来自科森鲍姆-邦德广告公司的文化工作室的合作者们，由此发掘出了斯耐普的意识形态，这一意识形态在核心的忠实消费者中产生了如此坚固的影响力。随后，为了找到传递这种意识形态的最佳文化表述，将品牌推向全国，他要求文化工作室用好几个月的时间进行密集的迭代试验。海默尔认为关键不在于制订一个简单的战略文件，他的兴趣在于通过密切的协作进行迭代试验来获取更微妙的洞识，所以他甚至允许这个项目拖了好几个月才最终完成，直到他们找到了真正有效的文化方案。

好景不长，桂格两年之后收购了斯耐普，桂格的经理们不是想着维护该品牌推广团队的凝聚力，反而解聘了海默尔，也消除了海默尔与科森鲍姆文化工作室的同事们一起打造出来的杰出文化战略。桂格的品牌官僚们在三年中摧毁了18亿美元的品牌价值，这一定是一个破纪录的数字。[①]

大众汽车

1990年代初，大众汽车在北美市场的年销量急剧地降至7万辆以下，大众汽车集团就已经要放弃整个北美市场了。大众美国公司的销售副总裁斯蒂夫·魏希特请求给他最后一次机会，激活大众汽车在美国市场的文化价值。魏希特解聘了曾经在1960年代为大众带来了突破性文化创新的恒美广告公司（Doyle Dane Bernbach），同时也把品牌官僚体制的那一套实践扔进了垃圾堆，这套模式多年来使恒美广告公司无法崭露锋芒。魏希特为兰斯·詹森提供了组织空间，后者是一名初级文案，他随后为广告界的黑马阿诺德通信广告公司赢得了这个项目，并成为一位非常高效的文化工作室的组织者。1994—1995年间，詹森和他的文化工作室在魏希特的庇护下创作了一批好广告，将大众公司救出了“死亡的下降通道”。又经过两年时间的密切协作和迭代试验，他们终于发现了突破性的意识形态、神话和文化密码，从而使名为“招募司机”的广告宣传运动成为美国1990年代最有影响的文化创新之一。[②] 356

彪马

连续八年的沉寂之后，彪马引人瞩目地夺回了市场（1990年代在欧洲，2000年代在美国）。这要归功于约亨·蔡茨，凭借着卓越的组织才能，这位30岁就当上CEO的年轻人把彪马从苦苦挣扎的泥坑中拯救了出来。蔡茨曾经在高露洁棕榄公司待了10年，那根本就是一个品牌官僚机构。经验告诉蔡茨，传统的市场营销模式根本不可能拯救这个曾经辉煌的品牌。于是他做出了一个激进的决定。他在黑措根奥拉赫（这个小镇是彪马和阿迪达斯的创办地，两家公司的老板是亲兄弟，因为长期不和而分立公司）炮轰彪马的品牌官僚机构，然后另起炉灶成立了一个组织形式迥异的机构，更像是一家设计-时尚公司而非运动服装企业

---

① 有关斯耐普文化战略突破的分析，参见：Douglas B. Holt, *How Brands Become Icons: The Principles of Cultural Branding*, Boston: Harvard Business School Press, 2004. 见第二章内容。

② 对大众汽车和百威文化创新的完整分析，亦参见上书。

的市场部。蔡茨将所有重要的设计与品牌事务从德国总部挪到了波士顿市区一处宽敞的阁楼里，他还请来了安东尼奥·贝尔通——一位年轻的滑板爱好者，在波士顿开了家专卖另类音乐和漫画的商店，其用意在于为彪马引入城市青年时尚意见领袖的观念。贝尔通的工作极其出色，可以说震撼到了蔡茨，以至蔡茨马上任命他为全球品牌总监（后来又提拔他为公司的首席营销官）——尽管贝尔通从未受过 MBA 训练，此前也
357 从未担任过这样的职位。贝尔通对命令-控制式决策与“似科学”营销毫无兴趣，他找来了一群特别有文化悟性的人并且将他们组织起来成为文化工作室，围绕着彪马想要打开局面的体育/生活方式领域想点子。在我们打过交道的所有职业经理人中，蔡茨是唯一对品牌官僚体制的问题有先见之明的人，所以他坚决地以截然对立的文化工作室模式来重塑彪马的市场营销组织。蔡茨担任 CEO15 年后，彪马的股票价格增长了 8000%，取得如此辉煌的关键原因就是这种组织形式看上去有些奇怪的文化工作室。

百威

百威的“怎么啦！”（Whassup！）是一次生死攸关的文化创新，它帮助这家品牌在美国走出了长达 8 年的低谷。这个创意最早来源于查尔斯·斯通三世拍摄的一部短片，他的这部代表作已经发给过很多广告公司。百威的广告代理公司芝加哥恒美广告公司看过之后认为，这部片子可以稍作修改之后成为一个很棒的百威广告，于是他们把这个创意说与安休斯-布施公司。创意被批准通过，但安休斯-布施的品牌官僚也迅速地让事情变得很纠结，原因是他们直接插手管理具体的文化表述。他们遵循注意力份额营销的观点，坚持认为全部由黑人出演的广告片不具有广泛的吸引力，也没有反映出目标消费者在文化上的多样性。他们将自己的观点强加给创意人员，尽管这一文化表述的核心理念就是想用黑人朋友之间打招呼的俚语来表现亲密感，而查尔斯和他的朋友们（他们都是黑人）也是在多年的友谊中才有了这个创作灵感。安休斯-布施的经理们坚持广告的拍摄必须体现多元文化，角色比例要接近美国人的种族构成：一个拉美人、一个亚裔美国人、一个白人、一个非洲裔美国人。

幸运的是，试播的效果极其糟糕，恒美最终说服他们放弃了这个想法。这令安休斯-布施的品牌官僚十分尴尬，恒美广告据此重新掌控工作，决策权被移交到了斯通的手中。斯通与他的拍片伙伴以及几个恒美的创意师一起组成了文化工作室，将最初的电影短片转化成了一系列的广告片。

这次广告宣传运动为百威带来了轰动一时的成功，但安休斯-布施的品牌官僚的傲慢很快就扼杀了它。他们没有认识到斯通及其团队的核心地位并因此支付他们继续工作的费用，而是将斯通仅仅看作是另一个 358
内容提供者。安休斯-布施的模式是会计部门掌管生产部门的成本支出，而且管得很严厉，可谓是商业界最吝啬的公司之一。斯通初期的薪水极为微薄，后来他要求得到合理的薪水。但安休斯-布施只是将他的创意当成通常所采购的商品，所以他们无所谓地让斯通和他的团队走人，然后要求恒美再派一个效率差不多的团队来替代。恒美只好照办，但后来的团队拿出的只是一系列没有战略的创意，似乎对“怎么啦!”系列中的文化表述所包含的创新的内容视而不见。安休斯-布施在不知不觉中丢掉了“怎么啦!”系列为百威带来的品牌文化价值。

359

关于作者

道格拉斯·霍尔特（Douglas Holt）是牛津大学营销专业欧莱雅讲座教授，他也是文化战略研究项目组（Cultural Strategy Group）的联席主持。在此之前，他曾任哈佛大学商学院营销学教授。霍尔特是品牌战略研究领域的顶级专家，在他撰写的《品牌何以成为标志：品牌文化运作的原理》这本畅销著作中，他构建了一个运用文化来进行品牌营销的重要的全新战略工具。霍尔特曾经为相当多的品牌开发过相关的文化战略，包括可口可乐、微软、本杰瑞、雪碧、杰克·丹尼尔、迷你、万事达、肥胎啤酒、科友豆巴、乔治亚咖啡、绿色星球以及迈克硬柠檬水，还有许多非营利组织。霍尔特先后获得过斯坦福大学、芝加哥大学和西北大学的学位，目前还担任《消费者文化杂志》的编辑，他曾经应邀在全球许多大学和管理研讨班作演讲，其中包括达沃斯全球经济论坛。霍尔特目前居住在科罗拉多州的萨利达。

道格拉斯·卡梅隆（Douglas Cameron）是文化战略研究项目组的联席主持。文化战略研究项目组是一家咨询机构，它的专长是为经理人、企业家和社会活动者开发文化战略。他曾经为许多不同类型的客户开发品牌战略和广告创意，包括本杰瑞、净蓝、可口可乐、肥胎啤酒、FOX 体育频道、自由职业者工会、导火线音乐电视、迈克硬柠檬水、雪碧以及新瑞佳伏特加。他也是 Amalgamated 广告公司的联合创始人和首席战略官，Amalgamated 是一家很有影响力的非传统广告公司，擅长在多媒体平台上为客户开发文化内容。他的职业生涯从克里夫·弗里曼广告公司开始，该公司当时是最受好评的创意机构。卡梅隆是无意中进入营销界的，他曾带着风笛环游世界，被大卫·奥格威邀请到自己的法国城堡

里表演，当时奥格威坚持认为他应该从事广告业。卡梅隆毕业于达特茅 360
斯学院，在那里获得了英语系毕业生最高的荣誉。卡梅隆目前居住在纽约布鲁克林的波恩兰姆。

读者可以在 culturalstrategygroup. com 上找到更多有关文化战略的信息。

索　引

（索引后的页码为英文原书页码，即本书边码）

索 引

索 引

图书在版编目(CIP)数据

文化战略:以创新的意识形态构建独特的文化品牌/(美)霍尔特,(美)卡梅隆著;汪凯译.—北京:商务印书馆,2013(2025.6重印)

(国际文化版图研究文库)

ISBN 978-7-100-09891-5

Ⅰ.①文… Ⅱ.①霍… ②卡… ③汪… Ⅲ.①企业文化—研究 Ⅳ.①F270

中国版本图书馆CIP数据核字(2013)第069242号

文化战略

以创新的意识形态构建独特的文化品牌

〔美〕道格拉斯·霍尔特　道格拉斯·卡梅隆　著

汪凯　译/言予馨　校

商　务　印　书　馆　出　版

(北京王府井大街36号　邮政编码100710)

商　务　印　书　馆　发　行

北京市白帆印务有限公司印刷

ISBN 978-7-100-09891-5

2013年8月第1版　　开本 700×1000　1/16

2025年6月北京第5次印刷　　印张 25¾

定价:88.00元